公共危机管理
4种主要类型与28个典型案例

张 祚 杨柏寒 柯善淦 编著

中国地质大学出版社

图书在版编目(CIP)数据

公共危机管理:4种主要类型与28个典型案例/张祚,杨柏寒,柯善淦编著.—武汉:中国地质大学出版社,2025.5.—ISBN 978-7-5625-6204-7

Ⅰ.D630.8

中国国家版本馆 CIP 数据核字第 20250L382L 号

公共危机管理4种主要类型与28个典型案例		张　祚　杨柏寒　柯善淦　编著
责任编辑:彭　琳	选题策划:陈　琪	责任校对:何澍语
出版发行:中国地质大学出版社(武汉市洪山区鲁磨路388号)		邮编:430074
电　　话:(027)67883511	传　　真:(027)67883580	E-mail:cbb@cug.edu.cn
经　　销:全国新华书店		https://cugp.cug.edu.cn
开本:787mm×1092mm　1/16		字数:429千字　印张:16.75
版次:2025年5月第1版		印次:2025年5月第1次印刷
印刷:武汉市籍缘印刷厂		
ISBN 978-7-5625-6204-7		定价:48.00元

如有印装质量问题请与印刷厂联系调换

前　言

正如联合国秘书长安东尼奥·古特雷斯所说,"我们正处于一个多重危机的时代,这些危机相互交织,影响深远"。人类进入21世纪后,公共危机已在全球范围内呈现出更加多样化、复杂化和常态化的趋势。2008年金融危机席卷全球,震动了经济基础,动摇了金融市场;2011年日本福岛核事故不仅带来了环境灾难,更引发了全球对核安全的广泛担忧;2020年暴发的新型冠状病毒感染疫情则如同一场全球性的风暴,席卷了全世界每一个角落,重塑了社会运作模式和人们的生活方式。此外,频发的极端气候事件和自然灾害,如飓风、洪水和地震,不但给公众安全、经济社会发展和国家稳定带来了巨大挑战,也不断考验着各国的应急响应能力和现代化治理水平。

当下,中国正处于经济转型升级、社会结构深刻变动的关键时期,公共危机的复杂性、多样性和影响程度更加凸显。各种自然灾害、公共卫生事件、安全生产事故、社会矛盾冲突等,都可能在短时间内引发广泛关注并造成严重影响。同时,信息化和全球化的发展加快了危机传播的速度,扩大了危机传播的范围,导致公共危机的应对往往需要面临更大的"时间压力""扩散压力"和"链变压力"。科学应对这些危机,不仅是中国现代化治理能力的重要体现,也是构建现代化治理体系的关键组成部分。这一过程,既是落实总体国家安全观、实现经济社会高质量发展的重要路径,也是推动中国式现代化的重要支撑。

然而,在经济、社会快速发展,科学技术日新月异的今天,公共危机的类型多样且分类复杂,不同类型的危机治理方式和手段存在显著差异。例如,自然灾害危机的应对需要地质学、气象学等学科的技术支持,公共卫生危机的处置则依赖流行病学、临床医学等专业领域的介入,工业事故危机的治理更离不开工程学、安全管理学等学科的技术与管理手段,而新型网络安全危机则需要信息技术和网络安全领域专家的支持。

因此,更好地理解这些差异,对于采取科学、正确的治理手段和工具至关重要。针对不同危机类型,推动多学科领域的交叉融合,不同专业领域的协作共治,以及多元政策和技术工具的灵活运用,是提升公共危机治理能力的关键。

本书是笔者在近年"公共危机管理"课程教学过程中,通过案例教学、模拟教学等实践,在教与学的双向互动和不断积累中形成的研究总结。可以说,"公共危机管理"课程教学具有极强的多场景性和应用性,其显著特点是案例的多样化和海量化。每天,世界各地都会出现新的公共危机"案例",这些鲜活的"案例"为我们提供了丰富的研究素材。通过对这些案例的分类梳理,我们可以反思失败的教训,总结成功的经验,从而优化公共危机治理路径,提升公共危机治理水平。

本书根植于理论基础和中国国情,面向国家治理体系和治理能力现代化在公共危机管理领域的实践需求,聚焦公共危机的类型化特征,以具体危机场景的现实案例为索引,通过梳理、归纳和提炼,旨在推动多学科交叉融合的科学研究及政策仿真、决策推演,同时也为在公共危机管理相关课程的多场景、多角色模拟和多案例互动教学实践创新提供支撑。

  本书的第一章、第二章第一节和第三节、第三章和第五章主要由张祚完成,第二章第二节和第四章主要由杨柏寒完成,第二章第四节和第六章主要由柯善淦完成。在本书的撰写过程中,华中师范大学公共管理学院的研究生侯文姣、廖慧、白采倩、王爱丽等做了大量资料收集和整理工作,以及部分章节的文字加工工作,在此表示特别感谢。本书具体案例主要由笔者对多年教学实践中优秀的学生案例初稿进行修订和提炼而成。在此感谢华中师范大学公共管理学院 2019 级、2020 级、2021 级等参与"公共危机管理""公共危机治理""公共危机与应急管理"课程学习的本科生同学们。

  本书适用于高等院校公共管理学科门类中的应急管理、行政管理、公共政策、卫生政策与管理、社会保障、土地资源管理等相关专业的高年级本科生、学术型研究生、MPA 学员,以及相关应急管理部门的工作人员和对本研究内容感兴趣的研究者。然而,由于笔者水平所限,本书难免有各种不足或遗漏之处,敬请各位专家和读者不吝指正!

  本书得到了国家自然科学基金项目(项目编号:72474082、72174071)、国家社会科学基金项目(项目编号:22BGL191)、湖北省教学改革项目(项目编号:2024096)、中央高校基本科研业务经费(项目编号:CCNU25ZZ275)的资助,在此表示衷心的感谢!

张 祚

2025 年 4 月于华中师范大学

目 录

第一章　公共危机管理及其主要类型 ································· (1)

　　第一节　公共危机的内涵与类型 ································· (1)

　　第二节　公共危机管理概述 ····································· (7)

第二章　公共危机管理主要类型特征 ································· (21)

　　第一节　自然灾害类公共危机特征与管理 ························· (21)

　　第二节　事故灾难类公共危机特征与管理 ························· (31)

　　第三节　公共卫生类公共危机特征与管理 ························· (48)

　　第四节　社会安全类公共危机特征与管理 ························· (58)

第三章　自然灾害类公共危机的典型案例 ····························· (66)

　　第一节　决战缙云山：2022年重庆山火 ··························· (66)

　　第二节　"天灾"还是"人祸"？2021年河南郑州"7·20"特大暴雨 ····· (74)

　　第三节　空气质量指数"爆表"：2021年"3·15"北京沙尘暴 ·········· (81)

　　第四节　超强"台风王"的一生：2019年台风"利奇马" ·············· (85)

　　第五节　烈焰中的"纸盾"：2019年澳大利亚山火 ··················· (92)

　　第六节　景区"天堂"变人间"地狱"：2017年九寨沟地震 ············ (99)

　　第七节　世界末日般的20分钟：2016年江苏盐城"6·23"龙卷风 ····· (105)

　　第八节　"灰犀牛"冲撞"死亡之城"：1995年芝加哥热浪 ············ (111)

第四章　事故灾难类危机的典型案例 ································· (122)

　　第一节　"大厦将倾"前的重重危机：2022年湖南长沙"4·29"居民自建房倒塌事故 ··· (122)

　　第二节　空难谜团：2022年"3·21"东航坠机事件 ·················· (131)

第三节　预警缺位：2021年沈阳市和平区燃气爆炸事件 …………………(136)

　　第四节　超载、坍塌与舆情：2019年江苏无锡"10·10"高架桥梁坍塌事件 ………(140)

　　第五节　噩梦之旅：2019年无锡市"9·28"特大道路交通事故 …………(148)

　　第六节　危化品轻视不得：2019年江苏省"3·21"响水爆炸事件 ………(155)

　　第七节　冲动是魔鬼：2018年重庆万州公交车坠江事件 ………………(165)

　　第八节　傲慢的代价：2017年英国伦敦西部高层公寓起火事件 ………(172)

第五章　公共卫生类公共危机的典型案例 ………………………………(180)

　　第一节　同舟共济战"疫"情：2020年武汉抗击新冠病毒感染疫情 ……(180)

　　第二节　医药界再现"黑天鹅"：2018年长春长生疫苗事件 ……………(189)

　　第三节　"人命黑板擦"：2018年埃博拉疫情 ……………………………(199)

　　第四节　谈"禽"色变：2017年H7N9禽流感疫情 ………………………(204)

　　第五节　守护"生命之源"：2014年兰州自来水苯超标事件 ……………(209)

　　第六节　全球流感：2009年甲型H1N1流感病毒疫情 …………………(216)

　　第七节　没有硝烟的战争：2003年SARS事件 …………………………(221)

　　第八节　"病"从口入：1988年上海市甲肝大流行 ………………………(227)

第六章　社会安全类公共危机的典型案例 ………………………………(235)

　　第一节　舆情风暴中的指路人：路边餐饮店群殴事件 …………………(235)

　　第二节　奔向未知悲剧：山地马拉松参赛者遇难事件 …………………(243)

　　第三节　谣言难治：海鲜市场"毒"水产品事件 …………………………(248)

　　第四节　血色三月：火车站暴恐事件 ……………………………………(257)

公共危机管理及其主要类型

第一节 公共危机的内涵与类型

一、公共危机的内涵

(一)危机

从词源上考察,英文中的"危机(crisis)"一词来自希腊语,其字根"krisis"意为"分离"(to separate),最初应用于医学领域,意指人濒临死亡、游离于生死之间的那种状态。随着"危机"所指对象的不断扩展,人们对"危机"的解释也逐渐丰富起来。18—19世纪,危机的概念逐渐被引入政治领域,当时政治体制或政府处于紧急状态,继而有了危机管理的概念(冯惠玲等,2003)。作为一个常规词汇,中外很多词典都对"危机"进行了界定。按照《韦氏词典》的解释,"危机"是指"有可能变好或变坏的转折点或关键时刻"。《牛津袖珍英语词典》中"危机"一词包含两层释义:一是"危险和非常困难的时期",二是"决定性的瞬间或转折点"。《朗曼现代英语词典》对"危机"的解释:一是"严重疾病突然好转或者恶化的转折点",二是"事物发生过程中的一个转折点、不确定的时间或者状态、非常危险或者困难的时刻"。由此可见,对危机的传统理解主要是从两个方面出发,即事件发生的时间紧迫性和事件发生可能造成的负面影响性。英文中的"crisis",一般是指事物具有高度危险性和高度不确定性的状态。在现代汉语中,"危机"一词的语义比较清晰,是"危险或威胁"和"机会或机遇"的复合词,同时包含着这两者之间的辩证关系。《现代汉语词典》的解释是:①潜在的危险,危机四伏;②严重困难的关头,如经济危机。《辞海》的解释是:①潜伏的祸机;②生死成败的紧要关头;③经济危机。查阅相关工具书,可以看到各工具书对"危机"一词的界定基本上大同小异。从中外词义上看,"危机"对应着一个具有决定性的时点或时段,这时的决定或行为决定着事态朝更好或更糟的方向发展。

从学术角度来看,随着学科间的交叉融合,不同学者从不同视角对"危机"一词给出定义和解释,研究内容呈现出一种多元化趋势,但始终没能形成一个全面、确切和一致认可的表述(史安斌,2004)。这一方面是因为危机的复杂性难以一言以蔽之,另一方面是因为不同的研究视角和学科背景会导致学者们产生各自独特的见解。以下是部分国内外的学者对"危机"比较有代表性的定义和解释。

从国外学者对"危机"的界定看,国际关系学家查尔斯·赫尔曼1972年在《国际危机:从行为研究角度考察》一书中首次将"危机"定义为威胁决策集团优先目标的一种形势,在这种形势下,决策集团作出反应的时间非常有限,且形势常常向令决策集团惊奇的方向发展(杨明杰,2003)。这个定义提出了危机的三要素,即决策单位的高度优先目标受到威胁、作出反应的时间有限和意外性。该定义是"决策取向型"定义,优点在于强调了危机情境中决策的困难。罗森塔尔和皮内伯格将"危机"界定为:"对一个社会系统的基本价值和行为架构产生严重威胁,并且在时间性和不确定性很强的情况下必须作出关键性决策的事件"。罗森塔尔还认为,"危机"是指"具有严重威胁、不确定性和有危机感的情景"(罗伯特·希斯,2001)。巴顿也提出,"危机"是一个引起潜在负面影响的具有不确定性的大事件,可能对组织及其员工、产品、服务、资产和声誉造成巨大的损害。巴顿明确地将危机的影响扩大到组织及其员工的声誉和信用层面,并认为组织在危机中的形象管理是非常必要的。1975—1976年在耶路撒冷举行的危机问题研讨会上,学者们从冲突的角度对"危机"进行了阐释,认为"危机"是和平进程的断点,必须具备以下4个条件:第一,国家内部或外界环境发生变化;第二,对基本价值的威胁;第三,卷入军事敌对行动的可能性极大;第四,在此价值受到外界威胁时,对该威胁作出反应的时间有限。从管理实践和可操作性角度看,国外学者大多从事件的角度来界定"危机",其中具有代表性且被国内学者引用最多的是罗森塔尔和巴顿等的界定。巴顿对"危机"的界定比较适用于组织危机管理的研究,而罗森塔尔对"危机"的界定则比较适用于公共危机管理的研究。

从国内学者对"危机"的界定看,张成福(2003)认为,"所谓危机,它是这样一种紧急事件或者紧急状况,它的出现和爆发严重影响社会的正常运作,对生命、财产、环境等造成威胁、损害,超出了政府和社会常态的管理能力,要求政府和社会采取特殊的措施加以应对"。薛澜等(2003)认为,"危机通常是决策者的核心价值观念受到严重威胁或挑战,有关信息很不充分,事态发展具有高度不确定性和需要迅捷决策等不利情境的汇聚"。还有的学者认为,"危机"就是在无预警的情况下所爆发的紧急事件,如果不立即在短时间内作出决策,将事态加以排除,就可能对企业或组织的生存与发展造成重大威胁。总体看来,理解"危机"的另一个角度是事物或系统的"状态",这方面描述性的词汇有紧急、无序、失范、不确定性、危害性等。国内学者大多赞成从"状态"角度来定义"危机",认为危机事件不等于危机本身,如果将"危机"解释为一种事件,将会缩小"危机"的外延。董传仪(2007)认为,危机的发生是社会组织内部与外部的构成要素、运转规则和发展秩序由常态异化、裂变为威胁性体系的过程。在危机中,组织面临的挑战不单纯是一个威胁性事件,而是一种涉及内部与外部多重利害关系的复杂困境,故而可以把"危机"定义为一种对组织可能存在破坏性的状态。上述关于"危机"的各种解释和定义,都从不同的侧面揭示了突发性、紧迫性、不确定性和危害性是危机的最基本特征。实际上,上述两个角度对"危机"的界定是相互包容的,因为组织或系统的危机状态总是通过一定的突发事件来表现的。综合来看,"危机"是指个人、群体或者组织以及社会正常的生存秩序、发展进程等由于某种原因,通常是突发事件的出现,而受到破坏,严重威胁正常的生存与发展的状态。

(二)公共危机

公共危机(public crisis),是一种比危机更为特殊的危机状态。"公共"在《辞海》中的解释是共同,即社会的共同领域、共同利益。在西方,"公共"一词起源于古希腊,当时具有两重含义:①具备公共精神和公共意识是衡量一个男性公民已成熟并可以参加公共事务的标志;②人与人之间在相互交往中相互关心和照顾的一种状态。随着时代的发展,"公共"一词一度演变成"政府或政治的同义词"(郑杭生和何珊君,2005)。

对"公共"一词的理解,从机构角度来说,组织与个体依靠民众的税金来维持运作,并不被某个集团把持,社会大众是其补充人力精英的宝库。从利益角度来说,组织与个体的行动和决定、事件与事态的发展,影响到大部分社会成员乃至所有社会成员的利益,这也是最重要的方面。从开放或参与程度来讲,组织与个体的管理过程、事件与事态必须向公众公开,由公众对其保持监督,以免社会权益遭受暗箱操作之害。据此推论,公共危机可以被认为是影响大部分或全体社会成员的安全利益,需要以政府为主体的公共组织全力应对、公众多方位参与配合治理的危机事件、危机情境或紧急状态。当然,公共的范围可大可小,能大至国家与全球,也能小至组织集体,但一般是波及范围或影响力超越乡镇地域以上的,才可真正算得上公共危机。

对公共危机内涵的进一步理解,包括以下 5 个方面(蔺雪春,2013):①公共危机一般由事件促发,由于突发事件是危机的典型外在表现,因此可以把公共危机看成一个或一系列的突发事件;②公共危机是一个过程,也就是说,公共危机或突发事件本身有一个形成、发展、消亡的过程,其处置应对也需要一个努力的过程;③公共危机是一种情境,在这种情境之中,有值得我们探查的客观问题、参量,有组织、个体的主观心理、精神;④公共危机是一种状态,首先是一种公共利益、公共安全、公共秩序遭受威胁的失衡状态,其次也是一种管理和法律上的紧急状态、特殊的例外状态;⑤公共危机必然危及较大范围的公众生命、财产安全,以及经济运营、社会生活、政治秩序,某一个体或组织难以有效应对,需要政府管理,社会各界积极配合。

二、公共危机的主要类型

分类是研究和了解客体的基本途径。从不同的角度对相同的研究对象进行分类和归纳,可以让我们从不同角度理解研究对象。而对公共危机进行清晰明确的分类,对于更好地认识和管理危机并有效响应至关重要。具体而言,一是,分类有助于识别和理解不同类型的危机,从而制定更有针对性的应对策略。例如,自然灾害、网络攻击和公共关系危机等不同类型的危机会对组织和社会带来不同的挑战和影响,因此需要不同的应对措施(Pollard and Hotho,2006)。二是,分类可以帮助组织和政府在危机管理的各个阶段更好地分配资源。通过识别危机的具体类别,可以优先处理最关键的危机,确保资源的高效利用。这种方法不仅提高了危机响应的效率,还能更好地保护公众安全和减少损失。三是,系统的分类和记录可以为未来的危机管理提供宝贵的经验教训。在每次危机结束后,通过分析不同类型危机的处理效果,可以不断改进危机管理策略,增强组织的韧性和应对能力(Rosenthal and Kouzmin,1997)。总之,对公共危机进行详细分类,能够显著提升应对效率和效果,确保在危机来临时迅速、有效地采取适当措施。按照不同的标准,公共危机可以划分为以下几种不同的类型。

(一)按公共危机产生的诱因分类

按照危机诱因分类,危机可分为内生型危机、外生型危机和混合型危机。内生型危机是由事物发展过程中本身所固有的属性决定的,或者是由组织内部管理不善所引起的。这种危机来自事物本身,具体分为:经营危机,如投资失误、价格失误、广告传播失误等;管理危机,如人、财、物管理失误,产品质量出现问题;法律危机,如未履行合同、偷税漏税、以权谋私等;素质危机,如技术水平低下、缺乏文明礼仪等;公共关系危机,如与相关公众关系不和谐、公众投诉多等。外生型危机是事物的外部因素造成的危机,具体分为:自然灾害危机,如火灾、水灾、旱灾、虫灾、地震、飓风等;人为破坏危机,如恐怖袭击、爆炸、投毒及其他恶意破坏等;社会发展危机,如政治动乱、社会骚乱、经济危机等。混合型危机是指危机的成因既有内生的特质,也有外生的特质。事实上,大多数危机都是混合型的,极少有单一成因的危机。

(二)按公共危机发生的领域分类

从公共管理的角度出发,按照其发生的领域,危机可以划分为政治性危机、经济性危机、社会性危机、生产性危机和自然性危机。

1. 政治性危机

政治性危机的传统内涵和现代意义有所区别。传统内涵主要是指因发生了某种对国家构成威胁的非常规事件(战争、内乱、大规模抗议、高层公开分裂等),国家采取措施终止某些现行治理活动。而现代意义上的政治性危机的内涵和外延与传统意义上的相比要宽泛得多。对于党和政府而言,政治性危机就是对"执政主体的束缚",危机的解除则是对主体束缚的解除。两者本质上的不同在于,传统意义上的政治性危机多是突发的、单一的、显性的,现代意义上的政治性危机却是持续的、多元的、隐性的。前者可以通过紧急应对措施加以处置,即可以将这种危机当作一件事情来处理。总体而言,政治性危机一般涉及政体、国体以及政府合法性面临严重挑战、威胁,国家主权受到威胁和侵害(汪玉凯,2006)。总体上政治性危机包括战争、政变,以及其他政治因素引发的政府信任危机、外交危机、国家安全危机、社会骚乱、国际恐怖主义事件等。这类危机会直接危及社会的安定和国家政权的稳定。

2. 经济性危机

经济性危机是一个涵盖内容十分广泛的领域,主要涉及宏观经济变量的波动。按照马克思主义政治经济学的观点,经济性危机是指经济系统没有产生足够的消费价值,也就是生产能力相对过剩的危机。经济性危机包括财政危机、金融危机、资源危机和全面的经济危机。比较有代表性的经济性危机案例包括：①起源于泰国，迅速蔓延至东南亚其他国家，导致货币大幅贬值、股市崩盘、经济衰退的"1997年亚洲金融危机"；②我国经济失衡和金融体系脆弱性导致土耳其遭遇严重的货币和银行危机的"2000年土耳其财政金融危机"；③阿根廷在债务违约后，经历了严重的经济衰退和社会动荡的"2001年阿根廷经济危机"；④由美国次贷危机引发，导致全球银行体系的严重动荡，多个国家陷入经济衰退的"2008年国际金融危机"；⑤国际油价暴跌和西方国家的经济制裁导致卢布大幅贬值，俄罗斯经济陷入衰退的"2014年俄罗斯金融危机"等。

3. 社会性危机

社会性危机主要源于人们所持的不同信仰、价值和态度之间的冲突，人们对于现行社会行为规则和体制的认同性危机，以及各种反社会心理等。社会性危机主要指源自社会结构层面上的问题，如因社会阶层结构的不健全、社会利益结构的失衡以及社会群体之间对立感的增强，而形成程度不同的社会紧张情势和局面。具体表现为：贫富差距的扩大，社会不公日益突出；社会财富通过权力寻租（腐败）越来越集中到少数人手中的趋势加剧；公民利益表达机制不畅和缺乏，群体性事件日益增加，官民冲突激化，政府治理危机凸显；等等。社会性危机的范围往往是以社会领域和政治领域为主并涉及多个领域。对于中国现代化进程而言，当社会风险积累到比较严重的程度时，某个事关社会公众切身利益的不利问题一旦出现，很有可能成为触发点，演变为某种形式和某种程度的社会性危机。一般来说这类问题的彻底解决难度比较大。

4. 生产性危机

生产性危机是最常见也是发生频率最高的危机性事件，一般主要是由技术因素、防护性因素、质量因素、管理因素以及各种各样的偶然性因素引发。主要包括工矿商贸企业的各类安全事故、交通运输事故、公共设施和设备事故、核辐射事故、环境污染事故等。比较有代表性的生产性危机事件包括：①历史上最严重的核电站事故之一，发生在苏联（现乌克兰境内）切尔诺贝利核电站，导致大量放射性物质泄漏，对环境和人类健康造成长期严重影响的"1986年切尔诺贝利核事故"；②矿井瓦斯爆炸导致重大人员伤亡和财产损失，暴露矿山安全管理面临的重大挑战的"2000年英国哈特福德铁矿事故"；③火车起火导致大量人员伤亡，是印度最严重的交通事故之一的"2002年印度古吉拉特邦火车事故"；④由地震和海啸引发的导致大量放射性物质泄漏，造成广泛且长期影响的"2011年日本福岛核事故"；⑤矿坝溃决导致泥石流以及矿山尾矿坝管理出现漏洞，造成数百人死亡和严重环境破坏的"2019年巴西布鲁马迪纽矿坝溃坝事故"；等等。

5. 自然性危机

自然性危机是在中国对人类社会发展规律认识进一步深化的基础上提出的一个新概念。它是指人类赖以生存和发展的自然环境或生态系统结构和功能由于人为的不合理开发、利用而引起的生态环境退化和生态系统的严重失衡过程。事实上，自然性危机的后果比战争更危险,更具毁灭性,它将毁灭地球和地球上所有的生命。历史经验表明,一个国家可以从战争的创伤中恢复起来,如第二次世界大战后的德国和日本,但是没有一个国家可以从被破坏的自然环境中迅速恢复。从世界文明发展史来看,自古埃及文化、古巴比伦文化、古希腊文化、古印度文化、中美洲的玛雅文化,到中国的楼兰文化,这些文化的兴衰,有一个共同点,就是和它们所在地区的森林数量、质量和植被的分布等因素密切相关。因此,恩格斯在《自然辩证法》中就告诫人们:"我们不要过分陶醉于我们人类对自然界的胜利。对于每一次这样的胜利,自然界都报复了我们。每一次胜利,在第一步都确实取得了我们预期的结果,但是在第二步和第三步却有了完全不同的、出乎预料的影响,常常把第一个结果又取消了。"

(三)按公共危机的影响范围分类

从公共危机的影响范围来看,公共危机的影响范围小到单位、集团,大到国家、全世界。据此,可将公共危机划分为全球性危机、国际性危机、国家危机、地区危机、个别组织危机等。例如,全球气候变暖、臭氧层空洞就属于全球性危机。国际性危机是指以两个或者几个国家为主要行为者的危机,其中以外交危机和军事危机较为常见。例如,阿以危机、古巴导弹危机等都是国际性危机。国家危机是发生在国家层面,威胁一国政权和社会稳定的危机。地区危机的例子也不少,比如东南亚金融危机。

(四)按公共危机的表现形式分类

从公共危机表现形式来看,主要有意识冲突型、自然灾害型、利益失衡型、权力异化型和国际关系型。意识冲突型公共危机指由民族、宗教问题引起的大规模群体冲突或刑事案件等。自然灾害型公共危机主要包括水旱灾害、气象灾害、地震灾害、地质灾害、海洋灾害、生物灾害和森林草原火灾等。利益失衡型公共危机是由经济发展不均衡和社会保障制度的缺陷引发的,包括罢工、集体上访、静坐、示威游行、集会等。权力异化型公共危机是由政府体系中权力腐败或司法权运行机制不完善引发的,如集体上访、暴力抗法、刑事案件等。国际关系型公共危机是指由国家间的紧张局势引发的经济制裁、局部战争等危机形态。

(五)按公共危机发生的过程、性质和机理分类

按照不同的标准,公共危机还可以继续划分为许多种类,《中华人民共和国突发事件应对法》将突发公共事件按其发生过程、性质和机理分为四大类,即自然灾害,主要包括水旱灾害、气象灾害、地震灾害、地质灾害、海洋灾害、生物灾害和森林草原火灾等;事故灾难,主要包括工矿商贸企业事故、交通运输事故、公共设施和设备事故、核辐射事故、环境污染事故和生态破坏事故等;公共卫生事件,主要包括传染病疫情、群体性不明原因疾病、食品安全事件、职业健康危害事件、动物疫情以及其他严重影响公众健康和生命安全的事件;社会安全事件,主要包括恐怖袭击事件、民族宗教事件、经济安全事件、涉外事件、群体性事件以及其他刑事案件等。

在执行此分类标准时,需要注意以下问题。

(1) 以上 4 类危机事件彼此并不是截然分开的,相互之间往往呈现多元共存的特征,在特定的情景下可能相互转化,即带来所谓的"涟漪反应"。比如,部分危机事件造成重大危害的原因包括自然因素、人为因素和其他因素,一些事故灾害(如有毒物质的泄漏)也可能衍生为公共卫生事件。2000 年的中国台湾地区八掌溪事件,就是政府对自然灾害应对失当而引发的一场系统性社会动荡的典型例子。

(2) 危机事件类型的具体规定,必须为各种新情况、新变化预留空间,并适时调整和更新。现代社会在一定意义上说是高风险社会,随着形势的不断发展变化,危机事件的不确定因素将会不断出现。

(3) 笔者将依照自然灾害、事故灾难、公共卫生和社会安全的分类标准,归纳总结 4 类危机的主要特征,结合具体的典型案例梳理不同类别公共危机的发生和演变过程,并提出有针对性的建议和措施。

如上所述,公共危机从不同的角度看有不同的分类,上述划分方式只是具有代表性的几种。不同标准的分类对我们正确认识公共危机并采取有针对性的措施都是大有裨益的,但是任何一种分类方法都不是绝对的。不同类型危机的划分意义在于揭示危机事件的复杂性。在现代社会,各类公共危机有时互为因果,相互叠加、渗透与扩展,形成了一个错综复杂的网络结构,单一性公共危机常常演变成复合型危机,这极大增加了危机治理的难度。因此,对于危机的研究不能以一种固定的标准来进行,更重要的是要动态、深入地看待危机的发生、演变过程。

第二节　公共危机管理概述

一、公共危机管理的内涵

危机管理在西方研究中又被称为紧急事件管理、紧急事件的风险管理和灾难风险管理。危机管理概念的最早提出者和运用者是企业,危机管理是指企业对危机事件的处理。市场风险的不可预测性往往会对企业的生产和经营造成危机,这就需要企业对各种危机进行管理。20 世纪 70 年代,企业工商政策和管理战略开始受到一些西方公共管理学者的重视,他们主张效法企业的做法以提高政府行政绩效。同时,工业化和科技化发展引起的复杂社会问题增加了政府的不可治理性,引起了社会危机性事件的频繁发生,社会要求政府担负起危机管理责任的呼声日渐高涨,由此公共危机管理的概念应运而生。目前,尽管学者们对公共危机管理有着多种不同的解读,但对危机管理的定义主要有如下两类:①危机管理就是组织或者个人通过危机监测、危机预控、危机决策和危机处理,达到避免、减少危机产生的危害,甚至将危机转化为机会的目的;②危机管理具有控制和制约的含义,即采取各种措施,控制和限制冲突行为的发展,改变冲突各方不断相互刺激和冲突逐步升级的趋势,使冲突得到隔离和抑制,减少危机引发战争或大规模暴力对抗的危险(胡平,1993)。因此,综合而言,危机管理是个体或组织针对危机情景,采取监测预警、信息收集、信息分析、计划制订、综合协调等措施,控制和限制冲突行为发展的动态管理过程,目的在于缓解危机所造成的冲击并降低损失,甚至将危险转化为机会。

公共危机管理是危机管理的具体领域,具有其独特的属性。具体来说,公共危机管理是指以政府为主体的公共组织,对影响广泛的突发事件、危机情境、紧急状态,开展监测预警、应急处置、恢复重建、学习反思等快速有效的系列管理活动。公共危机管理的内涵体现在如下4个方面。

(1)公共危机管理是一个动态的过程。危机从产生到爆发有其完整的因果机制,虽然其外在表现形式可能是突发与急促的,但导致危机产生的因素却可能是长期存在的。因此,危机管理需要将事前、事中、事后的管理统一成一个整体,通过预警机制防患于未然,从源头上防范危机。一旦危机发生,则要迅速有效处理,事后进行总结,抓住危机产生的本质原因,以避免类似的事件再发生。

(2)公共危机管理强调快速有效。作为一种突发事件,危机发生速度快,影响范围广并且是在事前缺乏准备的形势下快速地蔓延。在危机管理中,时间十分重要,危机管理主体必须在极短时间里进行危机事件处理,只有快速地反应与机动灵活地应对,才能够有效减少危机损害。

(3)公共危机管理的目的在于减少危机造成的损害。其管理过程包括事前预警、事中灵活快速地应对、事后总结。管理危机事件的目的是控制事态,减小危机事件发展所造成的不利影响,压缩危机事件影响的范围,减少不确定因素,找到危机产生的原因,并努力将危机事态的应急处置转为常态化管理机制。

(4)公共危机管理的主体是以政府为核心的公共组织。由于公共危机涉及面广且牵涉公共利益、公共安全甚至国家安全,一般组织难以应对,需要由政府出面,动用公共资源乃至国家力量。

公共危机管理是一个综合性的研究领域,涉及多个交叉学科的知识和技能。如社会学和心理学为理解群体行为和个体反应提供了基础,从而使管理者更好地了解人们在危机中的行为模式和心理状态。政治学和公共政策学研究了政治因素对危机管理的影响,其中政治因素包括政府机构、政治体系和政策制定者。传播学和媒体学的作用是帮助管理者有效沟通、增强公众意识和减轻恐慌。医学和公共卫生学为理解和应对公共卫生危机提供了知识基础。常见的公共卫生危机包括传染病暴发等生物性危机。工程学和技术学为设计与实施危机管理技术和工具提供了支持,涉及的技术有安全建筑设计和应急通信系统。环境科学和气候学研究了自然灾害和气候变化的影响,为应对这类危机提供了支持。法学则制定了应对危机的法律框架,帮助公众了解法律责任和紧急状态下的法律权利。这些交叉学科相互交织,为公共危机管理提供了综合性视角和全面的解决方案,有效的危机管理需要跨学科团队的合作和协调,以应对复杂的挑战和不断变化的情况。

二、公共危机管理的原则

部分学者在系统梳理公共危机管理经验的基础上,总结出了应对公共危机管理的六大基本原则。

(一)以防为主原则

我国自古就有居安思危的思想,"居安思危,思则有备,有备无患""安而不忘危,存而不忘亡,治而不忘乱""生于忧患,死于安乐""防微杜渐,未雨绸缪",这些都是古人关于预防危机思想的经典概括。"凡事预则立,不预则废",危机事件是随时可能发生的,只有始终保持一颗清醒的头脑去预防才是最佳选择(陈丽华等,2009)。"以防为主"意味着两层含义:一是通过预测、预警、预控来防止危机事件的发生;二是通过采取预防措施,将无法防止的危机事件造成的损失控制在最低程度。因而,"以防为主"并不是说一定要完全杜绝危机事件,对无法防止的危机事件,采取预防措施使其损失控制在最低程度,也属于"防"的内容。因此,这里的"防"是"预防"而不是"防止"的意思。无论是战争危机、恐怖危机、社会骚乱危机,还是人为因素引起的灾害危机,最成功的危机管理都要求政府采取超前的行动,及早发现引发危机的线索和因素,预测可能发生的问题以及事情发生后的可能走向和程度,从而制订多种可供选择的应变计划,对一切显露的问题积极采取措施,及早作出处理,将危机消除在萌芽状态,避免危机爆发带来的损失;或采取预防措施将难以避免的危机事件所造成的损失控制在最低程度。鉴于出现危机事件的诱因既有人为因素也有非人为因素(包括不可抗拒的自然因素),我们要为危机事件做好各方面的准备,平常应将危机的预防管理与危机爆发时的管理相结合,实现平时危机管理与爆发时危机管理在组织体制、工程建设、应急准备、指挥程序等方面的有机统一(丁文喜,2009)。

(二)效率优先原则

效率优先是公共危机管理最主要也是最现实的原则。公共危机事件通常都具有突发性、震撼性,来势凶猛,发展迅速,且往往无章可循或无先例可参考,而且由于信息不畅或不全面,其发展与后果往往带有不确定性,难以预料。鉴于其巨大的破坏性、危害性和负面影响,危机事件一旦发生,时间因素就显得尤为关键。公共危机管理相当于一场特殊的战斗,必须在信息极为不充分的情况下立即作出反应,做到迅速发现、及时报告、立即出动、快速到位、迅速展开、及时介入,以便抓住先机,争取主动,尽快控制事态发展,否则就会耽误危机治理良机,不利于危机局势的控制。"时间就是生命""时间至关重要"。这就要求政府具有快速反应的应变能力和高效的资源动员能力,在第一时间对事发现场采取一系列的紧急处置手段,及时控制危机事态的发展,采取应对危机事件初始阶段的应急措施。及时、准确的应急措施能够让民众心理得以初步安定,社会秩序得以初步维护,为争取整个危机事件处理工作的顺利进行奠定了基础。

(三)协同一致原则

突发事件引起的公共危机具有多维度特征,涉及的领域是综合性的,不是一个地区或部门靠一己之力就可以应对的。要做到最有效地应对公共危机,需要政府部门、社会组织与公民个人共同参与、协同运作,优化整合各种社会资源,协调各方力量,以便各尽所能最大限度地减少损失。因此,必须正确处理危机治理过程中的各种关系,调配各类资源,确保危机治理的及时性和有效性。在这方面我们的教训是深刻的。在公共危机事件处理过程中,联动部门之间缺乏及时有效的协调配合机制,不能及时作出科学的判断、评估和决策;各部门横向协同机制不足,资源共享程度低,部门分割现象较突出,各层级各部门衔接不力,信息系统相互分割,沟通不畅,降低城市应急能力;有的部门考虑自身利益过多,缺少与其他部门必要的配合和协作,难以形成合力,造成信息不畅通,资源不能共享,难以及时有效地化解危机。所以,这里的协同一致原则主要有两个方面的含义:一是要保证危机发生后政府各职能部门之间的协调统一,不同职能部门都以大局为重,优化整合各种社会资源,发挥整体功效,最大程度地减少危机带来的损失;二是要解决好政府部门与社会其他各部门的协调统一问题,危机治理过程虽然是以政府为主导,但是需要来自交通、通信、消防、搜救、食品、公共设施、公众救护、物资供应、医疗服务、军队、武警官兵等各个领域的工作人员共同参与,而应对人员因所辖部门工作性质不同、职责不同,各自的利益诉求也会有差异,各自需要介入的方式和程度也不相同。因此,如果没有遵循协同一致原则,就有可能出现各行其是的混乱状况,不利于公共危机的有效治理。

(四)科学有序原则

公共危机应对虽然需要全社会共同参与,但并不是说人海战术效果最佳。公共危机应对要讲求科学有序原则,这一原则主要针对的是那些工业技术引起的灾害以及自然灾害造成的危机事件。工业技术引起的灾害包括危险物品的生产和运输、辐射事故、水坝决堤、资源短缺和大面积建筑物着火等,自然灾害造成的危机事件包括海啸、干旱、森林大火、飓风、山崩、火山爆发、泥石流、雪崩、暴风雪等。如果没有借助相关专业知识与先进装备,公共危机应对效果将大打折扣,甚至适得其反。这就要求科学应对公共危机,注重发挥专业救援队伍和专家的力量,同时也要采取最先进的救援工具,提高公共危机应对的科技支撑力度,以加强公共危机应对的效果。危机管理行为的实施必须依据一定的评估标准和优先秩序,确定现场控制及处理的工作程序。如果在法律上有明确的规定,则首先要遵照法律的规定实施;对于社会性危机,迅速有效地恢复正常秩序是首要的目标。

(五)安全第一原则

在公共危机应对中,必须强调应急处置与救援的优先次序问题,即哪些需要最先解决,哪些可以稍微后置一点。公共危机应对的首要任务就是保障民众的生命安全,以确保受害和受灾人员的生命安全为基本前提,同时还必须最大限度地保护参与处置公共危机应急人员的生命安全,这是以人为本理念的直接体现。在保证人员生命安全的基础上,还应该全力保障国家和人民群众的财产安全。危机的处理难免会不同程度地威胁社会的稳定和人民的生命及财产安全,我们需谨慎、适度地行使危机管理权,以期将这种破坏和利益损失降到最低程度。为此,无论是处理自然灾害引起的危机,还是处理社会性危机,我们都必须采取有效措施,甄别主要危害物,对于一些群体性突发事件,处置时要遵循争取多数、孤立少数的原则,区分不同情况,严格界定政策适用界限。特别是在处理一些暴力性的突发事件过程中,使用武力应遵循必要性和比例性原则,一般以制服对方、解除其抵抗能力为限度。

(六)依法应对原则

依法应对原则对政府来说体现为依法行政,这是现代民主宪政原则的基本要求,有利于防止政府在应对公共危机中滥用自由裁量权来侵犯公民权益。危机事件属于非常规决策和非程序性问题,因此,在危机事件的应对过程中,政府危机管理权力运作的合法性就显得特别关键。危机情境下,政府虽然拥有许多特殊权力,但不能误用、滥用危机管理权。此外,在一些涉外危机事件的处理中,由于各国法律不尽相同,且很多危机事件还涉及政治、经济、宗教和外交等各个方面的问题,处理起来就更要小心谨慎。

三、公共危机管理的特征

(一)公共性

公共危机管理是政府部门对具有公共性质的各种类型危机的决策和管理过程。由于公共危机具有社会性,对其进行有效管理超出了私人组织的能力范畴,因此政府在危机应对中发挥着核心和关键作用。政府的危机决策和行动会对危机利益相关者产生广泛且深远的社会影响。在经济建设方面,公共危机管理通过制定和实施经济政策、提供财政救助和实行经济刺激计划来稳定市场,恢复经济增长。在政治建设方面,公共危机管理是维持社会稳定和政治秩序的重要手段,政府的有效应对可以提升公众对政府的信任度,促进政治稳定。在文化建设方面,政府通过危机管理可以保护和传承文化遗产,促进文化交流与融合,提高社会的文化认同感。在社会建设方面,公共危机管理通过保障公共安全、维护社会秩序、提供公共服务来增进民生福祉,增强社会凝聚力。在生态文明建设方面,公共危机管理在应对环境危机、保护生态环境、促进生态修复、推动可持续发展方面发挥着重要作用。总之,公共危机管理贯穿于经济、政治、文化、社会和生态文明建设的各个方面,是政府履行公共职责、保障社会公共利益的重要途径。

(二)预防性

由于危机是潜在的危险,所引发的危害后果具有严重性和破坏性,因此危机管理重在预防。公共危机管理的预防性是指通过监测危机管理对象,采取预防措施,以避免危机爆发或者最大限度地减少危机。从现实来看,有些危机是自然因素引发的,如地震、洪涝、干旱、飓风等,目前人类尚难控制;而有些危机是人为因素引发的,如环境灾害、重大事故等,这些完全是人为灾害,是可以预防、防范的。还有些危机是自然因素和人为因素交互作用引发的,从理论上来说也是可以预防的,预防的效果取决于预防的程度和成本、科学技术发展的水平等。以对人类造成巨大危害的地震为例,目前尽管人们对地震活动的基本规律尚未完全掌握,但20世纪以来,人类已经对几次7级以上的地震做过非常成功的短期预报,也采取了相应的预防措施,避免了人员伤亡。当然,由于地震的预测预报工作需要投入大量的人力、物力、财力,预防工作的成本比较高,同时受限于当前预测技术水平,地震预测的有效性不够,因而一些国家将其有限的人力、物力、财力放在抗震设计及地震应急管理上,但这并不表明地震无法预防。

(三)应急性

危机一旦发生,必须尽快作出反应,采取必要措施,及时控制危机事态的发展,努力将危机的负面影响限制在最小范围。公共危机管理的应急性是指由于危机事件突然爆发、处于紧急状态的特性,政府在进行公共危机管理时必须在有限的时间内应急处置,不容拖延。公共危机管理的应急性意味着面对危机政府必须在尽可能短的时间内作出最优的决策,必须承担决策失误带来的巨大风险。这样,决策者在决策过程中不仅要承担巨大的心理压力,而且危机事件发生以后的处理程序也必须迅速有序。以化学事故为例,发生化学事故以后,即便有一个非常科学、周到的应急处置预案,也还要对当时当地的风向、风级进行测定,然后根据风向、风级确定可能影响的范围,并按此范围进行人员疏散。同时,还要对泄漏或者爆炸地点进行处置。上述工作都必须在最短的时间内紧张有序地完成,否则会造成巨大的人员伤亡和财产损失。此外,应急窗口期的把握对于有效控制危机蔓延尤为重要。只有在关键的窗口期内迅速决策并采取行动,才能最大限度地降低危机对经济社会的破坏程度。例如,全球性经济危机往往伴随着市场的剧烈波动和投资者信心的急剧下降,而在危机初期,各国政府采取果断措施进行干预,能够有效稳定市场预期,防止危机蔓延。

(四)不确定性

公共危机管理的不确定性主要体现在管理对象的不确定性、预测的不确定性、预控的不确定性和应急预案的不确定性。所谓管理对象的不确定性,是指尽管危机事件的爆发有它的必然性,但是究竟在何时爆发、何地爆发、以何种方式爆发,以及达到何种规模、带来何种影响等,这些是有其偶然性的,或者说是具有不确定性的。预测的不确定性,即由于管理对象的不确定性,危机管理部门难以准确预测危机发生的时间、地点、强度、规模。如由于地震活动的复杂性,地震机构很难对地震发生的确切时间、地点、强度作出准确的预测。预控的不确定性,是指由于预测的不确定性(或者能够准确预测)和危机事件本身的复杂性,难以对即将发生的危机事件采取确定的措施,以防止危机事件的发生。一些危机事件,如灾害导致的危机事件,因为难以预测,也就难以预控;另有一些危机事件,如战争事件、恐怖事件、骚乱事件,即使能够预测,但由于引发事件的原因不明,或者引发事件的彼方主体的行为不受此方主体意愿支配,因而也难以进行预控。应急预案的不确定性体现在再好的预案都无法将所有可能发生的危机都囊括在内,也难以将所有的危机处理措施都囊括在内。以灾害事故应急处置预案为例,一方面,人类行为的不当或失误造成的环境灾害会不断发生,对这些层出不穷的新灾害,应急处置预案很难做到预测准确、方案完备;另一方面,即使对于确定的危机对象,也会由于危机形成中的偶然性因素,而难以制定考虑周全的应急预案(韩秀景,2012)。

(五)长期性

危机往往并非偶然(或)和孤立的事件,其发生有着深刻的政治、经济、社会、文化背景,可能会导致结构性和连锁性的反应,危机事件处置完毕并不意味着潜在危机的彻底解除。因此,危机管理是一种长期的和系统化的管理,并不着眼于被动地处置眼前的某一危机,而是积极主动地采取一系列长期性的和系统化的反危机策略。然而,长期的危机管理意味着政府和相关机构必须不断进行危机演练和评估,以便优化应对预案,并通过公共教育和培训增强公众的危机意识和应对能力。这种长期性的管理策略还要求建立并完善危机预警机制,及时识别和预防潜在危机,减小危机对社会的影响。政府还需持续监测和评估危机管理的效果,调整策略以适应新的挑战和变化。此外,危机的长期性也要求开展国际合作与信息共享,通过跨国界的协作,更好地应对全球性危机的挑战,减小危机对社会的长远影响。只有通过实施长期的、系统化的策略,才能真正提升社会抵御各种危机的韧性和能力,从根本上降低危机的发生概率和危害程度。

(六)复杂综合性

由于公共危机事件具有突发性、不确定性、多因性等,区别于一般情况下的公共管理,危机管理难度比常规管理大得多。一是指挥协调和物资供应任务重,要在短时间内指挥各个管理机构协调联动、保障物资供应是一项艰巨又复杂的工作。二是管理对象配合程度差,受到危机影响的管理对象情绪不稳定,难以像平常那样理智地配合管理者的工作,加大了管理的难度,这就要求危机管理人员必须具备较高的管理素质。公共危机管理难以由政府的某一个部门单独应对,需要政府在进行危机管理时设立一个综合协调的机构,由该机构来协调相关政府危机管理部门的关系,动员各种社会力量参与,并统一指挥危机事件的应急处理工作。此外,公共危机管理的复杂性还在于涉及的领域广泛,需要协调经济、政治、社会、文化等多个方面的资源和措施。对危机的应对往往是一个全面的系统工程,需要预防、应对、恢复和重建各个环节的紧密配合。

四、公共危机管理的模式

任何事情都有其自身的发展规律并具有发生、发展和消亡的过程,公共危机也不例外。关于危机管理的具体过程,有三阶段模式、四阶段模式、五阶段模式等。这些危机管理阶段划分的实质是把危机管理行为渗透到危机各个阶段,转化为组织的运作行为。

(一)三阶段模式

依据公共危机的发生、发展,把危机管理划分为危机前、危机中、危机后三大阶段,针对这3个阶段可分别采取相应的预防、应对和改善措施。危机前以监测、准备工作为主,危机中以处理、控制工作为主,危机后则以善后恢复工作为主。危机前阶段,重点在于风险识别和预防措施的制定,通过监测系统及时发现潜在危机,制定详细的应急预案并进行演练,以增强应对能力。危机中阶段,则需要迅速反应,实施应急措施,控制事态发展,尽量减少损失和降低影响。危机后阶段,重在恢复和重建,评估危机处理的效果,修复受损的基础设施和恢复社会秩序,同时总结经验教训,改进危机管理策略和应急预案,以提高未来应对危机的能力和效率。这种系统化、阶段性的管理模式确保了在不同阶段采取最有效的措施,提升整体危机应对能力。

(二)四阶段模式

危机管理专家芬克认为,危机好比疾病,可以借用医学名词来表述:第一阶段为潜伏期。这一时期持续时间较长,危机的苗头还没有明显出现,但是引发危机的结构、因素已经形成,培养危机的"温床"已就绪。因此,早期发现并处理处在潜伏期的危机非常重要。第二阶段为爆发期。具有伤害性的事件发生并引发危机,爆发期时间短而猛烈。"9·11"恐怖袭击事件在2小时内就完结了。爆发期也是危机最激烈、最紧迫的时期,处理的关键在于尽量控制其范围和强度。第三阶段为恢复期。这个时期是一个经历自我恢复、自我疗伤的过程。睿智的决策者往往利用这段时间,分析问题出现在哪些方面,并尽可能采取补救措施。这个时期的时间长短不一,但其重要性不可小视。时任纽约市长朱利安尼在"9·11"事件发生后马上成立抚慰遇难人员家属的基金会,同时采取一系列措施预防新的恐怖袭击,受到普遍好评,为后来成功地应对大停电事故奠定了良好的基础。第四阶段是解决期。在经过恢复期后,同类危机仍有可能再度复发。所以,决策者和管理者应注意危机征兆的再现,总结上一次危机中的成败得失,并做好应对再度爆发危机的准备。比如,美国就在"9·11"事件发生后成立国土安全部,出台了新的国家安全报告,明确了反恐战略。

张成福教授把危机管理分成4个阶段,即危机的疏缓、危机的准备、危机的响应、危机的恢复,4个阶段是一个系统的循环过程。危机的疏缓,涉及消除或者减少灾难出现的机会,或者降低影响的一切活动。其基本的出发点在于,一个社会即使不能预防灾难,但是可以通过各种努力减少灾难带来的损失。危机的准备是指制订计划,以确保在危机出现时有效地应对危机,包括危机管理规划、危机训练、危机管理的资源准备和储备等。危机的响应,是指危机出现以后,政府通过危机援助和各种反危机措施,控制并减少危机对受害者造成的损害。它包括了许多重要环节,如警示、隔离与转移、搜寻和援救、灾难评价、紧急救助、基本设施的提供、沟通和信息管理、安全保障等。危机的恢复,是指通过各种措施,恢复正常的社会运作和秩序。显然,危机管理的4个基本阶段是相互联系和不断循环的(张成福,2003)。

罗伯特·希斯(2001)将危机管理过程概括为4R模式,即危机管理可以划分为缩减(reduction)、预备(readiness)、反应(response)、恢复(recovery)4个阶段。有效的危机管理是对4R模式所有核心要素的整合。一是缩减阶段,主要任务是预防危机的发生和降低危机发生后的冲击程度。对任何有效的危机管理而言,缩减是其核心,因为在缩减阶段危机最易控制,治理花费也最小,只要对各种细小的变化多加注意,防微杜渐,就可以防止一些危机的发生。促进管理、增强沟通、提升品质等皆可以在不知不觉中降低危机事件发生的可能性。二是预备阶段,在火灾发生之后才去学习灭火器的使用方法显然已经太迟了,因此必须在危机发生前做好充分准备。在危机发生之前,就必须做好响应和恢复计划,对员工进行技能培训和模拟演习,保证这些计划深入人心并落到实处,其目的是一旦危机发生,使损失最小化,并使事件尽快恢复到常态。三是反应阶段,在危机爆发之后,需要及时出击,在尽可能短的时间内遏制危机发展的势头,运用各种资源、人力和管理方法化解危机,防止事态进一步恶化。四是恢复阶段,通常在经历过危机之后,人和物都会受到不同程度的冲击和影响。危机局势一旦得到控制,应着手恢复工作,还应就危机处理过程中反映出来的问题对危机管理工作进行改进,对危机管理计划进行修订。

(三)五阶段模式

美国的米特洛夫和皮尔森提出了一个五阶段的危机管理模式。①信号侦测阶段:识别新的危机发生的警示信号,并采取预防措施。②探测和预防阶段:组织成员搜寻已知的危机风险因素并尽力减少潜在损害。③损失控制阶段:危机发生阶段,组织成员努力使其不影响组织运作的其他部分或外部环境。④恢复阶段:尽可能快地让组织正常运转。⑤学习阶段:组织成员回顾和审视所采取的应对管理措施,并使其从危机处理的整个过程中,汲取危机再次发生的经验教训,即便危机再次发生,也能提高危机处理的效率(文森特·奥斯特罗姆,1994)。

然而,危机管理本身并不仅指危机发生过程的时间线规划,还必须考虑到每个阶段所对应的行为决策。根据危机发展的规律,总结不同学者的研究成果,笔者认为危机管理包括4个方面的行为过程。

1. 危机前的预防

最高明的危机管理不在于危机事件形成和爆发后的处理,而在于排除导致事件发生的各种可能性,从根本上防止事件的形成和爆发,也就是"防患于未然"。这个阶段包括几个环节:首先要对管理范围内的政治、经济、社会、自然等环境因素进行评估;其次要找出可能导致事件发生的关键性诱因,并尽可能提前加以解决。

2. 危机前的准备

这个阶段包括两个环节:一方面要制定应急预案,提前设想事件可能发生的方式、规模、危害程度等,并且拟定出多套应急方案,事件一旦发生,可以立即根据实际情况选择可行方案。面对现实中预案可能出现的问题,管理者首先做好风险分析,针对非常规风险制定工作规划;其次做好"最坏的打算和最好的准备",做到保障有力;最后扎实开展模拟训练演习,实现预案的动态更新和完善。另一方面要做好监测与预警,比如建立社会预警机制。这是对社会运行状况发出信号,表明社会已经或即将发生无序现象的临界状态,以期引起社会管理者和社会公众的注意,及时采取对策,使社会运行状况不再继续恶化的一套制度和方法。在运行社会预警机制时需要做好监测、传递、分析、信息发布等全流程工作,同时从技术、经济、社会、政治多角度对事态进行科学理性分析。

3. 危机中的响应

由于此时危机事件的冲击力最大,因此响应阶段是人们最关注的阶段。

(1)危机的初期响应阶段。首先,要采取措施及时遏制事态发展,公共危机管理部门要在极端困难的情况下为决策者提供真实准确的信息,帮助决策者迅速找到应对危机事件的根本和要害之处,及时采取措施,在尽可能短的时间内控制住危机。其次,管理者要注意隔离危机,避免危机态势进一步升级。隔离危机的一种有效途径是利用迅速有效的危机反应,防止危机扩散;另一种途径则是加强媒体管理,在防止不利于危机管理的谣言流传的同时,向受危机冲击者及时传递准确且权威的信息。一般来说,要实现"隔离事态",需要做好以下事项:第一,现场人员保持冷静,尽快组织自救和互救;第二,相关机构迅速启动预案,组建应急指挥机构,配备专业人员;第三,确定决策目标的价值取向,遵循以人为本的基本原则,尽量保证生命安全、财产安全、环境安全和社会稳定;第四,及早关注隔离心理危机、媒体危机及其他衍生危机;第五,保证组织内其他部门正常运转;第六,防止各方相互推诿责任,杜绝"谴责游戏"的发生。

(2)危机的全面响应阶段。面对危机的升级和扩散,要对危机进行全面管理。第一,主要领导应亲赴第一线,这样既可以稳定民心,也可以保证信息的准确、真实、快捷;第二,要做好关键决策的制定与实施,在信息和资源不足的情况下,必须作出高效快捷且科学的危机决策;第三,要做好危机的协调管理,不仅仅是资源的协调,还包括处理好现场各个主体之间的矛盾和关系;第四,要做好媒体沟通工作,及时快捷地发布新闻,用权威信息来防止谣言滋生;第五,要做好公众沟通工作,调动公民参与积极性,建立政府、社会、公众三位一体的联动响应机制。

4. 危机后的修复和重建

危机的修复和重建工作不仅涵盖对事件中受到损害的有形资产的恢复,还涉及受影响人群的心理创伤抚慰与信仰体系重建,更在于弥补危机中暴露出来的漏洞和不足。为此,要在科学、客观原则指导下,对危机事件发生的原因、机理和处理过程进行调查与分析,总结经验并吸取教训,完善规章制度,明确未来方案的任务目标和工作重点。这个阶段属于承前启后的阶段,绝不是简单地以"处分人"为结束的标志。缺少这个阶段的努力,灾难就会重复上演,类似悲剧就会循环发生。

五、公共危机管理的多维度

笔者分别从技术维度、制度维度、行为维度、风险社会维度和治理维度出发,以每个维度的核心问题为基本线索步步推进,为读者呈现一个立体的公共危机管理全貌。

(一)技术维度

技术维度的公共危机管理是以"应急响应"为内核,强调突发事件应急能力是政府能力的衡量标准。鉴于此,政府应急响应部门必须高度重视危机信息管理、危机应对态度优化、应急预案完善、危机沟通机制构建和应急资源合理调配等核心要素的体系建设,进而优化应对方法与措施。效率是这一维度的核心价值,强调无论是应急管理还是常态化危机管理都必须考虑"资源有限性"或"资源稀缺性"这一无法回避的限制条件,特别注重"资源有效配置"在有效管理公共危机过程中的关键作用,这是以往经验论研究视角没有关注的问题。长久以来,经验论公共危机管理研究从感性主义出发,通过精选和研究国内外的公共危机管理案例,并从中提炼出经验和教训,旨在为政府等公共机构正确处理突发公共事件提供启示和借鉴。从理论上说,经验论研究方法对于起步晚、亟须提升应急能力的中国政府和中国社会而言具有重要的现实意义,有助于在既有经验教训借鉴吸收基础上快速地建构适合中国社会现实的公共危机应急策略与手段。

(二)制度维度

重大突发事件会引发非常严重的社会问题,随之而来的经济成本、物质损耗和情感创伤也不容忽视。危机情势也变成了一个高度政治性话题,因为危机情势可以考察公共部门和政府官员是否愿意积极回应并满足民众需求。一些直接威胁民众生命安全的重大突发事件更是政府执政能力的试金石。因此,公共突发事件自然而然地成为关键的政策议题,需要政府高度关注。危机来临之际,组织关键/核心人物可能缺位,或者领导者的领导力可能更契合日常化程序性管理而非应急响应。为了更有效、更规范地处置公共危机事件,尽最大可能地将"不确定性"纳入"确定性"的管理体系中,规范化、程序性的公共危机管理制度应运而生。公共危机管理制度除了关注应急预案制定、修订和演练之外,还注重危机管理体制、法规、应急体系运行机制建设。

公共危机管理体制的核心有3点:①建立一个具有权威性的危机管理指挥机构,合理划分各参与机构的职责与权限;②设计一套危机应急响应程序,以便高效、规范、有序地采取应急行动;③划定责任范围和边界,通过跨部门沟通协作达成公共危机管理目标。就公共危机管理法制而言,它是指在突发事件引起的公共紧急情况下规范和调整国家权力之间、国家权力与公民权利之间、公民权利之间的各种社会关系的法律规范和原则的总和。它涉及危机管理主体、职权范围行为与程序依据等,赋予政府等应急管理主体特殊时期采取特殊措施的权限,也约束着各应急主体的行为。它在要求社会组织和公民配合危机管理行动的同时,也对公民权利施加保护。一个具有约束力的法律体系是公共危机管理制度建构的必要先决条件。此外,突发事件应急预案在辨识评估潜在危险、事故或灾难类型发生概率、后果及其影响程度的基础上,给应急管理机构和其他参与组织赋予职责与具体任务,并对应急行动所需的人力、技术、装备、设施、物资等应急资源做具体安排。突发事件应急预案的实施离不开预警机制、预防机制、沟通机制、联动机制、控制机制和恢复机制的高效运行。

(三)行为维度

伴随大部分自然灾害危机、重大社会突发事件和安全生产事故而来的是各种难以预计、令人难以理解的问题,这些问题给应急处置机构带来沉重的负担。个体家庭和私人组织的广泛参与有助于解决混乱无序的各种问题,但这种程度的社会参与是远远不够的,人们只能将希望寄托于政府等其他公共部门,期待他们提供更多的支持。

从理论上看,政府面对任何突发事件都可以依赖危机管理运行机制作出制式反应,所有参与机构特别是定期进行突发事件演练的机构更是会自动自发地按照标准运作程序履行自身职责,从而实现及时、有效且成功的危机管理。然而,事实并非如此。危机信息瞒报、延报、误报,以及危机准备不足、误判情势等问题的存在,加上事件本身的复杂性却让危机管理部门难以按照预期计划迅速行动,导致政府应急行动失败。简言之,政府应急响应实际结果可能与应急预案、运行机制的制度性建构完全背离。无论是突发事件本身复杂程度,还是危机管理制度建构,都与危机情境中"人的行为"有关,"人的行为"或"一群人的行为"是危机管理过程中最难以预测的变量。制度建设同时也是行为规范、期望和价值的创建过程。规范意味着某种标准,日常生活中人们依靠各种规范来决定自身行动和处理与其他社会主体之间的关系,规范有助于人们区分可以接受和不可以接受的行为。政府行为同样需要规范指引,特别是突发事件应急响应行为,一套法定行为规范可帮助各个应急管理机构采取稳定、持续、有序与可预期的救助行动。但是在突发事件情势中,常规化的行为模式被中断,人们可能会发展出新的规范和行为模式并以此作为行动指南。但新的规范更多时候是一种权宜之计,危机中集体行为造就的应急规范可能会与此前形成的政府规章法律或规范存在差距,甚至会发生冲突,并直接影响应急管理成效。

(四)风险社会维度

风险社会维度关注的是现代技术潜藏副作用给人类社会发展带来的危害,这一点与技术、制度和行为维度截然不同。在应对之前,政府机构首要面对的是公众对现代技术潜藏风险无法控制的恐慌情绪。信息技术和新媒体技术的大规模应用进一步为谣言制造和传播等非理性集体行为创造了便利条件,传统应急响应和规范对"风险放大效应"及其引发的非理性集体行为几乎无能为力。有必要从风险社会维度再认识科技、谣言和沟通在危机演化过程中的交互作用机理。

人类科技不断进步,农业、化工、生物等技术发展很大程度上解决了生产力不足导致的物资匮乏问题。然而,面对"12·23宁夏中宁毒气泄漏事故""8·12天津新港特别重大爆炸事故""农药百枯草被用于自杀"等折射出的这些科技潜藏副作用或有害技术的危害,因为不确定科学家是否保有独立性、是否具备科学伦理道德和正向价值观,民众选择了不再相信科学家或专家权威,转而寻求其他真理渠道。互联网与社交媒体技术的发展确实为之提供了这样一个可获得认同的温暖渠道,但是这个渠道并不一定具有科学道德与正向价值观。在此情况下,面对伤害或潜藏伤害、面对威胁和看不见的危险,人们陷入一个由"同类人"构成的"水平信任体系",充满迷茫、困惑、愤怒的社会情绪逐渐生成,轻则引发舆情危机,重则引发线上、线下非理性互动,一旦谣言滋生,就会推动民众与政府陷入实质性冲突,危及社会秩序。谣言既不能止于知,也不能止于智,更不可止于管控,唯能止于治。治的核心是消解社会疑虑、铲除谣言滋生土壤。这需要政府等理性官僚制组织与社会公众之间展开沟通,沟通的着眼点是风险,目标是缓和乃至化解民众的恐惧心理与焦虑情绪,将集体行为从不理性的危险边缘拉回到理性轨道上,避免情势恶化危及社会规范、道德准则和社会秩序。

(五)治理维度

任何组织类型要在风险社会求生存发展,都必须超越简单的应对技巧和策略层面,重视应急响应的体制、机制和法制的规范建构,因为后者从根本上决定着危机管理全过程的效率与效能。规范是指对参与危机管理的机构及其职责、权限范围预先作出规定,强调预警和日常演练,能让真实突发事件情境中的应急响应行动更加有效。这是一种基于理性官僚制发展出来的官僚规范,注重制式反应和标准化程序。按照应急预案设计,一切行动皆可纳入标准化程序和步骤当中,由此可以避免混乱无序的情境出现,实现高效应急响应目标,政府公信力也可借此得到维护。这一思路的前提是政府机构与社会公众、企业之间的利益基本一致,适用于因果关系明确的突发事件情境,但未必适用于一些性质比较严重的危机情境和因果关系不确定的非结构化突发事件情境。由于应急预案预计与突发事件真实情境中人的行为差异、官僚规范与应急规范之间的差距及其给应急管理带来的负面影响,考虑应急管理措施对危机事件利益相关者的影响、利益相关者对应急行动措施的看法等成为必然要求,这正是治理规范的形成逻辑。

治理规范强调自上而下权威与自下而上权威的融合,以及政府、社会公众、企业等多元主体之间互动的透明性,既强调官僚规范的正式规则与标准化程序,也关注应急规范与集体行为在特定情境中的合理性与合法性。在此过程中,决策权力集中与分散并存,危机决策主体呈多元化发展。公共危机协同治理是治理规范的理想状态,其最基本含义是政府、企业、公众和非营利组织(non-profit organization,NPO)等多元主体协调合作,共同治理公共危机,政府不是公共危机的唯一权威主体,各方主体拥有足够的自我管理能力和责任意识,有平等的参与机会,相互作用呈非线性特征,依照共同认定规则共享和交换各自掌握的资源;全部过程是动态调整的,各个主体通过竞争、谈判、合作等方式实现自组织,并在这一过程中适应内外部环境的变化,整个系统达到动态性平衡。

参考文献

陈丽华,王霆疃,李倩,2009.公共视角下的危机管理[M].北京:中国社会科学出版社.
丁文喜,2009.突发事件应对与公共危机管理[M].北京:光明日报出版社.
董传仪,2007.危机管理学[M].北京:中国传媒大学出版社.
冯惠玲,郝立新,张成福,2003.公共危机启示录:对SARS的多维审视[M].北京:中国人民大学出版社.
韩秀景,2012.公共危机管理理论与实践[M].南京:南京师范大学出版社.
胡平,1993.国际冲突分析与危机管理研究[M].北京:军事谊文出版社.
蔺雪春,2013.公共危机管理简明原理与实务[M].成都:西南交通大学出版社.
罗伯特·希斯,2001.危机管理[M].王成,宋炳辉,金瑛,译.北京:中信出版社.
史安斌,2004.危机传播与新闻发布:理论.机制.实务[M].广州:南方日报出版社.
苏伟伦,2000.危机管理:现代企业实务管理手册[M].北京:中国纺织出版社.

汪玉凯,2006.公共危机与管理[M].北京:中国人事出版社.

文森特·奥斯特罗姆,1994.美国行政管理危机[M].江峰,等译.北京:北京工业大学出版社.

薛澜,张强,钟开斌,2003.危机管理:转型期中国面临的挑战[M].北京:清华大学出版社.

杨明杰,2003.国际危机管理概论[M].北京:时事出版社.

张成福,2003.公共危机管理:全面整合的模式与中国的战略选择[J].中国行政管理(7):6-11.

郑杭生,何珊君,2005.和谐社会与公共性——一种社会学视野[J].甘肃理论学刊(1):5-9.

中共中央马克思恩格斯列宁斯大林著作编译局,1995.马克思恩格斯选集:第四卷[M].北京:人民出版社.

POLLARD D, HOTHO S, 2006. Crises, scenarios and the strategic management process[J]. Management Decision,44(6):721-736.

ROSENTHAL U, KOUZMIN A, 1997. Crises and crisis management: Toward comprehensive government decision making[J]. Journal of Public Administration Research and Theory,7(2):277-304.

第二章 公共危机管理主要类型特征

第一节 自然灾害类公共危机特征与管理

> **提要**：政府应急管理部门作为自然灾害应对的关键主体，其应急管理能力的强弱对于有效化解灾害起到至关重要的作用。笔者在梳理自然灾害类公共危机主要类型和特征的基础上，主要针对我国台风、洪涝和地震3类代表性的自然灾害类型，从应急管理的视角出发，针对不同灾害特点，探讨政府应急管理部门应如何高效处置自然灾害，并进一步深入挖掘自然灾害应急管理能力的提升路径，以期有效增强政府应急管理部门在自然灾害防控方面的能力，为保障经济社会高量发展提供坚实的基础。

一、自然灾害类公共危机及其属性

(一)基本定义

自然灾害类公共危机是指自然异常变化造成的人员伤亡、财产损失、社会秩序失稳、资源破坏等现象或一系列事件。它的形成有两个必备条件：一是以人类破坏自然，导致自然异常变化作为诱因；二是以受到损害的人、财产、资源作为承受灾害的客体。自然危机具体是指一系列人类不可预知和控制的自然灾害、疾病等，如地震、火灾、洪水等造成的危机。随着经济的发展，当今社会发生的危机往往是自然和人为相互作用的结果，自然灾害与人为因素常常是相互联系、相互转化和相互促进的。自然灾害系统是由孕灾环境、致灾因子和承灾体组成的地球表层变异系统，灾害是该系统中各子系统相互作用的结果。

(二)主要类型

1. 基本分类

总体上看，自然灾害大致可分为七大类数十种，主要包括：气象灾害，如霜冻、寒潮、沙尘暴等；地质灾害，如崩塌、滑坡、泥石流、水土流失等；海洋灾害，如风暴潮、海啸、赤潮等；洪水灾害，如洪涝、江河洪水等；地震灾害，指由地震引起的强烈地面振动及伴生的地面裂缝和变形,使各类建(构)筑物倒塌和损坏等;农作物灾害,如农作物病虫害、鼠害等;森林灾害,如物种森林病虫害、鼠害、森林火灾等。

2. 根据自然灾害形成的时间分类

自然灾害形成的过程有长有短,有缓有急,据此可分为突发性自然灾害和缓发性自然灾害。有些自然灾害,当致灾因素的变化超过一定强度时,就会在几天、几小时甚至几分、几秒内表现为灾害行为,如火山爆发、地震、洪水、飓风、风暴潮、冰雹、雪灾、暴雨等,这类灾害称为突发性自然灾害。旱灾,以及农作物和森林所遭受的病虫害、草害等,虽然成灾通常需要几个月的时间,但灾害的形成和结束过程仍然比较迅速、明显,所以也把它们列入突发性自然灾害。还有一些自然灾害是在致灾因素长期发展的情况下逐渐显现的,如土地沙漠化、水土流失、环境恶化等。这类灾害通常需要几年或更长的时间才能形成,因此被称为缓发性自然灾害。

3. 根据自然灾害的灾害链特征分类

按自然灾害发生后是否诱发其他灾害,可以将其分为原生灾害、次生灾害和衍生灾害。许多自然灾害,特别是等级高、强度大的自然灾害发生以后,常常会诱发一连串的其他灾害,这种现象称为灾害链。灾害链中最早发生的起作用的灾害称为原生灾害,而由原生灾害所诱导出来的灾害则称为次生灾害。自然灾害破坏了人类生存的和谐条件,由此还可能衍生出一系列其他灾害,这些灾害统称为衍生灾害。如大旱之后,地表与浅部淡水极度匮乏,迫使人们饮用深层含氟量较高的地下水,从而导致了氟病,即为衍生灾害。

(三)属性特征

1. 潜在性

自然变异的形成存在一个能量积累或能量转换的过程。如以地壳运动为主所形成的自然灾害(滑坡、崩塌、泥石流等)多表现为势能向动能的转换,其能量积累或转换持续时间极长或极短,通常不易被人们所直接察觉。

2. 突发性

自然变异往往因其他因素的触动而突然爆发,除了在特定条件下必然发生外,其发生时间带有一定的偶然性。突发的自然变异来势凶猛,瞬间释放出巨大能量。人们即使有所察觉,也会陷于猝不及防的境地。

3. 相关性

各种自然灾害既有各自的形成、发展和致灾规律,以及不同的时空特点,同时各种灾害之间以及它们与其他自然因素之间又相互依存,有着明显的关联性。这些关联性包括:①同一地域自然灾害的关联性;②原发灾害和诱发灾害的关联性;③不同地域自然灾害的关联性;④缓发灾害与突发灾害的关联性;⑤人类活动与灾害的关联性。

4. 有限性

自然灾害在地域分布上有一定范围,如地震主要发生在环太平洋和地中海的喜马拉雅地带,海啸、风暴、洪涝、滑坡等主要发生在低纬度沿海及近海地带。自然灾害的发生在时间上也有一定的限度,如暴雨、台风、雷电等随气候和季节变化,表现为夏秋季多、冬春季少的特点。

5. 社会性

自然灾害会给人类社会经济发展造成危害。同一类型、同一强度的自然灾害发生在社会经济条件不同的地区,造成的损失相差很大。如相同震级和烈度的地震,在人口稠密、经济发达地区造成的损失往往远超人口稀疏、经济落后的地区。此外,自然灾害的致灾强度和灾害损失的大小还与灾害发生地区的社会经济结构的承灾、防灾的能力,人们的防灾意识,对灾害的心理承受能力等因素有关,当强度很大的突发性灾害发生在承受能力差的人群中时,容易出现重大灾难。

二、我国自然灾害类公共危机的主要特点

(一)台风灾害的主要特点

台风,属于热带气旋的一种。热带气旋是发生在热带或亚热带洋面上的低压涡旋,是一种强大而深厚的"热带天气系统"。中国把西北太平洋的热带气旋按其底层中心附近最大平均风力(风速)大小划分为6个等级(表2-1),其中心附近风力达12级或以上的,统称为台风。

表2-1 热带气旋等级划分

热带气旋等级划分表	底层中心附近最大平均风速/(m·s^{-1})	底层中心附近最大风力等级
热带低压(TD)	10.8~17.1	6~7
热带风暴(TS)	17.2~24.4	8~9
强热带风暴(STS)	24.5~32.6	10~11
台风(TY)	32.7~41.4	12~13
强台风(STY)	41.5~50.9	14~15
超强台风(Super TY)	≥51.0	≥16

1. 台风源头分布广泛

影响我国的台风主要来自西北太平洋和南海区域,孟加拉湾的风暴有时也会影响我国西藏、云南等地;个别来自中太平洋的台风(飓风)横穿西北太平洋后,也能对我国东部海域

造成影响。

2. 台风登陆路径多样

根据生成区域和移动路径,我们可以归纳出3种主要的台风登陆路径。一是台风生成后,从菲律宾以东洋面一路向西,进入南海,最终在我国广东、海南沿海或越南沿海登陆。这种台风移动路径在5月—6月和10月—11月较为常见。二是台风从菲律宾以东洋面向西北方向移动,穿越中国台湾或日本的琉球群岛,最终在我国台湾、福建、浙江和江苏沿海地区登陆。这种台风移动路径在7月—8月十分活跃。三是台风从菲律宾以东洋面直接向西北偏北方向移动,直至抵达日本东经125°以东,这是5月和10月—11月最常见的台风移动路径,通常呈抛物线轨迹。在南海生成的台风,其移动路径相对复杂,缺乏明显的规律性,难以总结出常见路径。

3. 台风登陆时间集中在夏秋季

台风通常在赤道以北5个纬距之外的热带海域生成,其主要生成时间集中于夏秋季。1949—2019年,西北太平洋和南海地区共有1918个台风生成,年均约27个。其中,大约1/4的西北太平洋台风会登陆我国,每年平均有7个台风登陆,最多年份可达12个,最少年份为3个。台风登陆的时间主要集中在7月—9月,此时段登陆台风数量占总登陆台风数量的3/4,最早登陆时间可能在5月初,最晚在12月初。登陆地点几乎遍布我国的整个沿海地区,主要集中在浙江以南的沿海地带,其中广东沿海登陆次数最多,约占1/3,其次是台湾、海南、福建和浙江。

(二)洪涝灾害的主要特点

强降水通过洪水、山洪、城市内涝及其引发的滑坡、泥石流等灾害对生命安全、粮食安全、生态安全及经济社会的发展造成广泛影响。我国地处东亚季风区,降水时空分布不均且年际变率高,加之地形复杂,暴雨频繁发生。

1. 空间上分布区域性

我国的暴雨洪涝灾害在空间上表现出明显的区域性分布特征。以胡焕庸线作为界线,东南沿海地区距离海岸线较近,容易受到海洋气流的影响,暴雨雨量、雨日和雨强都呈显著增加的趋势。这是由于海洋水汽的供应较为充足,且山脉和地势的影响较小,有利于大气湿度的聚集。相比之下,胡焕庸线以西,是西北内陆地区,距离海岸线远,受山脉等地形因素的制约,暴雨的发生频率和强度相对较低。

2. 时间上分布集中且逐年递增

我国的暴雨洪涝灾害在时间上呈现出明显的集中分布特征,主要集中在5月—8月汛期。这段时间暴雨强度大,极值高,持续时间长,范围广,是暴雨洪涝的高发时段。2008—2013年的统计数据显示,我国平均每年出现暴雨过程达39次。随着时间的推移,年均暴雨的雨量和雨日呈显著增加的趋势,意味着暴雨洪涝风险逐年上升。然而,与雨量和雨日不同,雨强的增加幅度相对较小(孔锋等,2018)。

3. 破坏性强

洪涝灾害具有极高的破坏性。以2021年7月河南特大暴雨洪涝灾害为例,该事件导致1 478.6万人受灾,398人死亡(含失踪),直接经济损失高达1 200.6亿元。该事件足以表明暴雨洪涝灾害对人民生命和财产安全造成了严重威胁,也对城市形象产生了显著的负面影响。

(三)地震灾害的主要特点

我国位于欧亚板块东南部,毗邻太平洋板块,处于环太平洋地震带和欧亚地震带的交汇点。这个地理位置使我国成为地震多发地,尤其是5~6级地震频繁发生(陈嘉琳等,2022)。根据地震观测的数据,我国发生的7级以上地震数量占全球同类地震的1/3,而因地震造成的死亡人数占全球地震死亡总人数的12%。随着全球地震活动的活跃,地震地质灾害将成为21世纪最具威胁性的自然灾害之一(王竹华等,2005)。我国地震震级频率统计见表2-2。

表2-2 我国地震震级频率统计

震级	震况	频数/次	频率/%
[5,6)	中强震	409	82.96
[6,7)	强震	78	15.82
[7,8)	大地震	5	1.02
8级及以上	巨大地震	1	0.20

1. 地震的空间分布存在区域性

台湾地区是我国地震活动最为密集的地区,经常发生地震。而西部地区,尤其是新疆、青海、西藏、四川和云南一带,也构成了一个地震多发带,特别是靠近邻国边界的地区,地震频发。相比之下,我国的东北部地区地震发生次数较少,地震分布相对分散,而中部和东南部地区则极少发生5级以上的地震。

2. 地震在时间分布上相对分散

5级以上地震在2005—2020年间没有明显的规律性变化。然而,2008年却是一个特殊年份,这一年发生了97次地震,地震呈现出相对活跃的趋势。另外,2013年也是地震次数较多的一年,其他年份地震次数则没有出现大的波动。此外,地震的发生在夏季相对较多,而在冬季较少,这引发了学术界对地震与季节因素之间关联性的研究,该研究需要进一步分析与地震相关的地质条件、气候、季节等。

3. 地震危害严重

回顾1993—2017年期间的数据,地震灾害导致我国7.37万人死亡和47.36万人受伤。2008年是死亡和受伤人数最多的年份,分别占25年来总死亡人数的93.98%和受伤人数的79.60%。从经济损失角度来看,1993—2017年期间,我国地震灾害累计造成直接经济损失1.10×10^4亿元。2008年的直接经济损失最为严重,达到0.86×10^4亿元,占总经济损失的78.23%。其次是2013年,直接经济损失为0.10×10^4亿元,占总经济损失的9.06%(刘磊等,2021)。这些数据表明地震对我国社会和经济发展带来了巨大的影响。

三、自然灾害类公共危机的应对与管理

(一)台风灾害的应对与管理

台风灾害的独特属性使前期预防比灾中管理更为重要。当前,我国政府正通过依托横纵向责任制制定防台应急预案、构建全面应急预警体系,以及建立统一的自然灾害信息系统和信息公开机制,以此来构建完整的台风预防-灾管体系。

1. 依托横纵向责任制制定防台应急预案

我国政府设立专门应急管理机构,由地方政府主要领导人牵头负责处理台风灾害引发的各种危机事件的综合协调工作,实行行政首长负责制。在纵向方面,建立各级政府及相关部门上下联动的工作关系,形成省政府领导、衔接地市、下接乡镇的应急联动体系。在横向方面,地方政府的相关工作部门应当分工明确,承担不同类型的应急管理职责。针对台风灾害,气象局和水利部门担负主要职责,财政、民政、农业、海洋渔业、宣传、电力、电信等部门以及相关企事业单位配合防台应急管理机构的统筹协调工作。各级部门都有规范的预案制定和发布程序,定期组织开展预案演练。在台风影响期间,省级单位层层下达指令,同步启动预案,分阶段、分层次开展台风防御工作。从根本上来说,地方政府的防台应急响应机制建设应形成纵向联动、横向协调的立体网络。

2. 构建全面应急预警体系

如果能够在自然灾害未发生前就及时消除危机产生的根源,那么不仅有利于保障社会秩序稳定,还可以节约大量的人力、物力和财力。因此,地方政府应对辖区的气候环境特征和社会经济发展水平进行科学分析,发现和总结台风灾害应急处置的基本规律和特点,因地制宜建立完善的台风灾害应急预警体系。同时,应在财政资源上予以支持,将危机预警、预控所需的资金、物资、技术、人才、设备等纳入地方政府财政预算,并通过法律给予保障。

(1)台风气象预测。省防汛、水利、气象、海洋与渔业等部门加强预报工作,密切监视台风路径,及时将最新消息报送有关部门;省国土资源、交通、电力、建设、海事、旅游、农业、教育等部门24小时值班,密切关注台风动向;省水利、国土资源、海洋与渔业、交通、建设、民政

等部门派工作组到台风影响地区指导防台工作。

(2)水情监测网络和预警。建立水情信息采集系统,将自动遥感监测站各站点的数据直接连到省水利厅,对洪水进行实时预报和调度,为防汛决策指挥提供准确的水情预警信息。各小型水库落实一名局(科)级以上行政干部为水库安全监督管理责任人,责任人应在台风影响期间驻库巡查,发现问题及时上报并作出处理,务必把安全隐患消除在萌芽状态(隋广军和蒲惠荧,2012)。

3. 建立统一的自然灾害信息系统和信息公开机制

自然灾害应急管理是一项系统性工程,一方面通过建立统一的灾情信息系统,协助各级政府以及各部门制定正确的应急管理对策,不失时机地采取防灾减灾措施;另一方面地方政府在应对自然灾害时应注意保障社会公众的知情权和参与权,依靠地方媒体及时、迅速、准确地将灾情信息公开披露,利用舆论的导向作用,正确引导公众情绪,澄清错误信息与消极判断,避免发生大规模社会恐慌事件。

(二)洪涝灾害的应对与管理

在长久的防汛抗洪实践中,随着科学技术与经济社会的发展,我国以水库、堤坝等构建的防洪工程体系与以洪水监测、预报、预警等构建的非工程体系不断完善,由"一案三制"(张念强等,2020)、保障机制、科技支撑体系等构成的综合应急管理体系逐渐完善,防御能力显著提升。

1. 灾前预防与准备

灾前预报与准备是指为防止和持续降低洪涝灾害风险,提高处置能力和效率而开展的经常性和基础性工作。目前,我国已建立较为完善的包括预防预警信息、预防预警行动、预防预警支持系统和预防预警衔接在内的综合预防预警机制。洪涝灾害发生前,各级自然资源、水利、气象等相关部门对当地重大灾害性天气、堤防和水库工程状态等信息进行联合监测、会商和预报,提前评估风险,如实向防汛指挥机构上报;灾害发生后,同步开展灾情(时间、地点、范围等)的收集与上报工作。随后,相关单位和部门提前对公众发布预警信息,并根据风险或灾情实时变化进行滚动预警,加强宣传,提升民众的防洪与自我保护意识,让民众提前做好思想准备与自我防护措施。与此同时,各级防汛指挥机构将根据监测结果绘制本地区的洪涝风险图、蓄洪区洪水风险图、流域洪水风险图、山洪灾害风险图、水库风险图等,为各级救灾组织提供科学决策的依据。各级防汛指挥机构根据需要,组织各部门联合研判灾害风险,及时为防洪抗洪提供建议和方案,组织相关部门编制和修订防洪方案,以更好地应对洪涝灾害。此外,相关部门落实防汛责任人,组织专业救援队伍,储存调配抢险救灾物资,确保防汛通信专网、预警反馈系统的通畅,确保水情、灾情等信息和指挥调度指令及时传递,积极做好思想、组织、预案、物资、通信等方面的准备工作。

2. 灾中应急响应与保障

我国的洪涝灾害应急响应行动根据其严重程度和范围分为 4 个等级,一级响应为最高级别。当进入汛期时,各级防汛指挥机构及其成员单位将实行 24 小时值班制,全程跟踪雨情、险情、灾情等,根据实际情况启动响应等级的应急程序,同时针对城市内涝、山洪等不同类型的洪涝灾害,采取相应的联合抢险救灾行动,包括及时加固堤防、转移安置群众、解救被困人员等。灾情发生后,防汛指挥机构将根据当地险情、灾情等级,及时调配医疗、救援队伍、装备物资、通信设施等各种资源,为抗洪抢险与被困群众解救提供物资与人员保障。当灾情紧急时,当地防汛指挥机构将调配其他区域资源,组织动员社会力量和专业队伍参与救援。在资金方面,中央财政和地方财政将安排专项资金用于救灾,同时相关机构组织接受社会捐赠。此外,水利、应急等部门十分关注灾情中的舆情发展,建立专门宣传工作机制,以开新闻发布会、编发新闻稿等形式及时向社会和公众如实公布灾情与防洪抗洪工作信息,及时澄清虚假信息,安抚民众。同时,组织专家解读灾情,向民众宣传防汛救灾科学知识。

3. 灾后恢复与重建

当洪涝灾害发生后,相关部门将及时采取救灾行动以遏制灾情发展,降低二次损失。应急部门将负责受灾群众的基本生活救助、安置,如受损房屋修复重建,水利工程以及交通、电力、通信等基础设施的修复与重建,并根据相关规定进行补贴。

(三)地震灾害的应对与管理

在公共危机风险管理的减缓阶段,我国不断加强地震预警和防震减灾能力。从"ICL 地震预警技术系统"到"张衡一号",我国地震预警技术不断发展,目前全国 2.5 级以上的绝大多数地震都能监测到,并可在 2 分钟内进行速报。近年,我国相关地震行政部门也在推进地震速报系统创建工作。《中华人民共和国防震减灾法》不仅完善了建设工程抗震设防制度等内容,还对防震减灾管理体制、防震减灾的社会参与制度以及防震减灾的经费保障机制等共 16 项机制进行了补充。

在公共危机应急准备阶段,我国已经基本形成以《国家地震应急预案》为核心,纵向到底、横向到边、条块结合、结构完整的全国地震应急预案体系。在应急管理体制机制方面,《中共中央 国务院关于推进防灾减灾救灾体制机制改革的意见》明确提出要"坚持以防为主、防抗救相结合,坚持常态减灾和非常态救灾相统一,努力实现从注重灾后救助向注重灾前预防转变,从应对单一灾种向综合减灾转变"。在应急管理机构设置方面,国务院和 31 个省(自治区、直辖市)均建立了抗震救灾指挥机构和地震应急指挥平台,具备监测监控、预测预警、震情灾情获取、应急指挥辅助决策制定、信息通告和调度指挥等功能。2018 年成立的应急管理部,将分散在 13 个部门的应急管理相关职能进行整合,实现了应急管理工作的统一协调和高效运作。目前,我国正从应急救灾模式走向"防减救全过程、安全与发展有机融合"的地震抗灾新模式。

当前,我国抗震救灾工作体系分为预警、响应、恢复3个阶段。

(1)公共危机预测预警阶段。我国已经建有由1个国家测震台网和32个省级测震台网组成的覆盖全国的地震监测台网。但目前,我国地震预测预警阶段仍存在地震分析方法单一、国家有关地震预警的立法缺失等问题(魏本勇,2018)。

(2)公共危机应急响应阶段。在该阶段,震区地方各级政府需要迅速了解灾情,对地震灾害事件进行分级,向上级人民政府报告并抄送地震工作主管部门,及时启用地震应急通信系统,利用公共网络、通信卫星等,实时了解地震灾害现场情况。不同级别地震响应工作由对应层级的政府指挥协调。地震灾害现场实行政府统一领导、地震工作主管部门综合协调、多部门参与的应急救援工作体制。在保障人员安全防护的同时,地震灾区的各级人民政府组织各方力量抢救人员,组织基层单位和群众开展自救与互救,积极动员非灾区力量对灾区提供救助。

(3)公共危机恢复阶段。中国地震局负责会同国务院有关部门,在地方各级政府的配合下,共同开展地震灾害损失评估,并在此基础上开展地震应急救援、灾后过渡性安置和恢复重建工作。地震灾区的县级以上地方人民政府及其有关部门和乡、镇人民政府,尊重当地居民意愿,及时恢复农业、工业、服务业生产。国家对地震灾后恢复重建给予人力、财力、物力支持,地方各级政府积极组织受灾群众和企业开展生产自救,并做好受灾群众的就业工作。

四、小结与启示

(一)小结

近10年来,全球自然灾害呈现出发生频次显著增加、发生规模极端化、发生时间难以预测、发生后果衍生级联化等新特点,给防灾减灾构成严峻挑战。以发达国家为首的世界各国相应作出转变和调整,但仍存在灾情决断以及统筹推动效率迟缓、技术失效情景缺乏替代方案、天然弱势受灾人群未全面覆盖、重点产业的适灾韧性不足等问题。

我国自然灾害防抗救一体化的综合治理水平在汶川地震、郑州暴雨等灾害中显著提升,统一指挥的应急响应更加高效,社会参与更加积极有序,物资供应更加及时充足。这主要得益于中国特色社会主义制度能够集中力量办大事,充分调动各个社会阶层的人民群众,应对各种风险挑战,实现宏伟目标的体制优势。目前,我国的灾害应急管理体制机制日趋完善,灾害应急管理业务技术体系基本成型,灾害风险管理水平全面提高。同时,我国进入新的灾害多发期,灾害风险加大、损失风险加剧,危机管理系统面临着更加复杂严峻的挑战,部分大灾、巨灾甚至超出了现有知识经验预期和应对能力范围。原有的防灾减灾框架要适应自然灾害新特点和国际社会灾害治理新趋势,进行整体性、深层次整合和重构,推动自然灾害治理在复杂多变的风险情境中实现动态的结构调整与功能优化,只有提升对自然灾害演变的适应能力,才能有效提高防灾减灾效能(李雪梅,2022)。

(二)启示

1. 发挥自身制度优势,实现"5个结合"

首先,应构建纵向垂直指令与横向扁平互援的体系。即强化国家层面的总体规划和协调,同时充分发挥各级地方政府和社会组织在应对自然灾害中的作用。其次,将灾前防范与灾后复原相结合。除了在自然灾害发生后进行紧急救援,还应重点加强灾前的风险评估和防范措施,包括土地规划、基础设施建设和环境保护。这一举措将有利于减少灾后损失,提高社会的抗灾能力。再次,要实现宏观整体性规划引领与微观个体全覆盖观相结合。国家需要在宏观层面提出整体性的战略和政策,以引导各级地方政府和个体行动。同时,必须确保每个个体都具备基本的自我保护意识和技能,以应对自然灾害。此外,应将前沿技术成果的应用与个体经验能力的培养相结合,采用最新技术和科学研究成果,提高人们对自然灾害的监测和预警能力。同时,需要重视基层个体的经验,通过培训和分享,增强基层组织应对自然灾害的实际能力。最后,应将维护生物自然过程和保护生态资源完整性相结合。维持生态平衡和环境可持续性是降低自然灾害风险的重要手段。政府和社会需要关注生态保护,减少对自然环境的破坏,从而降低灾害发生风险。

2. 优化我国自然灾害应急管理的问责制度

为优化我国自然灾害应急管理体系,必须着重改进问责制度,确保以公共利益为核心,强化政府机构的责任感。首先,问责制度应明确指出以公共安全和财产保护作为最高优先事项,确保政府以公众利益为中心行事。其次,应加强舆论监督和反馈。政府需要积极倾听公众的声音,接纳合理建议,同时解释政策的合理性。为确保问责体系的效力,还需建立完善的问责与监督及纠错机制。政府机构应明确责任,建立监督机构来评估应急响应质量。灾后,设立独立评估机构,审查政府灾害应对表现并提出改进建议,有助于问题纠正与政策改进。此外,需要加强预防与预警问责,确保政府机构对预防措施和早期警报系统的有效性承担责任,同时强化技术能力问责,以确保机构具备处理不同自然灾害的技术能力。

3. 通过"自助、共助与公助"充分整合政府和社会资源

这一措施的实施目的是激发民众的自身力量,动员社会资源,确保政府与社会各方都参与危机应对,形成多元协作的治理模式,提高抵抗自然灾害的能力,降低受灾率,并加强复原力。自助即强化民众的自我保护意识和能力。政府应加强宣传和教育,提升公众对自然灾害的认知水平,包括应对策略和紧急行动指南等内容。培训和教育将赋予民众更多的自我保护技能,减小其在灾害中的脆弱性。此外,政府可以支持基层社区建设,鼓励居民在自我保护和应对方面积极参与,以减少灾害的影响。共助是指各个社会组织和团体的协同合作。政府需要与非政府组织、志愿者团体、企业等建立合作伙伴关系,共同应对自然灾害。合作方式涵盖资源分享、信息传递和人员支援。政府应建立有效的合作机制,确保各方协同作战,高效应对各类灾害。公助强调政府的作用。政府作为主要灾害应对机构,需要具备高效的应急响应能力。这种能力具体体现在健全灾害管理体系、快速启动响应机制、有效配置资源和组织人员培训等方面。政府还应投资技术和基础设施，以提高对灾害的监测、预警和救援能力。在整个过程中，多元协作方式将各方的优势充分结合，实现了资源的有效配置和风险分担。这种整合方式可以提高人们对自然灾害的管理和应对效率，确保公众的生命、健康和财产安全。

第二节　事故灾难类公共危机特征与管理

> **提要：**近年来，事故灾难已成为发生频率最高的突发公共安全事件，对国家社会经济稳定造成极大威胁。事故灾难的应急措施极大地依赖于人的因素，政府应对事故灾难突发事件的风险管理能力是衡量政府治理体系和治理能力现代化的重要标尺。笔者以安全生产事故与环境污染事故为例，分析其总体情况与发展特征，针对应急管理的9个环节提出相应策略与建议。一方面，对事故灾难类突发事件风险管理的深入研究能够进一步完善我国关于事故灾难类突发事件的风险管理理论，另一方面，也能够为我国政府应对事故灾难类突发事件工作提供充足的理论依据，为风险管理者提供更多的政策支持。

一、事故灾难类公共危机及其属性

(一)基本概念

事故灾难是在人们生产生活过程中发生的，直接由人类活动引发的、违反人民意志的，迫使活动暂时或永久停止，并造成大量人员伤亡、经济损失和环境污染的意外事件。事故灾难是基于人与物的相互作用而发生的意外事件，一般是由人与物的不和谐关系导致的。

(二)主要类型

事故灾难种类多样，往往容易造成或可能造成严重的社会危害。生产生活中常见的事故灾难为工矿商贸企业的各类安全事故、交通运输事故、公共设施和设备事故、核辐射事故、环境污染和生态破坏事件等。

1. 工矿商贸企业的各类安全事故

工矿商贸企业的各类安全事故通常发生在生产、经营性企业中，往往对企业自身和外部环境造成损失。以法国科瑞尔斯矿难为例，1906年3月10日，法国北部科瑞尔斯煤矿发生粉尘爆炸，共造成1099人死亡（占当时井下作业矿工总数的2/3），其中包括大量童工。这起事故被认为是欧洲历史上最严重的矿难。

2. 交通运输事故

广为人知的泰坦尼克号沉没事故就属于典型的交通运输事故。1912年4月15日,泰坦尼克号游轮在首次航行中因撞击冰山而沉没。当时,它是世界上最奢华的游轮,造价达700万美元(现今约合1.5亿美元)。在冰冷的海水中丧生的人数超1500人。

3. 公共设施和设备事故

此类事故发生的原因是公共设施与设备质量不达标。典型案例为2013年长沙女子落入无盖下水道,最终失踪死亡的事件。

4. 核辐射事故

核辐射事故是指核电站的堆芯熔化,放射性物质丢失、被盗、失控,或者放射性物质造成人员受到意外的异常照射或环境放射性污染的事件。典型的有切尔诺贝利核事故,截至2006年,官方统计结果显示,事发至今共有4000多人死亡。但是绿色和平组织基于白俄罗斯国家科学院的数据研究发现,在过去20多年间,切尔诺贝利核事故受害者总计达9万多人,他们随时可能死亡。

5. 环境污染和生态破坏事件

环境污染和生态破坏事件是指违反环境保护法律、法规的经济、社会活动与行为,以及受意外因素的影响或遇到不可抗拒的自然灾害等,致使环境受到污染,生态受到破坏,人体健康受到危害,社会经济与人民财产受到损失,造成不良社会影响的突发性事件。环境污染和生态破坏事件包括水污染事故、大气污染事故、危险废物污染事故、农药与有毒化学品污染事故等。典型案例有太湖水污染事件,巢湖、滇池蓝藻爆发事件,大连新港原油泄漏事件。

(三)属性特征

1. 人为性

事故灾难最大的特点是由人引起,人的故意或过失行为是事故灾难发生的根本原因。事故灾难的人为性表明,通过提升人员的安全意识和提高其操作能力,可有效降低事故的发生概率。

2. 偶然性

一般情况下,事故灾难发生前人们很难预判其发生的时间和位置,加上除人为因素外,事故的发生还受自然因素、物质因素等多种影响因素的共同作用,其成因往往是复杂的,任何一个看似极小的状况都可能引发大的事故,从而导致事故灾难的偶然性。

3. 扩大性

事故灾难发生后,可能会存在再次扩大化的事后影响,包括社会的、自然的等不同方面的影响,其危害性无法在事故发生时完全预见的,具有随着时间的推移不断加深,甚至发生次生事故的可能性。

4. 不确定性

事故灾难的发生受到多种因素的影响,因此即使是同种类的事故或同一时间,甚至是同一地点发生的事故灾难,都因为影响因素的差异而存在不确定性。而不同的事故灾难需要不同的应急手段,这加大了抢险的难度,也对相关部门与人员在平常做好应急预案提出了更高的要求。

5. 突然性

事故灾难往往具有爆发突然、蔓延速度快、影响较大和相关舆情传播快速且广泛的特点,往往不能给人们足够的反应时间。因此,只有制定完备的应急预案并迅速将其落实,才能够尽可能地减少事故灾难的危害。

二、我国事故灾难类公共危机的主要特点

笔者根据事故的类型(这里主要以安全生产事故、交通运输事故为代表),总结了事故灾难类公共危机在我国的总体情况、分布特征、发生频率、影响范围和影响深度等特征。

(一)安全生产事故公共危机的主要特点

1. 总体情况

目前,全国安全生产形势持续稳定向好,总体呈现"两个下降、一个基本持平、一个零发生"的特点,即事故总量持续下降,较大事故起数同比下降,重大事故起数基本持平,未发生特别重大事故。这些年随着政府监管力度的加强、企业安全投入的加大,安全生产事故公共危机的预防工作效果显著。

2. 地区与行业分布特征

从较大事故来看,一些地方和行业领域的事故起数和死亡人数出现"双上升"态势:辽宁、浙江、福建、山东、云南5个省较大事故起数均超过20起且同比"双上升",工贸、水上运输、渔业船舶、烟花爆竹等行业发生的较大事故起数同比亦呈"双上升"趋势。

从重点行业事故统计情况看,当前生产安全事故呈现出由传统的高危行业向其他行业发展的趋势,安全生产面临的形势依然严峻复杂,主要呈现以下特点。

(1)道路运输方面,重大事故数量有所反弹,货车、农用车违规载人事故反复发生,客车

重大事故和重大涉险事故多发。

(2) 建筑业方面,建筑业安全风险居高不下,隧道等重大工程施工安全问题突出,农村自建房事故屡屡发生,燃气事故多、影响大。

(3) 水上运输和渔业船舶方面,重大事故得到初步遏制,重大事故数量降幅明显,但较大事故数量有所反弹,违规运输、冒险航行问题突出。

(4) 化工和危险品方面,总体稳定,但违法违规储存化学品问题突出,非法"小化工"屡禁不止,检维修及动火作业事故多发。

(5) 采矿业方面,安全生产压力大,非生产矿事故多发,违法盗采行为死灰复燃。

(6) 工贸和人员密集场所火灾多发,储能电站等新风险场所增多。

3. 发生的频率

目前,我国已稳步实现了安全生产形势持续稳定向好,发生频率逐年递减。生产安全事故起数和死亡人数连续19年、较大事故起数连续17年、重大事故起数连续11年实现"双下降";特别重大事故起数从2001年的140起(年度最高值),逐步下降,至2020年和2021年连续两年实现零事故。最新一年的数据显示,2021年全国生产安全事故起数和死亡人数同比分别下降11.0%、5.9%,连续两年未发生特别重大事故,创下中华人民共和国成立以来最长的特别重大事故间隔期。

历年的死亡人数都呈逐年下降的趋势。我国生产安全事故死亡人数最高峰出现在2002年,那年死亡大约14万人。最新数据显示,生产安全事故死亡人数从历史最高峰的14万人,降至2021年的2.5万人。

(二) 环境污染事故公共危机的主要特点

1. 总体情况

近20年来,我国环境污染事故呈波动态势发展,其中水污染事故占主导地位,其次是大气污染,土壤污染事故起数缓慢上升。目前,全国生态环境质量明显改善,环境安全形势趋于稳定,但生态环境持续改善的基础仍需进一步稳固。同时,安全生产事故等引发的次生突发环境事件多发频发的态势尚未根本改变(李静等,2008)。

2. 分布特征

我国近年来环境污染事故以突发性水污染与大气污染为主,多集中于制造业与交通运输业。污染事故多发地区与我国经济发展阶段和经济政策有关,目前主要集中于我国中南部与西部部分地区,长江、珠江、淮河流域是事故高发区域。危险化学品是环境污染事故的主要污染物质,种类繁多,易与其他污染物质混杂,导致复杂的环境污染问题。

3. 发生频率

突发环境事件从1982年开始出现,于1989年数量达到顶峰,2005—2015年特别重大突发事件相对较多。2015年之后,全年各类突发环境事件起数呈现逐年递减的态势,已经减少至2023年的199起。

4. 事故危害

环境污染事故的趋势性、危害性、潜在性、多源性、群发性和隐匿性等特点,对环境构成多维度的深远影响,主要体现在以下几个方面。

(1)造成环境质量恶化。污染事故严重影响环境质量,会瞬间造成大气环境、水环境质量的严重恶化。同时,对中长期环境质量影响巨大,如某些不易稀释降解的有毒物质发生污染事故后,由于监测手段的局限性、物质迁移转化等,事故发生时的监测数据可能未显示环境质量严重恶化的状况,但数年甚至数十年后,可能被证实该污染事故对环境质量有严重影响。

(2)影响资源与经济的可持续发展。由于资源与经济的不可逆性或不可恢复性,环境污染事故影响资源与经济的可持续发展。环境污染事故不仅会造成社会资源与经济的巨大损失,包括原材料及产品流失、气与水环境资源损耗、设备损毁和责任赔偿等,还会打破经济与环境可持续发展的短期动态平衡,致使工厂生产难以为继,对当地生态环境造成严重危害,甚至使区域丧失居住和生活适宜性(郝均和曾刚,2019)。

(3)影响社会的可持续发展。环境污染事故的发生还直接对人民生命与国家财产的安全造成危害,对社会的稳定和持续发展造成极其深远的恶劣影响。环境效益对人类的作用或反作用具有间接性、滞后性,并且难以用货币计量。

(三)交通安全类公共危机的主要特点

1. 广义的交通安全

随着我国交通运输行业的蓬勃发展,交通安全问题日益引起社会的关注。广义的交通安全包括道路交通安全、水路交通安全、航空交通安全和轨道交通安全。根据数据统计,1980—2020年期间在中国境内一共发生292起重大级以上交通事故,造成11 796人人口损失。其中道路交通事故145起,造成3638人人口损失,占比约49.7%;水路交通事故87起,造成4226人人口损失,占比约29.8%;航空交通事故32起,造成2289人人口损失,占比约10.9%;轨道交通事故28起,造成1643人人口损失,占比约9.6%(应江龙等,2022)。道路交通事故与水路交通事故覆盖的省级行政区域基本一致,主要集中在经济发展迅速、交通运输网络较为发达的华东、华中、华南地区。航空交通事故和轨道交通事故由于其特殊性,发生的次数较少,分布的省级行政区域也较为分散。

2. 狭义的交通安全

(1)道路交通安全情况。狭义的交通安全指道路交通安全。2022年7月25日,中共中央宣传部举行"中国这十年"系列主题新闻发布会,会议上指出10年来我国道路交通安全各项指数持续向好,重大以上交通事故起数从2012年的25起降低到2021年的4起,一次死亡3人以上的较大事故起数降幅达到59.3%,并且已经连续33个月没有发生特别重大交通事故。根据2000—2019年的统计数据(表2-3和图2-1),在政府的综合治理下,我国道路交通事故发生起数和死亡人数的上升势头已经趋于平缓,基本处于稳中有降的状态。

表2-3 2000—2019年间道路交通事故统计表

年份	道路交通事故发生起数/起	道路交通事故死亡人数/人
2000	616 971	93 853
2001	755 000	106 000
2002	773 000	109 000
2003	667 507	104 372
2004	517 889	94 000
2005	450 254	98 738
2006	378 781	89 455
2007	327 209	81 649
2008	265 204	73 484
2009	238 351	67 759
2010	219 621	65 225
2011	210 812	62 387
2012	204 196	59 997
2013	198 394	58 539
2014	196 812	58 523
2015	187 781	8022
2016	212 846	63 093
2017	203 049	63 772
2018	244 937	63 194
2019	200 114	52 388

然而,尽管我国交通运输形势总体平稳,道路交通事故总数和死亡人数仍然居于4类交通事故的榜首。我国仍是目前世界上道路交通事故人员伤亡最严重的国家。按照公安部发布的数据,我国每年死于道路交通事故的人数大约是60 000人,但据其他统计,实际数字远高于此。按照卫生部的统计,这一数字大约是230 000人,而按照世界卫生组织的估计,可能高达2 750 000人。在2019年春节前的公安部新闻发布会上,交通管理局副局长指出:"当前全国道路交通安全形势虽然稳中向好,但稳中有忧、稳中有险、稳中有变,道路交通安全风险交织叠加,源头性、基础性、普遍性的安全隐患仍未根除,风险防控工作仍需进一步加

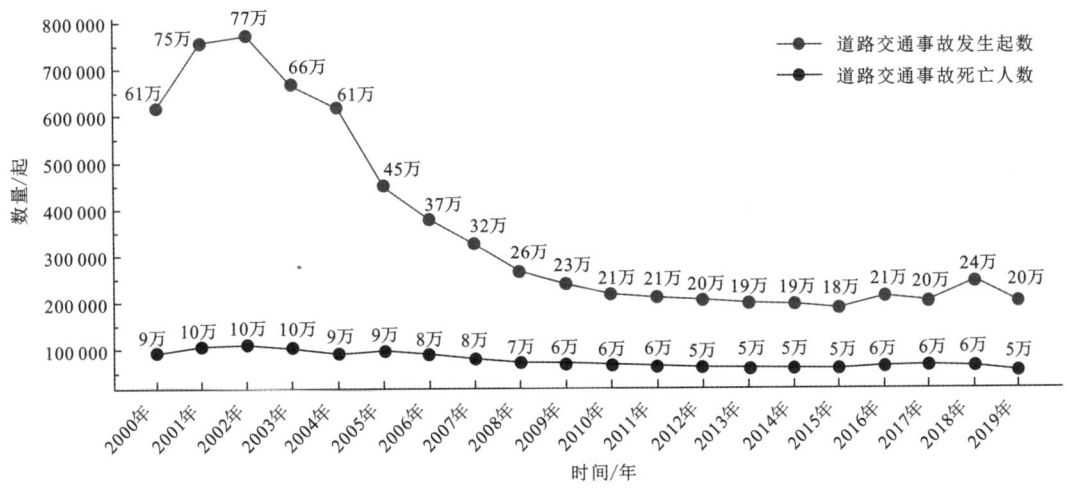

图2-1　2000—2019年道路交通事故统计折线图

强。"作为人口大国,加之经济快速发展,我国城市机动化水平大幅提升,道路交通安全问题也随之日趋复杂。因此,公安交管部门仍须切实加强执法检查,重点关注事故频发区域,维护道路通行秩序,防范化解安全风险,筑牢交通安全底线。

(2)时间分布特点。道路交通事故在一年的不同月份,一天的24小时内分布具有一定的规律性。

我国每年的春运集中在12月至次年1月,每年的春运期间全国各地的道路运输量就会倍增,人流量同时也会增加。私家车盛行,不少车主在春节期间长途驾车千余公里,长途、疲劳驾驶,加上归心似箭,种种因素汇集到一起导致容易发生交通事故。同样,每年9月和10月是农产品的收获季节,农村机动车往返城市与农村的频率较高。但农村机动车车主的驾驶技术水平有限,且路况较复杂,导致车辆在行驶过程中更容易发生故障,进而增加了交通事故发生概率。因此,每年1月、9月、10月、12月为事故高发期,这期间交通事故起数明显高于其他月份,而发生事故起数最少的时间则是2月和3月(高天柱,2014)。

受人们日常生活、工作作息时间影响,一天当中在10时至12时和17时至18时这些时段上,交通事故发生起数较多,占一天交通事故总数的15.76%,交通安全形势相当严峻。交通状况相对较好的时间段为夜间24时到凌晨7时这段时间。这段时间,人们大都处于休息或睡眠状态,道路上的车流量相对较少,所以发生的交通事故的总量也不大。但是由于夜间道路上车流量较少,交警等监管力量薄弱,驾驶员行车时容易放松警惕,本能地提高车速,一旦发生交通事故后果都比较严重。因此,这个时间段的交通事故死亡率远远高于白天。

(3)空间分布特点。不同类型道路的交通事故发生频率有所差别。正常路段具有天然的车流量大的特点,由于基数大,交通事故频发。岔口上绿化带和交通设施较多,易出现驾驶员视线盲区,容易因为避让和躲闪不及引发交通冲突,所以交通事故发生起数较多。在铁道路口和隧道,由于具有警示标志,驾驶员行驶到此路段时,一般都会减速慢行,不易引发交通事故。环形道路由于具有良好的导向标识,也不易发生事故。不同等级道路的交通事故发生频率有所差别,在城市道路中,由于城市快速路在入口、出口、十字交叉口都有匝道缓冲和高架立交设计,设施较为完善,因此交通事故较少。主干路在城市道路中起着缓解交通压力的主体作用,常因车流量大而交通事故多发。由于高速路和一级路是高等级公路,设计速度都比较快,因此发生的交通事故都比较严重,死亡人数较多。二级路和三级路在我国公路总里程中占的比例较大,交通事故发生起数也相对较多。

(4)地区分布特点。道路交通事故发生较多的地区一般为经济比较发达的省、市(表2-4)。经济的快速发展带来频繁的社会经济活动,社会人员和货物流通速度较快,道路交通的运输规模也在不断地扩大,因此容易导致交通事故。根据2020年的统计数据,交通事故发生起数和死亡人数都排在前2位的为广东省和湖北省。广东省作为我国第一大经济强省,人口多、车辆多,而湖北省是中部地区经济实力较强的省份,九省通衢,交通网络繁忙。死亡人数排名后3位的则是青海、宁夏和西藏3个地区,它们都属于人少车少的西部省份(吴大明,2018)。

表2-4 2020年全国交通事故分地区统计表

地区	交通事故发生起数/起	死亡人数/人	死亡人数占全国比重/%
广东	25 414	4678	7.58
湖北	23 052	4258	6.90
广西	18 336	3882	6.29
江苏	10 747	3805	6.17
山东	12 566	3407	5.52
湖南	6 462	3314	5.37
浙江	11 066	3037	4.92
贵州	13 963	2957	4.79
云南	6344	2525	4.09
河南	12 257	2452	3.97
四川	9334	2405	3.97
河北	4567	2400	3.89
安徽	9412	2270	3.68
山西	9204	2111	3.42
吉林	10 503	1987	3.22
江西	5535	1955	3.17
辽宁	4942	1933	3.13
福建	9752	1555	2.52
新疆	4437	1448	2.35
甘肃	2778	1138	1.84

续表 2-4

地区	交通事故发生起数/起	死亡人数/人	死亡人数占全国比重/%
陕西	4871	1040	1.69
黑龙江	4669	993	1.61
北京	3872	964	1.56
重庆	4042	922	1.49
天津	6552	881	1.43
上海	862	812	1.32
内蒙古	3027	809	1.31
海南	2105	649	1.05
青海	1582	517	0.84
宁夏	1939	465	0.75
西藏	482	134	0.18

(5)年龄分布特点。交通事故中死亡人员以26~45岁的青壮年居多,其中31~35岁这部分人占比最高。这个年龄段的人,正值外出打工、求职、创业的黄金年龄,使用交通工具或乘坐交通工具的频率高,所以在交通事故中占比较大。7~9岁的儿童在事故中的比例也比较高,因为这个年龄段儿童活泼好动,交通安全意识淡薄,容易因行为不当引发交通事故。

三、社会安全类公共危机的应对与管理

中国正处于社会转型时期,社会结构的分化导致了权力、利益的重新分配、转移,其中必然酝酿着诸多不稳定因素。这些不稳定因素的存在与我国当前的社会治安工作密切相关。因此,加强社会治安类公共危机管理,完善我国的管理体系,从预警机制、应对机制和恢复机制这三大机制进行建设与完善,是当前我国各级政府的必然选择。

(一)防范机制

1. 要构建完善的防范制度

制度具有根本性、全局性、长远性特征,只有更加成熟、更加定型的制度,才能更好发挥制度效力,有效保障社会治安类事件预防和处置的顺利进行。

(1)要重视法治在社会治安事件预防和处置中的作用,从立法上做好顶层设计,逐步建立完善的社会安全法律制度体系,使之更加科学、更加完善,实现社会安全事件预防和处置的制度化、规范化(吴廷俊和夏长勇,2010)。

（2）要做好社会治安突发事件的教育、培训与演练工作。公共危机的发生是对社会正常发展秩序的挑战,会影响到社会中的每一个成员的正常生活、工作、学习等。因此,在面对公共危机时,加强应急宣传教育、培训与演练,提高社会成员的应对意识、应对能力,可以最大限度地控制和降低公共危机带来的伤害。

（3）对于一些涉及政治安全地区的社会安全事件,还要加强国家安全教育,建立从上到下的安全教育体系,防止境外不良势力的思想渗透。

2. 要构建精准清晰的预警指标体系

预警指标体系是预警运行的重要基础,没有较为完善的指标体系,预警工作很难准确预报警情(图 2-2)。一般来说,预警指标体系是从社会发展状况、社会控制状况、社会保障状况、公众安全感和公众满意度等方面来选取数据的(白月影,2021)。

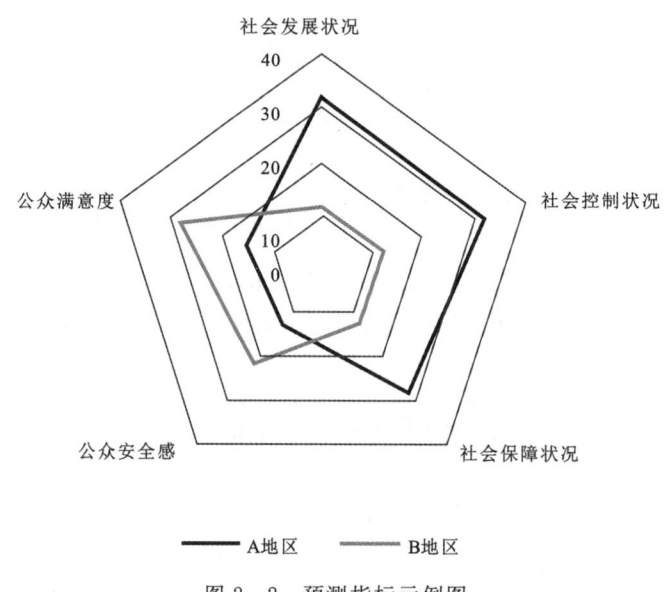

图 2-2 预测指标示例图

（二）应对机制

除了做好社会治安类公共危机的风险防范与预警工作,还要加强应急管理的制度建设。突发社会安全事件一旦爆发,就应积极处置,并把握以人为本、及早化解、依法处理、慎用警力、当地领导负责五大原则。

在处置过程中,具体采取 7 种基本方法:一是迅速控制事态,争取由大变小,由热变冷,由强变弱,防止其蔓延扩大;二是提出整体方案和对策,了解事态起因、参与人群情况,有针对性地制定应对策略;三是统一行动,只有精心组织部署,明确责任分工,各方联合行动,协同治理,才能全面解决问题;四是政府及有关领导及时进行直接对话,消除误解和对立情绪;五是主导舆论导向,利用主体媒体做好正面宣传报道,减少和消除不实谣言与传闻的负面影响;六是组织纪律约束,利用归属组织做教育工作,进行纪律约束,最大限度缩小参与事件的人数规模和减少越轨言行;七是发挥好法律的作用,做好执法、司法工作,利用执法机关依法处置,保护公民合法权益,打击违法犯罪行为。

(三)恢复机制

(1)事件评估分析。事件发生后,一方面要对事件发生的原因、过程和损失等进行评估、调查和上报,并根据相关法律开展责任追究、监督事故查处和安全事故调查处理工作。另外,还要对突发事件进行调查评估,分析应急管理过程,为整体危机管理制度的改进提供依据(韩蓉,2022)。

(2)短期恢复保障。要及时恢复事故发生涉及的地区与人员的物资保障、交通运输保障、医疗卫生保障等,成立专门的应急队伍,及时保障粮食、饮水等的供应,迅速开展道路、运输恢复工作,以及相关疾病救治、医疗预防与控制等工作。

(3)长期制度建设。在对事故发生的全程进行评估的基础之上,做好相关人员的心理疏导工作,根据实际情况完善相关法律法规,建立或完善相关组织队伍,加强和完善协同治理机制,在制度上保障社会治安类公共危机的有效管理,切实保障人民的生命财产安全。

四、事故灾难类公共危机的应对与管理

笔者根据事故灾难的类型(这里主要以安全生产事故与环境污染事故为代表),阐述事故灾难类公共危机涉及的相关法律法规、管理部门及主要应对流程。

(一)安全生产事故公共危机的应对与管理

1. 风险的管理与减缓

根据风险辨识、评估结果,针对每一个作业单元不同风险事件及人、设施设备、环境、管理等致险因素,依据法律、法规、规章、政府文件、标准和规范等,从工程技术措施、管理措施、应急措施、个体防护措施4个方面,采取有效措施降低风险等级。针对安全生产事故中的具体类型,找准重点做好风险管理工作。例如针对坍塌事故,施工方案设计与审查是关键,因此施工方应严格做好施工方案设计与审查工作,并加强施工过程监控、人员素质把控、设备材料质量管理、建设管理过程规范化和安全生产宣传教育常态化等方面工作。针对塔吊起重伤害事故,施工方应着重加强塔吊租赁、安装、操作、拆除等过程的规范化管理,确保设备质量、接触人员资质与其他施工行为的协调性等(刘孟凯和孙玉豪,2021)。

2. 应急准备

(1)建立政府领导指挥、企业应急预防、专业队伍救援、社会参与救援的应急预防控制机制。

(2)充分利用120、119等急救电话,依托企业、乡镇站(所)等一线单位,建立覆盖面广、响应迅速、救援高效的应急联动机制。

(3)建立安全隐患治理长效机制。通过制作板报和发放安全挂图或手册等形式广泛宣传,提高广大安全责任主体的安全防范意识和应急处理能力。在粪污储存池、沉淀池、沼气池等的周边,设立警示牌、护栏或加盖防护板,以防止人畜误入。对有机肥加工厂区等场所,应制定并严格执行机械操作规程,以防止人员受伤。对沼气池等有限空间要做好防火、防爆工作,消除安全隐患。

3. 规划预案

(1)建立应急救援体系,完善市、县、企三级应急救援组织,健全应急救援机制,形成市、县、企三级应急预案体系。

(2)根据各领域安全事故特点,配备必要的应急救援装备,严格执行应急救援人员进出事故现场的有关规定,做好安全防护措施。

(3)各县(市、区)农业农村局要组织开展应急预防避险、避灾减灾、自救互救常识和法律法规的宣传工作,并进行应急人员培训。

4. 预测和预警

(1)风险预测预警工作的实施步骤。首先,建设领导小组主持风险预测预警活动,定期开展安全生产事故隐患排查活动。其次,建设领导小组通过对定期排查出的安全隐患进行统计、分析、处理,运用定量或定性的安全生产预测预警技术,确定风险预测预警等级。预警状态为绿色等级代表正常,黄色等级需引起注意,如出现黄色等级及以上情况,将下发安全生产预警通知单。最后,建设领导小组组织开展风险预测预警工作,记录可能或即将发生的风险,确定风险控制措施,并由相关责任人落实管控措施。

(2)风险预测预警时机与频次。当下列情况发生时,应及时进行风险预测预警,发出预警信息:一是有新的或变更的法律法规或其他要求发布实施时;二是重大节日期间,如元旦、春节、"十一"等;三是重要会议举办期间,如国家、省级"两会"召开阶段;四是特殊季节时段,如夏季高温期、汛期、冬季严寒期;五是自然地质灾害、恶劣天气过程发生前;六是本地区、本行业连续发生一般及以上生产安全事故时;七是与往年同期相比事故数量上升幅度较大时等。

(3)预警发布和解除。发布预警信息应包括建设工程施工突发事故的类别、预警级别、起始时间、可能影响范围、警示事项、应采取的措施和发布机关等内容。预警可通过系统内部应急指挥平台、传真、手机短信等途径发布。根据需要,也可通过电视、广播、网络等途径进行发布。

经研判工程已处于安全施工状态时,按照"谁发布、谁解除"的原则,由预警信息发布单位宣布解除预警,并通报相关部门。

5. 危机的响应

(1)一般级别的安全生产突发事故,由事发单位按有关规定组织力量处置。安全生产事故发生后,有关领导和人员须及时赶到现场,控制现场,收集现场信息和开展救助等,并立即将情况报送领导小组。领导小组根据上报情况,确定是否启动应急预案。

(2) 较大和重大安全生产突发事故,由市办领导小组启动预案,组织各方面力量处置。主管单位领导接报后,须在第一时间到达安全生产事故现场,指挥救援工作,并按相关程序报送市应急处置指挥小组。情况紧急时,可直接报送市安全生产事故灾难应急处置指挥部。

(3) 对于特别重大安全生产事故,事故单位领导接报后,必须在第一时间到达安全生产事故现场并组织救援,同时在 1 小时内上报。情况紧急时,可越级上报。市办领导小组接报后,立即启动系统应急处置方案,组织各方面力量积极进行救援,同时在 2 小时内上报市安全生产事故灾难应急处置指挥部。

6. 危机的恢复

事发地政府负责组织善后处置工作,包括人员安置、补偿,征用物资补偿,事后重建,污染物收集、清理与处理等事项。同时,应尽快消除事故后果和影响,安抚受害和受影响人员,保证社会稳定,恢复正常秩序。应急管理部门牵头,组织相关单位和专业技术力量,按照有关规定,对安全生产突发事故造成的损失进行统计、核实和上报。安全生产事故发生后,银行保险监管部门负责督促保险机构及时开展保险受理、赔付工作。市、区相关部门及时将损失情况通报银行保险监管部门和保险机构,协助做好保险理赔和纠纷处理工作。

7. 调查与评估

一般事故的调查,由属地区政府牵头组织开展,区政府将调查结果上报市专项指挥部及相关部门。较大、重大建设工程突发事故的调查工作,在市委、市政府和市应急委的领导下组织开展。重大、特别重大突发事故应急处置结束后,由专项指挥部办公室牵头,针对事发地(单位)应急体系建设情况、监测预警与风险防范、救援救助等,开展突发事故应对总结评估,形成总结评估报告。

8. 沟通与舆情

在事故灾难发生后,若事故责任主体或政府监管机构未能及时有效回应,则容易导致网络场域出现"信息真空","信息真空"与强烈的公众信息需求之间形成巨大张力,进而给谣言的生发和传播提供空间。对此,如果政府不能做好有效的风险沟通工作,网络舆情可能会进一步发酵和传播,形成网络群体性事件。安全生产事故亦然,在安全生产事故发生后政府应该及时向公众披露有关信息(文宏,2019)。

安全生产事故的信息发布工作由宣传部门会同处置主责部门进行管理与协调。突发事故发生后,属地区政府或专项指挥部要快速反应、及时发声,遇有重大事故,应快速核实情况,并在第一时间通过权威媒体向社会发布简要信息,最迟不得超过 5 小时,随后发布初步核实情况、政府应对措施和公众防范措施等,并根据事故处置情况做好后续发布工作。

9. 协调合作

（1）应急队伍保障。建立满足处置较大及以上安全生产突发事故需要的专业抢险救援队伍。当发生生产安全突发事故时，应根据现场处置需要，及时调遣队伍赴现场参与处置。抢险救援力量不能满足本辖区或本单位抢险需要时，各区政府和相关企业可采取合同履约或有偿预约服务的方式，与相关专业应急队伍建立合作关系。根据现场处置需要，政府可调派或临时征用相关企业抢险队伍。

（2）交通运输保障。根据现场应急处置需要，公安部门负责对事故现场周边道路实施交通管制或交通疏导，为应急指挥、抢险救援（如医疗救护车辆通行）开设"绿色通道"。

（3）物资装备保障各成员单位积极配合应急管理部门健全应急物资储备管理制度，按照"平战结合"的原则，配备现场救援和工程抢险装备与器材，建立相应的维护、保养和调用等的制度。应充分利用外部资源，探索建立抢险物资调用联动工作机制，并以此作为应急物资储备体系的有效补充，以备物资短缺时迅速调入。

（4）医疗救护保障。卫生健康部门根据现场救援需要，协调医护人员及医疗设备到场，为受伤人员提供相应的医疗救护服务。

（5）治安保障。事故发生后，属地公安部门、街道（乡镇）、社区（村）负责治安保障，立即在突发事故处置现场周围设立警戒区和警戒哨，做好现场控制、交通管制、疏散救助群众、维护公共秩序等工作。安全生产突发事故现场出现存有易燃易爆危险品或发生起火、漏电、漏水、漏气等情况时，先期处置人员应立即通知有关主管部门采取排爆、灭火、断电、断水、断气等措施，清除现场危险品，避免次生灾害发生。

（二）环境污染事故公共危机的应对与管理

1. 建立突发性环境污染危机意识

该事故的发生大多是没有形成防范意识而造成的。由于环境污染事故发生得比较突然，造成的损失也比较严重，因此需要培养相关管理人员突发性水污染危机意识和防范意识，在日常工作中要加强相关管理工作人员对突发性水污染事故的相关认识和了解。宣传教育示警是提升相关管理人员危机意识的重要途径。

2. 建立事故应急管理系统

应急管理系统涵盖了应急救援组织。在发生突发性水污染事故之后，需要先启动应急管理系统，紧急救援人员要先对污染事故的情况和危险等级进行分析了解，然后根据实际情况制定救援工作开展方案，并指导公众进行个人防护，同时为公众提供应急咨询服务。另外，应急管理系统中的各个机构和组织还要对应急管理运行的状态进行调整，对各个组织的关系进行协调，建立一个整体性的管理系统。一旦发生环境污染突发性事件，需要及时了解和分析现场情况，并在第一时间采取科学完善的处理措施。例如，相关专家和处理人员在到达现场之后，先对污染的情况进行调查分析，再根据处理方案和流程来对处理工作的危险等级进行评价分析。如果污染对居民生活安全产生了威胁,要按照其危害程度启动相应的应急预案,采取科学完善的处理方法,同时还要对相关组织单位发出紧急通知,并开启紧急预警机制,以此来避免后续受到威胁和影响。在上述处理工作完成之后,还应对资源污染物质进行处理,直到污染程度降低到国家设定的标准范围。

3. 制订应急处理预案

应急预案是在对突发性风险事故进行分析评估后,预先制定的一系列相关性实施方案和计划方案。在制定应急预案时要把各个组织机构的各自责任和工作权限、风险评价、危险辨识、通告程序、应急能力、应急资源、信息公开、事故恢复、应激源维护、培训和演练等工作内容融入其中。一些突发性水污染事故有很强的不确定性、流域性等特点,一旦发生突发性水污染事故,需要及时采取科学有效的处理措施,将危害程度减少到最低。在突发性水污染事故发生后,应第一时间通知应急办公室,之后进行信息核实,同时要对事故进行分析评价,如果事故危害性比较大,需要通知应急委员会,在事故现场设置应急现场指挥部,启动应急预案,同时进行信息发布,开展事后处理工作,最后进行专题报告;如果事故危害性比较小,要对水质进行继续监测,之后根据监测的结果和情况来开展事后处理工作,最后进行专题报告。

4. 加强对污染现场的控制和后期处置

对污染现场的控制主要是为了防止水污染范围扩大,同时还要防止水污染对工作救援人员和其他公民产生危害和影响。在突发性环境污染事故发生之后,应急人员需要在第一时间赶到现场并采取积极有效的应急处理措施,比如切断污染源,避免污染范围扩大。同时在采取应急处理措施的过程中,要以保证环境安全为落脚点,对污染事故的发生特点进行分析评估,及时发出预警预报。另外,在事故监测结果出来之后,要结合监测的结果对事故应急处理相关的事宜进行完善,同时还要对现场突发性事故的发生情况进行调研分析,相关技术部门按照调查的最终结果对事故进行鉴定,并以此为参考依据对后期的赔偿等问题进行处理。此外,须根据技术认定最终的结果和处理意见,完善后续重启恢复规划。若损失比较严重,还要制定事后救济方案,对事故发生地损坏的各种设施设备进行重建,将污染物等有害物质进行清除,消除隐患。

(三)交通安全类公共危机的应对与管理

毫无疑问,城市交通系统是当前最大的公共域或公共空间之一,发生在其中的交通安全事故涵盖涉及安全责任的事件与违法犯罪行为等,不仅会直接损害广大民众的生命及财产安全,而且还会严重影响社会的公共安全感,已经成为当前城市公共安全危机的主要来源之一。2004年5月1日,《中华人民共和国道路交通安全法》正式实施,我国以其为龙头,以《道路交通安全法实施条例》和部门规章为主体,以地方性法规规章、技术标准与工作规范为补充的道路交通安全管理法律制度体系形成。然而仅仅依靠法律的制定显然是不够的,如何预防、如何在危机发生时立即进行处置以及危机发生后进行补救与反思,将是影响我国现代化道路发展和人民幸福安康的重要问题。

1. 防范机制

（1）改善交通资源分配不科学的局面是关乎每个城镇地区的重要举措。一般城市的交通资源主要包括交通信号灯和道路区域划分等设施，这些在人们生活中随处可见却易被忽视的要素，实际上非常依赖科学的调查与分配。信号灯的不合理时间安排极大可能导致闯红灯现象的发生，机动车道和非机动车道的分配不均（现实中多发生为机动车道挤占非机动车道）极易导致非机动车的不规范行车行为。城镇交通已然是城镇居民生活中不可或缺的一部分，科学分配交通资源是现代生活的重中之重，也是降低交通事故发生率的有效措施。

（2）地方主管部门应加大监督处罚力度，加强法律法规的约束力（朱志萍和傅威，2017）。2019年10月10日18时06分，位于无锡市锡山区境内的312国道K135处发生一起桥面侧翻较大事故，共造成3人死亡，2人受伤，事故直接经济损失823.1万元，造成重大社会影响。类似的事故屡见不鲜，我国货车翻车、追尾等事故频发，除了社会经济原因外，更归因于监管的缺失。随着我国社会经济的持续发展，交通运输体系日益完善，各类交通方式不断迭代升级，加之网约车等新兴业态蓬勃兴起，均避不开法律的监管与约束。我国更应遵循依法治国的方略，在宏观层面为交通安全"保驾护航"。

（3）加强交通出行的规则意识、责任意识和安全意识的宣传教育，使之"内化于心，外化于行"。很多交通事故的起因为酒驾、疲劳驾驶、超载等，这些事故本可以扼杀于摇篮中，然而驾驶者的"侥幸心理"常常成为事故的导火索。增强人民群众的交通安全意识，尤其是新兴城镇居民的安全意识的强化，是不能落后于交通实物建设的另一条发展轨道。

2. 应对机制

我国城市道路交通事故应对机制日趋成熟，各地政府均已基本制定了相关的应急预案，但事故发生后的应急预案起到的实际效果主要取决于当地政府的反应力、协调力和行动力。以《嘉兴市道路安全事故应急预案（2022年修订版）》为例，该应急预案明确了组织指挥体系及职责，以备事故发生时各部门可以迅速各司其职；还明确了预防与预警、应急响应、后期处置和应急保障等全流程内容，为事故处置提供参考依据。纵观各地的应急预案，发现它们均大同小异，其核心无外乎以下几点。

（1）借助现代信息技术，加强事故发生时的应急响应速度，确保应急信息传输畅通。进一步整合道路交通检测和监控技术装备资源、警车卫星系统，完善道路交通事故检测预警平台，加强部门联系，实现公安、交通运输、应急管理、消防、气象、卫生、生态环境等部门间的信息互通，逐步形成完善的整体预警工作机制。

（2）建立指挥网络，统筹各方救援队伍。事故的发生往往伴随着人员伤亡、财物损害以及人员疏散等问题，不同级别的事故波及范围不同，需要调度的资源也不同。应建立指挥网络，保证救援环节高效运转，从而形成地区系统、专业、科学的应急能力（于春全，2004）。

(3)培养行动能力,定期进行事故应急演练。树立重理论更重实践的观念,利用实地演练不断打磨各部门之间的配合度和熟练程度,逐步完善指挥网络。

(4)做好每一次调查评估工作,重点评估事故多发地区,详细分析事故原因,及时提出解决措施和改进措施。对道路交通事故中暴露出来的有关问题,事发地政府、参与事故处置的市级有关部门应提出整改措施,尽快消除隐患,修改完善各级预案,防止事故重复发生。

五、小结与启示

笔者根据以上对事故灾难的属性、主要特点及应对与管理方面的分析,对我国的事故灾难类公共危机管理进行总结,并对当前的危机管理机制开展反思和优化。

(一)小结

事故灾难具有其他类型公共危机共有的不确定性、突然性、偶然性等特点,因此该类型的公共危机具有强烈的危害性,且具有较高的抢险难度。同时,事故灾难还有"人为性"的独特属性,即由人引起。因此,针对事故灾难的应急措施极大地依赖于人的因素,需要政府与群众形成双重合力,以降低事故发生的概率。

目前,我国主要发生的事故灾难大多存在于安全生产事故、交通运输事故与环境污染事故中,而各级政府也对各类事故灾难采取了相应手段,建立了较为健全的法律法规及应急体系,对一般的事故灾难有较好的应对措施。但是,我国当前针对事故灾难的应对措施仍存在应急准备不足、现场救援机制混乱、信息公开不及时等问题(龚维斌和宋劲松,2016)。同时,应对管理措施缺乏特殊性和针对性,应急措施的智慧化程度不足都是我国事故灾难管理面临的问题。因此,要想建立完善的、有效的应急措施,还需进一步努力。

(二)启示

针对当前我国事故灾难应急管理所存在的不足,笔者提出以下建议。

1. 加强事故灾难应急准备

一方面,对于事故灾难的应急准备工作,可借助大数据等现代信息技术,建立基础数据采集制度,完善全国事故灾难数据库,进一步提高国家应急平台技术体系的数字化、智能化、一体化水平,进而增强对事故灾难的响应处置效能(刘奕等,2021)。另一方面,政府应加强针对特殊风险源的应急救援体系的建设,同时加大科普宣教与培训演练力度,构建政府主导、社会协同的应急联动机制。

2. 建立应急指挥部与战术指挥部制度

为应对当前救援现场的混乱问题,我国可在重大事故灾难发生时迅速建立专业的应急指挥部,依照标准化的组织架构对现场实施救援,避免混乱的蔓延(龚维斌和宋劲松,2016)。

3. 优化事故灾难信息公开制度

事故灾难不仅涵盖现场救援，还包括场外的舆情监控。而要有效控制舆论发展、阻止谣言传播，政府必须做到信息公开，安抚民众情绪。因此，及时、准确公开事故现场信息，并强化各级主体舆情应对的意识与能力，同时建立国家层面的网络舆情处置平台，是防止事故灾难"二次发酵"的最好手段。

尽管我国当前对于事故灾难的应急管理还有一定改进空间，但通过数据我们仍能看出国内事故灾难管理具有一定的有效性与及时性。因此，依托事故灾难的"人为性"特征，我国定能以制度为基础，出色应对各种事故灾难。

第三节　公共卫生类公共危机特征与管理

> **提要**：近年公共卫生危机的暴发特点主要表现为高频次和高传播性，如何针对这类公共危机进行有效的应对与管理成为关乎人民生活、国家发展的重要问题。笔者围绕公共卫生危机展开论述，以我国近代东北鼠疫和现代新型冠状病毒感染疫情为例，分析其发生的总体情况与特点，同时在风险防范、应对流程、管理措施等方面阐释具体的应对与管理模式，最后针对公共卫生危机的治理提出建立有效的卫生应急管理体系、加强重大疫情防控救治体系和重视危机治理中的舆论引导3项建议，以期为我国今后的公共卫生事件应对提供有益参考。

一、公共卫生类公共危机及其属性

（一）基本概念

公共卫生危机多指"突发公共卫生事件"，美国学者杰弗里从社会学角度出发，认为突发公共卫生事件是一种对人类健康构成巨大威胁且必须面对的危险。美国学者德拉贝克认为公共卫生事件是一种可能损害人民健康、影响经济发展、扰乱社会稳定的极端事件（郭婷婷，2022）。

我国国务院于2006年发布的《国家突发公共事件总体应急预案》根据公共事件发生的过程、性质和机理将突发公共事件分为自然灾害、事故灾难、公共卫生事件和社会安全事件4类。其中，公共卫生事件是指突然发生，造成或者可能造成社会公众健康严重损害的重大传染病疫情、群体性不明原因疾病、重大食物中毒和职业中毒以及其他严重影响公众健康的事件。

(二)主要类型

1. 根据事件的成因和性质分类

突发公共卫生事件分为重大传染病疫情、群体性不明原因疾病、重大食物中毒和职业中毒、新发传染性疾病、群体性预防接种反应和群体性药物反应、重大环境污染事故、核事故与放射事故、生物化学核辐射恐怖事件、自然灾害(如水灾、旱灾、地震、火灾、泥石流)引发的人员伤亡和疾病流行,以及其他影响公众健康的事件。新型冠状病毒感染所导致的大规模疫情为重大传染病疫情。

2. 根据事件发生的范围分类

突发公共卫生事件可以分为国内突发公共卫生事件和国际公共卫生紧急事件。国际公共卫生紧急事件(public health emergency of international concern,简称PHEIC)是指由世界卫生组织提出的、通过疾病的国际传播构成对其他国家公共卫生风险,并有可能需要采取协调一致的国际应对措施的异常事件。自《国际卫生条例(2005)》生效以来,世界卫生组织共宣布了8次"国际关注的突发公共卫生事件",前7次分别为2009年的甲型H1N1流感、2014年的脊髓灰质炎疫情、2014年西非的埃博拉疫情、2015—2016年的寨卡疫情、2018年开始的刚果民主共和国埃博拉疫情、2020年的新型冠状病毒(COVID-19)感染疫情、2022年猴痘疫情。

3. 根据公共事件的性质、严重程度、可控性和影响范围等因素分类

我国应急预案分为4级:Ⅰ级(特别重大)、Ⅱ级(重大)、Ⅲ级(较大)和Ⅳ级(一般)。虽然新型冠状病毒感染属于乙类传染病,但根据其传播速度和危害程度,国家按照Ⅰ级突发公共事件应急预案进行处理。按照Ⅰ级(特别重大)分级标准"肺鼠疫、肺炭疽在大中城市发生并有扩散趋势,或肺鼠疫、肺炭疽疫情波及2个以上省份,并有进一步扩散趋势",若鼠疫在我国2个以上省份暴发且满足上述扩散趋势条件,国家将按照Ⅰ级(特别重大)突发公共事件应急预案进行处理。若"在一个县(市)行政区域内,一个平均潜伏期内(6天)发生5例以上肺鼠疫、肺炭疽病例,或者相关联的疫情波及2个以上的县(市)",国家将按照Ⅱ级(重大)突发公共事件应急预案进行处理。

(三)属性特征

(1)突发性。突发公共卫生事件不易预测,突如其来,但其发生与转归仍具有一定的规律性。

(2)公共属性。突发事件所危及的对象不是特定的人,也不是特定的社会群体,在事件影响范围内的人都有可能受到伤害。

(3)危害的严重性。突发事件可对公众健康和生命安全、社会经济发展、生态环境等造成不同程度的危害,这种危害既可以是即时性严重损害,也可能是具有长期影响的潜在威胁。其危害可表现为直接危害和间接危害。直接危害一般为事件直接导致的即时性损害,间接危害一般为事件的继发性损害或危害,如事件引发公众恐慌、焦虑等情绪,对社会、政治、经济产生影响。

(4)分布差异性。在时间分布差异上,不同的季节,传染病的发病率不同,如SARS往往发生在冬、春季节,肠道传染病则多发生在夏季。在空间分布差异上,传染病的区域分布不一样,如我们国家南北方的传染病有所差异,此外还有人群的分布差异等。

(5)传播广泛性。当前我们正处在全球化时代,疾病可以通过多种途径跨国流动,一旦造成传播,就可能成为全球性传染病。另外,传染病一旦具备了3个基本流通环节,即传染源、传播途径以及易感人群,就可能跨界广泛传播。

二、我国公共卫生类公共危机的主要特点

(一)鼠疫危机的主要特点

1. 总体情况与分布特征

19世纪末至20世纪初,鼠疫在我国香港、云南和东北等地流行蔓延,而其中尤以1910—1911年东北鼠疫流行的影响最为深远,对该次疫情采用消毒、隔离和清洁等西方现代公共卫生措施,被视为近代防疫的开端。1920年第二次东北鼠疫从海拉尔传入,此次疫情流行区域包括东北各地、山东以及俄国远东地区等,导致约9000人死亡。这次防疫由北洋政府主导,继续沿用现代防疫知识与措施,但在这一时期,日本势力也企图通过干涉中国防疫事务,进而侵犯中国卫生防疫主权。"九一八"事变之后,日本通过伪满洲国,将东北地区纳入其殖民统治,这一时期的鼠疫流行呈现逐年频发的特点,且鼠疫治理带有殖民性特征。

2. 初期死亡率较高

哈尔滨和傅家甸的患疫病例持续增加,至1911年1月底,哈尔滨的日平均死亡人数很快从28人上升到35人。同年2月14日前的一周内,哈尔滨平均每天有21人死亡,傅家甸平均每天有74人死亡。3月开始,哈尔滨和傅家甸的鼠疫蔓延基本呈微弱态势。与此同时,根据所有的报告,边远地区的情况也在改善,一部分原因是流行病的传染力自然减弱,另一部分原因是官员和人民对疾病的性质有了更多的认识,这使他们能够采取相对简单的预防措施来防止感染的传播。至3月18日止,一周内傅家甸未出现鼠疫死亡病例,至3月25日,一周内哈尔滨和傅家甸均无人死于鼠疫。

3. 影响范围和深度广

首先,鼠疫推动了统一的近代防疫机构建立。北京鼠疫暴发之际,民政部奏称因鼠疫

"防范之法头绪纷繁,一切诊断检查尤须精通医学人员相助",并强调"专司检菌、捕鼠、诊断、检验、清洁、消毒、注射等事"。为对整体防疫局势有更好的把控,晚清政府在北京设立京师防疫局对鼠疫相关事务进行统一领导。除京师防疫局外,疫情肆虐严重的东三省各地也设立了众多的防疫机构。各省纷纷设立了防疫总局,残酷的鼠疫使人们意识到建立统一有序的现代防疫机构的重要性。与此同时,鼠疫流行期间各大报刊机构纷纷刊登防疫法规,并发表文章对鼠疫医学原理进行介绍,增强了大众对现代防疫卫生知识的了解,促进了民众近代卫生观念的转变。

(二)新冠病毒感染疫情的主要特点

这次发端于武汉并迅速蔓延到湖北和全国各地的新型冠状病毒感染疫情,是中华人民共和国成立以来传播速度最快、传播范围最广、感染人数最多的一种从未见过的烈性传染病。从它的传播链来看,新型冠状病毒感染以武汉华南海鲜批发市场作为原发地,在极短时间内向武汉全市、湖北全省和全国扩散,形成了武汉到湖北、湖北到全国的三层联动的疫情蔓延扩散网络结构。

1. 传染性强

新冠病毒具有极强的人际传播能力,通过飞沫传播、接触传播和空气气溶胶传播等多途径感染宿主。这使得它的人际传播非常迅速。感染者在潜伏期内(即尚未出现症状或仅有轻微症状阶段)也能传播病毒,增加了传染风险。

2. 潜伏期长

新冠病毒的潜伏期通常在 2～14 天之间,这意味着感染后需要一段时间才能出现明显症状。在此期间,患者可能是无症状病毒携带者,但仍具传染力。这一特点使病毒的防控形势变得复杂,因为潜伏期内的传播无法立即被察觉和隔离。

3. 症状多样性

轻度症状可能包括发热、咳嗽、喉咙痛、乏力等,类似于普通感冒或流感。但病毒还可导致严重的肺炎,表现为呼吸急促、高热、肺部炎症等,这种情况需要严格的医疗干预。此外,新冠病毒感染可能引发多脏器功能障碍,如心血管、肾脏、肝脏等器官损伤,尤其对老年人和有基础疾病的患者危害更大。

4. 防控挑战大

由于新冠病毒传播途径多样,以及在潜伏期和无症状期也具有传染性,防控面临巨大挑战。因此,防控策略需涵盖广泛的隔离管控、核酸检测、密切接触者追踪,同时保障医疗资源供应以满足重症病例的治疗需求。

5. 社会影响大

新冠病毒感染疫情引发了广泛的社会和经济影响,对人们的生活和社会结构产生了深刻影响。封锁、旅行限制和商业中断等应急措施旨在减缓病毒传播,但也带来了诸多负面影响。失业率大幅上升,企业经营受损,经济增长受到阻碍,导致了广泛的经济衰退。许多人面临失业和经济压力,生计困难。此外,疫情对人们的生活方式和心理健康产生了显著影响。封锁和隔离措施限制了社交和旅行需求,使人们感到孤立和焦虑。担忧感染和患病的恐惧,以及长期的不确定性,对人们的心理健康产生了负面影响,导致情绪问题和心理疾病增加。同时,教育系统也受到了疫情的冲击。学校停课及教学模式转向在线教育,给学生和教师带来了多重挑战,而不同家庭间的数字鸿沟加剧了教育不平等问题。

三、公共卫生类公共危机的应对和管理

(一)鼠疫危机的应对与管理

1910年10月,中国东北边境发生鼠疫,11月8日即传至北满中心哈尔滨。当哈尔滨开始暴发社群感染时,疫情已经失控,晚清政府如临大敌,在哈尔滨紧急筹建专科医院,并从其他地区调派医护人员抗疫,哈尔滨的十余名清朝官员因防疫不力而遭到当局的惩处。在晚清政府的科学防疫举措之下疫情逐步得到了控制。

1. 隔离和检疫

面对鼠疫的传播风险,当局采取了隔离和检疫措施,将疫区和非疫区进行了隔离,对疑似或确诊病例进行隔离治疗,此时从疫区来的人员需要接受检疫。伍连德主要负责防疫工作,把发生瘟疫的城镇划成区块,进行房屋消毒,检查出入军警,发现病人即立刻隔离,并盘查出入东北的铁路,保证入关者人人健康。

2. 防治措施

政府采取了广泛的卫生措施,如疫区的环境卫生改善、垃圾清理、杀鼠、消毒等,以减少鼠疫传播途径。这些措施旨在降低人与鼠类等潜在携带者的接触概率。为防止传染,伍连德还设计了一种在双层纱布中间放一层吸水药棉的口罩,后来各国一致采用,该口罩称为"伍式口罩"。这种口罩沿用至今。

3. 疫苗接种

疫苗在鼠疫危机中发挥了重要作用。当时,鼠疫疫苗研制与接种成为一项紧急任务。科学家和医疗专家努力研发有效的鼠疫疫苗,并将其应用于受影响区域的人群。疫苗接种在提高人群免疫力方面起到了关键作用,有助于降低患病率和死亡率。这也为疫苗研发和应用积累了宝贵的经验,为今后处理鼠疫等传染病提供了指导。

4. 社会隔离和限制

面对鼠疫的传播风险,政府采取了一系列社会干预措施。这些措施包括关闭学校、禁止大型集会、旅行限制和宵禁等,以减缓鼠疫传播的速度。虽然这些措施对社会生活和经济造成了一定影响,但在遏制疫情传播方面起到了关键作用。减少人际接触,社会隔离和限制有助于降低感染风险,保护了更多的人免受鼠疫的威胁。

5. 官员和人民的宣传教育

政府和卫生机构认识到,宣传和教育在鼠疫危机治理中至关重要。他们通过广泛的宣传活动和教育课程提高了人们对鼠疫的认知水平。这包括告知人们预防感染的方法、识别早期症状、明确及时就医的重要性等。通过这些宣传教育活动,人们能够更好地保护自己和社区,从而降低感染的风险。

6. 国际合作

鼠疫是一种国际性传染病,因此国际合作在鼠疫危机治理中可发挥关键作用。当时,国际社会对中国东北鼠疫危机表示关切,并提供了支持。这种国际合作包括疫苗研制、医疗援助和科学研究。国际组织、外国专家、志愿者为我国提供了宝贵的医疗资源和专业知识,加强了中国与国际社会的合作。这些国际支持有助于全球共同应对疫情,并为今后的灾害管理和传染病防控提供了经验。

(二)新冠病毒感染疫情的应对与管理

1. 疫情暴发初期

1)国内疫情防控措施

在疫情暴发初期,我国对待国内疫情的措施主要有以下6点。

(1)严防死守,把疫情控制在武汉。督促湖北省和武汉市依法采取最严格的防控措施,加强农贸市场监管和野生动物管控,内防扩散、外防输出,劝导公众宜散不宜聚,最大限度地减少公众聚集性活动,避免聚集性疫情发生。采取最严格的发热人员排查措施,对发热人员实行医学观察,防止疫情进一步扩散。

(2)紧盯全国面上工作,坚决落实疫情防控措施。要织密织牢不明原因肺炎监测和发热门诊预检分诊两张网,做好病例救治各项准备,及时发现并有效处置疫情。加大环境卫生整治力度,结合春节期间人员流动性较大的特点,因地制宜落实车站、机场、码头等重要场所和汽车、火车、飞机等密闭交通工具的通风、消毒、测体温等措施。

(3)全力救治患者。调配最强的中西医医疗资源和专家力量,通过中西医结合诊疗模式,最大限度地减少死亡病例。加强患者医疗救治费用保障,确保患者得到及时救治。关心爱护医护人员,做好后勤保障工作,合理安排轮休时间,尤其是指导做好个人防护,防止医务人员在救治病人过程中受到感染。

(4)做好信息发布和国际合作工作。及时、公开、透明发布疫情信息,客观报道疫情进展和政府采取的防控措施,实事求是,科学宣传疫情防控知识。继续主动加强与世界卫生组织、其他国家和我国港澳台地区的疫情信息沟通,及时分享疫情监测、调查、防治信息,以及风险评估意见,共同研讨完善疫情防控措施。

(5)加大疫情防控科研攻关力度。充分发挥专家力量,尽快查明传染来源、传播途径,有针对性地做好抗病毒药物的研发和筛选。密切跟踪监测病毒毒力、传播力的变化,提高疫情防控的科学性和有效性。

(6)部署全国卫生健康系统工作,加强值班值守。安排各级卫生健康行政部门和医疗卫生单位调派熟悉工作的人员,做好春节期间的值班工作,各级医疗机构和疾控机构留足在岗人员。

2)防范境外疫情输入的措施

防范境外疫情输入的措施有以下4点。

(1)控制传染源。及时分类、转运入境人员,并且对重点人员进行精准管理,将海关部门在口岸检疫中发现的确诊病例、疑似病例以及有发烧症状的重点人员及时转运到定点医疗机构进行排查、诊治。

(2)切断传播途径。加强入境人员跟踪管理,建立地区之间的协作机制,实现入境人员"点对点"转运闭环,确保转运流程无缝衔接,及时将入境人员送到目的地,切实降低人员在转运过程中的感染和传播风险。依托信息化技术,对入境人员进行动态管理,强化入境后的14天医学观察,一旦出现症状,要立即送到指定医疗机构进行诊断治疗。

(3)防范社区传播。对于返回社区的入境人员,社区要进行登记和随访,将他们纳入网格化管理,并严格按要求对实施居家观察的入境人员进行健康监测,如果出现异常情况,要立即转送到定点医疗机构进行排查、治疗。

(4)加强密接人员的管理,也就是密切接触者的管理。卫生健康部门要会同有关部门对入境人员的确诊病例和无症状感染者,按照规定开展流行病学的调查,对排查出的密切接触者按要求实施隔离并进行医学观察,以切实降低其可能导致的传播风险。

2. 疫情常态化管理阶段

1)提高政治站位,科学精准做好疫情防控工作

各地各部门要坚决把思想和行动统一到党中央决策部署上来,完整、准确、全面贯彻落实党中央决策部署,坚定不移坚持人民至上、生命至上,坚定不移落实"外防输入、内防反弹"总策略,坚定不移贯彻"动态清零"总方针,按照疫情要防住、经济要稳住、发展要安全的要求,高效统筹疫情防控和经济社会发展。要进一步提高政治站位,充分认识优化调整防控措施的重要性,这并不意味着放松防控,更不是放开、"躺平",而是为适应疫情防控新形势和新冠病毒变异新特征所采取的必然举措。坚持既定的防控策略和方针,进一步提高防控的科学性、精准性,最大限度保护人民生命安全和身体健康,最大限度减少疫情对经济社会发展的影响,以实际行动贯彻落实党的二十大精神。

2)落实党中央部署,积极稳妥抓好防控措施的优化调整

(1)加强医疗资源管理制度建设。制定分级分类诊疗方案、不同临床严重程度感染者入院标准、各类医疗机构发生疫情和医务人员感染处置方案,做好医务人员全员培训工作。

(2)有序推进新冠病毒疫苗接种。制定加快推进疫苗接种的方案,加快提高疫苗加强免疫接种覆盖率,特别是加强老年人群免疫接种覆盖率。

(3)加快新冠病毒感染治疗相关药物储备。做好供应储备工作,满足患者用药需求。发挥中医药的独特优势,做好有效中药方剂的储备工作。加强急救药品和医疗设备的储备。

(4)强化重点机构、重点人群保护。优化对养老院、精神专科医院、福利院等脆弱人群集中场所的管理。

(5)落实"四早"要求,减小疫情规模和减少处置时间。各地要进一步健全疫情多渠道监测预警和多点触发机制,严格做到早发现、早报告、早隔离、早治疗。

(6)加强封控隔离人员服务保障。各地要建立生活物资保障工作专班,及时制定完善生活必需品市场供应、封闭小区配送、区域联保联供等预案,做好重要民生商品储备工作。做好封控隔离人员心理疏导,加大对老弱病残等特殊群体的关心帮助力度,解决好人民群众实际困难。

(7)优化校园疫情防控措施。完善校地协同机制,联防联控加强校园疫情应急处置保障,提升学校疫情应急处置能力,支持学校以快制快处置疫情。各级教育部门设立投诉平台和热线电话,及时受理、转办和回应,建立"接诉即办"机制,健全问题快速反应和解决反馈机制,及时推动解决师生急难愁盼问题。

(8)落实企业和工业园区疫情防控措施。落实企业和工业园区疫情防控主体责任,建立从企业、园区管理层到车间班组、一线职工的疫情防控全员责任体系,细化全环节、全流程疫情防控台账。

(9)分类有序做好滞留人员疏解工作。对发生疫情的地方要及时精准划定风险区域,在有效防止疫情外溢的前提下稳妥安排,交通运输、民航、国铁等部门要积极给予交通运力保障,目的地地区应强化大局意识,严禁拒绝接收滞留人员返回,并按照要求落实好返岗(返家)人员防控措施,既要避免疫情外溢,也要杜绝加码管控。

3)强化风险防范,把应对风险隐患的各项措施落到实处

(1)关于风险人员管控。各地要严格做好集中隔离点的管理,避免隔离点交叉感染。在指导高风险岗位从业人员居家健康监测期间严格落实有关要求,一旦检出阳性,立即开展传播风险研判并追踪管理相关风险人员,防止疫情外溢。

(2)关于风险区域划定。各地在疫情发生后,要及时划定高风险区并对外发布。一般以单元、楼栋为单位划定高风险区,在疫情传播风险不明确或存在广泛社区传播的情况下,可适度扩大高风险区划定范围。

(3)关于外防输入措施的调整。各地要做好集中隔离资源储备工作,规范设置集中隔离点并严格实施管理。加强入境人员居家隔离期间的规范管理。

4)加强优化调整工作的组织保障措施

(1)落实优化调整防控措施,须重点做好政策解读、培训指导和责任落实,进一步凝聚全

社会共识,加强组织领导,坚决防止大规模疫情的发生。

(2)加强宣传引导和政策解读。加强对优化调整政策的解读,强调继续坚持我国疫情防控总策略、总方针,引导全社会充分认识坚持人民至上、生命至上,坚持外防输入、内防反弹,坚持动态清零的重要意义。引导民众客观认识我国防控政策优化调整的依据,即基于病毒变异的特点,此举既是科学决策,更是必要举措,以争取广大群众和基层一线工作人员的理解和支持,筑牢群防群控基础。加强舆情监测,及时回应群众关切。

(3)加强工作指导和各级培训。各行业主管部门要切实担负起责任,加强对本行业本领域优化调整工作的指导。各地要准确把握政策要义,进行全面部署,细化具体工作要求,推动提升地方各级党委和政府、各级联防联控机制、基层防控一线的工作能力和水平。

(4)加强组织领导和责任落实。地方各级党委和政府要守土有责,守土尽责,主要负责同志亲自抓,明确责任分工,结合实际周密组织实施,加强政策培训、力量统筹和物资保障,有力有序推进防控措施优化调整,不折不扣落实各项任务。要抓实抓细疫情防控各项工作,全力做好人民群众生产生活服务保障工作,切实满足疫情处置期间群众基本生活需求,保障看病就医等基本民生服务,尽力维护正常生产生活秩序,做好思想引导和心理疏导,坚决打赢常态化疫情防控攻坚战。同时,把优化调整的措施抓扎实,高效统筹疫情防控和经济社会发展,以实际行动体现学习贯彻党的二十大精神的良好成效。

四、小结与启示

(一)小结

公共卫生危机在我国发生的频率较高且影响巨大,针对这类公共危机进行有效的应对与管理成为关乎人民生活、国家发展的关键。近代中国抗击鼠疫的经验,使得近代中国政府和社会开始认识到公共卫生危机管理的重要性。从那时开始,医学防疫体系逐渐建立,包括疫苗研发、传染病监测、卫生宣传和卫生系统建设等,这些举措奠定了近代中国公共卫生治理的基础,为后来的公共卫生危机应对提供了重要支持。在面对新冠病毒感染疫情时,中国政府迅速采取了一系列应对措施,始终坚持党对疫情防控的领导核心作用,制定了严格的防控政策,包括早期的区域封控、疫情监测和人员隔离,以及大规模的核酸检测和疫苗接种等。这些措施充分体现了政府处置公共卫生危机的决心和能力。

总之,全国范围内的紧密协作、科学研究的支持、医疗体系的建设都在公共卫生危机的防控和治理中发挥了关键作用,这些经验将有助于我国未来更好地应对公共卫生危机,保障人民生活和国家发展。

(二)启示

针对当前我国公共卫生管理存在的不足,笔者提出以下建议。

1. 建立有效的卫生应急管理体系

这一体系基于多个关键要点,以确保其灵活性、协同性和效率。首先,建立完善的预测预警机制是卫生应急管理的基础。例如，监测和评估各种潜在威胁，涉及疾病传播趋势、气象变化和其他卫生风险因素。早期的预警可以帮助决策者在危机爆发前采取预防措施，减少损失和危害。需要强化卫生监测、疫情监测和灾害风险评估，并利用现代科学和技术手段，提前发现潜在威胁。其次，明确各部门的权限和协作机制至关重要。建立完整的指挥链，确保各级政府部门、医疗机构、救援队伍和志愿者组织能够有效协作。不同部门应根据各自的职责和专业领域提供支持，确保协同工作的无缝衔接。最后，遵循公平公正的原则是应急管理体系的核心价值之一。特别是在卫生灾害中，乡村和边远地区的脆弱性更显著，需要给予额外支持。在资源分配和救援行动中，应优先考虑这些地区，确保这些地区的人民能够获得及时的援助。这需要政府制定明确的政策，以确保资源的公平分配，并积极与国际社会合作，以弥补资源匮乏地区的不足。

2. 加强重大疫情防控救治体系

这是确保国家对突发大规模疫情具备充分准备和应对能力的关键一环，需要从多个方面进行补充和加强，以应对不断变化的健康威胁。首先，提前预案和应急资源的充足储备是加强体系的基础。国家需要建立并不断完善应对重大疫情的应急计划，包括明确的组织结构、任务分工、人员培训等。同时，要确保应急资源的充足储备，包括医疗设备、药物、防护用品等的储备，以满足在疫情暴发时的需求。其次，建立高效的疫情监测和信息共享体系至关重要，如建立全国疫情监测网络，可以实时追踪疫情的传播趋势和变异情况。各级卫生部门应建立信息共享平台，确保各类数据快速传递和共享，以协助决策者作出准确的判断。与此同时，强化医疗资源和人员储备。重大疫情暴发时，需要大规模的医疗资源和医疗人员来满足患者需求。国家应加强医疗设施的扩建和更新，提高医疗资源的利用率，以确保足够的病床、呼吸机等设备。此外，需要建立医疗储备队伍，培训医护人员，以应对大规模疫情。最后，促进国际合作和信息分享。重大疫情不受国界限制，因此国际合作至关重要。我国应与其他国家和国际组织分享信息、经验和资源，共同应对跨国传播的健康威胁。这包括在疫苗研发、药物治疗和流行病学研究等方面进行协作。

3. 重视危机治理中的舆论引导

首先，政府应确保信息的及时发布，包括关于疫情的最新情况、风险评估和应对措施。这些信息可以通过新闻发布会、社交媒体、官方网站等多种渠道传达，以确保信息的一致性和透明度，遏制不准确信息和谣言的传播。其次，政府应该积极引导社交媒体平台，以与其合作的方式来控制虚假信息和谣言的传播。这可以通过提供准确信息、协助社交媒体公司更好地监管信息内容，以及教会公众辨别不实信息来实现。社交媒体在信息传播中起到了重要作用，因此需要进行有效的管理。政府和卫生机构应积极邀请医疗专家为公众深入解读科学知识，以帮助公众更好地理解疫情和相关信息。专家的参与和意见有助于提高公众对相关信息的信任度，缓解公众的不安情绪，增加公众对应对措施的支持。谣言应对也是舆论引导的重要组成部分。政府可以设立专门的机构对虚假信息实施监测、辟谣及纠偏处置。这需要协同各类媒体、社交媒体平台和民间组织，形成联动机制以有效制止谣言的传播。总之，舆论引导有助于稳定社会秩序，减少混乱和恐慌，为应对重大公共卫生危机提供重要支持。

第四节 社会安全类公共危机特征与管理

> **提要**：社会安全类突发事件处置不当可能引发公共危机，还可能造成极其严重的经济损失和社会危害，因而引起了社会的广泛关注和政府的高度重视。笔者基于《国家突发公共事件总体应急预案》《中华人民共和国突发事件应对法》等规范性文件及公共危机管理相关教材对社会安全事件的定义，梳理了社会安全类突发事件的主要类型。结合中国的实际情况，收集量化数据，分析了我国社会治安类事件和交通安全类事件的特征。中国素有"世界上最安全的国家之一"的美誉，现有防范、处置措施都值得持续改进，同时需顺应时代发展趋势，依托技术革新寻找解决新问题的新路径。

一、社会安全类公共危机及其属性

（一）基本概念

社会安全事件在《国家突发公共事件总体应急预案》中被概括为恐怖袭击事件、经济安全事件、涉外突发事件等。《中华人民共和国突发事件应对法》将社会安全事件与自然灾害、事故灾难、公共卫生事件并列。综观我国目前立法过程和理论研究中对"社会安全事件"内涵与外延的界定，我们可以作出如下定义：社会安全事件与自然灾害、事故灾难、公共卫生事件是相对的，同属于突发事件中的一类（周定平，2008），主要指人为原因所引起的危及人身安全、财产安全，破坏公共秩序，需要立即采取行动的突发事件。

综合各方观点，我们认为社会安全事件是在社会冲突不可调和的情况下，暂时的矛盾激化所导致的突然发生的部分社会成员所作出的包含不可预料性因素的，在主观上违背一般社会认同感并且在客观上违背国家安全政策的行为。这种行为包括重大刑事案件、恐怖袭击事件、涉外突发事件、经济安全事件、群体性事件、民族宗教事件以及其他社会影响严重的突发性社会安全事件等（冯毅，2010）。而社会安全危机就是社会安全事件引起的危机。

危机与突发事件的共同点是都会给社会、组织或个人带来一定程度的损失、损害或负面影响，且一般都具有突发性，有实际的危害和危险。但突发事件强调的是事件发生的不可预测性，即使是突然发生的事件，如果有足够的资源控制突发事件，就可以防止其转化为危机事件；如果不能对其进行有效控制，或人为地把突发事件过多地进行负面描述，就可能转化为危机事件。因此，可以这样认为，危机事件具有突发事件的特征，但突发事件不一定构成危机。可见，危机和突发事件的概念之间并无明显的界线，有时在不同的语言环境中可以交替使用。危机事件一般都会在不同的程度上影响公共安全与公共秩序。

(二)主要类型

目前,社会安全事件的分类标准包括事件发生的范围、影响和程度等。笔者所采用的社会安全事件的分类体系以社会治安、交通安全、生活安全和生产安全4个基本方面核心评估维度,构建起综合性评价指标,包括以下几个方面。

(1)社会治安类。针对社会事件的安全措施、对策、知识等。社会事件主要包括恐怖袭击事件、民族宗教事件、经济安全事件、涉外突发事件和群体性事件等。

(2)交通安全类。近年来触目惊心的交通安全事故频发,给人民群众和社会安全造成了重大威胁。为唤起全社会公民对交通安全的深切关注并引导公众积极参与交通治理,我国将每年4月30日设定为"全国交通安全反思日"。

(3)生活安全类。用火用电用气是我们日常生活的必备环节,为我们的生活带来了极大的便利。但火灾、触电、煤气爆炸事故频发,时刻警示我们日常生活要谨慎,规范操作保安全。

(4)生产安全类。生产经营活动(包括与生产经营有关的活动)过程中,发生的伤害人身安全和健康,或者损坏设备、设施,或者造成经济损失。安全生产是一项长期的基本国策,旨在保护劳动者的安全与健康,保护国家财产,并促进社会生产力发展。

(三)属性特征

危机事件具有突发事件的特征,但突发事件不一定构成危机。公共危机事件是指一种危及全体社会公众的整体生活和共同利益的突发性和灾难性事件。社会安全类突发事件的特征体现为突发事件一般属性和社会安全类事件特殊属性的结合,与其他3类突发事件既有相同之处又具有自身的特点。社会安全类突发事件的核心要素可以概括为4个字:"人""公""急""大"。

所谓"人",即人为因素,是指社会安全事件的引发因素直接来自人,来自人的故意或恶意所为,或者来自人的不当处置。所谓"公",即事件的公共影响,是指事件对社会公共利益造成一定的危害。所谓"急",即急需公权力的干预,是指社会安全事件一旦发生则急需政府部门在有限的时间范围内,在有限的信息条件下开展应急处置工作,否则就会造成社会的更大危害和更严重的后果。所谓"大",即事件的规模、影响达到一定的程度,是指常态化管理难以应对社会安全事件,必须启动应急管理状态,在政府的统一领导、指挥下,动用社会各界的力量,采取应急管理措施进行应对。

综上所述,社会安全类公共危机的属性特征包括人为性、公共性、突发性和政治敏锐性。

二、我国社会安全类公共危机的主要特点

我国社会安全类公共危机主要涵盖民族因素引发的突发事件、群体性事件和涉外突发事件等类型。这里以民族因素突发事件和群体性事件为例分析、总结该类型公共危机的主要特征。

1. 民族因素突发事件

我国民族因素突发事件主要集中于西南和西北地区,这些地区也是少数民族聚集区与经济欠发达区的重合部位;近年来东部和中部地区的民族因素突发事件案例数量呈增加之势(图2-3)。我国民族因素突发事件与国外恐怖势力(主要是中东、中亚等地区)的关系日益紧密,国内民族恐怖活动国际化的概率也在增加。我国民族因素突发事件的地域分布与少数民族聚集区域高度重合(吴锋和张红强,2016)。

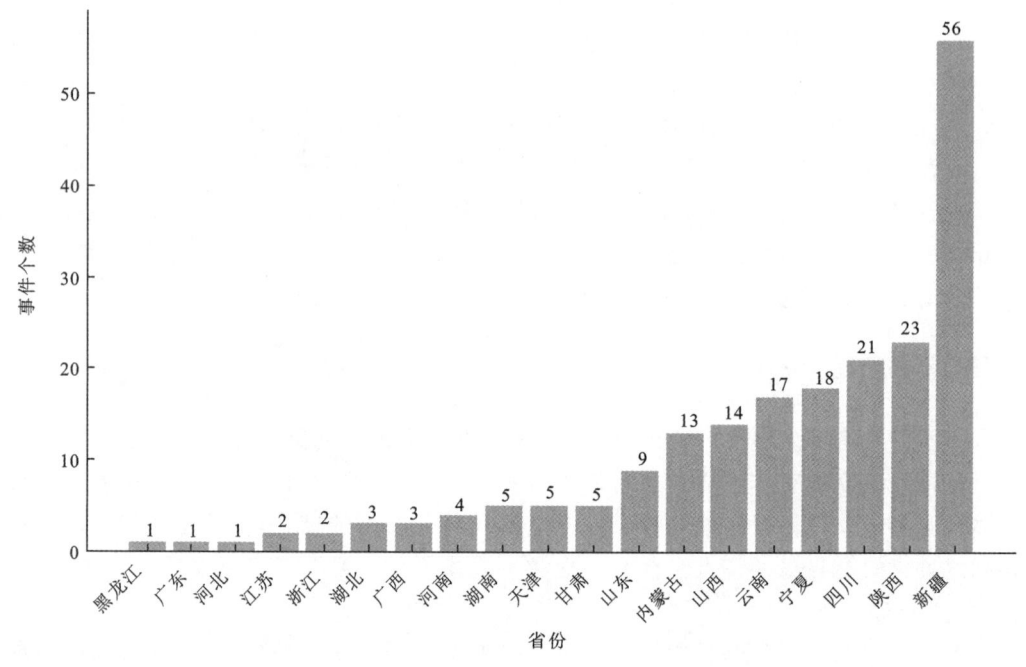

图2-3 我国民族因素突发事件案例区域分布

其中,恐怖袭击事件多发生于边境地区,以新疆为主要代表,自1990年到2016年底,新疆发生了数千起暴恐事件。据不完全统计,1990—2001年,境内外反动势力采取爆炸、暗杀、投毒、纵火、袭击、骚乱及暴乱等方式,在中国新疆境内制造了200余起暴力恐怖事件,造成各民族群众、基层干部、宗教人士等162人丧生,440多人受伤。2002年后,该反动势力又先后制造多起暴力恐怖事件。截至2009年7月17日,造成197人死亡、1700多人受伤,331个店铺和1325辆汽车被砸烧,众多市政公共设施被损毁。

公安机关坚持以维护政权安全、制度安全为核心,坚决捍卫国家政治安全,深入开展反分裂反恐怖斗争,加强反恐国际合作,始终保持对暴力恐怖活动的严打高压态势,我国反恐怖斗争态势持续向好,连续5年多未发生暴恐案事件。自2014年在全国范围内开展严厉打击暴力恐怖活动专项行动以来,全国共打掉暴恐团伙1900多个,抓获涉案人员14 000多人,缴获爆炸装置2000多枚,把绝大多数恐怖活动摧毁在预谋阶段、行动之前。

2. 群体性事件

2000年以来,我国频繁发生因人民内部矛盾引发的上访、集会、请愿、游行、示威、罢工等群体性事件,数量多、人数多、规模大。1993—2003年,中国群体性事件数量由约10 000起增加到约60 000起,参与人数也由约73万人增加到约307万人。

群体性事件的数量在2010—2019年总体上呈现下降的趋势(图2-4)。在重要节假日、国家重要会议等敏感时段更易发生群体性事件,且会带来更大的社会影响。群体性事件地域性特征明显,东部地区是群体性事件高发地区,西部和中部次之(图2-5)。群体性事件更多以维权为目的,以维权为目的群体性事件占群体性事件总数的一半。群体性事件多采取非法暴力手段表达群体诉求,较少通过正当途径寻求解决方法(图2-6)(李倩倩等,2022)。群体性事件的成因复杂,涉及经济基础以及上层建筑的政治、文化、社会心理、法律等因素,是社会多种因素综合作用的结果。

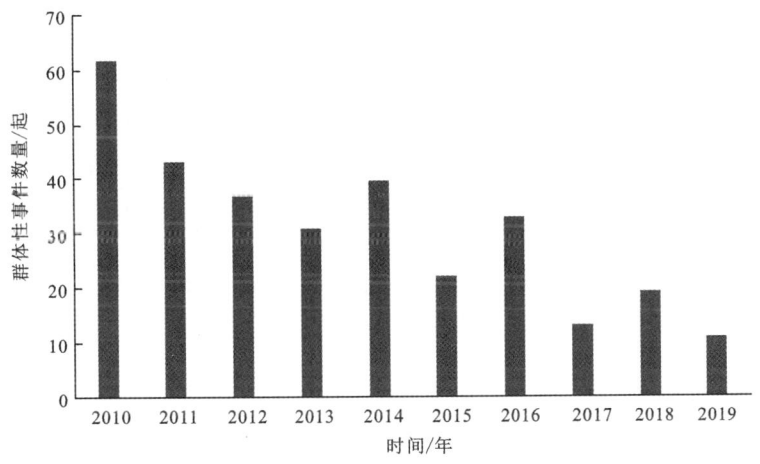

图2-4 群体性事件发生数量年度统计

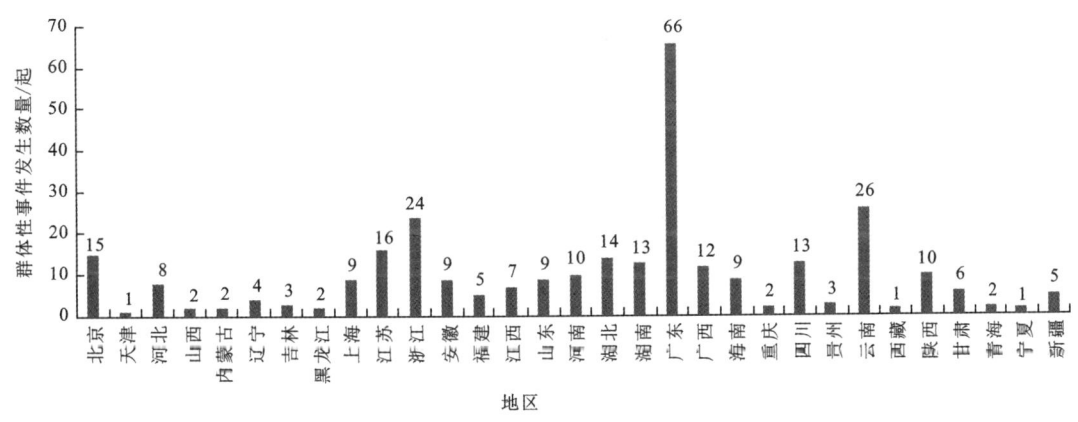

图2-5 群体性事件数量地域统计

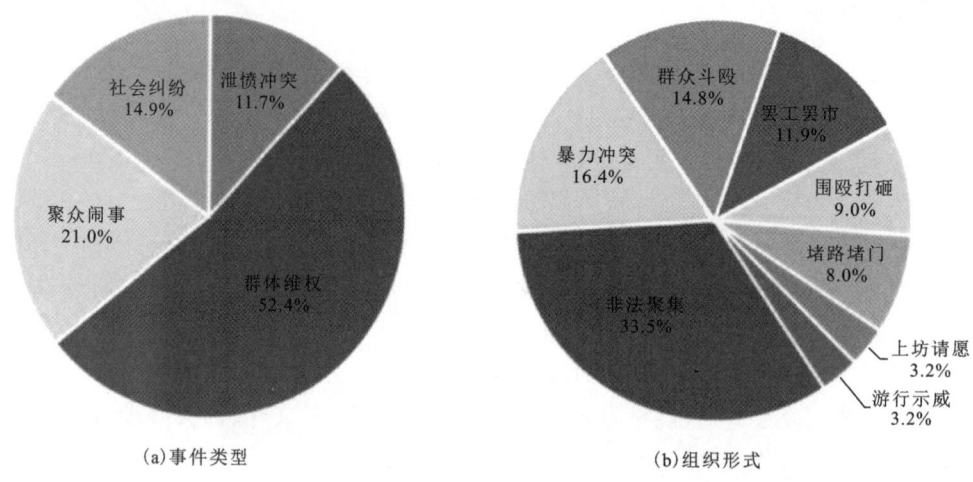

图 2-6 2010—2019 年群体性事件类型和组织形式

近年来,我国香港地区曾发生一系列严重暴力示威和违法活动,影响恶劣。2019 年 6 月以来,一些激进分子频繁策划非法游行集会,霸占街道、破坏公共设施,并多次有组织地暴力袭击警方执法人员,导致大量警员受伤,甚至冲击政府部门及中央驻港机构,肆意破坏国旗国徽,侮辱国家尊严,严重触犯法律底线。其中,暴力事件尤其集中在 2019 年 6 月—8 月,部分激进示威者更是使用砖头、自制铁矛等危险武器袭击警方防线,非法占领交通干道,造成城市交通瘫痪、公共秩序混乱,持续严重影响社会安定,威胁公众安全和国家主权安全。这些事件背后往往受到境内外敌对势力的操控和煽动,政治性、组织性、暴力性特征突出,对香港的社会稳定和安全构成了严重威胁。由此可见,社会安全类危机往往具有政治敏锐性强、组织化程度高、社会破坏性大的特点,其应急管理和处置既考验政府的反应速度与协调能力,也考验社会各界的风险防控和协同应对机制建设水平。

三、小结与启示

(一)小结

自中华人民共和国成立以来,由于复杂的国内和国际环境,我国与敌视和破坏社会主义的国内外势力分子的斗争一直从未停止过。近年来,一些分裂势力和极端宗教势力是我国当前和未来所要面对的主要恐怖组织。各类社会安全事件严重扰乱社会治安,公然挑战法律的尊严,肆意打破文明底线。而网络的发展以及无良媒体的恶意宣传,进一步加剧了群众的恐慌,增加了社会安全类突发事件发酵为公共危机的可能性。在复杂多变的情况下,中国仍旧成为"世界上最安全的国家之一",这表明有许多防范、应对措施值得我们继续坚持、改进,但同时也要结合时代发展、技术革新寻找解决新问题的新路径。

(二)启示

1. 强化社会安全预警体系的构建与优化

社会转型期的到来致使各种新旧社会问题层出不穷,贫富差距不断扩大,社会公正不断受到冲击,始终威胁着我国良好公共秩序的稳定(耿中锋,2011)。虽然我国目前的社会大局总体平稳,但也要警惕平稳背后潜藏的"层层细浪",防微杜渐。

2. 发挥网络媒体资源优势,推动政府、公民、企业协同治理

事实表明,许多突发事件本身就是危机的一部分,并且是关键的一部分。当突发事件处理不当失去控制,朝着无序的方向发展时,危机便形成并开始扩大化。在这种情况下,突发事件就等同于危机。如果某些突发事件处理及时、得当,就有可能被消灭在萌芽状态之中,进而不会演变为危机。

3. 加强国际合作

在跨域公共危机的治理中,要进一步促进与所在地政府、社会组织和公民的合作,改变以会议、机构为纽带的国家交流和合作模式,突出强调海外公民的生命安全保障,进而在提升中国公民的自我维权能力和完善应急建设方面实现务实性双边和多边合作。要有步骤地推进中国政府、企业驻外机构和海外中国公民的应急能力体系建设。当前,新型冠状病毒感染疫情仍在全球蔓延,抗疫无国界,疫情是人类共同的敌人。只有在疫情病原的联合研究、疫苗开发等方面开展区域性技术协作,在信息、资源等方面开展全球性合作,才有可能取得最理想的结果。这是人类继续存在和未来发展的最佳道路。

参考文献

白月影,2021.内蒙古社会安全事件恢复重建能力评价研究[D].呼和浩特:内蒙古工业大学.

陈嘉琳,尤添革,宁静,等,2022.2005—2020年我国5级以上地震地理位置聚类分析[J].海峡科学(7):99-103.

冯毅,2010.社会安全突发事件概念的界定[J].法制与社会(25):279-280.

高天柱,2014.我国道路交通事故特点规律及预防研究[D].西安:长安大学.

耿中锋,2011.论构建社会治安预警体系——从公共危机的视角[J].河北公安警察职业学院学报,11(3):27-29.

龚维斌,宋劲松,2016.提高我国事故灾难应对能力的对策建议[J].社会治理(3):59-61.

观察者.回顾20世纪90年代以来"东突"制造的15起重大恐怖事件.[EB/OL].(2014-03-03)[2022-10-31]. https://www.guancha.cn/local/2014_03_03_210449_s.shtml.

郭婷婷,2022.黑龙江省突发公共卫生事件政府应急管理问题研究[D].哈尔滨:哈尔滨商业大学.

韩蓉,2022.总体国家安全观下社会安全事件应急情报协同治理研究[D].哈尔滨:黑龙江大学.

郝均,曾刚,2019.1978—2018年我国环境污染事故的时空演化特征分析[C]//.中国地理学会经济地理专业委员会.2019年中国地理学会经济地理专业委员会学术年会摘要集.大连:中国地理学会经济地理专业委员会:129.

孔锋,方建,吕丽莉,2018.1961—2015年中国暴雨变化诊断及其与多种气候因子的关联性研究[J].热带气象学报,34(1):34-47.

李静,吕永龙,贺桂珍,等,2008.我国突发性环境污染事故时空格局及影响研究[J].环境科学(9):2684-2688.

李倩倩,王红兵,刘怡君,等,2022.我国群体性事件的典型特征、治理问题与对策建议[J].智库理论与实践,7(2):74-82.

李文海,夏明方,2010.中国荒政书集成[M].天津:天津古籍出版社.

李雪梅,2022.近十年来发达国家自然灾害治理新趋向及鉴戒[J].福建师范大学学报(哲学社会科学版)(4):43-51+170.

刘磊,赵东升,朱瑜,等,2021.1993—2017年我国大陆地震灾害损失的时空特征[J].自然灾害学报,30(3):14-23.

刘孟凯,孙玉豪,2021.基于统计数据的房屋市政工程生产安全事故防控管理研究[J].工程管理学报,35(1):137-141.

刘奕,张宇栋,张辉,等,2021.面向2035年的灾害事故智慧应急科技发展战略研究[J].中国工程科学,23(4):117-125.

隋广军,蒲惠荧,2012.沿海地区受台风影响的易损性指标体系与应急管理策略[J].改革(3):145-154.

王竹华,王大鹏,孙祝友,等,2005.中国陆域近10年地震时空分布统计特征[J].烟台师范学院学报(自然科学版)(4):293-296.

魏本勇,2018.中国地震监测预警预报体系现状概述[J].中国减灾(15):20-21.

文宏,2019.网络群体性事件中舆情导向与政府回应的逻辑互动——基于"雪乡"事件大数据的情感分析[J].政治学研究(1):77-90+127-128.

吴大明,2018.我国不同省份道路交通安全生产发展水平及特点研究[J].安全,39(7):37-40.

吴锋,张红强,2016.我国民族因素突发事件案例统计评析与应对策略:基于1980—2015年中国大陆民族因素突发事件知识库的研究[J].情报杂志,35(1):122-128.

吴廷俊,夏长勇,2010.对我国公共危机传播的历史回顾与现状分析[J].今传媒(8):26-31.

西北政法大学,2009.群体性事件概览[EB/OL].(2009-6-4)[2025-4-26].https://xbxzf.nwupl.edu.cn/lslm/68492.htm.

新华社.图表:十年来我国道路交通安全各项指数持续向好[EB/OL].(2022-07-25)

[2025-4-26]. https://www.gov.cn/xinwen/2022-07/25/content_5702746.htm.

应江龙,郭建群,蒋仲廉,2022,等.1980—2020年中国交通事故空间分布特征研究[C]//.世界交通运输大会执委会.2022世界交通运输大会(WTC2022)论文集(交通工程与航空运输篇).北京:中国科学技术协会.

于春全,2004.北京交通管理应急指挥系统概述[J].综合运输(10):50-52.

张锦,2019.公安部新闻发布会通报我国道路交通安全整体形势及风险隐患排查情况[EB/OL].(2019-01-30)[2025-4-26]. https://cn.chinadaily.com.cn/a/201901/30/WS5c524925a31010568bdc79e4.html.

张念强,李娜,王艳艳,等,2020.我国城市洪涝灾害应急管理框架探讨[J].中国防汛抗旱,30(7):5-9+77.

郑亚群,2021.公安部:2014年以来全国打掉暴恐团伙1900多个,抓获涉案人员14000多名[EB/OL].(2021-7-14)[2025-4-26]. http://jres2023.xhby.net/index/202107/t20210714_7156656.shtml.

周定平,2008.社会安全事件特征的比较分析[J].北京人民警察学院学报(2):47-49.

朱志萍,傅威,2017.风险管理视阈下的城市交通与公共安全[J].上海城市管理,26(2):58-62.

第三章 自然灾害类公共危机的典型案例

第一节 决战缙云山:2022年重庆山火

> **提要**:2022年8月17日以来,重庆遭遇了1961年以来最极端连晴高温天气,受极端高温影响,多地先后发生了多起森林火灾。在重庆市党委的直接领导下,各级政府、部门统一指挥,社会力量也自发组织并快速集聚,仅用了8天时间就扑灭了全部明火,应急救援成效良好。笔者将以公共危机网络治理结构模型为基础,从公共权力的纵向下沉与社会资本的横向联合两方面对公共危机的应急响应与社会动员进行分析,探索公共危机网络治理视角下政社协同体系的建设;结合林火爆发的原因,探究在公共危机风险管理与减缓、应急准备方面政府如何增强韧性治理。

一、案例背景

(一)政策背景

党的二十大报告明确指出,要提高公共安全治理水平,坚持安全第一、预防为主,完善公共安全体系,提高防灾减灾救灾和急难险重突发公共事件处置保障能力。这为完善国家应急管理体系明确了任务和要求,为新时代应急管理工作指明了方向,提供了重要遵循。《"十四五"国家应急体系规划》指出,到2025年,应急管理体系和能力现代化要取得重大进展,形成统一指挥、专常兼备、反应灵敏、上下联动的中国特色应急管理体制,并建成统一领导、权责一致、权威高效的国家应急能力体系。未来将从深化体制机制改革、夯实应急法治基础、防范化解重大风险、加强应急力量建设、强化灾害应对保障、优化要素资源配置、推动共建共治共享7个方面重点发力。

2021年11月17日,重庆市印发了《重庆市森林火灾应急预案》,明确重庆市行政区域内发生的森林火灾应对工作。此预案指出,全市各级政府及应急、林业和气象等部门,要充分利用卫星监测、空中巡护、视频监控、高山瞭望、地面巡护等手段,及时掌握火情动态。

(二)现实背景

我国森林火灾的发生呈现次数多、范围广、强度大的特点(表3-1)。虽然整体上看,森林火灾得到了有效控制,发生次数逐年减少,发生强度逐渐减弱,但森林火灾对人类生命及财产安全造成的极大威胁不容小觑。

表3-1 我国近5年森林火灾发生情况统计

年份	2017	2018	2019	2020	2021
次数/次	3223	2478	2345	1153	616

纵观国内外的相关案例,各国在面临重大森林火灾时仍缺乏有效的应急管理机制,应对效果也参差不齐。例如,2019年澳大利亚山火事件,由于极端高温天气和政府前期的消极应对,火势没有得到及时控制,前后持续将近6个月,澳大利亚的经济发展、生态环境等遭受到前所未有的损害。

(三)地区素描

1. 自然背景

重庆市地处四川盆地东南边缘,属于亚热带湿润季风气候,受副热带高压影响,干燥少雨。2022年出现了重庆市1961年以来最极端连晴高温天气,导致重庆市大部地区森林火险气象等级极高。干旱导致河流湖库水位下降,火场周边水源短缺,严重影响了灭火供水保障和直升机取水作业。同时,重庆市的森林覆盖率高达54.5%,部分地区广泛分布着桉树,在持续40℃以上的气温下,桉树会分泌出大量易燃的香油精,遇上火星或者局部热量聚集过高,极易引发自燃,进而蔓延形成森林火灾。此外,火场地形特殊,山高坡陡弯急,沟谷纵横交错,植被茂密,地形崎岖,交通不便,极大地限制了人员活动,大型灭火器材很难快速抵达现场,为扑火工作带来不利影响。在风力风向方面,干旱季节山区容易形成明显上升气流,加之受各种涡流、越山气流影响,往往会造成风向突然发生变化。同时对于火势的蔓延,大风也能起到非常强大的助推作用。若风向突变、风速骤然增大,则会进一步增加救援的难度和危险。

2. 社会背景

从重庆市森林消防力量调配情况看,此次支援重庆市的3个国家综合性消防救援总队出动的力量强大可靠。中国森林消防力量可划分为国家队和地方队。地方队有两种类型,一种是各级政府成立的专业扑火队伍,另一种是各乡镇的半专业队伍。国家队代表着中国森林扑火的最高水平和能力。从志愿抢险救灾力量来看,在这次扑灭山火的战斗中,摩托志愿者充分展现出重庆人的团结、勇猛。此外,对摩托车都到达不了的地方,志愿者组成"人链",手把手传递物资,有序运输物资,确保前线给养充足。但此次火灾从侧面暴露出了重庆当地森林防火方面的短板,即防火公路等山林基础设施建设不足,给火灾救援增加了难度。

二、案例演化

(一)案例演化过程

重庆山火的演化与响应见表3-2和图3-1。

表3-2 重庆山火的演化与响应

时间	危机的演化	决策主体	响应措施
2022年7月11日	2022年夏,重庆市经历了1961年以来最极端高温天气。2022年7月1日—8月25日,全市平均高温累计日数达到40.8天,较常年同期偏多20天,超过有气象记录以来同期极值	重庆市森林草原防灭火指挥部、重庆市应急管理局、重庆市林业局、重庆市气象局	各局联合发布"森林草原火险红色预警信号"
2022年8月17日—18日	8月17日涪陵区的北山坪和大梁山分别爆发山火,第一次山火持续燃烧近30小时	重庆市森林草原防灭火指挥部	8月18日14时,重庆市森林草原防灭火指挥部启动市级森林火灾应急预案Ⅳ级响应
		应急管理部南方航空护林总站	按照应急管理部的调机指令,紧急从四川、湖北、广西跨省调动2架K-32,2架M-171共计4架大型灭火直升机支援重庆火灾扑救,空中力量分别从四川巴中、西昌,湖北十堰,广西南宁快速驰援重庆
2022年8月19日—21日	江津区、北碚区、南川区、大足区等多地爆发山火;涪陵区山火于18日晚复燃。火势仍在持续蔓延扩大,未得到有效控制	重庆市森林草原防灭火指挥部	决定启动市级Ⅲ级响应;采取以下具体措施:市森林草原防灭火指挥部(简称市森防办)与多个部门分析研判,统筹调度,安排邻区县增援,指导做好重要目标物和重大危险源的保护工作;气象部门做好人工响应天气作业准备;视情召开新闻发布会,协调指导相关媒体做好报道等

续表 3-2

时间	危机的演化	决策主体	响应措施
2022年8月22日	参与交通疏导的歇马派出所民警表示,此轮山火"灭了又燃,燃了又灭,现在有些地方还在燃烧。一方面是温度高,另一方面是封山以来,山上大量枯枝落叶散布"。主要起火区已不在虎头村附近,而转向歇马街道人和村	国家森林草原防灭火指挥部办公室、应急管理部	调度重庆、江西、湖南、四川、贵州五省(市)森林草原防灭火工作,了解防灭火形势、火灾扑救进展,强调要深入贯彻习近平总书记关于做好森林草原防灭火工作的一系列重要指示精神,迅速调集各方力量开展科学扑救,强化专业指挥,确保扑火安全,全力"打早打小打了",坚决遏制森林火灾多发势头
2022年8月26日	22日—23日早晨火势最大时,"以一个圆来看,直径直线距离可能有3km左右"。23日8时火灾多点并发,火势旺盛,并燃烧到隔离带北部,往东北方向缙云山土山蔓延	重庆市区两级应急管理部、消防部	25日20时,在缙云山火场的云南森林消防总队决定采取"以火攻火"的点火燃烧技术灭火。从9时开始,分上段、下段,用点火器由上往下点、由下往上点。截至26日8时30分,经各方共同努力,森林火灾各处明火全部扑灭,全面转入清理看守阶段,无人员伤亡和重要设施损失

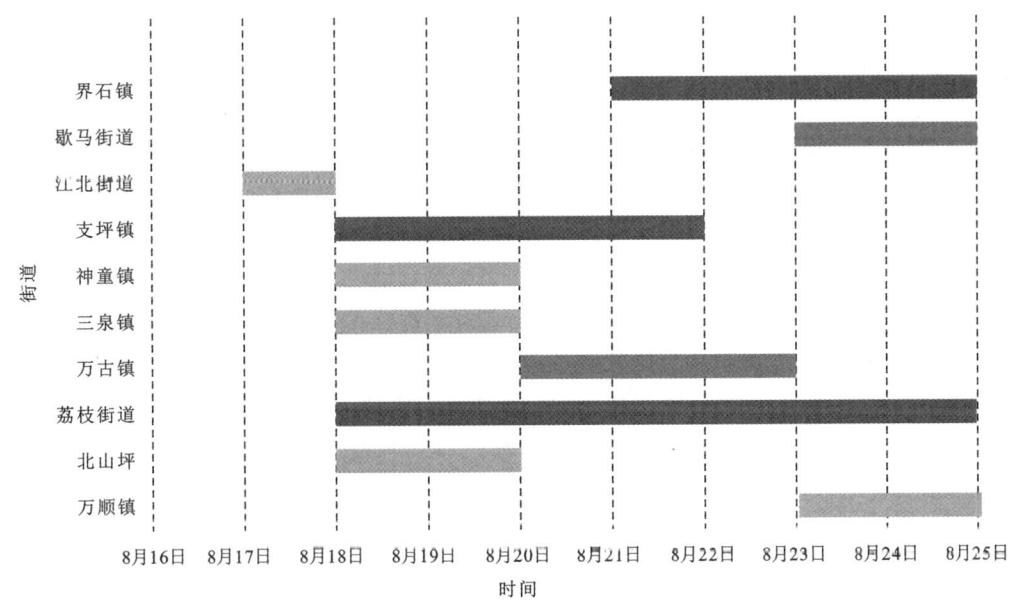

图 3-1 重庆林火起止时间

(二)参与力量

1. 政府力量:多级响应,多地联合

2022年8月17日以来,应急管理部先后从周边地区调派528名救援人员,并紧急调拨8马力水泵20台、灭火剂8t、防护套装200套、防护服630套等一批森林防灭火物资增援重庆市。多地森林消防队驰援重庆山火扑救。甘肃省森林消防总队重庆驻防队伍出动9台车、80名队员,携带灭火装备300余件(套)参与扑救任务;四川省森林消防总队组织所属阿坝支队、成都特勤大队228人33车的救援力量赶赴火场增援,当地消防员、武警、民兵和群众、航空救援队员等共586人配合森林消防队伍协同行动;云南省森林消防总队派出增援力量736人,携带各类灭火装备3543件(套),动用各种运输车辆117台。据统计,截至8月25日,此次林火扑灭行动累计投入各级各类救援力量1.4万余人、森林灭火主战装备3100余台(套)、直升机10架参与重庆森林火灾扑救,及时转移群众680余户1800余人。

2. 社会力量:全面出动,全面助力

除政府力量外,众多民间专业、独立的纯公益紧急救援机构积极配合政府开展山火扑灭工作,大批志愿者主动开展运输和补给工作,当地居民群众也纷纷加入扑火行动。由于山道狭窄崎岖,救援汽车无法通行,摩托车手招募令一发,500多名摩托车骑手赶来,自发组成志愿服务队,帮助运送物资。摩托车无法到达的地方,重庆市民用"最原始的办法",即"背着背篓徒步",涌现出许多平民英雄。

三、案例分析

在重庆山火等突发公共危机中,网络治理正发挥新的作用并提出新的要求。长期以来,人们习惯于将政府视为公共危机管理的唯一主体,至少是处于核心地位的权力中心。然而,政府在应对公共危机方面,正面临着能力和资源等多方面的挑战。与此同时,公共危机日益复杂和多元化,这要求社会各界共同应对,形成政府与社会各方合作协同应对的网络。

对此,应该采用系统性整合方式,重新整合政府组织内部以及社会各主体在公共危机管理中的功能与效用,并将其嵌入公民社会治理体系中,实现从传统单一强势国家/政府主导的治理模式向多元社会协同治理网络的转变,从而构建起公民个体—社会群体—政府部门—整个国家一体化,点、线、面相结合的刚柔并济和富有韧性的公共危机网络治理政社协同结构模型(图3-2)。

(一)公共权力的纵向下沉

控制和管理协作的制度安排是影响网络成败的关键因素。事实上,在公共危机面前,集中权力和强制行动是必不可少的手段,即由国家和政府对资源和价值进行权威性分配,

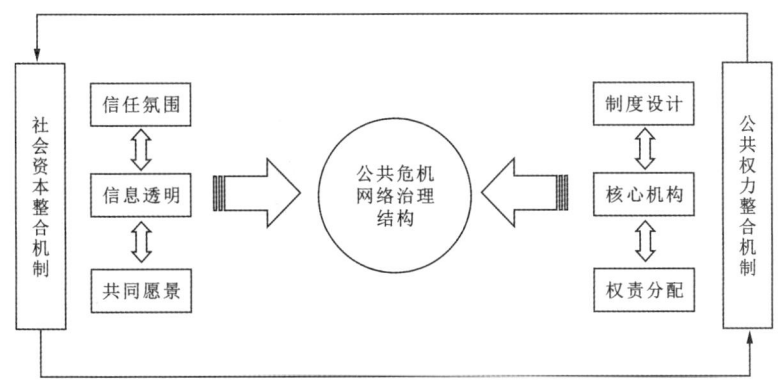

图 3-2　公共危机网络治理结构模型

围绕一个共同的政策目标将各个网络结点整合起来,并强化其整体行动的能力以发挥协同效应的作用(刘霞,2012)。由于公共危机具有突发性、紧迫性、高度不确定性及处理的非程序性,同时又具有极大的负面效应,因此掌握大量资源,享有制度安排与实施合法权利,拥有层级严密、专业化组织体系,具有天然优势的政府,在公共危机管理主体中占据主导地位(皇娟,2010)。

从制度设计方面看,2021年重庆市印发了《重庆市森林火灾应急预案》,明确了重庆市行政区域内发生的森林火灾应对工作,次年3月至7月,重庆市巴南区等辖区也纷纷印发了《森林火灾应急预案》,在救灾主要任务、组织指挥体系、灾情预警和信息报告、应急响应、综合保障、后期处置等方面进行了明确的规定与划分,为救火工作前期应急准备、中期预警响应、后期恢复总结的高效有序开展奠定了坚实的制度基础。

从核心决策方面看,国家森林草原防灭火指挥部及其办公室作为决策核心机构,总揽全局,协调各方,充分发挥牵头抓总作用。在党中央的坚强领导下,中央政府相关部门接到批示后立即向重庆地方部门发布指导意见并及时部署重庆周边地区的物资与人员的支援工作,地方政府积极配合响应,根据实际情况有效部署救援工作。

从权责分配方面看,森林防火管理责任坚持"属地管理、分级负责"的原则。重庆市党委、市政府坚持"党政同责、一岗双责",应急管理部门统筹协调各方力量相互配合,积极开展灭火救援工作,科学调度救援力量,有序组织、督导火灾扑救工作,通过强化部门分工衔接好"防"和"救"的链条,切实履行好森林草原防灭火主体责任。

(二)社会资本的横向联合

公共危机管理不仅要以行政决策、技术、资金、设备等"硬条件"为基础,还要以社会结构、非正式制度、信息沟通、民众道德与危机意识、社会心理等"软条件"为前提。这些作为"软条件"的社会资本为组织间权力与信息的共享以及集体行动提供了非正式框架。

社会组织具有非官方性、独立性和自愿性3个显著特点(俞可平,2000)。一方面,它可以及时反馈社情民意,防止矛盾积聚升级为群体性突发事件;另一方面,它又可以有效地号召大多数社会公众积极参与危机应对。

从信息透明方面看,2022年8月"重庆"和"山火"这两个词组成的词条在国内社交媒体上持续刷屏。政府、媒体、民众发布或转发的每条微博、视频组成了"救火"信息的运转枢纽,引发"病毒式传播",在网络空间中汇聚着全国人民的精神力量,传递着中华民族面对灾难的团结意志。政府部门也秉承了信息透明公开的原则,举办记者会,强化公众对事件的理解。

从信任氛围方面看,国家森林草原防灭火指挥部办公室、应急管理部迅速启动Ⅳ级应急响应,立即派出分别由应急管理部党组委员、国家森林消防局局长徐平和火灾防治管理司有关负责同志带队的2个工作组赶赴重庆指挥指导,第一时间部署甘肃省森林消防总队靠前驻防分队、重庆市消防救援总队1200余名指战员先期投入扑救行动,紧急调派6架直升机和云南、四川两省森林消防队伍1000余人跨省增援,调拨2批次、16 634件(套)物资装备支援一线扑救,有力有序开展灭火工作。政府的快速响应,横扫焦虑,给足了人民群众安全感,形成政府与公民间良好的信任氛围。

从共同愿景方面看,山火报道的初期,许多短视频都是以碎片化方式进行传播,其中8月26日发布的"人"字形防火长城的视频尤为震撼。画面左侧是滚滚烈焰,右侧是"星光长城"。两道光组成一个大写的"人"字,将镜头之外的微言大义完美呈现,构成了一个螺旋式上升的正能量传播链条,展示了大家战胜危机的共同愿景。

四、借鉴与启示

(一)案例总结

在此次重庆山火中,中央与地方政府运用公共权力,在制度设计、核心决策、权责分配3个维度上统一指挥,对资源和价值进行权威性分配,围绕一个共同的政策目标将各个网络结点整合起来,并强化其整体行动的能力以形成协同效应。同时,基于政府公信力形成的具有信任氛围、透明信息、共同愿景的社会资本,为组织间权力与信息的共享以及集体行动提供了非正式框架,有利于促进多元主体之间的关系结构、互动模式及其整合机制的形成。

从整体上讲,国家应急管理体系的深层完善与变革需要国家和社会二元结构的双向融合与互动,既需要"强国家"也需要"强社会"(颜德如,2020)。公共权力需要在加强国家应急治理体系顶层设计的同时,引导社会各主体关注应急治理能力的提升和治理体制的健全,向社会增权赋能,提升城市及社区系统在复合型灾害风险冲击下的自组织、自适应能力。社会资本的加入,可以极大地丰富政府在物资、人员、信息、技术等方面的应急储备,提高政府在应急决策、应急资源调配、社会动员等方面的管理能力,从而为政府灾害治理决策的科学性、可行性提供有力支撑。

由此,公共危机网络治理的政社协同体系将有效适应外部复杂风险,在灾前、灾中、灾后的防灾、准备、响应、恢复和重建中充分整合各方资源、凝聚各方力量,发挥治理体系的制度生命力、适应力和调试力,在互动与合作中强化治理功能(汪静和雷晓康,2021),完善应急体系,加强常态化管理与应急管理之间的制度衔接(朱正威和刘莹莹,2020),最终实现可持续的韧性治理。

(二)回溯思考

火灾救援的速度与成效值得探究与总结,但是起火原因也值得深思与反省,除了主要自然因素,还存在其他潜在因素。经过进一步资料收集,危机预防的百密一疏显现出来。以涪陵区为例,防火令预防性条例执行尚未落到实处,原住老人烧野蜂包成为起火诱因,致灾因子未能有效消除。此外,部分地区在火灾结束后才推出应急预案,应急行动预案滞后,风险脆弱性增加。致灾因子是影响社会的外部因素,而脆弱性则是社会相对于特定致灾因子的易损性,决定了致灾因子对社会的影响。根据"风险=致灾因子×脆弱性"公式,重庆山火风险转化为危机的可能性加大。重庆市在公共危机风险管理与减缓和公共危机应急准备方面尚存欠缺。

威尔达夫斯基最早关注到公共行政风险管理研究中的风险、不确定性和公共安全治理的问题。他将"韧性"定义为"应对非预见性致灾风险、并通过适应学习而恢复常态的能力"。他主张采用预防(prevention)和韧性(resilience)相结合的风险治理策略,认为风险防范阶段要以韧性的风险治理策略为主(Wildavsky,1988)。韧性治理是对我国公共危机刚性治理限度的超越,是提升我国城市重大突发公共事件治理效能的可行路径(彭勃和刘旭,2021)。目前,我国部分政府部门存在"重事后、轻预防"的现象,重视救援与应急响应,但忽视预防等隐形工作,出现"风险倒逼"和"被动式"的处置手段,导致"常态化缺位,运动式治理"。针对存在的问题,提出以下政策及建议。

(1)始终将全方位的预防放在首位。如健全和完善现行的应急预案管理制度,有针对性地加强日常管理和灾害应急准备。制定更为严格的土地规划和建筑法规,以确保新建建筑符合防火标准,降低火灾风险。此外,政府应积极开展定期清理和管理林地、森林与草地的工作,以减少可燃材料的积累,提高生态系统的抵抗力。同样重要的是提高公众的火险风险意识,通过教育和宣传活动,向民众传达应对火灾以及采取火灾防范措施的信息。

(2)全面提升恢复常态的能力。灾后恢复是与自然灾害应对同样重要的一环。政府应提供资金和资源,以帮助受影响社区和个人开展灾区重建工作。这包括修复基础设施与住房、恢复公共服务能力,以及提供金融援助、心理疏导等支持,以帮助受灾群众缓解创伤影响并应对灾后困境。同时,政府还应改进监测和评估方法,以更好地了解火灾对生态系统的影响,采取措施复原野生动植物和生态系统。

(3)加强信息共享与公众参与。建立健全灾害信息共享平台,实现各部门、各级政府之间的信息互通,确保信息及时、准确传递。此外,加强与社会各界的合作,鼓励公众参与灾害防范与应对,通过培训和演练,增强民众的应急意识,提高自救互救能力。政府还应建立公开透明的反馈机制,及时听取公众意见和建议,改进应急预案和应对措施,从而形成政府与社会协同互动的良性循环,增强应急治理的整体效能。

第二节 "天灾"还是"人祸"？2021年河南郑州"7·20"特大暴雨

> **提要**：近年来，城市韧性的研究已成为热点，因为提高城市在应对公共危机时的坚韧性、调适性和转型性，对构建韧性城市以及增强城市应对危机能力至关重要。2021年7月19日—21日，河南郑州发生特大暴雨灾害，共造成1 453.16万人受灾，302人遇难，直接经济损失达1 142.69亿元，从侧面反映出郑州市在应对公共危机方面有所欠缺。笔者对郑州市暴雨灾害应对中城市韧性进行分析，旨在总结郑州在城市韧性建设中的不足，并从韧性角度提出提高城市风险抵御能力的合理建议。

一、案例背景

受台风外围、大气环流形势、地形抬升水汽作用，以及对流"列车效应"的影响，2021年7月16日以来，河南省多地遭遇特大暴雨袭击。中国气象台发布的降雨量显示：20日2时至21日2时，郑州市日累计降雨量为622.7mm，最大小时降雨量为201.9mm，超过我国陆地小时降雨量极值。据统计，截至8月3日，河南省共有1 453.16万人受灾，302人遇难，50人失踪，直接经济损失达1 142.69亿元。在此次暴雨中，河南省受灾领域如下。

（一）交通领域

2021年7月20日，河南省大量航班被延误或紧急取消，旅客被滞留在机场；由于公路匝道积水，靠近山体的路段发生山体滑坡、塌方等地质灾害，交通运输部门停发近700个班次，多条高速公路禁止车辆行驶；地铁全线暂停运营，郑州地铁5号线隧道内出现严重积水现象，有12名乘客经抢救无效死亡，5名乘客受伤。特大暴雨导致城市交通瘫痪，严重影响航空、公路、铁路的安全运行。

（二）资源供应领域

在灾害救援工作开展初期，发电机、净水器、救生衣、食品、水等物资出现短缺，政府紧急发布信息，筹集救援物资。郑州市多家医院停电且出现物资短缺现象，重症病人紧急向外转运。郑州大学第一附属医院地下楼层被淹，大量医用设备受损严重，直接损失高达10亿元以上。受洪水冲击，医院几乎丧失了诊疗能力，医疗救助资源面临供需矛盾。

（三）基础设施建设领域

暴雨袭击后，桥梁和道路遭到损毁，水库超过汛限水位，河堤发生管涌，城市出现严重的内涝与山洪灾害，威胁道路安全与人身安全。通信设施机房被雨水倒灌，设备严重受损，同时大量的求助电话导致通讯信号堵塞，受灾群众与外界无法及时联系，救援信息的收发出现时间差,错过最佳救援时机。供水设备、供电设备、供气设备等涉及民生的基础设施也受到损坏,居民的日常生活得不到保障。

(四)人民生产生活、生命及财产安全领域

灾害发生以来,河南省多所学校停课,暂停一切师生户外活动,受灾严重的企事业单位停产停业,导致生产停滞,小区断电、断水,严重影响到城市的正常生活秩序。特大暴雨的影响范围广、破坏性强,截至21日,河南省已有89个县(市、区)、560个乡镇,超过124万人受灾,大量房屋与财物遭到损毁,严重威胁市民的生命及财产安全。

郑州市既是中国重要的中部城市,也是河南省的"心脏",在此次洪涝灾害中,其受灾情况最为严重。因此,笔者选取郑州市作为本案例分析对象,对其在自然灾害情况下暴露的应急管理问题进行探索与分析,以期从韧性角度提出提高城市风险抵御能力的合理建议。

二、案例演化

根据河南郑州暴雨危机演化规律,可将演化过程划分为危机潜伏期、危机爆发期、危机调适期和危机消退期(江亚洲和郁建兴,2020)(表3-3)。

表3-3 河南郑州特大暴雨危机的演化与响应

时间	危机的演化	决策主体	响应措施
2021年7月13日—19日(危机潜伏期)	5月15日,郑州市进入防汛期,郑州市防汛抗旱指挥部7月14日印发《2021年市委市政府领导防汛抗旱责任分工及工作职责的通知》;17日开始,河南郑州等多地出现持续性强降水天气	国务院领导小组,河南省委、省政府,郑州市委、市政府	国务院领导小组,河南省委、省政府分别对河南郑州等地防汛工作进行检查指导与专门部署,对防汛抗旱提出明确要求;郑州市委、市政府对此轮强降雨过程重视不足,主要负责人忽视汛情研判、动员部署、督促检查等工作,错过17日、18日双休日灾害应对准备关键期
2021年7月20日—21日(危机爆发期)	郑州市20日16—17时,降雨量达到201.9mm,已经达到特大暴雨级别。20日—21日,河南省与郑州市持续发布暴雨红色预警。持续暴雨使水库及河流暴涨,乡村房屋被毁,城乡内涝严重,停电、断网,公共交通暂停,铁路停运、航空受阻,尤其郑州地铁5号线出现严重倒灌,500多名乘客被困。截至21日7时,至少4人死亡,14座水库溢洪道出水,2个镇区大范围被淹,全市受灾人口达3.6万人,紧急转移近20万人	国家防汛抗旱总指挥部河南工作组,河南省委、省政府,郑州市委、市政府	7月20日,郑州市召开防汛视频会议,成立了16个由市领导带队的防汛救灾指导组,深入重点区(县、市)现场指挥督导,各区(县、市)、各乡(镇、街道)分别成立由领导班子成员带队的工作组,下沉一级,现场调度。20日10时30分,常庄水库开始出现管涌险情,郑州市防汛抗旱指挥部未按规定启动Ⅰ级应急响应,上午11时将应急响应从Ⅳ级升至Ⅱ级;16时01分,气象部门发布第5次红色预警,郑州市防汛抗旱指挥部才于16时30分将防汛应急响应提升至Ⅰ级;22时04分,国家防汛抗旱总指挥部河南工作组赶赴现场协同开展抗洪抢险。21日3时,河南防汛应急响应由Ⅱ级提升为Ⅰ级,国家防汛抗旱总指挥部将防汛应急响应由Ⅲ级提升为Ⅱ级;14时左右,郑州市消防救援支队特勤大队紧急赶赴现场开展救援;15时,中部战区派出驻豫解放军和武警部队民兵应急力量投入救援,疏通道路,转移被困群众与物资;应急管理部调集河南周边7个省份1800名指战员赶赴现场;17时,河南省防汛应急新闻发布会召开,介绍河南防汛救援最新情况;财政部紧急下达1亿元救灾补助资金

续表 3-3

时间	危机的演化	决策主体	响应措施
2021年7月22日—24日（危机调适期）	河南省内大部分地区降水量减少，局部地区出现中小雨；暴雨灾害已造成巨大经济损失，人员伤亡情况持续加剧，截至7月24日，已致58人遇难、5人失踪，930.57万人受灾；全国各地救援力量纷纷抵达郑州、新乡、周口等地，防汛救灾工作有序开展	国家防汛抗旱总指挥部、应急管理部、河南省委、省政府、郑州市委、市政府	22日，北京、安徽、重庆等全国多地救援队驰援郑州市，陆续开展救援行动，如实施水库、堤坝等修复工程，营救被困群众；13时，郑州市防汛抗旱总指挥部将防汛Ⅰ级响应降至Ⅲ级。23日，郑州机场恢复运营部分线路，全面恢复主城区基站通信；各地救援物资纷纷抵达郑州市，河南省红十字会、河南省慈善总工会、郑州市慈善总工会与郑州市红十字会等共接受捐赠30.35亿元；"河南省防汛救灾"第三场新闻发布会通报新一轮灾情数据
2021年7月25日至今（危机消退期）	河南省内强降水消失，暴雨导致的城市内涝、山体滑坡等危机排除，郑州、新乡、周口等多地基本通信、交通等逐渐恢复，各地继续开展灾后重建及其他相关灾后事宜	国务院、河南省委、省政府、郑州市委、市政府	中国银行保险监督管理委员会（简称银保监会，2023年改为国家金融监督管理总局）积极指导并督促派出机构、保险机构建立完善保险保障应急机制，提高迅速响应能力。7月17日—8月25日，河南保险业共接到理赔报案51.32万件，初步估损124.04亿元，已决赔付34.6万件，已决赔款68.85亿元；中国扶贫基金会自27日起针对河南暴雨开展灾后重建需求调查，为制订灾后重建计划奠定基础；8月2日，国务院成立"7·20"特大暴雨灾害调查组，2022年1月21日，公布《河南郑州"7·20"特大暴雨灾害调查报告》，河南省公安机关对涉嫌违法犯罪的8名企业人员立案侦查并依法逮捕，河南省纪检监察机关依规依纪依法对灾害中涉嫌违纪违法的89名公职人员进行严肃问责；3月14日，国家发展改革委发布《河南郑州等地特大暴雨洪涝灾害灾后恢复重建总体规划》，规划提出，经过一年的努力，基本完成影响防洪的水毁水利工程修复、损毁房屋修缮加固和农村居民自建住房原址重建，交通、能源、通信等基础设施和教育、医疗卫生服务保障能力基本恢复到灾前水平，以期经过3年努力，全面完成灾后恢复重建任务；3月28日，郑州市防汛工作会议暨"7·20"特大暴雨灾害问题整改以案促改工作推进会召开，对全市防汛工作和问题整改以案促改进行安排；4月18日，河南省市场监管局印发《郑州"7·20"特大暴雨灾害追责问责案件以案促改工作实施方案》，贯彻落实省委、省纪委监委深化以案促改做好整改工作的要求，确保以案促改工作取得实效

三、案例分析

（一）郑州市暴雨危机应对中的显著问题

"总体是天灾，具体有'人祸'"，这是河南郑州"7·20"特大暴雨调查组经过长期调查后给出的基本研判。一方面确定了极端暴雨天气是本次特大危机的直接诱因，另一方面也证实了郑州市在此次暴雨灾害应急处理中的严重不足。应对城市内涝的基础设施等硬件薄弱，地方决策者风险防范意识与责任意识缺位，以及民众风险应对能力不足等软件缺失，最终导致自然因素诱发的危机逐步扩大。

根据《河南郑州"7·20"特大暴雨灾害调查报告》,除自然因素之外,本次特大暴雨危机仍有城市发展快、历史欠账多的原因,也集中暴露出郑州市委、市政府,有关区县(市)和部门单位领导干部认识准备不足、防范组织不力、应急处置不当等问题"。具体体现在以下几个方面。

(1)应对部署缺位。郑州市5月15日即进入防汛期,直至7月14日,郑州市防汛抗旱指挥部才印发《2021年市委市人民政府领导防汛抗旱责任分工及工作职责的通知》,但至20日灾害发生,两级包保责任仍未得到基本落实。同时,"北方下不了大雨"的固有认知麻痹了主要负责人的思想,风险意识缺位,致使其错过了17日—18日防汛准备的关键期。尤其,17日河南省多地已出现连续性降雨天气,暴雨征兆凸显,但郑州市委、市政府主要负责人仍未到防汛一线视察防洪工程措施,且没有组织相关部门开展雨情分析研判,动员部署等准备工作,且这种"怠慢"态度一直延续到20日暴雨爆发。以市委主要负责人19日下午第一次到场检查防汛工作为节点,距离省委13日首次专门部署防汛工作已过去6日之久。而在此期间,郑州市委主观上风险意识与责任意识淡漠,导致客观上防汛行动的滞后与不足,大大降低了城市风险应对能力。

(2)应急行动严重滞后。《郑州市防汛应急预案》(简称《预案》)明确规定"常庄水库发生重大险情"必须启动Ⅰ级应急响应。7月20日10时31分,该水库出现管涌险情,但郑州市却未按规定启动1级响应。同时,郑州市以气象灾害预报信息为先导的防汛应急响应机制尚未有效建立,应急行动与预报信息发布明显脱节。直至20日16时01分,气象部门发出第5次暴雨红色预警之后,郑州市才于16时30分将防汛应急响应级别提升至Ⅰ级,但此时灾难已经发生。据相关统计,截至20日16时,因特大暴雨灾害死亡失踪人数已超过250人,且"90%以上的死亡失踪时间为13时至15时"。由此可见,由于应急响应机制不健全,系统不反应,加之监督不力,应急行动严重滞后,郑州市再次错过了暴雨灾害爆发当天危机防控的最佳窗口期,危机进一步演化加剧。

(3)郑州市在本次危机应对中,应对措施不精准、不得力,面对重大雨情、汛情和险情仍以常态化目标要求,措施空泛,施策不精准;缺乏全局统筹措施,关键时刻无主要责任人在指挥中心坐镇、掌控全局,信息掌握与对接不及时、不通畅,丧失了应对这场全域性灾害的主动权。同时,缺少有效的组织动员,直至20日8时30分郑州市召开防汛紧急调度视频会议,相关部门均未提前有效组织广播、电视、新媒体等媒介向群众宣传防汛安全避险知识,未按规定向社会发布预警信息,及时采取"三停"措施。

综上所述,郑州市本次特大暴雨危机中存在着明显的应急管理制度碎片化、应急权责设计碎片化、应急信息碎片化以及应急意识碎片化等问题,致使在危机不断演化的过程中,风险防控机制衔接缺失,不紧不实,难以筑起保护人民生命及财产安全的坚韧盾牌。

(二)郑州市暴雨灾害应对中的城市韧性分析

城市韧性是指城市在面临公共危机时的反应能力,主要包含两个方面:一是面对突发性冲击时的反应能力,二是面对冲击后续性威胁的抗压能力与恢复能力。杰哈(Jha)、迈纳

(Miner)和帕特里克·格迪斯(Patrick Geddes)认为城市韧性有4个主要的组成部分,即基础设施韧性、制度韧性、经济韧性和社会韧性(邵亦文和徐江,2015)。增强城市韧性是提升城市风险防范和抵御能力的根本措施。然而,在本案例中,郑州市在应对"7·20"特大暴雨灾害危机的过程中暴露出其城市韧性建设中的不足。

1. 基础设施韧性

除自然因素外,郑州市内出现"看海"现象的原因之一即城市排涝基础设施不健全。一方面,郑州市内多处违规设计与建设施工,阻碍了城市排涝系统有效运转,且关键排水与挡水工程质量不合格,降低了城市排涝能力。另一方面,郑州市海绵城市建设滞后,其主城区海绵城市建设工程总投资约为471.1亿元,但在特大暴雨中,西港城的大量城区径流滞留超出了现有海绵城市基建的承载能力,形成了城市排涝系统不堪一击的局面。由此可见,郑州市应对暴雨危机的硬件建设不完善,基础设施韧性不足。

2. 制度韧性

从政府角度看,郑州市委、市政府一开始便丧失了应对这场全域性暴雨危机的主动权。从主要政府官员的风险意识缺失,到市政府各部门之间的应急联动机制脱节、责任落实缺位,再到应急响应机制、信息传递机制等衔接不畅,明显可见郑州市整体制度设计呈现碎片化特征,城市风险防御系统不健全,应对风险的调适能力弱。

3. 经济韧性

郑州市统计局数据显示,2020年其3个产业结构比为1.3%:39.7%:59.0%,且第三产业中95%以上的产值集中在城区。然而,城区第三产业占比过高且结构单一的特征,导致其在面对自然灾害时缺乏多元产业体系的抗风险能力。

4. 社会韧性

郑州市常住人口为1 260.1万人,其中城区常住人口为534万人,均已达到超大城市人口标准。当暴雨危机来临时,城区聚集了大量活动人口,且经济活动频繁,这使得暴雨威胁加剧。同时,由于社会防汛知识宣传不到位,预警信息发布滞后,市民的风险防范意识与能力较为欠缺,客观上也降低了城市抵御风险的能力。

但值得一提的是,在本次暴雨危机爆发后,郑州市民充分利用互联网实时更新险情,发布求救信息;网友建立并转发各搜救信息汇总的"生命文档";滞留车站的孩子们现场演奏《我和我的祖国》,给被困旅客加油打气……在这场全域性的暴雨危机中,河南人民团结一心,凝聚起战胜洪涝的磅礴力量,构筑起城市韧性治理与风险应对的根本体系。

在危机潜伏期与爆发期,郑州市由于硬件与软件条件的双重缺陷,在危机应对中处于被动局面。但在国务院、河南省委、省政府等的统筹与指导下,加之来自全国各地、各界的驰援,郑州市面对危机的坚持力、调适力与转型力逐渐提升。外在辅助对于城市韧性的提升具有不可或缺的作用,但要想筑牢城市的风险防御墙,必须要在城市的内在韧性上下功夫。

四、借鉴与启示

(一)城市韧性提升策略

根据罗伯特·希思的 4R 危机管理理论①,危机管理可分为危机缩减、危机预备、危机反应和危机恢复 4 个阶段(李全利和周超,2020)(表 3-4)。首先,要通过有效的预警机制、沟通技巧与媒体协调等方法缩小危机的破坏程度;其次,要做好危机情境的预警、人员培训等预备工作;再次,能够迅速对危机的影响因素、防控计划、技能要求等作出反应;最后,要对危机的影响进行分析评判并开展恢复工作。基于此,针对郑州特大暴雨灾害,可从以下几个方面提高应对公共危机的城市韧性。

表 3-4 罗伯特·希斯的 4R 危机管理理论模型

危机周期	4R 程序	具体行动	原则理念	郑州暴雨灾害分析法
危机事前	危机缩减	风险评估、沟通交流、基础设施建设	科学性、时效性	科学监测雨情、汛情,科学评估灾情、险情,提前制订预警计划,完善城市排涝系统与通信、交通等基础设施
危机事中	危机预备	风险预警、专业培训、行动演练、物资准备	预见性、技术性、全局性	防汛抗洪工作全线部署与监督执行,日常防洪救灾演练,专业防洪安全知识宣传,物资、医疗资源等的调配,专业抢险救灾队伍组织与调配
危机事中	危机反应	因素分析、减灾计划、信息沟通	灵活性、应急性、时效性、协调性	实时监测,研究雨情、汛情与灾情本身的特点及其发展趋势;全面分析可控因素与非可控因素;注重灾情舆情治理
危机事后	危机恢复	影响分析、恢复策略、经验总结	全面性、计划性、经验性	总结暴雨灾害发生缘由及应急响应中的薄弱环节;做好复工、复产、复学计划与灾后重建规划;总结防汛救灾经验教训,严格追责问责

(二)具体措施

为了提高面对自然灾害的应对能力和抵御能力,结合 4R 危机管理理论模型的危机缩减、危机预备、危机反应、危机恢复 4 个阶段,提出以下具体措施。

---

① 危机管理的 4R 理论由美国危机管理专家罗伯特·希斯在《危机管理》一书中提出,即缩减力(reduction)、预备力(readiness)、反应力(response)、恢复力(recovery)。

1. 建立健全的常态化风险评估体系

遵循客观性、科学性、系统性和合理性原则,建立健全的常态化风险评估体系。加强对灾前常态化的孕灾环境稳定性、致灾因子危险性、承载体脆弱性以及综合风险损失等的全方位评估。识别各区域的受灾差异,制定科学合理的应急预案,实行精准的防灾减灾措施。

2. 健全预警与响应联动机制,强化一体化管理

强化预警系统与应急响应系统一体化管理是防灾减灾的重要措施。提高预警信息发布的及时性和准确性,不仅要实现外部群众预警信息发布的全覆盖,更要打通应急体系内部的信息沟通渠道,保障预警与响应系统的无缝衔接,健全全系联动机制,以便及时迅速地集结、调配救灾资源,为防灾减灾救灾争取宝贵时间。

3. 建立健全应急体系与管理体制

突发性灾害的应对需要全社会、全部门的联合行动。在面对重大的突发性灾害事件时,要迅速凝聚坚强的指挥与决策中枢,畅通的层级信息传递机制,反应迅速、协调熟练的应急行动体,形成一套成熟完备的协作抗灾机制。强化应急体系的一体化管理,上到科学决策,下到有效执行,全面落实各责任主体,以此提升城市的应急响应速度、提高应急行动效率,增强城市的风险应对能力。

4. 健全城市防灾减灾基础设施

健全城市基础设施是防御自然灾害的第一道防线,要全面加强城市基础设施建设,合理规划城市空间,避免产生"重面子、轻里子"的观念,真正将防灾减灾工程落实到位,提升城市的抗灾硬实力。同时,严格落实基础设施承建与监督责任制度,坚决打击违规、违法行为、"面子工程"等,真正为城市建立牢固的御灾防线。

5. 增强全社会的风险意识和自救互救能力

面对突发性自然灾害,增强人民群众的风险感知能力,增强自我防范意识和提高自救互救能力是有效防灾减灾的重要一环。一方面,政府部门要加强全社会的风险意识、风险防范宣传教育,如及时发布合理的灾害风险评估,加强自我防灾减灾知识宣传教育,实行防灾演练等。另一方面,要有意识、有组织地建设全社会互救体制,打通灾区内部以及跨区域的防灾救灾资源调配渠道,缓解灾区危机压力,增强城市韧性,提高城市风险应对能力。

6. 增强领导干部的风险意识和应急处突能力

在突发性灾害应对中,坚强有力的决策与指挥中枢是城市御灾的重要软实力。一是必须强化领导干部的风险意识,提高决策者对风险的敏感度和警惕性,促进其抓紧落实防灾减灾部署,健全对领导干部的追责与监督体制。二是必须加强对领导干部的培训和教育,提升其应急处突的能力,确保他们在灾害来临时不"自乱阵脚",能井然有序地开展御灾行动。

第三节　空气质量指数"爆表":2021年"3·15"北京沙尘暴

> 提要:2021年3月14日,北京市周边地区出现了大范围沙尘暴,引发了北京市气象局的预警。次日,北京市遭受沙尘暴天气(能见度300~800m),北京市气象局、北京市应急管理局、北京市教育委员会和北京市环境卫生管理事务中心及时采取响应措施,16日沙尘区移出北京市。尽管此次沙尘暴影响范围广泛,但幸运的是并未造成重大的人员伤亡或财产损失。笔者主要从风险的减缓、风险的预测预警和风险的协同合作3个角度对北京市应对沙尘暴采取的措施进行分析,并针对沙尘暴的防御提出可行性政策及建议,以应对未来可能出现的类似风险。

一、案例背景

(一)北京沙尘暴的历史

北京市是我国风沙活动和沙尘暴的高发区之一。其沙尘暴通常发生于春季的3月和4月,冬季的12月和次年的1月。北京沙尘暴由来已久,可靠的历史纪录最早出现于北魏太平真君元年(公元440年),"春二月,上谷郡""黑风起,坏屋庐,杀人"(上谷郡辖区位于今张家口市怀来县、宣化、涿鹿县、赤城县、沽源县以及北京延庆区等地)。

(二)北京沙尘暴的成因

北京沙尘暴的形成受到多种因素的影响。从风力方面来看,冷气团从西伯利亚向东南方传播,与日渐加强的暖气团交会,导致大风天气多发。从沙源方面来看,一方面北京市就地起沙,以永定河、潮白河、大沙河流域和康庄、南口地区为代表的"三河两滩"是北京市的主要风沙危害区;另一方面蒙古国西部的大沙漠、中国西北地区的沙漠与沙地,以及这些地区农牧交错带退化与沙化土地的扬沙,为沙尘暴的发生提供了大量的沙尘。

(三)北京沙尘暴的治理及成果

北京沙尘暴是一种强灾害性天气,造成房屋倒塌、交通供电受阻中断、火灾、人畜伤亡等,污染环境,危害人体健康,给经济发展和人民生命及财产安全造成严重损害。为了减少沙尘暴及其带来的灾害,1978年以来,我国相继实施了一系列重大生态工程,国务院先后印发并实施《全国生态环境建设规划》《全国生态环境保护纲要》等,累计投入超过1万亿元进行治理,极大地改善了全国生态状况。"三北"防护林工程区的治理过程中,在从新疆到黑龙江的风沙危害区营造防风固沙林1亿多亩,沙化土地面积年均缩减1183km²。京津风沙源工程区,累计完成营造林建设1.41亿亩,治理草地1.65亿亩,工程固沙84万亩,已建成6条生态防护林带和成片森林带。京津周边地区生态状况极大改善,空气质量明显好转。北京市沙尘天气的发生次数从工程实施初期的年均13次减少到近年来年均2~3次。

二、案例演化

受蒙古气旋和冷空气大风的影响,2021年3月14日夜间,内蒙古中西部至河北西北部一带出现大范围沙尘暴、扬沙和浮尘天气,能见度在1km左右,局地不足300m。受上游沙尘输送影响,2021年3月15日早晨,北京市PM10[①]浓度显著升高,出现沙尘暴天气(表3-5)。根据北京市生态环境监测中心监测数据,大部分地区PM10浓度超过2000μg/m³,海淀四季青站达3572μg/m³。大部分地区能见度为300~800m。

表3-5 北京沙尘暴灾害的演化与响应

时间	危机演化	决策主体	响应措施
2021年3月14日	内蒙古中西部至河北西北部一带出现大范围沙尘暴、扬沙和浮尘天气,能见度在1km左右,局地不足300m	北京市气象局	分别于2021年3月14日17时15分、2021年3月14日17时20分发布大风蓝色和沙尘暴蓝色预警信号
2021年3月15日	北京市PM10浓度显著升高,出现沙尘暴天气。大部分地区PM10浓度超过2000μg/m³,海淀四季青站达3572μg/m³。大部分地区能见度为300~800m	北京市气象局	于2021年3月15日7时25分升级发布沙尘暴黄色预警信号
		北京市应急管理局	针对大风和沙尘暴天气,及时发布预警,提醒公众注意并做好防护,停止露天活动;根据应急响应措施,要求各有关单位按照工作职责要求做好相应大风天气应对和防沙尘工作,要求生产企业加强巡查,停止露天高处和起重吊装作业;结合季节因素,继续做好森林防火工作并加强相应应急工作准备;加强应急值守,遇到突出情况或突发事件,及时启动应急预案,加强处置
		北京市环境卫生管理事物中心	启动大风和沙尘暴黄色预案,全方位落实职工防护工作,迅速启动环卫中心应急响应措施
		北京市教育委员会	发布通知,请各区教委、直属学校、中等职业学校及校外教育机构暂停户外活动并做好健康防护
2021年3月16日	沙尘区移出本市,能见度明显好转	北京市气象局	解除沙尘暴黄色预警信号
2021年3月26日	基于"3·15"沙尘暴灾害应对,市领导对修订完善	北京市应急管理局	组织召开《北京市沙尘暴灾害应急预案》修订推进会
2021年12月10日	《北京市沙尘暴灾害应急预案》作出指示要求	北京市园林绿化局	《北京市沙尘暴天气应急预案》顺利通过专家评审

---

① PM10,通常是指粒径在10μm以下的颗粒物,又称可吸入颗粒物。

受较强冷空气影响,2021年3月15日白天有4、5级偏北风,阵风7、8级,大部分地区能见度小于1000m,沙尘暴天气将持续到2021年3月15日下午,傍晚逐渐减弱,夜间风力减小,能见度转好。2021年3月16日受偏南风影响,出现沙尘回流现象,PM10浓度短时升高。

三、案例分析

(一)风险减缓措施

风险减缓指减少威胁人类生命财产的自然风险或人为风险,其目的主要是减少危机发生的可能性或限制危机的影响。我国有两大沙尘暴多发区,人口增加、土地开发利用不当等形成了大量的沙尘源,遇到大风便会形成沙尘暴。为了减缓沙尘暴这一自然灾害带来的风险,国家实施了"三北"防护林工程、京津风沙源治理工程等水土流失重点防护工程、生态建设和环境治理工程,构建从中央到地方的气象监测预报体系。在国家的统领下,北京市协同天津等省(市)种植防护林,提高本市植被覆盖率,出台《北京市气象灾害防御条例》《北京市突发事件气象应急保障预案》《北京市沙尘暴灾害应急预案》,完善救灾应急体系。结构性减缓措施与非结构性减缓措施配套使北京的沙尘暴天气有效减少,沙尘暴带来的影响也渐趋减弱。

(二)风险预测与预警

预测与预警是公共危机演进过程中事件发生前最为重要的环节之一。预测与预警的过程包括监测、预警和响应3个阶段。北京市气象局对北京的气象状况(风速、空气质量、气温等)进行持续不断的系统监测并对警兆进行客观的分析,作出科学的风险评估。风险评估结果显示,未来北京市将会出现4、5级偏北风,7、8级阵风,沙尘暴将要发生。气象局立即发布大风蓝色和沙尘暴蓝色预警,后又升级发布沙尘暴黄色预警,并在公众的手机、公共场所的显示屏等设施中发布滚动提示。社会公众受到警示,采取了响应行动,减少了外出活动,政府部门也积极采取了相应的措施。在沙尘暴移出北京市后,发布突发事件警报的人民政府应根据事态的发展,按照有关规定适时调整预警级别并重新发布(全国人大常委会法工委国家法室,2007)。北京市气象局及时解除黄色沙尘暴预警,终止预警期,居民生活秩序恢复正常。此次北京沙尘暴事件中,北京市气象局的预测基本准确,预测功能、警示功能和消解功能得到了充分发挥,沙尘暴带来的危机得到了控制。

(三)应急协调与合作

公共危机管理强调协调与合作,有效的应急协调与合作可以发挥协同作用,提高公众应对突发事件的效率。一个国家的应急响应能力与几个因素相关,包括灾害的易发性,地方和地区的经济资源,政府的组织体制,技术、学术与人力资源的供给。在巨大自然灾害面前,我国的响应能力仍然有待提升。同时,我国应积极参与国际响应机制的建立,在关键时刻寻求外援,以应对复杂的自然灾害。"3·15"北京沙尘暴的成因主要是蒙古国降水稀少,温度偏高,冻土在冷空气活动频繁期间融化,再加上地面植被稀少,易形成浮土,在蒙古气旋大风的作用下,很容易将地面浮土扬起,并随着冷空气南下进入我国。尽管我国西部种植防护林,北京市增加了植被覆盖度,但是蒙古国等邻国过度放牧、土地资源开发利用不合理、沙漠化较严重等问题并没有得到解决。全球荒漠化趋势是沙尘暴灾害发生的根本原因。生态环境是一个统一的整体,中国自身采取措施减缓沙尘暴风险的举措并不足以应对全球环境问题,这正是此次北京沙尘暴卷土重来的原因之一。

四、借鉴与启示

沙尘暴是没有国界的全球性公害。它不仅严重影响频发地区的经济和社会的持续发展,而且其扩散和传输严重影响下游地区的大气环境(娜琳,2009)。北京乃至全国、全世界沙尘暴的发生历史较久远,影响范围大,其防治相应具有长期性,防治措施和保障体系也应具有国际性和长期性。

(一)完善减缓措施

"进忠有三术,一曰防;二曰救;三曰戒。先其未然谓之防,发而止之谓之救,行而责之谓之戒。防为上,救次之,戒为下"(荀悦,1990)。沙尘暴作为一种自然灾害,一旦发生将很难以人力改变,应对沙尘暴最有效的方式就是在危机发生之前进行预防。政府相关部门应改变重救轻防的观念,增加危机减缓在应急管理绩效评估中的权重;实施减缓工程,降低社会系统的脆弱性,防止危机发生,减小灾害对社会公众造成威胁的概率;着眼未来可能发生的危机,提高社会从灾损中恢复的速度;制订致灾因子减缓计划,组织建设减缓团队,并与社会各方的利益相关者合作识别风险,采取行动应对风险;对国土资源进行管理,根据土地使用规划及发展安排,合理提高植被覆盖率;制定新的符合防灾标准及法规的建筑设施行业标准,参照防灾标准及法规对现有建筑进行改造;加强风险沟通与公众教育,对建筑施工单位进行安全教育,督促他们掌握减缓技术,告知居民沙尘暴发生时的疏散计划和避难场所。

(二)建立完善应急管理网络,加强应急管理的国际合作

沙尘暴与全球的生态和气候状况息息相关,要应对沙尘暴这一自然灾害及其带来的危机,就要加强各主体间的协同与合作。建立完善应急管理网络,各省(自治区、直辖市)联动,将政府、企业、社会组织、公民个人等力量整合起来;在灾害发生前对各个主体进行培训,联合制定应急预案,建立制度,签订协议,建立相互兼容的信息技术平台,共享沙尘暴的信息与治理经验;加强应急管理的国际合作,加强与蒙古国等有关国家、相关区域或国际组织的交流与合作,联合建立气象预警监测、应急救援等方面的工作机制,积极参加国际应急救援,与国外应急管理研究机构联合开展项目合作。我国既需要办好自己的事,坚定不移走好以风险减缓为主导的高质量治理道路,也需要加强国际合作,与世界共享沙尘暴防治经验,共谋全球沙尘暴治理。

(三)完善沙尘暴应急管理预案

预案不是一成不变的,应急预案修订的重要性并不亚于预案编制。一定意义上,应急预案的生命力和有效性就在于预案的不断更新和改进(陈建安等,2014)。根据此次北京沙尘暴的预测预警、响应等活动对北京市的沙尘暴应急预案进行相应修改。一是完善沙尘暴应对组织指挥体系,根据机构改革情况修订各成员单位职责,确保责任链条无缝对接;二是完善应急联动机制,明确各部门在决策会商、监测预警、应急响应等环节的联动目标;三是强化预警响应和应急响应措施,根据工作实际修改预警响应、应急响应的等级标准,完善细化各部门的具体响应流程和措施,特别是增加社会公众防护引导相关内容,提升针对性和可操作性;四是构建沙尘暴应急预案体系,负有主要职责的相关部门制定配套子级应急预案,细化落实部门内部具体响应细节,形成完备的应急预案体系。

第四节 超强"台风王"的一生:2019年台风"利奇马"

> **提要**:笔者梳理了2019年台风"利奇马"过境前的应急准备、监测预警,过境时的应急响应与救援,过境后的救灾捐赠、灾后重建等的整体时间线,并对各阶段参与的主要决策主体进行分类,最终依托自然灾害形成的四阶段模型对其进行分析。同时,依托整体性治理理论总结抗击台风"利奇马"过程中的3点经验,实现了应急制度、应急信息、应急主体的整体性;对过程中存在的不足进行反思,发现在自然灾害应急管理中依然存在法治建设不足、央地权力设计不匹配、地方防灾减灾意识存在差异性等问题;从应急体系、应急权责设计、应急意识方面提出整体性对策,以期进一步提升防灾减灾能力,为公共危机治理发展作出贡献。

一、案例背景

(一)历年台风情况

中国东部沿海地区是西北太平洋台风活跃区的重要组成部分,每年夏季和秋季,经常受到热带气旋的影响。根据中国气象局的数据,中国每年平均受到10~12次台风的直接影响,其中有2~3次可能是强台风或超强台风。这些台风通常在太平洋西北部形成,然后向西北或北西方向移动,最终登陆中国沿海地区。从中国沿海地区的台风登陆频率看,东部沿海频率高,如福建省、浙江省和广东省,而北部和南部的登陆频率相对较低。这主要是因为中国东部沿海地区是季风暴雨区,夏季暴雨和温暖海水有助于台风的生成和强化。

(二)地形情况

中国东部沿海地区的地形多种多样,包括平原、山脉和丘陵地带,这些地形特点对台风的登陆产生了重要影响。平原地区,如珠江三角洲、杭州湾和上海周边地区,通常是受台风影响的高风险区域,其平坦的地理特点使其更容易受到风暴潮和洪水的侵袭。风暴潮可以顺着平坦的海岸线迅速推进,而洪水更容易淹没低洼地带。与此不同,山脉地区,如福建和台湾,其山脉在台风登陆时可能发挥重要的屏障作用。虽然山脉可能减弱风暴的强度,减少降雨,但也可能导致雨水迅速流向低洼地带,增加洪水风险。丘陵地带则位于山脉和平原之间,拥有独特的地形特点。这些地区可能同时受到风暴潮和洪水的威胁,丘陵地带的地形可能导致雨水迅速流向低洼地带,增加洪水风险。总体而言,不同地形特点决定了各地对台风风暴潮和降雨的脆弱性差异。

(三)社会经济发展情况

中国东部沿海地区是中国的经济发展引擎之一,以其庞大的经济规模、高度工业化和现代化城市而闻名于世。该地区通常拥有众多的制造业和服务业企业,这些企业集中于高新科技、金融和物流领域。上海、深圳、广州、杭州等城市不仅是中国的金融中心和商业枢纽,还吸引了大量国内外资本和人才,推动了技术创新和经济增长。这些城市还拥有现代化的基础设施、国际机场和港口,为国际贸易和投资提供了便利条件。中国东部沿海地区的发达港口,如广州港、上海港、宁波港等,是中国和全球货物运输的关键枢纽,为国内外贸易提供了高效的物流通道。这一地区的经济活力和现代化水平推动了中国的经济增长和现代化进程,但主要城市位于沿海地区,面临风暴潮和洪水的严重威胁。此外,这些地区的农村仍然依赖农业和渔业,台风"利奇马"对这些行业的冲击可能导致重大经济损失。

二、案例演化

(一)过境前:"利奇马"诞生

2019年8月4日15时来自菲律宾以东的热带气旋逐步升级为热带风暴,并被命名为"利奇马"。8月7日8时,"利奇马"被中国气象局升格为台风,最大风力达12级(33m/s)。8月8日10时,"利奇马"再次被中国气象局升格为超强台风,中心附近最大风力达16级(52m/s)。

(二)过境中:"利奇马"登陆

8月10日1时45分,"利奇马"在浙江省温岭市沿海登陆,登陆时中心附近最大风力达16级,成为中华人民共和国成立以来登陆我国强度排名第五的超强台风。此后"利奇马"强度减弱并向偏北方向移动。3时,中央气象台将其降格为强台风;5时,降格为台风;9时,降格为强热带风暴;20时,降格为热带风暴;22时,"利奇马"由浙江移入江苏境内。8月11日12时,"利奇马"从江苏省连云港市附近出海,移入黄海海面,并继续向偏北方向移动,向山东半岛南部沿海靠近;20时50分,"利奇马"的中心在山东省青岛市再次登陆,此时中心附近最大风力为9级(23m/s)。8月12日2时,"利奇马"转化为副热带风暴;5时,穿过山东半岛移入莱州湾海面,并开始回旋打转,强度继续减弱;14时,被降格为副热带低压。8月13日8时,"利奇马"被降格为热带低压;14时,中国气象局停止对其编号。

台风"利奇马"引发了次生灾害,致使浙江沿海、山东中部出现了特大暴雨,诱发了洪水,带来了地质灾害险情。台风爆发期间,浙江、江苏、上海、安徽、山东、辽宁、吉林、黑龙江境内的共91条河流发生超过警戒水位洪水灾害,41条河流水位超过保证水位,7条河流发生超历史纪录水位洪水灾害。此外,浙江省发生多处民堤决口,江苏省发生3起滑坡,山东省发生6处堤防决口。

(三)过境后:主要损失

此次台风"利奇马"带来了人力、财力、物力的损失。人员受灾情况方面,造成浙江等10个省(市)1400余万人受灾,70人死亡或失踪,近4万人需紧急生活救助。财产损失方面,房屋倒塌1.5万间,房屋损坏13.3万间;农作物受灾超1 000 000hm²,其中绝收近100 000hm²;电力、通信、交通等基础设施和厂矿企业大面积受灾;直接经济损失达515.3亿元。另有一些城市受灾严重,如台风登陆点温岭地区,近20%地域被淹(李雪峰,2020)。台风"利奇马"灾害的演化与响应见表3-6。

表3-6 台风"利奇马"灾害的演化与响应

时间	危机的演化	决策主体	响应措施
2019年6月	规划预案	党中央、国务院	习近平总书记两次对防汛抗洪抢险救灾工作作出重要指示,李克强总理主持专题会议研究部署防台风工作
2019年8月7日—8日	国家部门预警	应急管理部、国家防汛抗旱总指挥部	向地方八省市防汛抗旱指挥部发出防台通知,启动防汛防台风Ⅲ级应急响应
2019年8月9日—10日	地方政府预警	各省市(浙、沪、苏、鲁、冀、津、辽)应急管理厅及其他相关部门	先后启动防汛防台风Ⅲ级、Ⅱ级、Ⅰ级应急响应,省一级派出工作组到重要地市指导防台风工作,相关部门的抢险队伍进入临战状态,开展相关检查督导工作
2019年8月10日—11日	爆发期	应急管理部、财政部及其他相关部门、省市相关部门、新闻媒体、社会组织、企业	应急管理部:会同财政部下拨自然灾害救灾资金、补助资金;会同国家粮食和物资储备局下发救灾物资、家庭应急包等救灾物资,支持受灾群众基本生活保障,协调卫生健康部门开展灾后卫生防疫工作;组织消防救援力量对受灾群众安置点开展消防安全工作。省市相关部门:调动人员、资源参加抢险救援行动。国企:派出人员赶赴现场协助处置险情,动员社会组织有序参与救灾。主流媒体及各类政务新媒体:滚动播报、相互联动,形成全方位、多领域、实时互动的立体化信息发布局面;基层民众和政府通过微博、微信等平台共享需要救援的信息,获得响应

续表 3-6

时间	危机的演化	决策主体	响应措施
2019 年 8 月 12 日后	善后期	中共中央部门、地方政府	安排中央救灾资金支持浙江、山东、辽宁等重灾区受灾群众的生活补助和倒损民房恢复重建;帮助地方开展灾情的调查评估,指导地方完善灾后救助方案,合理确定救助救灾标准;共同完善因灾倒损民房恢复重建的部际联系机制,指导督促灾区倒损民房恢复重建有序推进;派出大量人力恢复电力、通信、交通等基础设施;启动冬春受灾困难群众的生活补助机制,确保受灾地区的稳定。开展水利修复工程,做好地质灾害隐患排查治理工作

三、案例分析

根据自然灾害风险形成理论,自然灾害系统主要由致灾因子、承灾体、孕灾环境以及防灾减灾能力 4 个部分共同组成(图 3-3)。

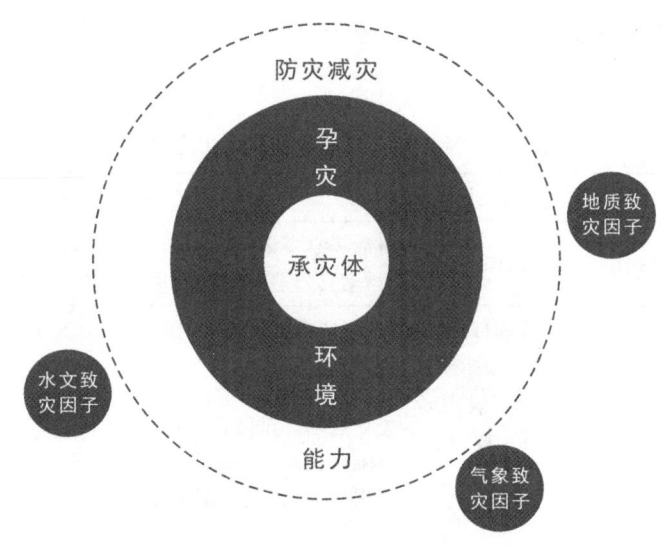

图 3-3 台风"利奇马"灾害风险形成模型

(一)致灾因子

致灾因子是指可能造成财产损失、人员伤亡、资源与环境破坏、社会系统紊乱等的异变因子,是导致灾害发生的直接原因。对致灾因子的准确研判是提高承灾体抗灾能力的重要环节。自然致灾因子源自极端自然事件,可以分为气象致灾因子、水文致灾因子和地质致灾因子。台风是强烈的热带气旋,其生成的影响因素主要有地形、环流、人类活动(唐晓春等,2003),其致灾因子可以被卫星快速探测,从而实现预警的作用。

(二)承灾体

承灾体是指包括人类本身在内的脆弱的物质文化环境。承灾体暴露于灾害风险下,遭受灾害破坏后会形成一定损失。台风灾害影响区域内的所有人都是利益相关者,他们暴露于灾害风险下的承载能力在某种程度上决定了其脆弱性。东部沿海省份经济发达,是台风登陆最频繁的地区,一旦遭遇台风将会造成较大的经济损失。台风对农业、渔业生产的影响较大,在强台风和超强台风的影响下工业和第三产业也可能被迫中断,给整个城市带来巨大的破坏。

(三)孕灾环境

孕灾环境是指由大气圈、水圈、岩石圈、生物圈以及人类活动圈所组成的综合地球表层环境。孕灾环境的稳定性可表征灾害形成或影响区域的环境要素及其变化特征,对灾害系统的复杂程度、强度、灾害损失程度等起决定性作用,但在特定区域特定时段可以不考虑孕灾环境稳定性的影响。人类活动可以对台风的强度和路径产生一定影响。例如,城市建设的密度和植被覆盖率影响着台风活动时地面的摩擦力,填海填湖和重大工程建设深刻改变着地质地貌,也会对台风产生影响(卢文刚和周爽,2017)。

(四)防灾减灾能力

防灾减灾能力侧重于衡量政府应急部门以及群众灾前的备灾能力和灾中的应急能力。在不可消除和不可避免的自然灾害面前,政府应急部门以及群众灾前的备灾能力和灾中的应急能力决定了是否能将灾害损失最小化。

抗击台风"利奇马"取得成功主要是因为实现了整体性应急管理。整体性治理指承担应急管理职责或者履行应急管理义务的各类公私主体相互配合,协同预防、应对和处置突发事件的活动(戚建刚和乌兰,2018)。在本案例中,应急管理的整体性结构主要包括应急制度、应急信息以及应急主体的整体性(图3-4)。

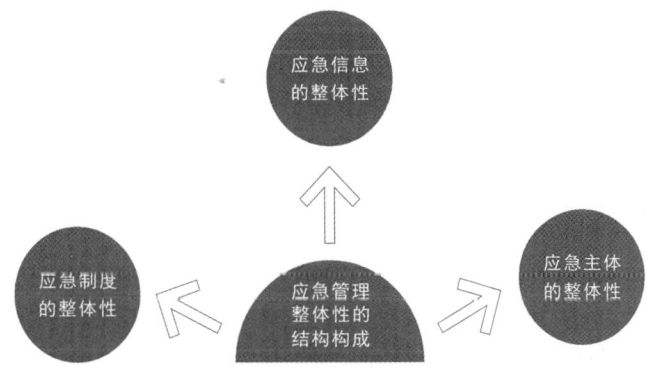

图3-4 公共危机应急管理整体性的结构构成(局部)

1. 应急制度整体性：超前部署与监测预警相结合

突发事件的预防属于应急管理的薄弱环节，统合性的流程设计有望为风险防控提供更加有效的制度供给，增强应急管理的前瞻性（朱正威和吴佳，2019）。首先，最高层及时进行战略规划，实现高位势能推动。其次，随着"利奇马"的不断移动和强度增强，国家防汛抗旱总指挥部启动并不断调整防汛防台应急响应，实时监测预警，有力指导了各地防台工作。

2. 应急信息整体性：信息沟通畅通，舆论引导正确

网络舆情是指广大网民以网络媒体为平台，在网络公共空间针对公共事务表达自己的观点、态度和情绪（赵飞和廖永丰，2021）。在此次防台过程中，各级防汛抗旱指挥部主动召开媒体通报会、新闻发布会，回应社会关切，及时公布灾情信息。针对不实言论，各地也能够加强网上舆情监测，整体上打好发布信息、引导舆论、管控舆情等多方面"组合拳"，为抗灾救灾工作营造了良好的舆论环境。

3. 应急主体整体性：多元主体参与协作，全方位响应

防灾减灾的主体分为四大类，分别是家庭、政府、社会组织、企业。一方面，政府内部各职能部门相互合作，信息共享、会商研判、协调联动，有序开展了台风灾害的应急准备与救援资源的分配等工作。另一方面，在各级政府领导下，社会组织、企业等社会市场力量也参与到此次救援行动中，成为救援队伍的后备保障力量。各个主体间展开相互合作，为救援行动提供了专业的应急知识培训与基本生活保障物资。

四、借鉴与启示

在此次抗击台风"利奇马"的过程中，各类主体在积累了应对经验的同时也暴露了在应对自然灾害过程中防灾减灾能力的不足。

（一）自然灾害应急管理法治建设不足

近年来，我国先后颁布实施了30余部关于自然灾害应急管理方面的法律法规，立法数量虽不少，但综合性立法不足。在我国现有的应急管理法制体系中，自然灾害方面的立法突出表现为时间早、数量多、盲点多。如现行的《自然灾害救助条例》仅仅停留在行政法规这一层面，法律位阶及法律效力低；《中华人民共和国突发事件应对法》于2007年颁布实施，对自然灾害应急的规定较为笼统抽象，无法对我国自然灾害应急管理提出具体意见遵循。由此可知，目前我国自然灾害应急管理领域的法律法规缺乏针对性，且法律位阶低，颁布时间久远，不利于自然灾害应急工作的开展。

（二）中央与地方财权事权不匹配，资金投入不平衡

分税制改革虽然大大增强了国家的整体财政汲取能力，但并没有依据财权配置合理划

分中央与地方的事权,导致财权不断向上转移、事权不断向下转移,造成政府间财政纵向失衡。一旦缺乏有效的应急管理财政支持,则应急管理常态性事务难以运转,非常态时期的纵向府际关系运行往往过于依靠上级政府,使得以属地为主的应急管理难以实现(陶鹏,2015)。除此之外,中央对地方自然灾害的财政拨款多集中于灾害救助方面,而灾前的防灾减灾资金则投入不足。资金投入的不平衡也不利于我国自然灾害应急管理工作的有序开展(杨伟伟等,2020)。

(三)地方政府减灾防灾意识弱,工作不具体

各省市间对自然灾害的防灾意识及重视程度存在较大的差异性。以此次受台风"利奇马"影响最为严重的寿光市为例,地方政府在减灾备灾过程中,未考虑到该市南高北低的地形特点以及半地下的大棚结构,故在此次台风应对过程中,减灾防灾工作不具体、不到位,从而导致该市在2018年后再次受损严重。而台风影响频次更高的东南沿海省份受灾程度反而较小。

因此,基于以上不足,结合整体性治理思想,可从以下3个方面努力(图3-5)。

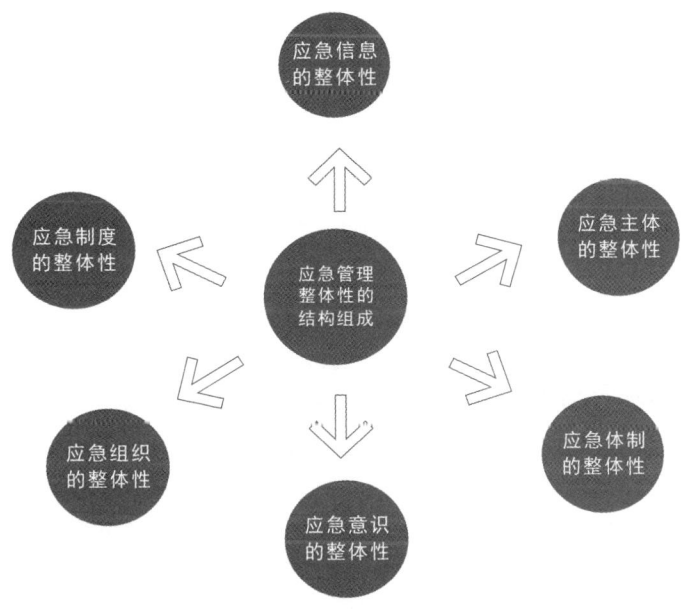

图3-5 公共危机应急管理整体性的结构构成(全部)

(1)完善法律法规,促进应急体制的整体性。面对法律制度建设不足的问题,应建立健全自然灾害应急管理的法律法规体系。首先,应加快制定出台自然灾害领域的基本法,以此作为基本指导,然后结合当前自然灾害应急管理水平及现状更新现有专门法,使其更好地服务于实践,并对部分缺失领域的法律进行补充完善,最终建立起分级、分类的自然灾害应急法律法规体系。

(2)优化应急管理设计,提升应急组织的整体性效能。我国《中华人民共和国突发事件应对法》确立了统一领导、综合协调、分类管理、分级负责和以属地管理为主的应急管理体制,在应急管理过程中强调"分"与"合"的统一(姚景山,2021)。一方面要促进中央与地方的责任与管理权力匹配,让肩负应急处置责任的地方部门有足够的权力与财力资源干预违规行为、调配资源,协调管理工作中的条块矛盾、府际矛盾,压实权力方的防汛责任。另一方面要促进管理权力与突发事件专业性匹配,让专业的人做专业的事,减少行政弊端对应急专业工作的干预(谌舟颖和孔锋,2022)。

(3)加强地方应急培训,全方位、各层级促进应对突发事件的意识整合。虽然自然灾害发生概率具有区域差异性,但整体来看发生范围具有不确定性,因此各地都应加强自然灾害应对意识。一方面,加强对政府部门管理人员、基层执行人员、企事业单位以及社会大众的应急知识培训,做好宣传教育工作,提高各个主体的危机意识、防范意识、应对意识。另一方面,要增强社会公众的防范意识和提高公众的自行判断能力,及时向公众公布风险源,进行应急自救培训等,以实现全社会范围内的应对突发事件的意识整合。

复合型风险社会时期,不确定性、不可预测性正在影响我们的生活,对于城市治理而言,应急管理的挑战与机遇并存。城市域的大安全观是总体国家安全观在城市治理层的一种延伸,具体体现为可以在应急管理领域实现由三方整体性治理到六面全方位治理的质变(图3-5),进而构建起应对突发公共事件的整体性治理体系,从而提升防灾减灾能力,并进一步提升公共危机治理水平。

第五节 烈焰中的"纸盾":2019年澳大利亚山火

> **提要**:2019年9月,澳大利亚发生了有史以来最严重的森林火灾,大火熊熊燃烧了近5个月,过火面积1180万hm^2,造成33人死亡,12.5亿只动物葬身火海。猛烈的山火严重威胁当地人民的生命及财产安全和全球生态安全。而作为南半球经济最发达的国家——澳大利亚,却在应对此山火中显得软弱无力,不仅仅是因为自然力量的无法抗拒,更是因为森林消防体系存在缺陷。笔者从先进的消防体系及应急预案未发挥应有作用、应急管理机制与体制难以统一调度以及应急管理行动落后3个方面对澳大利亚山火扑救中暴露出的问题进行深入分析,并与2022年重庆山火的中国做法进行比较,以期为我国森林消防体系建设提供借鉴和启示。

一、案例背景

气候变化导致高火险天气增多,森林火灾已经在全球呈现爆发态势。频发的森林火灾严重破坏生态环境,打破生态系统中的稳定循环,甚至会造成永久性破坏,严重威胁全球生态安全。尤其是当初发火处置不当时,在高温、干旱、大风等恶劣天气影响下,火势快速蔓延失控,威胁城市安全和人民生命财产安全,不利于社会和谐稳定(白夜和王博,2019)。澳大利亚气候炎热干燥,地形平坦,丘陵多、山地少,树种以桉树为主,含有大量油脂。受多种因素的影响,澳大利亚是世界上最容易发生森林火灾的地区之一。统计数据显示,1951—2013年间,澳大利亚森林大火造成677人死亡,228亿 hm^2 土地被烧毁,年均造成15.8亿美元的经济损失。澳大利亚历史上的森林火灾情况见表3-7。

表3-7 澳大利亚火灾情况

时间/年	火灾名称	过火面积/km^2	死亡人数/人	损毁房屋/间	保险损失/亿美元
1967	坦斯马尼亚黑色星期二	2 642.7	62	1400	610
1969	劳拉 & 墨尔本边缘	3240	23	—	—
1977	西部地区 & 斯特雷特姆	103	4	116	101
1983	圣灰星期三	3100	75	1700	1900
1993	北部海岸地区猎人谷 & 悉尼	8000	4	206	215
1994	昆士兰东海岸	50	—	23	215
2001	黑色圣诞节	7 533.14	—	209	131
2003	堪培拉	1600	4	488	660
2009	黑色星期六	4500	173	2029	1300
2013	塔斯马尼亚小镇达纳利	360	1	203	—

(一)澳大利亚山火长期蔓延的原因

2019—2020年澳大利亚森林大火持续蔓延5个多月的原因主要包括气候条件不利、森林植被易燃、山火处置不当3个方面。澳大利亚气候炎热干燥,有利于火灾发生蔓延的高温、干旱、大风天气增多,火势迅速蔓延失控,甚至产生火风暴、火龙卷等极端火行为。加上当地树种以桉树为主,含有大量油脂,树皮脱落积累加大可燃物负荷量,容易燃烧。火灾初期山火没有引起重视,初发火扑救不力,火源管控不当,新南威尔士州本次林火季有267人被指控328项与林火有关的罪名,山火发生后政府重视程度不够,导致小火处置不当酿成大灾。

(二)澳大利亚山火对社会造成的影响

2019—2020年澳大利亚持续燃烧的森林大火严重破坏了当地社会和谐稳定和经济发展,威胁人们生命财产安全和全球生态安全。经济方面,森林大火会极大破坏当地正常生产生活秩序,造成大面积断电,铁路、机场等基础设施遭到破坏,严重影响当地经济发展。社会发展方面,森林大火处置应对不力会影响社会和谐稳定,暴露出气候变化应对不力、应急救援机制落后等一系列问题,甚至会引发大规模群众游行。生态方面,森林大火严重破坏野生动物栖息地,破坏生物多样性,对整个食物链造成连锁反应。火灾释放超过 4 亿 t 二氧化碳,导致出现严重雾霾天气,有害颗粒物在大风作用下远距离飘散影响全球空气质量,二氧化碳在火风暴作用下到达平流层,产生加热效应,破坏臭氧层,破坏地球系统的辐射平衡。

二、案例演化

自 2019 年 9 月 6 日新南威尔士州发生第一场山火以来,澳大利亚开始爆发全国性森林大火,截至 2020 年 1 月 20 日,过火面积已经超过 1120 万 hm^2,伤亡人数达到 33 人,超过 12 亿只动物被烧死,预计经济增长率将减少 0.4%~1%(白夜等,2020)。森林燃烧释放约 4 亿 t 二氧化碳,造成严重雾霾天气,影响全球空气质量,进一步加剧全球变暖。澳大利亚森林火灾危机的演化与响应见表 3-8。

表 3-8 澳大利亚森林火灾危机的演化与响应

时间	危机的演化	决策主体	响应措施
2019 年 9 月 6 日	新南威尔士州发生第一场山火。当日,澳大利亚东海岸和北部地区发生 50 多起火灾	地方应急管理委员会(地方林务局、地方乡村消防员)、州应急管理委员会(州乡村消防局)	新南威尔士州山火升级为紧急戒备级别,2700 名消防员投入灭火工作
2019 年 11 月	山火燃烧至昆士兰州、新南威尔士州,东部丛林大火肆虐、灾情加剧。山火造成 4 人死亡,150 所房屋烧毁	地方应急管理委员会、州应急管理委员会	昆士兰州、新南威尔士州宣布进入紧急状态,悉尼等地区把火灾指数调整到"灾难级别"
2019 年 12 月	多地发生严重山火,过火面积超过 5 万 hm^2,其中新南威尔士州灾情最为严重,仅 29 日一天,发生火灾 95 起;山火已造成 10 人死亡,950 多所房屋烧毁,当地数以千计的民众被迫离开家园	地方应急管理委员会(地方林务局、地方乡村消防局、地方国家森林公园)、州应急管理委员会(州林务局、州乡村消防局)、联邦政府(澳大利亚应急管理署)	澳大利亚总理斯科特·莫里森召开新闻发布会,为自己在山火肆虐期间度假一事道歉,但拒绝承认气候变化与山火的联系;各地进入紧急状态,地方政府、州政府启动Ⅲ级响应,由州乡村消防局负责人指挥扑救,并由乡村消防局局长委托高级指挥官具体实施,调动全州的扑火力量,同时请求联邦政府支援,调用飞机实施空中灭火等

续表 3-8

时间	危机的演化	决策主体	响应措施
2022年1月4日	过火面积接近600万 hm^2，山火造成死亡人数已上升至24人，2000多所房屋被毁，处于"灾难状态"，澳大利亚气象部门发布天气状况恶化的警报	地方应急管理委员会（地方林务局、地方乡村消防局、地方国家森林公园、地方野生动物管理局）、州应急管理委员会（州林务局、州乡村消防局、州野生动物管理局）、联邦政府（澳大利亚应急管理署）	3000名预备役士兵受遣灭火；联邦政府派遣澳大利亚国防军协助火灾地区人员疏散，动用海军舰艇、军用直升机疏散民众和运送消防员；美国国家林火协调中心派遣美国消防员协助当局灭火；加拿大派出消防专家驻扎昆士兰州和新南威尔士州；新西兰部署157名消防员、3架新西兰皇家NH90直升机和机组人员；周边巴布亚新几内亚总理安排1000名士兵和消防员待命；瓦努阿图政府承诺提供约合25万澳元的资金，协助乡村消防员灭火
2020年1月6日	大火肆虐，灾情依旧	地方应急管理委员会、州应急管理委员会、联邦政府	澳大利亚政府承诺拨款20亿澳元（约96.85亿元人民币）给一家新成立的灾后重建机构，该机构主要任务是帮助重建在大火中被毁的房屋和重要基础设施
2020年1月8日	总理莫里森承认在应对危机中存在失误	地方应急管理委员会、州应急管理委员会、联邦政府（澳大利亚应急管理署自然灾害恢复计划部）	总理莫里森向内阁提出建立皇家委员会来应对丛林大火灾难提案；讨论在灾难发生时联邦政府如何以更大的灵活性介入和协助各州应对问题；莫里森宣布投入7600万澳元，为民众提供心理咨询，抚慰民众
2020年1月31日	澳大利亚首都堪培拉地区受到"奥罗拉尔"大火威胁，过火面积达1.85万 hm^2，整个城市被浓烟笼罩	地方应急管理委员会、州应急管理委员会、联邦政府	继续设立负责救灾和重建工作的新机构
2020年2月	受到强热带气旋"达明"影响，澳大利亚开始持续强降雨，肆虐的山火得以遏制。12日，新南威尔士州消防部门宣布大火已被扑灭；13日，澳大利亚消防部表示，火势已经得以控制	地方政府、州政府、联邦政府	注重灾后重建工作，总理莫里森对民众进行安抚

三、案例分析

（一）先进的消防体系及应急预案未发挥应有作用

澳大利亚掌握着世界上最好的消防技术，拥有完善先进的消防体系，其应对森林火灾的设备性能达到世界领先水平，在森林防火和灭火方面有丰富的经验（吴立志和段耀勇，2006），具有严谨的林火监测系统，扫描探测灾情的技术非常先进。此外，澳大利亚的森林消防工作具有广泛的社会力量作中坚、强大的资金投入作后盾、完备的法律体系作保障、制度化的培训教育作前提、先进的科学技术作支撑、专业化的设备配备作支持。从人员配备上看，尽管职业消防员不是太多，但在2400万人口的国家里消防志愿者多达74万人，同时12岁以上的公民必须接受消防教育，16岁以上的公民必须接受防火技能培训，必要时大量接受过专业训练的志愿者可以直赴火场。

然而，在面对山火时，这些优势并未得到有效发挥。首先，澳大利亚地广人稀，火势蔓延迅速，难以完全控制。即使拥有先进设备和技术，也难以抵御如此庞大的火势。其次，资源有限，消防人员、飞机、设备等的投入范围较广，作用分散，难以集中应对大规模山火。再次，气象条件也不利，干燥和多风的气象条件增加了救火的难度。同时，澳大利亚各部门权力分化，难以协调，缺乏应急响应的整体性、协调性。最后，社会力量和志愿者不足。尽管澳大利亚有大量消防志愿者，但在大规模山火爆发时，人力仍然不足以有效应对。综合而言，尽管拥有先进的技术和丰富的经验，澳大利亚在山火应对方面仍面临众多挑战。

（二）难以统一调度的应急管理机制与体制

从国家应急体系来看，澳大利亚属于联邦制国家体制，应急管理中突出权力的分散化运行和社会志愿组织的作用，由各州和基层政府部门对灾害管理承担主责，当地方政府无力救援时，会上报灾情以寻求支援。联邦政府仅在少数特重大灾难发生时经国会系统授权后，才会参与救灾辅助工作。应急响应行动受限于党派和政治集团的利益掣肘，短时间内难以形成强大的社会动员能力，而这对于应对急难险重自然和人为灾难是关键要素。与此同时，澳大利亚地广人稀的自然环境使紧急危机事件的人员物资调动滞缓，加之没有统一的国家综合性应急管理机构，消防救灾工作归属各州政府，造成州与州之间、联邦政府与州之间、基层部门之间应急联动能力普遍缺乏（刘泽照和祖嘉纬，2020），相邻州人员、物资等重要资源不能得到及时有效调配，甚至会因资源短缺发生以邻为壑、冲突对立事件。

同时，在政党体制方面，澳大利亚主要有自由党、国家党、工党、绿党等政党，政党间意识形态分野清晰，政策分歧显著。目前执政党是以斯科特·莫里森为总理的自由党，其与澳大利亚最大政党——工党之间长期处于激烈竞争和利益羁绊之中，并由此影响到本国重大公共突发事件应急处置。2020年暴发的山火灾难一定程度受到政党互轧影响。高调宣扬福利与环保的工党在前期执政期间导致严重财政赤字，新任自由党集团为抵消不利影响并提高民众支持，大肆宣传财政预算盈余目标，大幅缩减包括消防应急层面开支，导致重要应急物资缺乏和补给困难。山火发生后,联邦政府严重低估了火灾危害,政党斗争在国会层面进一步释放并影响财政政策操作空间,火灾大范围蔓延后救灾志愿人员无法获得应有补助和州际支持,进而严重影响救灾响应效能。澳大利亚森林消防组织机构见图3-6(张志强,2020)。

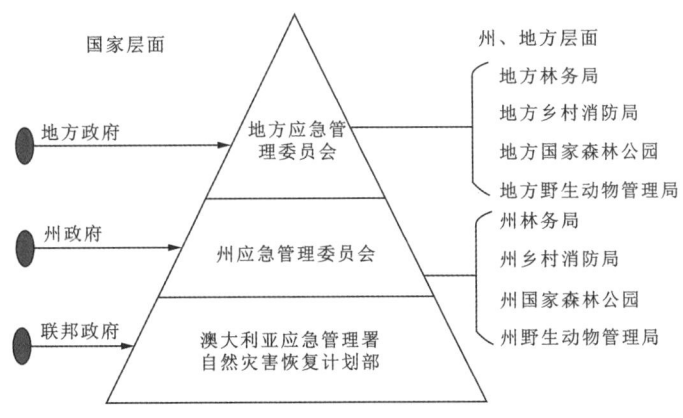

图3-6 澳大利亚森林消防组织机构

(三)落后零散的应急管理行动

澳大利亚山林大火中的民众应急情感支撑和宣传管理存在缺失,联邦及地方政府响应行动陷入被动。其间媒体揭露的风险隐患及地方应急不力的状况并未得到联邦政府足够重视,甚至成为党派攻击对垒的工具,导致过度依赖零散志愿者参与灾区消防救火,而正式部门及广大民众行动激发明显不足。由于受本国政治社会制度、应急管理体制多方面限制,澳大利亚山林大火肆虐数月,过火面积超过丹麦国土面积。首都堪培拉等城市的空气质量进入全球最差行列,澳大利亚宣布国家进入紧急状态。火灾对澳大利亚经济社会及人民生产生活构成严重损害(环球时报,2020)。

在澳大利亚山火蔓延已处于极其严重状况下,即便出现了民众游行示威、国外大量负面评价等严重关切事件,整体消防救援工作仍得不到及时推进,澳大利亚各部门没有构建客观明晰的应急责任体制,甚至出现联邦政府领导人灾难期间依然出境休假事件。这同时也反映出澳大利亚本国应急责任体制的内部缺陷,并间接影响国内山林大火灾害的应急效能。

四、借鉴与启示

从2019—2020年澳大利亚山火的案例分析可以看出,澳大利亚存在消防体系未发挥应有作用、联邦政府救灾职能弱化、消防能力不足等问题。2022年,我国重庆发生了重大山火,在此期间我国应急管理体系通过"核心决策机构"合理整合、分配社会资源,保证整体功能的发挥,充分动员社会力量,实现了多元协调韧性治理。尽管我国在处理重大山火上取得了成功,但澳大利亚山火事件仍是一个警钟,我们应该对比分析两者并从中吸取经验教训,以期为我国森林消防体系建设提供借鉴和启示。

(一)建立科学的分层管理体系

我国的森林消防实行"政府统一领导,部门分工负责,下级服从上级"的分级管理体制。我们可借鉴澳大利亚的经验,进一步完善国家、省级、地市级3个层次的森林消防组织体系(图3-7),明确职责分工,赋予省、市级森林消防部门足够的自主救灾权力,并明确其救灾义务,在县、乡级设立辅助性森林消防组织。一旦辖区发生森林火灾,能够快速处置。当发生重特大森林火灾时,要简化地方政府求助程序,强化国家层面的统一指挥和统筹权力,迅速集中优势资源,实现"重拳出击,一次奏效"。

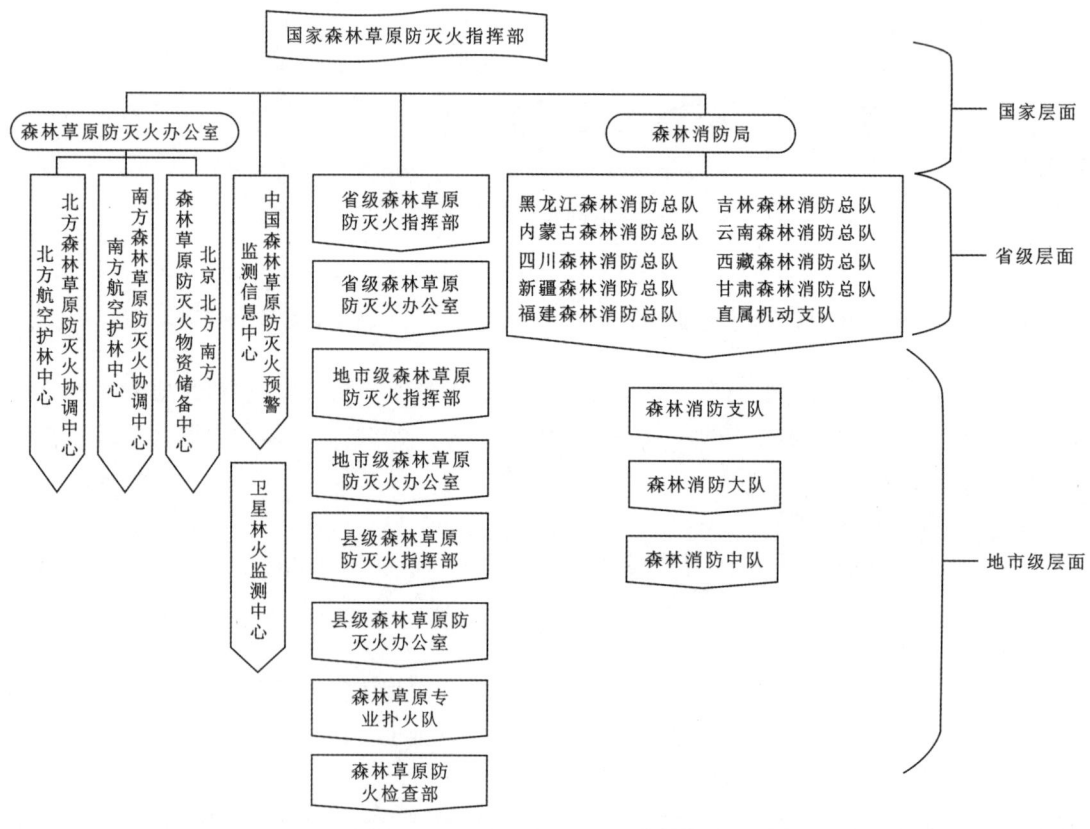

图3-7 我国森林消防组织体系

(二)加快推进应急管理体系和能力现代化

我国应充分发挥中国特色应急管理体制优势,形成统一指挥、统一调度、全国一盘棋的组织指挥机制,提升应急救援效率;建立健全的指挥机制,完善法律法规,培养专业化人才,加强预警监测,强化防火设施建设,提高公众应急意识并加强国际合作。

(三)建立快速灾情评估体系

澳大利亚十分重视灾害评估工作,气象、国土资源等部门每年收集最新数据,各种社会机构也定期更新各种信息。我国可建立一套快速准确的森林火灾灾情评估体系。首先,建立准确完善的灾情收集和管理信息系统(白夜等,2020);其次,建立各种灾情的历史数据库;再次,建立快速有效的评估模型,并组织专家进行灾害评估;最后,建立公开透明的评估、监督与改善机制,构建吸引各类机构和民众参与监督的评估系统,以促进系统持续优化。

(四)建强国家综合性消防救援队伍

我国要紧紧把握方向,建立完善的职业化森林消防队伍管理体系,按照不同队伍的定位和作用,加快构建并着力打造以国家综合性消防救援队伍为骨干,以地方专业、半专业扑火队为辅助和补充的"一体两翼"森林消防队伍建设新格局。同时,以党和国家机构改革为契机,加快完善相关法律法规,细化各项配套制度和标准,持续改善森林消防队伍的薪资和福利待遇,持续加强消防员的职业荣誉感、获得感,大力提升森林消防装备的专业化水平,推进我国森林消防队伍建设向职业化、专业化和科学化方向发展。

第六节 景区"天堂"变人间"地狱":2017年九寨沟地震

> **提要**:2017年8月8日,四川省北部阿坝州九寨沟县发生7.0级地震。事件一发生,国家防灾减灾委员会(简称国家减灾委)、民政部紧急启动国家Ⅲ级救灾应急响应,国家减灾委、国务院抗震救灾指挥部组成联合工作组赶赴灾区指导救灾工作,同时社会各界纷纷捐款捐物参与救助。笔者对危机的演化进行了总结,从九寨沟地震灾害管理过程,即灾害应急响应、协调组织多方力量开展灾害救援、安置和抚恤受灾人员、灾后恢复重建4个方面进行分析,同时总结了2017年九寨沟地震相较于2008年汶川地震在应急管理方面的改进,并指出了九寨沟地震危机管理的一大亮点。笔者还针对当前危机管理的不足,分析问题根源并提出改进策略,同时总结成功经验,对未来政府地震应急工作提出了系统性的优化展望。

一、案例背景

(一)九寨沟地震历程及后果

2017年8月8日21时19分46秒,四川省北部阿坝州九寨沟县发生7.0级地震。截至2017年8月17日,共监测到地震总数4799次,其中余震4798次,4.0~4.9级地震3次,3.0~3.9级地震28次。本次地震造成29人死亡,1人失踪,543人受伤,直接经济损失80.43亿元。

(二)九寨沟震区地质构造特征

四川省九寨沟县隶属于四川省北部阿坝藏族羌族自治州(简称阿坝州),地势西高东低,海拔在 2000m 以上,位于青藏高原向四川盆地过渡的高山峡谷地带,地质背景复杂,褶皱断裂发育,新构造运动强烈。该区域大地构造单元上属于扬子地块、巴颜喀拉地块和柴达木地块的交会地带,是青藏高原隆升发展的前缘地带,也是我国南北地震带的中段,构造变形复杂,断裂活动强烈,控制着一系列强震的发生(南燕云等,2020)。境内九寨沟风景区是享誉中外的旅游景点,此次震中位于九寨沟核心景区西部 5km 处的比芒村。

(三)九寨沟地震灾害的特点

此次灾害有如下主要特点。

(1)震级高、余震多。此次地震震级高达 7.0 级,震源深度达 20km,是在四川省境内继汶川 8.0 级地震、芦山 7.0 级地震后发生的又一次强烈地震。地震类型为主震余震型,余震频发给救援工作带来很大的风险。

(2)震中位于世界自然遗产九寨沟景区附近。九寨沟景区是一个多民族聚居地区。景区核心资源不同程度受损,衍生灾害十分严重,造成的损失难以估量,生态抢救修复任务艰巨。

(3)九寨沟县及附近地区抗震设防烈度为Ⅷ度,属于汶川地震恢复重建区域,建设工程抗震能力强。地方各级政府和地震工作主管部门风险防范有效,公众防震避险意识较强。较国内历史同级地震,人员伤亡较轻。

(4)震区地处高山峡谷,地质构造复杂,强震破坏叠加,次生灾害严重。10 年内两次强震叠加,山体内伤严重,山体破碎诱发滚石、崩塌等地质隐患和次生灾害(林向洋等,2018)。

二、案例演化

九寨沟危机(或事件)的演化与响应见表 3-9。

三、案例分析

在 10 年之内,四川省接连遭受了汶川 8.0 级特大地震、芦山 7.0 级强烈地震、九寨沟 7.0 级地震,这些灾难给人们带来伤痛的同时,也增加了灾区民众应对自然灾害的经验,推动了四川省应急抢险救灾能力快速提高,九寨沟地震也是对四川省应急救灾工作的一次检验(陈旭和盛丹萍,2017)。与近 10 年同级地震相比,虽然九寨沟地震的震级小,破坏程度不大,但九寨沟是国家 AAAAA 级旅游景区和世界自然遗产,地震发生当天,大量游客在此地游玩,从而导致许多游客滞留于此。因此,相较于以往主要影响当地居民的灾害模式,此次大量无固定居所的游客给救援行动带来了挑战,同时,由于震级较高,景区内主要交通干道中断,救援队伍进入灾区时间延迟,影响了救援时效性。社会力量的参与,实现了社会与政府、社会与社会之间一系列协同措施的建立,各方力量得到了协调,从而降低了此次灾害损失。

第三章 自然灾害类公共危机的典型案例

表3-9 "8·8"九寨沟危机(或事件)的演化与响应

时间	危机的演化	决策主体	响应措施
2017年8月8日21时19分	阿坝州九寨沟县发生7.0级地震	四川省人民政府新闻办公室	立即成立应急中心,对外发布有关消息
2017年8月9日	应急响应	国家减灾委、民政部、国务院抗震救灾指挥部	中央层面应急响应:中国地震局启动Ⅰ级应急响应,会同中央军委联合作战指挥中心、武警总部组建共80人的国家地震灾害紧急救援队,紧急赶赴九寨沟。民政部启动国家Ⅲ级救灾应急响应,民政部、财政部向四川省安排中央财政自然灾害生活补助金1亿元。国家发展改革委安排四川省救灾应急补助中央预算内投资6000万元。交通运输部启动交通运输Ⅱ级应急响应,了解抢险救灾工作进展,部署应急处置工作。气象局启动地震灾害气象服务Ⅲ级应急响应,要求四川省气象部门做好抗震救灾气象服务保障工作。国土资源部启动地质灾害Ⅲ级应急响应。民政部发布《民政部关于社会力量有序参与四川九寨沟7.0级地震抗震救灾的公告》,引导社会力量有序参与抗震救灾。 地方政府应急响应:四川省委、省政府按照四川省地震应急预案启动Ⅰ级应急响应,并成立"8·8"九寨沟地震抗震救灾应急指挥部。四川省消防救援总队按报后立即启动《四川省消防救援总队地震灾害应急救援预案》Ⅰ级响应,并下达一级战备命令。四川省民政厅启动四川省自然灾害Ⅱ级救灾应急响应,向灾区紧急调拨救灾物资。人民银行国库部门及时指导省、州、县三级国库迅速开通抗震救灾资金汇划"绿色通道"。四川省通信管理局启动应急通信保障预案,组织基础电信企业和铁塔公司应急通信保障队伍奔赴灾区,全力开展抢险救灾工作。各基础电信企业携带卫星电话等应急设备赶往震区,开展通信保障工作
2017年8月	救灾捐赠和社会动员	社会力量和其他省级政府	地震后,中国红十字会、慈善基金会、行业协会等社会组织、徐工集团、广西柳工机械股份有限公司、中联重科股份有限公司等工程机械企业,中国石油化工集团有限公司、中国蒙牛乳业公司等企业充分发挥自身优势,积极投入抗震救灾工作(门钰璐,2018)
2017年11月8日	灾后重建	四川省人民政府	四川省人民政府发布《关于印发"8·8"九寨沟地震灾后恢复重建总体规划的通知》《关于支持"8·8"九寨沟地震灾后恢复重建政策措施的意见》等文件
2021年9月28日	灾后重建成果		举行第七届中国(四川)国际旅游投资大会开幕式暨九寨沟景区全域恢复开放仪式,宣布九寨沟景区景观品质已全面恢复到地震前水平

(一)灾害应急响应

地震发生后,中共中央总书记、国家主席、中央军委主席习近平高度重视,立即作出重要指示,要求抓紧了解核实九寨沟7.0级地震灾情,迅速组织力量救灾,全力以赴抢救伤员,疏散安置好游客和受灾群众,最大限度减少人员伤亡。根据指示,国务院派出由国家减灾委、国务院抗震救灾指挥部组成的工作组赶赴现场指导抗震救灾工作。四川省委、省政府主要负责同志赶赴现场开展救援工作,四川省阿坝州于8日晚启动Ⅰ级地震应急响应,省政府至乡镇各级政府组织各部门人员开展抗震救灾工作。9日零时,经综合分析后国务院抗震救灾指挥部将应急响应改为Ⅱ级。会议要求立即落实救灾措施,成立抗震救灾工作小组开展救灾工作,通过各种渠道收集整合游客信息,积极主动解决游客困难,为游客提供帮助。应急小组的救灾措施及时有效地缓解了游客的恐惧和焦虑情绪,为灾区游客的快速转移和后续工作的开展打下了基础。

(二)社会动员与协调合作

1. 社会力量的积极作用

在此次灾害中,社会力量在九寨沟地震救援中发挥了一系列的积极作用。

(1)服务业参与救援实现了精准化。由于四川地区近10年来自然灾害频发,因此四川省旅游业将应急培训和应急撤离演练常态化,提高了四川旅游业从业者的应急处置能力。在地震发生的第一时间,酒店有序地开展救援工作,九寨沟县公路运输管理所和阿坝州政府征集众多社会车辆加入,使整个救援过程实现了精准化和高效化。

(2)本地居民参与救灾实现了救援本土化。地震发生后,90%的救灾志愿者是本地居民。由于此前他们已经历过数次地震灾害,且对本地环境更加了解,本地居民具有一定的抗震救援经验。此次当地居民的自发救援对抗震救灾工作和安抚受灾群众的情绪起到了不小的作用。

(3)社会力量救援实现了规范化。共青团四川省委在协调救援力量、报备救援情况、引导救援活动中起到了积极的作用,促进了救援的组织性发展,救援工作朝着规范化方向迈进。

(4)新媒体拓宽了信息公开的渠道。随着新媒体平台的迅速发展,官方媒体平台的即时信息发布使灾情的报道更加真实化,为应急救援提供了良好的舆论氛围,遏制了谣言的传播,减轻了灾害救援的负担。

2. 社会力量参与中的问题

与以往的救灾行动相比,虽然在这次应急救援中,当地居民能积极地、自发地参与救灾,但社会力量的参与也存在一定的问题。

(1)物资调配缺乏协同性。由于社会力量的广泛参与,社会捐助的物资过于庞杂,而社会组织与当地的救援中心存在沟通问题,因此造成了许多物资的浪费。

(2)社会力量贸然介入救援,导致交通拥堵。许多志愿者在未能与社会组织取得联系的情况下,盲目参与救援,给灾区的交通造成了严重的拥堵,影响了救援活动的有序开展。

(3)灾后重建参与积极性不高。灾后重建工作基本都是由政府部门主导,民政部虽然积极鼓励社会力量参与救援,但社会力量中参与重建的人数与救援时期参与救援的人数相比却减少了一半以上(张胜玉等,2018)。

(三)安置和抚恤受灾人员

由于此次地震被困者大多数是游客而非本地人,游客相关经验较为不足,因此此次地震中对于受灾人员的安置和抚恤尤为重要。为此,民政、财政等部门及时出台过渡期相关政策,选派心理医生和相关社会工作者以及党员干部进入灾区开展思想教育和专业的震后心理咨询辅导等一系列人员安置工作。

同时,自然灾害发生后更容易造成公共卫生次生灾害,若不对灾区死亡人员进行及时处理,可能会对食物和水造成污染,产生一系列传染病,因而灾区防疫工作尤其重要。对此,民政部门针对生存问题紧急调动救灾物资,确保灾区的公共卫生安全,很好地抑制了传染病的发生,相对于以往地震救援工作,这是一项巨大的进步。针对因灾情造成的失业问题,民政部门也专门举办了专场招聘会,为失业受灾群众提供了7900多条有用的就业信息。

(四)灾后恢复重建

经过汶川地震、芦山地震等的灾后重建实践,我国摸索出了一套灾后重建体系,并在九寨沟地震中得以体现。九寨沟是国家级自然保护区,主要产业是旅游业,灾后重建工作内容除了住房、道路等基础性民生工程的重建,主要是对旅游业的重建。政府制定了未来3年的恢复重建计划,2018年底完成灾区的住房重建,2019年底完成公共服务设施重建工作和重点区域地质灾害治理工作,2020年争取全面完成对九寨沟的安全评估工作,实现九寨沟重点景区的修复和完善(陈燕伊,2017)。

四、借鉴与启示

本次地震中地方党委政府反应迅速、统筹组织、全面部署,充分动员各方力量开展人员搜救、伤员救治、群众安置、基础设施抢修抢通等工作,抗震救灾工作有力有序有效(刘松,2017)。国务院抗震救灾指挥部各成员单位坚决贯彻落实习近平总书记、李克强总理等中央领导同志的重要指示批示精神,响应及时、部署有力、上下联动,完成了大量卓有成效的工作,充分彰显了我国在"大应急"背景下抢险救灾应急能力和灾后重建工作能力的双重提升。然而,在灾害应对的宣传教育培训、道路体系建设、电力通信保障等方面存在不足,对此,笔者提出以下建议。

(一)加强灾害应对的宣传教育培训工作

应急安全教育可以增强国民应对突发事件的意识和能力,明晰他们的防灾减灾责任,是常态下做好应急管理的重要工作。九寨沟地震伤亡情况表明,我国还存在有关灾害应对的社会宣传和教育力度不够、游客防灾减灾意识薄弱等问题。九寨沟景区内很多没有经历过地震的游客,面对突发地震灾害,显得惊慌失措,没有及时躲避到安全区域,被掉落的物体砸伤或者致死。因此,我国要将应急教育正式纳入国民教育计划,多举办应急演练演习,对民众普及安全教育和应急知识,增强民众的防灾减灾救灾意识和能力(王燕和朱素娟,2020)。

(二)增强电力通信、道路体系建设等的应急保障能力

除了完成必要的宣传教育工作以外,政府还需要增强电力通信、道路体系建设等的应急保障能力。

(1)加强政府自然灾害公共危机管理预案建设,细化各级应急预案,强化预案内容的针对性和可操作性,保证高效、有序地开展地震应急防御和抢险救灾工作。

(2)九寨沟地处西南山区,山区道路、网络不完善,通行和通信能力弱,一旦遇到大型自然灾害,道路很容易中断,导致救灾工作受阻,使得灾区群众和伤病员无法转移,救援力量无法进入灾区,救灾设备和应急车辆无法在第一时间到达现场。因此,要完善应急物流建设,建设枢纽设施,保证应急物流运送速度,提高多震地区的基础交通系统的防震性能,做好物资保障和后勤工作。

(3)九寨沟地震发生后,灾区依然出现了通信不畅的情况。尽管九寨沟震级小于汶川地震,对通信系统的破坏不是摧毁性的,恢复起来相对容易,但是未来仍要加强电力通信的应急保障能力。一方面要增强电力通信基础设施的抗破坏能力,完善电力通信系统和网络;另一方面要在基层建立应急通信系统,满足有线通信、无线通信、移动网络、卫星通信等多种通信方式需要,提高救灾效率。

(三)建立脱贫攻坚与就业之间联动机制

处理九寨沟地震这一公共危机的另一大亮点就是当地政府在脱贫攻坚与就业之间建立了联动机制。由于出现灾情,九寨沟县脱贫攻坚进度受到严重影响。此次地震后,当地旅游业发展不景气,游客数量骤减,导致当地群众经济损失严重。同时,脱贫攻坚后期工作推进本就缓慢,此次地震带来的损失使当地脱贫受到阻碍。当地政府通过联动机制,用震后重建的相应建设措施补足脱贫攻坚的任务缺漏,用震后重建的国家补贴和社会捐款资金填补脱贫攻坚的资金空缺,实现了恢复重建和脱贫攻坚的高效完成(苏文龙,2021)。

多难兴邦。我国是一个自然灾害频发的国家,在处置突发危机方面积累了很多经验,但也存在一些不足和问题。为了更好地应对突发自然灾害,政府不仅要加强对危机的管理,更需要做的是防患于未然,提高政府处置能力,降低社会脆弱性,提高社会韧性。期待未来政

府切实增强公共部门应对自然灾害的处置能力和水平,为人民谋福祉,提高政府公信力和人民的满意度。

第七节　世界末日般的 20 分钟:2016 年江苏盐城"6·23"龙卷风

> 提要:2016 年 6 月 23 日 14 时 30 分左右,江苏省盐城市阜宁县、射阳县部分地区遭遇了强冰雹和超强龙卷风双重灾害,造成房屋倒塌、人员伤亡、道路受阻、设施农业受损等后果。笔者基于"6·23"江苏盐城龙卷风事件的演化进程,深入分析此次灾害危机管理中的社会动员、媒体报道、网络舆情、灾后重建 4 个方面的工作,总结其危机管理中存在的阶段性问题。结合国外经验,提出要弥补我国龙卷风防范方面存在的漏洞,并从健全防范建设、健全体制机制建设、健全法治建设 3 个角度为突发性自然灾害事件的公共危机管理提出建议。

一、案例背景

(一)江苏龙卷风的历史及成因

龙卷风是一种少见的局地性、小尺度、突发性的强对流天气,是在强烈的不稳定的天气状况下由空气对流运动造成强烈的、小范围的空气涡旋。龙卷风的破坏力极强,可以卷起地上的水、泥沙、树木、房屋、人畜等,导致严重的灾情。相对来说,我国龙卷风主要分布在鲁西南、豫东、苏北和长江三角洲等平原、湖沼区以及雷州半岛等地,其中江苏省是我国龙卷风的高发地。江苏省地势低平,气候温和,这些特征为龙卷风的形成和发展提供了条件。再加上省内经济发达,城市化水平高,龙卷风发生时更容易导致严重的人员伤亡和财产损失。根据调查,在江苏省的 13 个地级市中,南通市是江苏省龙卷风发生频率最高的地区,苏州市为次高区,而泰州市、盐城市和徐州市等发生频率中等(李沐寒,2017)。其中,盐城市是龙卷风发生较频繁的地区,历史上曾经发生过多起龙卷风灾害。

(二)江苏龙卷风的历程

2016 年 6 月 23 日 6 时、10 时,中央气象台发布暴雨黄色预警,指出未来 24 小时苏皖北部有大雨到暴雨,其中江苏北部局地有大暴雨(100~180mm),可能伴有 8~9 级雷暴大风或冰雹天气。接下来的几小时内(截至 14 时 19 分),根据中国气象局的通报,江苏省及盐城市阜宁县气象局也都陆续对强对流天气进行了预警。14 时 30 分左右,盐城阜宁、射阳部分地区出现强雷电、短时降雨、冰雹、雷雨大风等强对流天气,造成房屋倒塌、人员伤亡、道路受阻、设施农业受损等后果。

(三)龙卷风的强度及造成的严重后果

专家组确认盐城"6·23"龙卷风为EF4级,风力超17级。龙卷风总共分为6级,最低为EF0级,最高为EF5级,此次龙卷风强度接近于最高级别。从风力上看,在风力的分级中17级是最高级别,但这次龙卷风的风力超过了17级。

截至6月26日9时,江苏盐城特别重大龙卷风冰雹灾害共造成99人死亡,846人受伤。阜宁县倒损房屋1347户3200间,2所小学房屋受损,8栋企业厂房损毁,农业大棚毁坏面积达4.8万亩,城东水厂因供电设备毁坏中断供水,部分地区通信中断,40条高压供电线路受损。射阳县倒损房屋615户,电力、通信杆线受损严重。江苏淮安涟水和盐城阜宁交界处的龙卷风导致当地局部区域供电中断,部分基站铁塔倾倒,通信电缆受损。当地累计235km光缆中断,503个服务基站停止服务。

二、案例演化

2016年"6·23"江苏盐城龙卷风事件的演化与响应见表3-10。

表3-10 2016年"6·23"江苏盐城龙卷风事件的演化与响应

时间	危机的演化	决策主体	响应措施
2016年6月23日13时	天气异常闷热潮湿	盐城市气象局	13时42分,盐城市气象局发布雷暴黄色预警信号,称预计未来6小时内响水、滨海、阜宁、射阳等地将发生雷电活动,并可能伴有雷雨大风、短时强降水等强对流天气,提醒人们注意防范
2016年6月23日14时30分	出现龙卷风强对流天气	党中央、国务院	习近平总书记、李克强总理等中央领导同志对抢险救灾工作出重要指示和批示
2016年6月23日15时19分	强对流天气持续但有所减弱	盐城市气象局	发布雷暴橙色预警信号
		盐城市人民政府	通报自然灾害救助,应急响应级别升至Ⅰ级
		江苏省减灾委、民政厅	启动省Ⅰ级救灾应急响应,成立厅工作组连夜赶赴灾区,灾害应急救助资金和家属抚慰金全部发放到位;紧急部署社会捐赠工作
		国家减灾委、民政部	启动国家Ⅲ级救灾应急响应,国家减灾委秘书长、民政部副部长率领由民政部、工业和信息化部、财政部、住房和城乡建设部、国家卫生健康委员会(原卫生计生委)五部委组成的国务院工作组连夜赶赴灾区,指导和帮助地方开展抗灾救灾工作,帮助做好受灾群众临时安置工作

续表 3-10

时间	危机的演化	决策主体	响应措施
2016年6月23日15时19分	强对流天气持续但有所减弱	国家卫生和计划生育委员会	安排北京市、上海市、浙江省、山东省等地的国家级医疗专家和卫生应急队伍做好准备，并派出6名国家级医疗专家赶赴江苏省指导和协助开展伤员救治工作
		江苏省人民政府	紧急下拨省级自然灾害生活救助资金、中央财政及省财政救灾资金，调拨中央和省级救灾物资运抵灾区
		江苏省社会捐助服务中心、江苏省慈善总会、江苏省红十字会	公布救灾捐赠渠道，接收捐赠款物合计5.09亿元
		江苏省消防救援总队	调集省内各地救援力量赶赴现场救援
2016年6月25日	强对流天气基本结束	中国红十字会	启动应急响应，提供援助款物
		盐城市人民政府	开展灾后重建工作，重建工作采取新建集中安置房、原址重建、进城入镇购房或购置空关农房等方式，对受灾人员进行安置
2016年6月26日	基本结束	盐城市人民政府	盐城市人民政府再次召开新闻发布会通报盐城阜宁、射阳"6·23"龙卷风特大自然灾害受灾情况

三、案例分析

(一)社会动员

此次盐城市特大龙卷风灾害中，地方政府落实了灾害管理主体的责任，社会组织、企业、志愿者等社会力量也纷纷参与救灾，较好地实现了"社会自上而下地动员"的救灾路径。

灾害发生后，来自各省的志愿救援人员和队伍纷纷赶赴灾区，周边村庄中没有受伤的村民也自发组织搜救，为当地村民补充物资。

救灾企业主要为电信企业、食品企业、医药企业和金融企业，这些企业在捐赠物资以及救援抢修中发挥了很重要的作用。在596项捐助物资中，大约有494项属于企业捐助的物资。在3294项百元以上的捐款中，有445项为企业捐赠。

社会组织南京爱德基金会等纷纷开展紧急救援，公开募集善款，将各项物资陆续送抵灾区，并开展针对性需求评估，为后期公共服务的提供制定方案(祁娴等，2017)。同时，在阜宁县团委的支持下，"6·23"社会组织联络服务中心在阜宁县人民医院南院区成立，作为政府部门、公益慈善机构和青年志愿者之间的桥梁，统筹调度省内外团系统、青年志愿公益组织募集的救援物资并管理捐款,使得社会组织参与救援从混乱无序状态转向有序,一定程度上减轻了救援工作的压力(武浩杰,2021)。

(二)媒体报道

在龙卷风发生后,盐城市广播电视台在第一时间报道了灾情及抢险救灾的最新进展。23日下午3时左右,盐城市广播电视台安排记者深入灾情最严重的陈良镇丹平村等地进行实地信息采集,采访了灾害性天气的亲历者,快速整理制作新闻素材并于当晚在主要新闻栏目《盐城新闻》中播放关于《我市阜宁射阳等部分地区发生龙卷风冰雹严重灾害》的最新报道。在新闻播出之前,以滚动地标的方式在3个频道向全市人民发布灾情,让民众能够通过电视频道及时地了解灾情和政府在灾后救援方面的行动。

次日早晨,盐城市广播电视台作出灾害性事件应急报道部署,专门成立报道小组,并派记者深入灾区,了解灾后救援和重建的初步规划,捕捉并记录多个感人至深的救援瞬间。在中午和晚上,盐城市广播电视台播出了《习近平对江苏盐城龙卷风冰雹特别重大灾害作出重要指示》《李克强就抢险救灾和灾害防范工作作出批示》《阜宁各界众志成城灾后自救有序开展》等19条电视新闻,让灾区人民深切感受到党中央、省委省政府领导以及社会各界的关心,为他们战胜灾害增添了信心。

值得一提的是,盐城市广播电视台不仅在龙卷风发生后的短时间内进行了报道,而且在此之后长时间密切关注着灾区重建工作。2016年7月—12月底,盐城市广播电视台陆续制作播出《妥善安置受灾群众加快建设美好家园》《安置点里年味浓 受灾群众喜迎新年》等报道。在"6·23"阜宁龙卷风灾一周年之际,还推出了纪录片《盐城抗击"6·23"特大龙卷风纪实》《灾后涅槃浴火重生》《"6·23"这一年》等后续报道,深切表达了盐城本地电视人对受灾民众的安抚和关切(张健,2018)。

面对"6·23"盐城市特大龙卷风灾害,盐城地方电视人提前部署,积极并及时完成了这次突发性灾害应急报道工作。他们不仅第一时间赶赴现场,客观地记录事实,而且从民生角度给予了灾区民众关怀,为稳定受灾群众的情绪创造了良好的新闻舆论环境。

(三)网络舆情

调查数据显示,盐城市特大龙卷风灾害的影响力指数高达80.9%,属于高影响力事件,在网络媒体平台上有着较强的传播效果,得到了人民群众的广泛关注。在灾害发生后的24小时内,网络舆情信息总量为236 214条,占全部信息量(539 626条)的44%,整体情况符合自然灾害事件的"黄金24小时"原则(金占勇等,2018)。

调查人员在对大众网民的原创微博进行统计分析后发现,网民们面对此次突发性龙卷风事件总体上以祈福祝愿等积极情绪为主,呈现正面情感的微博信息超过了80%。尽管如此,仍然有着10%左右的微博信息表达了消极情绪,其中质疑政府主管部门的微博信息占据了30%。究其原因,即在龙卷风灾害发生的前一天,朋友圈广泛流传着一则消息:盐城将出现特大暴雨。但是当地媒体却立即辟谣,报道称"网传消息不实"。并且截至6月24日中午

11时50分,盐城市气象局官方网站首页首条气象要闻依然停留在6月20日"中国气象局人事司来我局调研指导人才工作"的内容。针对这些质疑,盐城市气象局官方微博迅速作出回应,并表示"将一如既往地做好天气预报预警工作,接受公众的鞭策,为民生福祉安康尽到自己的责任"(王宇和徐建刚,2017)。

为避免灾后信息传播引起消极的社会舆情,政府部门应当坚持监测舆情,及时地为舆论走向提供指引。总体来看,盐城市人民政府在此次龙卷风发生后,基本做到了较为迅速地公开救灾信息,积极回应出现的谣言和质疑,对网络舆情发挥了积极的引导作用,一定程度上稳定了民心。

(四)灾后重建

灾害一经发生,就引起了中央和各级党委、政府的高度重视,江苏省委书记多次到灾区视察,要求灾后重建工作"不仅为受灾群众建好幸福家园,更要打造美丽乡村的示范点"。省厅科学制定重建安置政策,房屋倒塌和严重损坏的住户可获得省级财政户均补助3.5万元;将原宅基地复垦的可获得2万元补偿,以及县级2万元专项优惠贷款,并能以900元/m^2价格购买集中安置点安置房一套;对特殊困难户,给予集中安置点70m^2安置房,进行托底安置。

在进村入户深入走访,充分尊重群众意见的基础上,盐城市对阜宁、射阳两县倒塌损毁、严重损坏的受灾户,采取新建集中安置房、原址重建、进城入镇购房或购置空关农房等方式进行安置。根据群众意愿,规划建设20个集中安置点、5164套农房,其中4个较大规模的集中安置点以美丽乡村标准建设,16个一般规模的集中安置点以康居村庄标准建设。在江苏省审计厅来盐城市的安置点做问卷调查时,群众满意率达到100%,真正得到了受灾群众的充分认可。

此外,省厅还积极支持公共服务设施建设,江苏省民政厅会同财政厅拨付两县养老服务体系建设资金2648万元、社区服务能力建设专项补助资金630万元,支持受灾地区加强相关设施建设。

四、借鉴与启示

(一)龙卷风防范的反思

突发的自然灾害,是对政府应对和治理能力的一场突如其来的大考。从社会学的角度看,如果政府缺乏危机应对能力,可能产生灾难性后果,如美国在2005年"卡特里娜"飓风灾害中因应对不力,产生了社会的"次生灾害"。相比之下,在盐城市这次大考中,相关部门的应对还是可圈可点的。当然,我国的龙卷风防范中仍然存在着许多漏洞。作为我国发生次数较少的自然灾害,龙卷风往往不被人们所熟知,人们的防灾意识薄弱,自救能力较弱。同时,龙卷风灾害在防灾减灾方面受到的重视也不够,我国还没有形成完善的龙卷风灾害预警制度。尽管,阜宁县有一套事前发送短信预警的系统,但是由于大多数灾民都居住在农村,很多留守在家的老人和小孩的手机使用率和短信关注度不高,因此很多人没有收到预警信息。再加上,目前我国城市和农村部分住宅的抗震等级不高,抵抗变形能力差,更是难以抵抗高强度龙卷风。

美国作为世界上龙卷风发生次数最多的国家,对防范龙卷风有着丰富的经验。几十年来,美国各个地区约有100多个预报台负责地方的龙卷风预报,龙卷风的观测空间和时间分辨率极高,一旦监测出龙卷风,即刻发布预警信息。在警报方面,一类是气象台的预报室启动用户警报器,另一类则是预报室直接发布预报和警报。美国中西部的居民家庭还拥有地窖或地下室,这些设施除了具有储物功能外,另一个重要功能就是躲避龙卷风。

因此,为了更好地防范龙卷风灾害,龙卷风频发省份的相关部门应在每年的4月—7月(龙卷风高发时间段)密切关注天气变化,及时通知群众做好防灾准备,重点提高龙卷风预警技术,成立专门的预警机制,学习借鉴其他国家的预警技术和经验。此外,在不同阶段的学校教育中设置防灾普及内容,促进形成全民龙卷风防灾意识,通过广播电视、报刊书籍等平台广泛开展全民龙卷风防灾教育,重点教授灾害预防、自救互救等实用型技巧知识,致力于提高群众的灾害应变能力。同时,建立分布均匀、便利快捷的龙卷风避难场所,提高避难场所的辨识度,定期进行演练,并通过政府主导、民间筹资、个人垫资等形式建立个人防灾应急储备制度,提高防灾效率(骆丽和吴云清,2017)。

(二)自然灾害公共危机管理的建议

1. 健全防范体系建设

我国南北部自然环境差异较大,面对突发的自然灾害,中央政府要总体把控,各级地方政府应根据本地区的实际地貌特征、气候等因素,制定地区性的灾害预防方案,并付诸行动,开展危机预防教育,帮助公众增强预防自然灾害的危机意识,向公众教授有效预防灾害的方法。建立完善的危机预警部门,大力培养专业的危机预警人员,做到将可控制的危机抑制在萌芽阶段,为不可控制的危机提前寻找解决措施,最大限度减少危机带来的损害。

2. 健全体制机制建设

我国需要建立突发自然灾害公共危机管理整合协同体系,建立全国统一的应急资源平台,加强各地区部门的统筹规划、联动整合,使所有资源的利用率达到最大化,避免资源浪费。完善灾情信息公开制度,建立健全灾后恢复与重建制度,以及分级响应和属地管理相结合的体制,提升信息通报的准确性,实现跨部门、跨层级、跨地区重大突发自然灾害的危机管理。同时,整合社会和企业资源,积极支持多元主体对自然灾害的救助活动,壮大灾区救援队伍,提高救援效率。

3. 健全法治建设

我国应细化关于应对突发自然灾害危机的法律法规,根据具体灾害的情况制定适用于不同灾害的法律,根据不断发生的自然灾害及时修改、添加或者废除某些不适用的法规。同时,明晰各地方政府和机构部门的权利义务,力争提升立法的精细度、可操作性,实现在灾害来临时能够有法可依。另外,完善事后评估问责机制,通过访谈、问卷调查等方法,总结危机的整体经过和应对举措,对表现优异的部门和人员进行嘉奖,对在灾害中不作为、乱作为的现象进行追责,维护法治的规范性和严肃性(贾少罡,2019)。

第八节 "灰犀牛"冲撞"死亡之城":1995年芝加哥热浪

> **提要**:随着全球气候变化和城市热岛效应增强,近年来城市高温热浪灾害在世界各地频繁发生,给城市居民健康和社会经济带来了极大的负面影响。1995年芝加哥热浪是一次有预兆的,但受灾面积广、遇难人数多的极具代表性自然灾害事件。结合芝加哥市政府企业化改革推进的背景,此次公共危机放大了客观因素以外的主观人为因素影响。笔者通过构建灾害脆弱性分析框架,基于整体敏感性探寻独自死亡现象产生的内在机理,从个体和公共组织的角度分析灾害适应能力,并运用科层制理论,重点探究服务型机构如市人民政府在面对追求运行效率和适应突发环境矛盾时的组织结构问题。

一、案例背景

(一)地区素描

芝加哥地处北美大陆的中心地带,位于美国密歇根湖的南部,是美国第三大城市。1871年的"芝加哥大火"促使该城市加快灾害的重建和恢复步伐,在短时间内实现了经济增长。20世纪以后,大量人口涌入芝加哥,充足的劳动力、丰富的自然资源促使其工商业迅速繁荣,城市化进程不断加快。

芝加哥地势平坦,气候四季分明,在夏季高峰期还会出现从舒适气候向闷热气候的急剧转变。这种气候可变性源于其独特地理位置(位于寒冷的密歇根湖岸边),湖风可能在一日内冷却城市,但次日又导致闷热回潮。强烈的湖风可以在海滨和内陆约32km(20英里)的社区之间产生5.6℃的温差。这座城市也易出现极端夏季湿度,露点有时会飙升到20世纪70年代预报员所描述的"痛苦指数"内。在1999年的热浪期间,芝加哥于6月30日以83℉(约28.3℃)的露点创造了历史湿度记录。

(二)政府困境及改革历程

20世纪70年代末80年代初,行政学界出现了新公共管理模式(new public management),为解决政府问题提供了新的范式,世界上许多国家据此开展了政府改革实践。90年代,美国克林顿政府在奥斯本提出"再造政府"理论的指导下,进行了名为"再造政府"(reinventing government)的政府改革,主张效仿商业公司内部管理模式运作政府公共服务。这种做法在州和地方政府中使用过,对提高工作效率有明显的作用。

政府面临的困境可归结为财政危机、管理危机和信任危机,这些危机被认为是政府职能扩张和规模膨胀的结果(周志忍,1995)。而管理危机和信任危机都源于财政危机。前任总统里根在位期间,美国经济表现为高赤字、高债务、高利息、美元比价低的"三高一低"局面。直到克林顿上任之初,1991年联邦债务达35 000亿美元。1992年美国财政差额达到2904亿美元,失业率为7.4%(盐田长英,2001)。这些数字还只是概数,"赤字脱离控制已经10年了。国债现在已经超过了4万亿美元——每人16 000美元。但是赤字仅是冰山一角,在表面之下,公众相信还有看不见的巨大浪费"(Gore,1989)。

1993年3月3日,克林顿指派副总统戈尔领导改革政府的工作,要求建立一个以公众为顾客,并能提供更好的服务,机构内部官僚作风更少的政府。据此,戈尔领导实施长达8年被称为"国家绩效评估"运动(national performance review,NPR)的政府改革。改革第一阶段结束在芝加哥热浪灾难到来之前的半年。

(三)城市发展状况

1995年夏日热浪到来之前,芝加哥市政府正因实施了一项示范性改革而受到当地民众的支持和国际的支持。这场有效率的市场化改革运动吸引了大量的政客、商人和游客,使芝加哥逐渐呈现出经济复兴的态势。为准备1996年民主党全国代表大会,市政府开始实施大量的城市美化工程,包括在主大街上种植树木、清理人行道和街心公园等,以此来美化环境。除此之外,戴利市长(Richard M. Daley)已经着手芝加哥两大政府改革项目:公共学校体系改革和警察局人权检查。戴利市长通过持续的市政债券改革与服务业私有化举措,从城市公共服务市场化运作中获取了数百万美元财政盈余,推动芝加哥形成就业增长与经济活跃的发展局面。

二、案例演化

(一)案例演化过程

芝加哥高温热浪的演化与响应见表3-11。

(二)危机应对的关键环节

1. 预测预警

当地的气象学家检测到热浪的袭来,制作了彩色编码地图,公开发布结果并警告市民"这次是危险的"。气象学家Skilling判断,从很多方面看此次热浪是一次典型的极端高温事件。当气温达到104℉(约40℃),露点在80℉(约26.7℃)以下时,芝加哥却没有出现雷暴,这被认为是非同寻常的。由于雷暴在自然界中通过强对流调节局地气温,而芝加哥近地面空气异常温暖,受高空暖脊影响,大气垂直方向存在温度上限,这意味着该市高空存在稳定的暖空气层。密歇根湖上的微风完全被西南风的梯度所阻挡。官方极端气候预测与应对计划——芝加哥气候行动计划估计该市可能会经历90°F（约32.2℃）的高温天气时数从每年5天增加到35~56天。

表3-11 芝加哥高温热浪的演化与响应

时间	危机的演化	决策主体	响应措施
1995年7月12日（周三）	《芝加哥太阳报》报道，一股热浪正在向这座城市袭来。气象预报员预测，当天下午温度将会上升到95°F（约35℃）	国家气象局办公室	发布了几条高温警告，但据报道没有发布更严重的行动呼吁声明
1995年7月13日（周四）	温度达到106°F（约41.1℃），炎热指数攀升至126°F（约52.2℃）。10万名市民蜂拥至市区的沙滩上乘凉。在没有安装空调的社区，年轻人打开消防栓浇湿全身以保持凉爽	芝加哥市警察局	公开宣布对擅自打开消防栓的市民进行逮捕和罚款
		芝加哥市消防局	消防局尚未作出相关举措。局长Raymond Orozco表示没有人通知他们需要更多的人员和物资
1995年7月14日（周五）	作为城市基础电力输送单位的联邦爱迪生公司西北总部所属的3家变电站无法供电，造成4.9万户住宅停电。3900名患者找不到可用的救护车	芝加哥市消防局	派出消防车应对急救呼叫
		芝加哥市政府	市长戴利在市政厅新闻发布会上表示，无须将此次高温吹嘘成灾难
1995年7月15日（周六）	截至此日，被送进库克县法医局下属太平间的尸体数量超过了222个床位容量。不再接收遗体的急诊室数量跃升至16间	芝加哥市政府	接到全市警察小队的凌晨电话反馈，市长办公室主任Roger Kiley、副主任Sarah Pang等前往市政厅开展紧急会议。戴利市长仍在避暑别墅度假。
		库克县法医局	召集沃舍姆殡葬科学学院的学生参与遗体处理工作，将冷藏车改作临时遗体存放点
		芝加哥市公共卫生局	宣布全市范围内卫生部门进入高温紧急情况，启用56辆救护车和600名护理人员
1995年7月16日（周日）	14名病理学家在法医局任何可能有空间的地方进行尸检，包括走廊	芝加哥市政府	宣布全市进入紧急状态，制订极端高温应对计划，要求开放冷却中心并发布了公众建议

续表 3-11

时间	危机的演化	决策主体	响应措施
1995年7月17日（周一）	记者 Shaw 发表评论："我不确定市政厅是否有能力对此采取任何行动。这并不是一项清理街道小巷的工作，而是需要人们去关注身边最脆弱的群体"	芝加哥市政府	上午戴利市长会见他的内阁，制订了政府进一步行动计划
		伊利诺伊州州政府	应戴利的要求，州长 Jim Edgar 宣布库克县为灾区，触发联邦救济基金机制
		芝加哥市公共服务部	在新闻发布会上，芝加哥公共服务部专员阿尔瓦雷斯（Daniel Alvarez Sr.）将热浪受害者称为"因为忽视自己而死亡的人"，他立即成为媒体和公众嘲笑的对象。阿尔瓦雷斯很快道歉，称自己的评论被误解
1995年7月18日（周二）	超过40名无人认领的高温受害者在霍姆伍德的一个万人坑中等待埋葬	芝加哥市政厅和法医办公室	市政厅和法医办公室就遗体数量陷入争论

2. 应急响应

当高温接近芝加哥时，气象学家正在人行道上煎鸡蛋，新闻记者讲述着家电店空调售罄的故事，市长、卫生专员、消防专员都在度假，没有人发出警报。市长戴利最初将其视为夏季的常规炎热气候，并指责媒体大肆宣传这一事件，"天气很热，但我们不要把它吹得不成比例"。直到当预测单日热指数超过110℉（约43.3℃）或连续日超过105℉（约40.5℃）时，该市才启动极端高温应急预案。除其他事项外，该预案要求开设6个冷却中心和启用50辆冷却巴士，以及对无家可归者、老年人和残疾居民进行例行健康检查。市政厅随后发布的所有报告封面上未见任何"热浪"字样，却印有一片雪花图案。有人指出："你知道，这是一份旨在隐藏其中所有内容的报告。"

在一周内，芝加哥共有739人死亡。受害者大多是老年人和穷人，他们屈服于难以忍受的高温和潮湿。热浪杀死的人数是超级风暴"桑迪"（117名受害者）和飓风"哈维"（107名受害者）总和的3倍。

3. 恢复与重建

1995年7月的热浪是芝加哥历史上的一个分水岭。灾难结束后，美国国家气象局（National Weather Service，NWS）和该市合作制定了一套基于影响的芝加哥特定高温观测与预警标准，其中包括监测热指数并预测其变化趋势和持续时间。此外，在悲剧发生后的几年里，技术发展推动了预测模型的巨大改进，极大地缩短了预测的反应时间。NWS 探测潜在热浪的能力稳步提高，现在可以提前2周进行预测。随着预警通信和应急协调功能的不断提升，NWS 始终致力于在极端天气（包括热浪）面前保护生命和财产安全。

三、案例分析

"灰犀牛"概念与"黑天鹅"概念相对,比喻大概率发生且影响巨大的潜在危机。灰犀牛体型笨重、反应迟缓,但当其狂奔而来时,人们往往猝不及防,被扑倒在地。危机的到来一般不是毫无征兆的,无论是风险评估阶段,还是公共危机预测预警阶段,人们均可以通过经验、科学技术发现带着危险信号的"蛛丝马迹"。根据突发事件是否可预测、是否能被有效应对的基本特征,将其划分为紧急事件和危机事件。纵观芝加哥20世纪多次出现高温天气的事实,1995年的热浪灾害是具有一定常规性的,需要使用常规的社区资源和程序立即进行响应,是训练有素的应急人员可以依靠常规手段迅速加以解决的紧急事件。为何此次高温热浪能成为冲撞这座"地狱之城"的巨大"灰犀牛",无情地夺去700多条生命?

作为危机源头的风险积累到一定程度才会转化为公共危机。根据"风险=致灾因子×脆弱性"公式,热浪真正转变为灾害需要致灾因子如高温、湖风,脆弱性如城市公共卫生配套服务、政府应对紧急事件的能力等共同作用。人们难以对作为客观因素的致灾因子本身进行改变。而脆弱性作为主观因素,是指人或事物相对于致灾因子的易损性。脆弱性很大程度上反映了环境对人的影响。国内外许多学者开展了有关城市高温热浪灾害脆弱性研究,逐步建立和完善了脆弱性评价框架。本案例将基于各学者研究成果,综合建立芝加哥热浪脆弱性分析框架,不仅从自然致灾因子,更从社会经济因素进一步梳理灾害形成的内外部机制。

(一)高温热浪的脆弱性分析

高温热浪是一个气象学名词,其判定标准依据高温天气对人体健康产生危害的临界值而定,受到地理、经济、社会环境等诸多要素影响,故而目前国际上还没有一个统一的高温热浪定义标准(王昕宇和曾坚,2017)。世界气象组织将日最高气温>32℃、持续3天以上的高温天气定义为高温热浪。而中国气象局则规定日高温≥35℃、连续3天以上的高温天气称为高温热浪。

适应性理论与脆弱性理论是城市高温脆弱性评估的理论基础,体现了城市自然生态系统、社会经济系统及建成环境系统等对高温热浪灾害的响应能力和抗冲击能力。适应性反映了个体在面对灾害时的应变能力,强调通过主动干预的规划手段适应并缓解极端高温,强化城市的灾后恢复力(黄晓军等,2021)。脆弱性理论源于灾害学领域,指受限于本体高敏感性和扰动弱对抗力,暴露于风险、扰动或压力下的系统遭受灾害时的易损程度与状态。脆弱性研究侧重于探讨社会系统内部所固有或潜在的脆弱属性的重要作用,包括导致社会系统变化的政治、经济、制度等因素,以及提高社会系统自愈能力的人文机制和对策(黄建毅和苏飞,2017)。

笔者参考国内学者关于高温热浪评价指标体系的研究,将高温热浪定义为暴露、敏感性和适应性的综合函数(谢盼等,2015;杨林川等,2023),建立脆弱性综合分析框架(图3-8),据此探究芝加哥热浪灾害形成的多重因素。

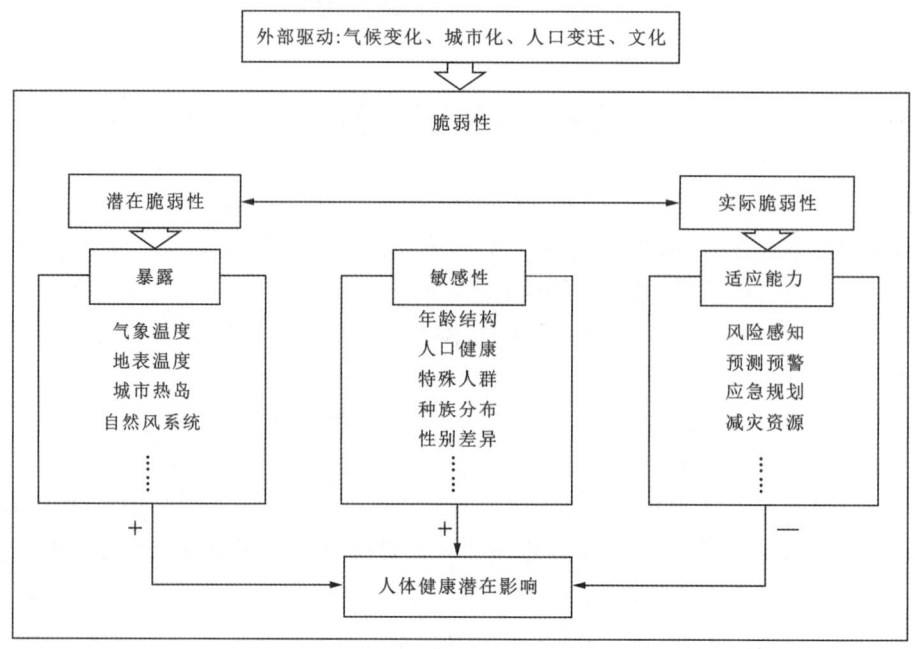

图 3-8 芝加哥高温热浪灾害脆弱性分析框架

暴露,一般指人群或资产接触潜在灾害风险的客观状态,包括气候因素和非气候环境因素。美国国家海洋和大气管理局提出,"造成 1995 年 7 月热浪的主要原因在于一个异常的高压气旋和一个异常潮湿的地面环境恰巧同时出现,由此产生了一个移动缓慢的湿热空气团"(Klinenberg,2003)。此外,人群所处的地理位置决定了其面临高温热浪灾害威胁的可能性。一方面,芝加哥位于密歇根湖畔南部,强烈的湖风不仅形成极强的水汽高湿状态,更促使气团运动,加剧温差变化。另一方面,芝加哥快速的城市化发展使得路面硬化程度不断提高,这些城建因素促成了难以想象的城市热岛负效应。暴露与人体健康潜在影响呈正相关关系。

敏感性,指系统在高温暴露下容易增加健康风险等不利影响的内在属性,包括人口结构、生理特征等内部特征。热浪褪去,法医局的太平间仍有几十具无人认领的遗体。这些遗体的个人资料都堆积在市政府的一处办公室内,他们没有亲戚和朋友,好似这个社会的"局外人"。克兰纳伯格希望通过田野调查,回答为什么有如此多的芝加哥人在热浪中孤独地死去。通过与那些孤独的、贫穷的以及没有什么社会关系的人的长达 16 个月近距离接触,克兰纳伯格判断独自死亡是一种由社会因素塑造的孤独现象。独居人数的增加,特别是残疾、行动障碍和社交障碍的老年独居人数增加是芝加哥在人口变迁方面的显著特征,加之城市内公共空间和政府住房体系的退化或消失,揭示了日渐贫困和衰老的人群的脆弱性。在性别方面,尤其是没有子女且单身的男性老人和那些烟酒或毒品上瘾的男性老人,随着年龄的增长,更容易丧失社会网络和社会支持中的关键部分。在种族方面,克兰纳伯格关注到非裔社区死亡率是各种族中最高的,而拉丁裔人社区死亡率却是最低的。而来自北朗代尔社区的个案研究印证了社会生态环境对于集体生活和邻里间社会支持的影响,并最终作用于社区应对热浪风险的适应能力。

适应能力,指系统或人改变自身的状态、行为以便更好地适应已存在的或者预期压力的能力。当高温热浪正逐渐逼近,适应能力能反映人们是否能够识别、判断风险并调动资源来应对灾害。从居民个人来看,收入等经济因素影响着其在多大程度上能获得相关物质资源,如制冷设备;受教育程度的高低也会影响居民对城市高温灾害的态度、认知能力和关心程度。从社会系统来看,公共权力的被赋予者政府官僚是否能运用先进的预测技术和充足的减灾物资,及时发布预警信息并指引群众应对灾害,动态制定和实施应急预案,在很大程度上影响着整个社会系统的生命健康和财产保障。显然,芝加哥市政府在此次公共危机管理中,对于灾害的轻视意识、科层制下各部门协调联动的障碍被新闻媒体一览无余地披露。

(二)追求效率和适应环境的矛盾

科层制组织遵循等级制度原则,在专业分工的基础上,把事务切分成连续性的环节,根据专业需要选人用人,能够以网状形式更精密地运作。这种组织结构的优势是充分利用分工所产生的效率。也就是说,各个部门由于关注的对象事务单一化,管理人员的技能也可以相应地专业化、效率化。芝加哥市把高温救助的责任放在消防部门即是这样一种组织安排(周雪光,2006)。在这样的组织结构中,各部门间的联系是较为松散的,尤其在典型的直线职能制组织框架下,部门之间缺乏必要的沟通与交流,加之非人格化的行动规则,人们会丧失独立思考和准确判断的能力。随着组织范围逐步扩大,上级部门的触角已经不能完全触及底层部门,他们也逐渐探索出下放权力的组织运行规则,各个部门之间或部门与环境之间保持一种若即若离的关系。伴随着全国范围内的"再造政府"改革运动,芝加哥大力推行企业化管理模式。市政府将公共机构权限下放,给各个社区及其公共管理机构更大的治理灵活性。

分工精细、松散连接的组织结构和规章制度化让各个部门能更好地处理、适应本地的工作,业务流程熟悉,各司其职,运作良好。但当一个组织越适应此时此地的环境条件时,就越难以适应外部突发事件的冲击。公共危机管理中十分重要的一项原则就是协调性原则,它贯穿于危机减缓、准备、响应和恢复全过程。危机管理者需最大限度地确保所有层级政府以及社会各要素协同一致。而在芝加哥热浪中,消防部门对于公共卫生部门的急救体系可以说是知之甚少。他们首先无法理解死者的大量集聚,其次无法有效配合救助"处在死亡边缘奄奄一息的老人"。芝加哥市政府的种种失误,不仅源于高层领导人在前瞻和判断方面产生偏差,进而影响危机决策的及时性,更反映了科层制组织架构的刚性与突发事件应对所需的动态性之间的根本矛盾。

四、借鉴与启示

用"死亡之城"来指代芝加哥,包含两层用意:一方面,1995年高温热浪夺去城市中的739个生命,造成了极高的热浪灾害死亡率;另一方面,芝加哥因显著的区域分割、系统性的种族隔离和突出的不平等而成为美国极端城市的典型。致灾因子是导致灾害的必要条件而非充分条件，脆弱性决定了致灾因子对社会的影响。利用脆弱性评价分析框架，我们能从自然、经济、人口等多重视角，去重新审视这个城市中的个体、群体和组织的各种行为。自然力、社会力可以对一个固定的地域空间进行三维立体化式塑造。无论是潜在的危险，还是实际的应对能力，都共同造就了这场既是"天灾"更是"人祸"的公共危机事件。

公共权力极力营造的繁荣发展景象、对于抵御高温侵害能力的错误判断、不同组织部门间协调应对紧急救助的无知和慌乱，都成为这场灾难的致灾因子。政府部门还需要从组织设计层面破解科层制组织追求效率与适应环境之间的矛盾。如果提高应对紧急状态的能力是组织设计的目标，那就需要有针对性地设计新的组织结构，包括将原来的常态机制暂停，启动紧急运行机制，以及建立预警系统、多重决策系统等。

1. 启用紧急运行机制

紧急运行机制的建立能够减少潜在的灾害和损失，对在自然灾害等紧急情况下的及时响应和协调至关重要。建议政府部门设立专门的紧急运行机构，由各相关部门和紧急服务机构组成，其任务包括监测、决策和响应。这一机构应负责实时监测气象数据，以确保能够迅速获取与气温和湿度有关的信息，以供迅速作出决策。这样的协调机制将有助于加强不同部门之间的合作，更有效地应对灾害。

2. 建立预警系统

预警系统能够提前识别潜在的自然灾害，如洪水、飓风、地震、热浪等，发出及时警报，以便政府和居民有足够的时间采取必要的措施，如疏散、避难和储备资源。建议发展和完善早期预警系统，包括使用科学模型和气象数据来提前识别潜在的热浪事件，并及时发布警报。此外，社交媒体和手机应用程序也可用于向居民发送即时预警和建议，提醒他们采取必要的措施。这将有助于提高公众的风险意识，从而减少潜在的伤亡和损失。

3. 建立多重决策系统

多重决策系统可以协调多个政府部门、应急机构、志愿者组织和其他相关方，确保各方在自然灾害应对中协同合作，避免重复工作和资源浪费。此外，还可以通过协调各个部门和组织，确保及时共享信息，更好地了解灾情、资源调配情况和应急处置进展。因此，建议建立多方合作的决策程序，以确保政府、医疗机构、应急服务部门、社区组织等各方能够就热浪应对措施达成一致。除此之外，政府应公开透明地分享信息，夯实决策的科学基础，以获得更广泛的支持和合作。

参考文献

澳大利亚大火连烧4个月，太可惜[N].环球时报，2020-01-08(015).

白夜，王博，2019.热带雨林大火扑救对我国森林防火工作的启示[J].中国应急管理(10):63-64.

白夜，武达，石宽，等，2020.澳洲山火肆虐引发的思考[J].中国应急管理(1):62-63.

白夜,武英达,贾宜松,等,2020.2019—2020年澳大利亚气候异常与山火爆发的关系分析及应对策略[J].中国应急救援(2):23-27.

陈建安,刘建波,吕红频,2014.全面加强应急预案管理着力健全公共安全体系——《突发事件应急预案管理办法》解读[J].中国减灾(21):16-19.

陈旭,盛丹萍,2017.从九寨沟地震应对看四川抢险救灾的进步[J].四川行政学院学报(5):58-62.

陈燕伊,2017.灾后重建与就业促进——"8.8"九寨沟地震灾后重建研究[J].决策咨询,42(6):80-84.

谌舟颖,孔锋,2022.河南郑州"7·20"特大暴雨洪涝灾害应急管理碎片化及综合治理研究[J].水利水电技术(中英文),53(8):1-14.

皇娟,2010.我国公共危机管理中官员问责体系存在的问题分析[J].行政论坛,17(6):30-33.

黄建毅,苏飞,2017.城市灾害社会脆弱性研究热点问题评述与展望[J].地理科学(8):1211-1217.

黄晓军,祁明月,赵凯旭,等,2021.高温影响下西安市人口脆弱性评估及其空间分异[J].地理研究,40(6):1684-1700.

贾少罡,2019.我国突发自然灾害公共危机管理研究[D].南京:东南大学.

江亚洲,郁建兴,2020.重大公共卫生危机治理中的政策工具组合运用——基于中央层面新冠肺炎疫情防控政策的文本分析[J].公共管理学报,17(4):1-9+163.

金占勇,田亚鹏,张洋,2018.突发灾害事件网络舆情特征分析——以"6·23"盐城龙卷风事件为例[J].吉首大学学报(社会科学版),39(S2):72-78.

李飞,2007.中华人民共和国突发事件应对法释义及实用指南[M].北京:中国民主法制出版社.

李沐寒,2017.基于可持续发展的盐城龙卷风灾后重建研究[C]//中国城市规划学会,东莞市人民政府.持续发展 理性规划——2017中国城市规划年会论文集(01城市安全与防灾规划).北京:中国建筑工业出版社:179-185.

李全利,周超,2020.4R危机管理理论视域下基层政府的危机应急短板及防控能力提升——以新冠肺炎疫情应对为例[J].理论月刊(9):73-80.

李雪峰,2020.中国特色公共安全保障体系——以2019年台风"利奇马"应对为例[J].中国应急管理科学(12):76-85.

林向洋,郑通彦,文鑫涛,2018.2017年中国大陆地震灾害损失述评[J].防灾科技学院学报,20(3):52-58.

刘松,2017.江西:动员社会力量积极有序参与九寨沟地震抗震救灾工作[J].中国减灾(17):62.

刘霞,2012.公共危机治理:理论建构与战略重点[J].中国行政管理(3):116-120.

刘泽照,祖嘉纬,2020.重大公共危机的社会动员与治理效能——中国新冠疫情与澳洲山林大火比较[J].中国应急救援(5):4-9.

刘照研,2019.亚马孙雨林和澳大利亚森林大火对我国森林防火工作的启示[J].消防界(电子版),5(23):67-68.

卢文刚,周爽,2017.基于承灾体脆弱性分析视角的台风应急响应策略研究——以广东省应对台风"妮妲"为例[J].广州大学学报(社会科学版),16(2):21-30.

骆丽,吴云清,2017.从盐城阜宁龙卷风事件看龙卷风的防治[J].池州学院学报,31(6):81-85.

门钰璐,2018.非政府组织参与自然灾害救助研究——以8·8九寨沟地震救灾为例[D].郑州:郑州大学.

娜琳,2009.中蒙联手防治沙尘暴探析[J].现代国际关系(8):13-17.

南燕云,张立军,杜晓霞,2020.四川九寨沟7.0级地震应急响应及启示[J].中国应急救援(6):62-66.

彭勃,刘旭,2021.迈向安全韧性城市:重大突发公共事件的治理挑战与应对[J].宁夏党校学报,23(3):16-26+2.

戚建刚,乌兰,2018.应急管理部的行政法建构——基于整体性治理理念的分析[J].北京行政学院学报(5):81-92.

祁娴,于涛,龙菲菲,2017.多元主体响应下的农村社区防灾体系构建研究——以盐城龙卷风灾害为例[C]//中国城市规划学会,东莞市人民政府.持续发展 理性规划——2017中国城市规划年会论文集(12城乡治理与政策研究).北京:中国建筑工业出版社:492-501.

邵亦文,徐江,2015.城市韧性:基于国际文献综述的概念解析[J].国际城市规划,30(2):48-54.

苏文龙,2021.九寨沟灾后重建与脱贫攻坚联动机制研究[J].北京印刷学院学报,29(3):34-37+47.

唐晓春,刘会平,潘安定,等,2003.广东沿海地区近50年登陆台风灾害特征分析[J].地理科学(2):182-187.

陶鹏,2015.中国应急管理纵向府际关系:转型、挑战及因应[J].南京社会科学(9):90-95+103.

汪静,雷晓康,2021.韧性能力何以实现:社区风险治理的结构调适与功能复合[J].西北大学学报(哲学社会科学版),51(6):106-116.

王昕宇,曾坚,2017.城市高温热浪灾害防灾规划策略研究——基于欧美国家的规划经验[J].现代城市研究(8):84-92.

王燕,朱素娟,2020.丽水市提升基层地震应急能力建设回顾和展望[J].中国应急救援(6):67-70.

王宇,徐建刚,2017.情感分析视角下灾害网络舆情与规划对策研究[C]//中国城市规划学会,东莞市人民政府.持续发展 理性规划——2017中国城市规划年会论文集(01城市安全与防灾规划).北京:中国建筑工业出版社:46-62.

吴立志,段耀勇,2006.英国和澳大利亚的消防经验及其对我国的启示[J].科技管理研究,26(11):197-199.

武浩杰,2021.我国政社协作的应急中介组织研究——基于多案例比较[D].南京:南京师范大学.

谢盼,王仰麟,彭建,等,2015.基于居民健康的城市高温热浪灾害脆弱性评价——研究进展与框架[J].地理科学进展,34(2):165-174.

新华社,2022.河南郑州"7·20"特大暴雨灾害调查报告公布[J].中国应急管理(2):4.

荀悦,1990.申鉴[M].上海:上海古籍出版社.

盐田长英,2001.现代美国经济论[M].齐彤,译.北京:中国经济出版社.

颜德如,2020.构建韧性的社区应急治理体制[J].行政论坛,27(3):89-96.

杨林川,杨皓森,范强雪,等,2023.大城市高温热浪脆弱性评价及规划应对研究——以成都市为例[J].规划师,39(2):38-45.

杨伟伟,刘恒泽,周子旭,2020.多元主体参与我国自然灾害应急管理的困境及对策研究——以山东省抵御台风"利奇马"为例[J].广州社会主义学院学报,70(3):82-88.

姚景山,2021.城市自然灾害应急管理案例研究——以深圳应对台风"山竹"为例[J].环渤海经济瞭望(1):144-145.

俞可平,2000.治理与善治[M].北京:社会科学文献出版社.

张婕,2018.对地方电视媒体应对突发性灾害报道的思考——以盐城广播电视台"6·23"阜宁龙卷风救灾报道为例[J].视听(3):39-40.

张胜玉,葛文静,薛安邦,2018.我国社会力量参与应急救援问题研究——以"8·8"九寨沟地震救援为例[J].金陵科技学院学报(社会科学版),32(3):46-49.

张志强,2020.澳洲山火对我国森林消防体系建设的启示[J].中国应急救援(2):13-17.

赵飞,廖永丰,2021.突发自然灾害事件网络舆情传播特征及影响因素研究[J].地球信息科学学报,23(6):992-1001.

周雪光,2006.芝加哥"热浪"的社会学启迪——《热浪:芝加哥灾难的社会解剖》读后感[J].社会学研究(4):214-224.

周志忍,1995.当代西方行政改革与管理模式转换[J].北京大学学报(哲学社会科学版)(4):81-87.

朱正威,刘莹莹,2020.韧性治理:风险与应急管理的新路径[J].行政论坛,27(5):81-87.

朱正威,吴佳,2019.中国应急管理的理念重塑与制度变革——基于总体国家安全观与应急管理机构改革的探讨[J].中国行政管理(6):130-134.

GORE A,1989. From red tape to results: Creating a government that works better and costs less—reports of the national performance review[M]. New York: Random House.

KLINENBERG E,2003. Heat wave: A social autopsy of disaster in Chicago[M]. Chicago: The University of Chicago Press.

WILDAVSKY A B,1988. Searching for safety[J]. Journal of Risk & Insurance,57(3):564.

第四章 事故灾难类危机的典型案例

第一节 "大厦将倾"前的重重危机：2022年湖南长沙"4·29"居民自建房倒塌事故

> **提要**：2022年4月29日，湖南长沙发生"4·29"特别重大居民自建房倒塌事故，直接导致54人死亡，舆情高度关注，社会影响恶劣，自建房安全问题被推上风口浪尖。笔者梳理了自建房倒塌事件萌芽期的倒塌征兆、爆发期的人员行为、处置期的救援状况以及恢复期的善后措施等的时间线，并基于4R危机管理理论视角，构建城市自建房倒塌事故分析模型，从减缓、预备、反应及恢复4个方面对案例事件进行分析，针对不同主体，从房主安全意识的缺乏、地方政府监管行为的缺失以及市场秩序的混乱等方面进行思考和总结，从应急预案的准备、自建房法规的健全和地方政府管理的加强3个方面提出对策及建议，为进一步预防、处理事故灾难，提高防灾减灾水平提供借鉴。

一、案例背景

（一）尚存空白的自建房法规

21世纪以来，国家对自建房的监管始终没有放松，多次出台相关法律法规，如《中华人民共和国土地管理法》（2019年修正）、《中华人民共和国城乡规划法》（2019年修正）、《中华人民共和国乡村振兴促进法》、《中华人民共和国土地管理法实施条例》（2021年修订），同时发布了《乡村住宅建造技能方针（试行）》等规范性文件，但对自建房的非法违规问题整改仍缺乏系统性的根治方案。2020年福建泉州"3·7"、山西襄汾"8·29"两起重大房屋坍塌事故后，习近平总书记作出重要批示，要求压实安全责任，举一反三抓紧排查此类用房的安全隐患，针对发现的漏洞及时整治，从源头防范群死群伤事故的发生。

（二）自建房倒塌事故数量呈高发态势

近年来，房倒楼塌的惨痛事故时有发生，强烈冲击着人民群众的安全感。比较有社会影响力的事故有2020年福建省泉州市欣佳酒店"3·7"坍塌事故、2020年临汾市襄汾县聚仙饭店"8·29"重大坍塌事故以及苏州市吴江区"7·12"四季开源酒店辅房坍塌事故（魏思佳，2022）。

（三）隐患重重的涉事房屋及周边环境

涉事房屋位于长沙市望城区金山桥街道金坪社区盘树湾组安置区一期，紧邻长沙医学院北门。房屋共8层（局部9层），建筑面积1 401.3 m^2，1～6层用作出租经营，事发时有餐饮店、奶茶店、私人影院、旅馆4家经营单位正在营业，7～8层用于房主及其家人自住。房主为吴姓父子。

2012年7月，在未履行任何审批手续的情况下，房主请建筑公司退休工人手绘设计图、雇佣无资质的流动施工队施工，原址拆除3层并重建5层（局部6层），用于自住和出租经营，所用混凝土和砌筑砂浆抗压强度远低于国家标准，建筑质量差、结构不合理、承载能力低。

2018年7月，再次违法违规加层扩建至8层（局部9层），作为自住房。加建的3层采用现浇钢筋混凝土框架结构，房屋总荷载比之前增加46%，加剧了"头重脚轻"的状态。

随着时间的推移，自建房混凝土柱等构件受压破坏并持续发展，且承租户对房屋有着不同程度的结构改动。2019年7月、2022年3月房屋相继出现网状裂缝、支顶槽钢变形等重大隐患，但房主均未采取有效处理措施，直至事故发生。

二、案例演化

2022年湖南长沙"4·29"居民自建房倒塌事故的演化与响应见表4-1。

表4-1 2022年湖南长沙"4·29"居民自建房倒塌事故的演化与响应

时间	危机演化阶段	危机的演化	决策主体	响应措施
2022年4月28日20时	危机萌芽期	东侧一混凝土柱及附近墙面瓷砖脱落，抹灰开裂，钢筋暴露并弯曲。在事发前2小时左右，房屋第2层的1根支顶槽钢严重变形，房屋出现倒塌征兆	—	—
2022年4月29日12时	危机爆发期	第1层与第2层东南角的外墙开始变形		倒塌整个过程历时仅4秒，共埋压63人，54人死亡（大学生44人），9人受伤，经济损失9 077.86万元

续表 4-1

时间	危机演化阶段	危机的演化	决策主体	响应措施
2022年4月29日	危机处置期	国家综合性消防救援队伍、国家安全生产专业应急救援队伍、中央企业和地方专业队伍、社会救援力量等开展抢险救援工作	应急管理部，住房和城乡建设部，湖南省委、省政府	公安、武警、城管、民兵等力量，加强对事故现场及周边秩序维护等工作。中国救援队和湖南大学、中南大学等单位派专家现场指导救援
2022年4月29日后	危机恢复期	事故调查认定	国务院、住房和城乡建设部	国务院成立调查组，住房和城乡建设部要求各地认真吸取湖南长沙居民自建房倒塌事故教训，对房屋市政工程安全生产工作再督促、再落实，切实防范和遏制安全生产重特大事故发生

(一)危机萌芽期

2022年4月28日20时，自建房二层餐饮店员工发现东侧一混凝土柱及附近墙面瓷砖脱落，抹灰开裂，钢筋暴露并弯曲。在事发前2小时左右，房屋第2层的1根支顶槽钢严重变形，房屋出现倒塌征兆。

(二)危机爆发期

2022年4月29日12时19分，第1层与第2层东南角的外墙开始变形，有人大喊"赶快走，楼房要塌了"，但房主吴某还说"没事"，拒不听从劝告，仍未立即通知住户撤离，错失了屋内人员逃生、避免重大人员伤亡的最后时机。约5分钟后，自建房突然倒塌，一声轰鸣中，尘土飞扬，楼房顿时变成了一座废墟。整个过程历时仅4秒，共埋压63人，54人死亡（大学生44人），9人受伤，经济损失9 077.86万元。

(三)危机处置期

事故发生后，应急管理部，住房和城乡建设部，湖南省委、省政府立即启动应急响应，迅速组织国家综合性消防救援队伍、国家安全生产专业应急救援队伍、中央企业和地方专业队伍、社会救援力量等开展抢险救援工作；国家卫生健康委员会、湖南省卫生健康委员会及时调派医护人员开展医疗救治、心理疏导等工作。教育部、公安部积极协助地方党委政府做好长沙医学院等学校师生稳定工作。湖南省、长沙市、望城区相关部门紧急协调公安、武警、城管、民兵等力量,加强对事故现场及周边秩序维护等工作。中国救援队和湖南大学、中南大学等单位派专家现场指导救援。

这次事故的救援难度很大,现场指挥部坚持人民至上、生命至上,运用先进生命探测设备和各类掘进支撑装备,争分夺秒打通救援"生命通道",不惜代价搜救遇险人员。经过158小时艰苦紧张救援,有生命迹象的10人全部获救,遇难人员全部找到。

(四)危机恢复期

国务院成立调查组,对湖南长沙"4·29"特别重大居民自建房倒塌事故进行调查。住房和城乡建设部在湖南长沙设主会场召开视频会议,要求各地认真吸取湖南长沙居民自建房倒塌事故教训,对房屋市政工程安全生产工作再督促、再落实,切实防范和遏制安全生产重特大事故发生。

三、案例分析

(一)理论分析

1. 4R危机管理理论

4R危机管理理论由罗伯特·希斯提出,分为缩减(reduction)、预备(readiness)、反应(response)和恢复(recovery)4个阶段。缩减是危机管理的核心,指的是通过灾前的干预降低危机发生的可能性或限制危机的影响;准备是危机管理的关键,指的是做好处理危机情况的规划,为危机反应和恢复创造条件;反应是指当危机发生时快速决策,协调组织和资源,遏制危机扩散,应对和化解危机;恢复是指在危机事态基本得到有效控制后,通过各种方式进一步减小事件的后续影响,总结经验并反思不足,把恢复重建作为增强社会防灾能力的契机。这4个阶段相互依存,相互衔接,共同构成了一个完整的危机管理体系(周扬明和赵连荣,2009)。

2. 理论框架:基于4R危机管理理论的城市自建房事故治理模型

4R危机管理理论将系统管理和分阶段的具体措施相结合,涵盖事前控制、事中控制和事后控制全过程,是一个动态的系统循环过程,符合危机发展的客观规律。笔者根据4R危机管理理论搭建了城市自建房事故治理的分析模型(图4-1)。

(二)减缓阶段

危机减缓主要指减少影响人类生命财产的自然的或人为风险。减缓不仅可以降低危机的发生概率,也可以减小危机的影响和损失。无数事故证明,事前的减缓措施比事后的应急救援手段及恢复行动更能减小危机的影响与损失。长沙自建房倒塌事故造成如此重大的人员伤亡和经济损失,与减缓阶段的准备不足有很大关系,根据对不同主体的分析,具体体现为以下几个方面。

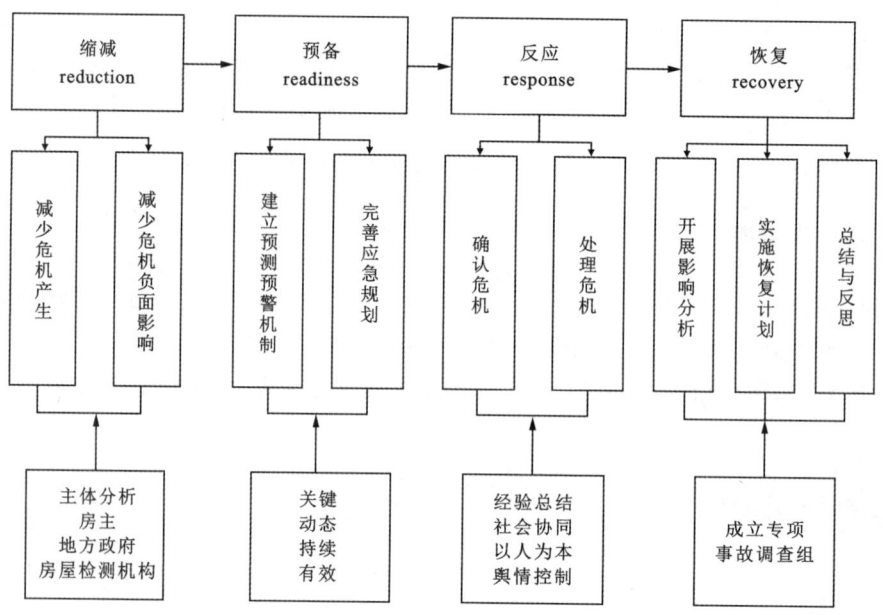

图 4-1 基于 4R 危机管理理论的城市自建房事故治理的分析模型

1. 房主自行加盖楼层,缺乏安全意识

《长沙市望城区个人建房管理办法(试行)》第十一条规定,自建房原则上不超过 2 层。但该房主于 2012 年 7 月在原址重建了 5 层,2018 年又私自加层扩建至 8 层,属于限额以上工程。且房主在未履行任何审批手续、未取得任何许可的情况下,请建筑公司退休工人手绘设计图,自行采购建筑材料,由无资质的流动施工队人员组织施工。

2012 年以来,房主及 26 家租户在经营使用期间,对自建房 1～6 层进行了多次装修装饰,在没有获得审批、没有聘请专业施工单位的情况下自行加盖了 6～8 层房屋,没有意识到自行加盖会增加房屋倒塌风险。事发前,房主在已经发现房屋倒塌征兆的情况下,拒不听从劝告,没有通知自建房内人员疏散避险,错过了避免重大人员伤亡的最后时机。

2. 地方政府落实监管措施不到位

2020 年 7 月,全国部署开展为期 1 年的"两违清查"(违法建设和违法违规审批专项清查)。同年 9 月,湖南省进行了部署,但长沙市到 2021 年 1 月才印发方案;6 月 23 日,湖南省住房和城乡建设厅召开紧急电视电话会议,要求"6 月 25 日报阶段性数据,7 月 5 日报全部数据",望城区于 2021 年 6 月 25 日才印发通知,此时已接近 6 月 30 日全国清查活动结束的时间,根本来不及开展排查工作。为了应付上级检查,望城区随意虚报排查数据,实际根本没有展开排查工作。涉事房屋 2018 年加层扩建时,房主曾想找关系办理手续,周边已扩建户"传授经验":"来执法时你说说好话,走之后继续干就行。"事实也的确如此,金山桥城管中队第一时间就发现违法加建,先后 6 次现场检查,下达责令停止施工执法文书,通知约谈,但未采取任何制止措施,也没有约谈,最终不了了之。

3. 房屋检测机构管理混乱,贪图利益

2022年4月12日,包括涉事房屋在内的31户家庭旅馆为恢复营业,以一户700元的价格(涉事房屋正常费用约为1.2万元),委托湖南湘大工程检测有限公司开展房屋安全鉴定。该公司派2人到现场,一人在楼下收钱,另一人仅带相机上楼拍照,8小时就完成了所谓的31户"现场检测",并通过复制粘贴、编造数据、冒名签字,形成"合格"报告。就是这种批发式低价揽活、赤裸裸造假的公司,一路"绿灯"取得合法检测资质。该公司在政府组织的两次质量评审中通过让相关工作人员和专家收取好处,获得了《检验检测机构资质认定证书》。国务院调查组事后认定,湖南湘大工程检测有限公司成立以来出具的79份检测鉴定报告全部造假。

(三)预备阶段

在公共管理中,未雨绸缪、事先准备无疑是至关重要的。预备的过程主要包括危机发生前的准备和危机萌芽期的应急。通常来说,公共危机的准备包括2个方面的活动:应急规划和应急保障体系建设。在本次事故中,政府在预备阶段存在不足之处,主要表现如下。

1. 当地政府没有做好应急规划

应急规划是一个持续性的动态过程,主要指对应急预案的制定、演练和修改活动,既是应急准备活动的重要组成部分,也是应急准备活动的基础。笔者通过查阅长沙市应急管理局官网,发现与自建房整治相关的信息均发布于"4·29"事故后,说明在事故发生前,有关部门没有意识到自建房存在重大安全隐患,加之在减缓阶段的各种不作为、走过场的形式主义检查,自然不可能针对自建房事故进行专门应急规划,制定响应应急预案。可以说,此次事故的发生完全在地方政府意料之外。

2. 当地政府的危机预测预警机制不完善

从公共危机演进的过程看,预测预警是事发前最重要的一个环节,这一环节的主要任务是在危机发生前对各种致灾因子及其表象进行实时、持续、动态的监视和测量,收集相关数据和信息,并通过风险分析与风险评估来研判公共危机发生的可能性。

值得注意的是,此次事故中的遇难者,有些是事发时碰巧经过涉事房屋的路人,结果一并被埋压。如果政府在准备阶段及时识别风险,并通过完善的预测预警机制将可能发生危险的信息及时传递给特定的受众,即周边往来的顾客和大学生,相信能够减少人员伤亡的数量。

(四)反应阶段

在公共危机管理中,尽管人们采取有效的减缓措施、做好充足的准备,但并不能完全避免危机。当危机即将发生或已经发生时,决策者要采取必要的响应措施。危机反应是指决策者在时间、资源、资金、能力有限的情况下,根据危机的性质、特点和危害程度,对危机进行有效响应,以降低社会公众生命、健康与财产遭受损失的程度。在本次事故的处置中,各级政府部门实施的有效社会动员、坚持的以人为本救灾原则、开展的有效应急沟通和舆论引导,是反应阶段中可圈可点的做法。

1. 社会动员,协调联动

危机往往因涉及范围广、社会影响大,而超出某个政府部门甚至某级地方政府的控制能力,因此应对过程中需要开展社会动员、实现协调联动。事故发生后,中央层面的应急管理部和住建部与地方层面的湖南省政府协调联动,迅速组建国家综合性消防救援队伍,发挥专业力量在救灾中的突击队作用;一些地方企业、社会救援力量也加入抢险救援工作中,作为有力补充,缓解短时间的人员紧张问题。同时,政府在救援过程中坚持全面响应、系统救灾的理念,调派医护人员同步奔赴救援现场,把握救援的黄金时间;出动公安、武警、城管、民兵等力量,加强对事故现场及周边秩序的维护工作,防止出现衍生灾害;动员湖南大学、中南大学等单位的专家前往现场指导救援,充分发挥应急专家的"外脑"作用。

整个救援过程中形成了以政府为主导,企业和第三部门共同参与的公共危机网络化治理结构,各个主体间的协调配合,有利于发挥整体效能,提高救灾的效率。

2. 坚持以人为本的救灾原则

公共危机会产生多种威胁,造成多种损失,因此,应急处置可能会面临多重价值目标的选择。在响应过程中,要把挽救生命和保障人们的基本生存条件放在首要位置。同时,也要高度关注救援人员的人身安全,有效保护应急响应者,避免次生灾害。

这次事故救援环境错综复杂,救援难度很大。房屋倒塌后层层叠压,倒塌房屋毗邻的东西两侧楼房受到严重破坏,随时可能向救援区域倒塌,危及被困人员和救援人员的生命安全;现场仅可在南侧一个作业面开展救援工作,且此处有多人被埋压,不能使用大型机械和工具。面对极其复杂危险的救援环境,现场指挥部坚持人民至上、生命至上,运用先进生命探测设备和各类掘进支撑装备,采用边掘进、边加固、边搜索的方式救援,而不是简单移开倒塌的建筑。整个过程救援队不惜代价搜救遇险人员。经过158小时的艰苦紧张救援,至5月6日3时03分,现场搜救工作结束,有生命迹象的10人全部获救。

3. 有效的应急沟通和舆情引导

应急沟通不仅要向社会公众及时、准确地传播有关风险及危机的信息,塑造自身的良好形象,而且要从社会公众中获得信息反馈,为决策者所用(周枫,2017)。事故发生后,湖南消防网第一时间在公众号发布相关信息,长沙市人民政府及时召开新闻发布会,通报最新情况,表示将继续全力以赴搜救被困人员,不放过任何一丝生的希望;权威媒体同时持续关注现场事故救援进展情况,新华社播发《新华全媒+|为了生的希望——长沙居民自建房倒塌事故72小时救援直击》,人民日报客户端、央视新闻客户端、光明网等媒体全方位解读当前

救援难点、救援风险等,让公众知晓救援进展。及时有效的信息发布与沟通让政府前期的不足没有在网络中引起较大的舆论发酵,网民的注意力集中在救援进展上。

政府在公开信息的同时,也要关注、引导舆情信息,通过"疏"而非"堵"的方式引导网民的态度和行为。在本次事故中,官方媒体通过发布典型报道,挖掘事实背后的感人故事,感动受众,从而起到引导网络舆论的作用。如《中国应急管理报》记者深入跟踪报道,发文《与时间赛跑的生命接力——湖南长沙居民自建房倒塌事故救援现场见闻》《一切为了人民,一切为了生命——湖南长沙居民自建房倒塌事故现场救援直击》《"辛苦这么久,都是值得的"——湖南长沙居民自建房倒塌事故救援人员讲述背后故事》,记录救援倒塌事故现场的点点滴滴,全程再现救援队为了人民、为了生命争分夺秒的营救过程,在网络上得到大量网民的关注和点赞。

(五)恢复阶段

公共危机的恢复阶段对应着危机的平息期。在恢复阶段,应急管理部门不仅要尽快恢复灾损设施,复原社会生产与生活,还要着眼长远,整体提升全社会抵御风险的水平。事故发生后,国务院成立湖南长沙"4·29"特别重大居民自建房倒塌事故调查组,统筹、指导灾后的恢复工作。

1. 开展影响分析

国务院在成立专项调查组的同时,也成立了专家组,邀请规划、设计、工程管理、法律、公共安全等领域的权威专家参与事故调查。中央纪委国家监委成立事故追责问责审查调查组,对有关地方党委政府、相关部门和公职人员涉嫌违法违纪及失职渎职问题开展调查,通过现场勘查、取样检测、荷载验算、模拟分析、调阅资料、询问谈话、座谈交流、调查取证等,查明了事故经过、发生原因、人员伤亡情况和有关单位情况,查明了有关地方党委政府、相关部门在监管方面存在的问题和相关人员的责任,并于2023年5月27日向社会公布《湖南长沙"4·29"特别重大居民自建房倒塌事故调查报告》。

2. 实施恢复计划

在恢复重建中,相关部门要重点关注直接受灾群体,包括身体恢复需求和心理恢复需求。长沙居民自建房倒塌事故应急救援和善后处置指挥部在国务院专项调查组的指导下,展开了一系列恢复重建工作,包括调集最优医疗资源,畅通生命绿色通道,确保每位伤员第一时间得到科学救治,最大限度避免因伤致残致死;妥善做好被困人员、失联学生家属的心理疏导和善后安抚等工作。

同时,要加强对未来风险的防范,避免同类事件再次发生。湖南省开展自建房专项整治工程,全面排查安全隐患。长沙市委办公厅、市人民政府办公厅联合印发《长沙市经营性自建房安全管理十条措施》,全面加强经营性自建房的审批、建设、验收、经营等全流程、全领域管理,完善相关领域的规定,建立完善长效机制,加大对自建房的整治力度,形成工作闭环。

在恢复重建的过程中,不能仅消除某一次危机的消极影响,还应总结经验、吸取教训,增强社会防灾减灾能力。在《湖南长沙"4·29"特别重大居民自建房倒塌事故调查报告》中,事故调查组总结了5个方面的主要教训:学习领会习近平总书记关于防范化解重大风险的重要论述不认真、不深刻,风险意识薄弱;落实责任不紧不实,不担当、不作为;发展理念存在偏差,政绩观错位;立法滞后,执法不严,行业安全监管存在宽、松、软的问题;对基层能力建设重视不够,基层安全治理面临困境。同时,提出5项改进措施及建议:切实增强各级领导干部风险意识和安全发展能力,突出防控经营性自建房安全风险,标本兼治加强城乡自建房安全管理,压紧压实各级领导干部防范化解重大风险责任,大力提高基层安全治理能力。这些宝贵的经验教训可为地方完善自建房整治工作、提高公共危机管理能力提供借鉴。

四、借鉴与启示

近年来,已发生多起自建房倒塌事故。在这次事故发生前,中央曾三令五申自建房安全整治工作的重要性。前车之鉴加上级部门施压,本不会出现类似的重大事故,但因"短视"造成的悲剧还是发生了。公共危机管理最重要的启示是需要具备远见。远见不仅指对风险的预判能力,更指一种如履薄冰、小心谨慎的心态。拥有远见,才不会对满城的违章自建房视而不见。忽视问题不仅不会让隐患消失,反而会使其悄然滋长,最后演变为无法承受的"生命之重"。基于该案例存在的问题,拟提出以下对策及建议。

(一)提高应对突发事件的能力

根据罗伯特·希斯的危机治理理论,实行应急风险4R工作程序,实质上也是一个过程管理,尤其需要注重危机风险评估、资源调配、危机波及范围研判和应变举措选择等各阶段的时效性和灵活性。首先,在缩减阶段,地方政府要提高风险意识,建立风险评估、风险管理的常规程序,建议对高危行业、领域进行实地调研,做好定期走访排查;其次,在预备阶段,要完善应急规划和应急保障体系,在平时就要有针对性地进行应急预案的演练,做到未雨绸缪;再次,在反应阶段要遵循协同联动、统一领导、以人为本、科学专业等原则,调动各方资源,迅速有效地采取措施;最后,在恢复阶段要迅速恢复生产和居民生活,并学会总结经验,化危为机,提高公共危机管理能力。

(二)健全自建房法律规范及相关标准和管理办法

本次事故中的房主吴某违规加盖、违规施工,评估机构随意开具证明等现象的背后,折射出我国自建房法律规范及相关标准和管理办法还不健全,这些问题导致行政审批、规划设计、施工建设、建中监督及建后验收等环节"无法可依"。笔者建议通过适当方式和途径向全国人大常委会有关专门委员会提出修订《中华人民共和国建筑法》等法律的议案,向国务院有关部门提出修订《建设工程质量管理条例》《建设工程勘察设计管理条例》等行政法规的建议,新增对居民自建房全流程监管等内容,以解决上位法相关规定缺失问题。同时,各省组织开展《建设工程造价管理条例》《建设工程质量和安全生产管理条例》《农村住房建设管理办法》等的立法与修订,配套出台相关规范性文件,提高监督管理的标准和门槛。

(三)地方政府依法履责、尽职尽责

本次事故不是传统意义上的"天灾",而是一场彻底的"人祸"。地方政府要扎实开展自建房安全专项整治工作,杜绝同类事故"野蛮生长",严格自建房用于经营的审批流程和标准。自建房违法建设涉及多个环节、多个部门,把控任意一个环节就能切断事故链。但地方政府在这起事故中层层失守、监管失控,最终酿成惨剧。因此在加强自建房整治力度的同时,我们必须压实地方党委和政府的属地责任,建立与防范化解重大风险相适应的工作机制和考评体系,对不作为、不负责的干部,要依法依规进行严肃追责问责。

危机可以解释为危险与机遇并存。危险转化成机遇,靠的是人的深刻反思。事故发生后,不止长沙市,全国各地都在开展自建房整治工作,希望亡羊补牢,为时未晚。让这次的灾难成为解决自建房问题的一个契机,警醒世人。唯有如此,才能真正告慰逝去的生命。

第二节　空难谜团:2022年"3·21"东航坠机事件

> **提要:** 2022年3月21日,东方航空云南有限公司波音737-800型B-1791号机,执行MU5735昆明至广州航班,在广州管制区域巡航时,自航路巡航高度8900m快速下降,最终坠毁在广西壮族自治区梧州市藤县埌南镇莫埌村附近。飞机撞地后解体,机上123名旅客、9名机组成员全部遇难。中国民用航空局(简称民航局)及时启动应急机制,工作组赶赴现场。各方力量同时展开搜救、搜寻工作,现已成功找到黑匣子,仍在调查事故原因。笔者从舆论管理视角分析了东航坠机事件的应急处置,对事故发生后"如何通过舆论管理推动社会共识形成"提炼了可供借鉴的经验做法。

一、案例背景

(一)过往优秀的民航安全飞行记录

据统计,截止至2022年2月19日,中国民航持续安全飞行时间突破1亿小时,创造了中国民航历史最好的安全业绩,也创造了世界民航史上最好的持续安全飞行记录。此次空难发生前,最近一次是2010年8月的河南航空的伊春空难,当时坠毁的是ERJ支线客机。也就是说,过去12年、近140个月里,我国民航一直是安全无虞的。中国民航保持了4227天的飞行安全记录,该记录目前全球领先,现如今"清零"。

(二)事发前机件无虞的波音737-800系列飞机

事发飞机于2015年6月22日引进,截至事故发生时共飞行8986架次,总计18 239小时。此次发生事故的是波音737-800系列飞机,737-800型飞机属于"737新世代"之一,

飞行 6 年,并没有机件老旧的问题。波音 737 是中短程-双引擎窄体喷射客机,设计受到波音 707 的影响,机身横截面相同,机头轮廓也相同,于 1968 年 2 月首次升空。由于仅使用双引擎,因此波音 737 的飞行成本比其他三引擎、四引擎的飞机都要低,受到多家航空公司的青睐。波音公司对该机型持续改良,目前已研发出第 4 代机型。第一代波音 737 是 737-100/200,生产周期为 1967—1988 年,现在航空市场上已经很少见了。第二代波音 737 是被称为"波音经典型"的 737-300/400/500,采用更新式引擎,油耗表现更优,生产周期为 1988—2000 年,总产量接近 2000 架。第三代波音 737 是"波音新世代"(737NG)的 737-600/700/800/900,采用线传飞控系统,翼展与翼面积增加。这是目前最常见的波音 737 客机。第 4 代波音 737 是 737MAX,原想取代 737NG,结果 2018 年与 2019 年接连发生印尼狮航 610 空难与埃塞俄比亚 302 空难,737MAX 全球停飞。

(三)无异常的内外客观因素

经官方调查,当班飞行机组、客舱机组和维修放行人员资质符合要求;事故航空器适航证件有效,飞机最近一次 A 检(31A)及最近一次 C 检(3C)未超出维修方案规定的检查时限,当天航前和短停放行无故障报告,无故障保留;机上无申报为危险品的货物;此次飞行涉及的航路沿途导航和监视设施、设备未见异常,无危险天气预报;在偏离巡航高度前,机组与空管部门的无线电通信和管制指挥未见异常,最后一次正常陆空通话的时间为 14 时 16 分;机上 2 部记录器由于撞击严重受损,数据修复及分析工作仍在进行中。

二、案例演化

东航坠机事件的演化与响应见表 4-2。

表 4-2 东航坠机事件的演化与响应

时间	危机的演化	决策主体	响应措施
2022 年 3 月 21 日	事故发生	民航局	启动应急机制,派出工作组赶赴现场
2022 年 3 月 22 日	舆论发酵	国家应急处置指挥部	举行第一场新闻发布会,在会上介绍事件的基本情况以及搜救工作的落实
2022 年 3 月 23 日上午	天气恶劣	国家应急处置指挥部	搜寻工作暂缓
2022 年 3 月 23 日下午	搜寻工作取得突破性进展,发现了 1 部记录器	国家应急处置指挥部	举行第二场新闻发布会,公布找到 1 部记录器的消息
2022 年 3 月 23 日晚上	找到的 1 个黑匣子初步判定为驾驶舱话音记录器	国家应急处置指挥部	举行第三场新闻发布会,公布此消息及其他发现

续表 4-2

时间	危机的演化	决策主体	响应措施
2022 年 3 月 24 日	基本确定了事故的主要撞击点	国家应急处置指挥部	举行第四场新闻发布会,公布此消息及其他发现
2022 年 3 月 26 日下午	关于受害者的舆论发酵	国家应急处置指挥部	举行第六场新闻发布会,指明尚未发现幸存者和第二个黑匣子
2022 年 3 月 26 日晚上	关于受害者的舆论进一步发酵	国家应急处置指挥部	举行第七场新闻发布会,公布机上 123 名乘客和 9 名机组人员已全部遇难的消息
2022 年 3 月 27 日	人们对遇难的消息心痛不已	国家应急处置指挥部	组织集体哀悼活动
截至目前	人们非常关心事故发生原因,且关于事故原因的谣言层出不穷	国家应急处置指挥部	持续开展黑匣子的数据下载与分析工作,并继续开展舆论管理工作

三、案例分析

重大突发事故的突发性和危害性是对国家和政府的处置工作的一个考验。其社会危害巨大,不但会影响当地经济发展,造成舆论恐慌,甚至会对整个国家的发展大局和国家形象产生影响。波音 737-800 客机的坠毁让很多公众对飞机的安全性产生了质疑,而客流量的减少也使得航空公司运营收入下降,持续亏损,对民航的发展带来极大的打击。另外,对于飞机坠毁的原因,网上也是流言纷纷。因此,如何第一时间开展救援、调查事故原因、安抚家属情绪、引导网络舆论、恢复行业的平稳发展成为对政府和媒体的重大考验(李亚兰,2022)。

(一)构建同心圆——舆论引导

在东航坠机事故突发之后,官方平台始终保持第一时间发布现场救援信息、善后处置、事故调查、家属抚慰等工作进展,做到了及时回应和关切,并将相关的数据和实况,通过相关媒体进行报道。无论是在国内还是在国际上,都做了积极的舆论引导。

无论是广西壮族自治区应急管理厅的信息发布,还是民航局的信息发布,都着眼于公众的知情权和公共安全的秩序建构。《人民日报》、新华社、央视网、《环球时报》等官方媒体新媒体端第一时间就转发了广西壮族自治区应急管理厅的相关信息,民航局则第一时间在官网上发布信息,明确"民航局已启动应急机制,并派工作组赶赴现场"。

"人民至上、生命至上"的人文关怀贯穿这次突发事故的新闻报道全过程,且报道内容和报道时间等都符合网络大环境的节奏和要求,力争引导舆论,达成社会共识,构建网上网下同心圆。

(二)架起沟通桥——主动对话

自事故突发之后,国家应急处置指挥部于 2022 年 3 月 22 日—26 日,5 天时间内举行了 7 场新闻发布会,并在发布会上公布各类信息,主动与群众对话,及时沟通,公开处理的全过程和全进展,不让群众盲目猜测。除了新闻发布会,有关部门还专门设置了心理援助专线,以此帮助人们解决心理上的困惑和苦恼,架起沟通的桥梁,进一步加强政府公信力。

(三)清扫伪信息——舆论控制

纵观此次事件舆论发酵路径,以祈祷祝愿为主基调,但谣言传播、消费灾难、个体叙事等特征也十分明显(张毅博等,2022),人民网舆情数据中心整理出近 24 小时的内容传播概况,梳理了事态发展进程。从中不难发现,仍有很多营销号进行灾难营销,利用人们的共情心理和悲伤情绪,不惜用"人血馒头"般的报道来博取眼球、赚取流量。针对诸如此类的问题,有关部门并没有束手旁观,而是对发布不实消息的账号进行 3 天至永久禁言的处理,以此净化网络空间,为受害者及其家属发声。

《人民日报》于 2022 年 3 月 22 日在新闻客户端发表了《辟谣!这些关于 MU5735 的说法都是假的》,辟谣了东航客机引发山火视频,此社交媒体中的山火视频是福建上杭县 20 日因祭祖引发的山火视频;辟谣了"MU5735 坠毁第一视角影像",此影像实际上是对埃塞俄比亚 ET302 空难模拟画面;辟谣了"东航上百亿元巨亏压缩飞机维修费用""某公司 7 名董事在失事飞机上""'神预言'3 月底有坠机事件"等谣言。新闻媒体坚持打击谣言和发布实况并重,从而凝聚社会共识,维护群体价值。

四、借鉴与启示

舆论管理是公共危机管理的关键环节之一。当今社会信息网络和社交媒体的迅速蓬勃发展,导致发生的重大突发事故不再是一件件孤立的公共危机事件,而是社会性的群体事件,会引起社会的群体性情绪波动,进而产生一系列附加影响。结合东航坠机事件的舆论管理实践,笔者获得几点启示,希望可以进一步提高我国公共危机治理与应急管理的科学化水平。

(一)积极引导舆论,形成社会共识

(1)要增强媒体公信力,消除阴谋论的迷惑性,在国内和国际上积极引导舆论,推动形成社会共识。在网络生态中,铺天盖地的各类消息是以指数形式爆炸增长的,当公众看到不实的消息时,因未具有自我判断的能力,可能误信非官方媒体为了赚取流量的眼泪营销,进而对政府的公信力产生影响。因此,要增强官方媒体的公信力,及时并积极地引导舆论,维护网络的良好生态。

(2)要主动建构,布局网络新闻报道的结构主题设置,引导公众对突发事件的思考方向。新闻报道也是一门技术和艺术,要合理设置新闻报道发布的时间和频次,在合适的时间发布

合适的内容。新闻媒体要时刻关注网络动态和公众呼声,主动建构沟通渠道,通过专业化的布局与设计,引导公众的思考方向,维护公众的群体价值。

(3)革新舆论引导技术,如区块链、大数据、算法等技术。这些技术可以在舆情监测、精准推送方面有更好的表现。合理运用大数据等高新科技,通过监测和分析主体数据,实施个性化推送,精准缓解公众的不确定感和忧虑情绪。革新舆论引导技术,积极使用大数据、区块链、算法等高新技术,不仅可以避免冗余的无效推送,而且大大增强了新闻报道的作用,达到事半功倍的效果。

(二)主动对话沟通,回应公众关切

(1)要及时、主动、平等对话,保障公众知情权。利用开新闻发布会、设立咨询专线、开通服务热线等方式,打通有关部门和公众之间的沟通交流渠道,建立起对话的桥梁,以此回应公众关注的问题,以及备受争议的要点等。同时,在对话与沟通的过程中,多主动回应,少被动回答,彰显对话的及时、主动与平等。大力保障公众的知情权,对应该让公众知晓的消息要做到第一时间发布,让消息透明化、公开化。

(2)要以人为本,做好善后处置工作。对于突发事故发生后的遇难灾民及其家属,要时刻坚持以人为本的原则,尽最大的努力,给予应有的赔偿,应赔尽赔。还要保障当事人的合法权利,要对当事人及当事人家属予以充分的尊重,对涉及的隐私问题,要注意尺度,在充分了解当事人意愿后再做决定,避免对当事人及当事人家属造成二次伤害。

(3)要提供情绪疏导帮扶,避免因噎废食。重大事故发生后,除当事人及其家属以外,不少其他群众也会陷入悲伤甚至怀疑的情绪之中,极小概率事件的发生会对群众建构已久的心理防线产生冲击,还可能降低群众对相关人员、相关部门的信任度等。情绪疏导和专业咨询是缓解一系列心理问题的有效途径。

(三)打击恶意谣言,治理灾难营销

(1)依法打击恶意谣言,立案调查灾难营销行为。重大事故的相关话题无疑会迅速成为热点问题,各类新闻媒介都会伺机而动,力求以独特视角报道事件,以此获取关注、赚取流量。有的媒体在官方未出通报的情况下抢新闻、抢时效;有的媒体吃"人血馒头"、蹭热度、蹭流量;有的媒体过度侵扰遇难者家属,造成二次伤害等。官方要对灾难营销行为予以严厉打击。这些消费苦难、贩卖悲情的营销是不道德的,是毫无人性的,且十分容易误导公众的思考方向。

(2)加强公众媒介素养教育,提高信息甄别能力和情绪控制能力,避免极端、情绪化言论的产生和扩散。事故发生后,公众会在各类社交平台上发表自己的言论,这时每个人都是一个小媒体,看起来无关痛痒,实则会影响他人的判断和思考。因此,要提高公众媒介素养,在提高公众信息鉴别能力的基础上,更要加强其情绪的控制能力,多输出"生命至上"的主旋律言论,减少极端、情绪化言论。

此外,随着全球化进程不断加快,重大突发事件已成为中外舆论生态博弈和意识形态斗争的重要场域。因此,网络是公共危机的第二战场,这个战场不容小觑。而舆论管理工作则是网络战场的重中之重,要进一步完善相关法律法规,加大对相关技术的支持力度,提高我国对网络舆论的管理意识和管理能力,进而打好这场"键盘仗"。

第三节　预警缺位:2021年沈阳市和平区燃气爆炸事件

提要: 2021年10月21日8时20分,辽宁省沈阳市和平区某商住楼突发燃气爆炸事故,造成5人死亡、47人受伤,以及建筑物损坏、周遭地区停水停电。事故发生后,省、市领导及公安、消防、应急管理、卫生健康、住建、燃气等部门迅速赶赴现场,立即展开应急救援工作。事故也很快从突发后的高潮期趋于控制、缓和与消弭。笔者从危机预测与预警、危机响应、舆情管理3个方面对本次事故中政府的公共危机管理进行分析。基于上述3个方面的分析,再结合事故原因与追责,反思沈阳市人民政府公共危机管理的不足,并据此提出建议与启示。

一、案例背景

(一)有疏漏的燃气隐患排查整治工作

事故发生时,沈阳市正处于老旧燃气及供水管网改造期间,且事故发生地所在及相邻路段的改造均已完成。另外,在7月31日发生一起液化天然气罐车罐体泄漏起火的事故后,沈阳市已于8月全面展开燃气隐患排查整治工作。尽管如此,上述措施并未阻止此次燃气爆炸事故的发生。

(二)管道维修过程中的楼内爆炸

事故发生前一日,即10月20日晚上10时到21日早上6时,该店进行燃气管道维修,之后于7时10分上报燃气公司,随后燃气公司派人前往现场进行通气。之后不久,便发生事故。

该事故初步确定为商住楼楼内爆炸,暂无明确的事故原因调查报告。商住楼是指底层或低层为商场、商店等商业用房,其余楼层为住宅的建筑。该事故发生的商住楼1~3层为商业专用楼层,也就是此次事故发生爆炸的地方;4~7层为居民住宅楼层,该楼层外表在此次事故中并未受到明显损坏。

(三)损失惨重的燃气爆炸事故

2021年10月21日8时20分,辽宁省沈阳市和平区,位于太原南街与南七马路交界处的太原南街222号(王二牛烤骨头店)发生燃气爆炸事故,事故现场出现浓烟,该栋建筑的商业专用楼层除去部分主体结构已经完全损坏。

该事故造成5人死亡,47人受伤,其中3人重伤;重伤的3人中已有2人转为轻症,另外1名重伤人员则病情平稳。除此之外至少还造成10个水泵房停运,8000余户停水,14 740户停电。而爆炸中心附近多栋建筑受损严重,其余数十栋邻近建筑也受到不同程度损伤。事故现场附近车辆受损,其中包括1辆公交车。事故发生后,消防救援队伍、公安机关、应急管理部门、卫生健康部门、燃气供应单位、住房和城乡建设部门、市党委和政府负责人、省党委和政府负责人等先后抵达事故现场开展应急处置工作。

二、案例演化

沈阳市和平区燃气爆炸事件的演化与响应见表4-3。

表4-3 沈阳市和平区燃气爆炸事件的演化与响应

时间	危机的演化	决策主体	响应措施
10月21日8时20分左右	危机刚刚发生,情况尚不明朗	消防部门(沈阳市消防救援支队指挥中心)	出动3个消防救援站共25辆消防车、110名消防指战员以及全勤指挥部、西部指挥部、和平大队
10月21日9时—10时	消防部门已经介入,初步救援工作展开,开始逐渐了解危机	沈阳市应急管理局、公安机关	沈阳市公安局和沈阳市应急管理局设置隔离区,对周边交通实施管制,维持现场秩序,初步应急救援体系开始形成
10月21日11时左右	对此次事故造成的人员伤亡、其他损失有清晰的认识,救援工作开始有序展开,救援力量增加	省委书记、省长、市委书记、市长	建立正式的应急救援体系,成立现场指挥部与事故调查组,并协调到场各部门开展工作
10月21日12时左右	事故现场成熟的救援体系已经形成,但事故现场周边情况尚不是特别明朗	国网沈阳供电公司	发布通告,向社会说明因爆炸而导致的停电地点,并迅速派遣相关人员维修电路
10月21日12时30分左右	事故现场周边情况也开始逐渐明朗,救援队开展相关工作	沈阳市城乡建设局	派人员前往现场指导救援工作,了解事故情况并查明事故原因

三、案例分析

(一)危机预测与预警

在本次爆炸事故发生前的 7 月 31 日,沈阳市和平区出现了液化天然气罐车泄漏起火事故。8 月 2 日,沈阳市多部门展开联合督导工作来排查城镇燃气隐患。但是由于该事故是运输过程中出现的问题,因此重点放在了对相关的汽车加油站、加气站的排查。而在沈阳市和平区爆炸事故发生后,相关负责人表示当时排查并未发现和看到相关的隐患,可见对该危机的预测与预警形式上是全面的,但实质上是欠缺的。形式上的全面体现于主体层面的多部门联动、行为层面的快速反应与排查、内容层面的统筹与重点分配得当,而实质上的欠缺指的是具体细节的缺失及其他方面的粗略排查。

(二)危机响应

在本次爆炸事故中,事发不到 3 小时,省委书记、省长、市委书记、市长等政府负责人到现场并建立正式的应急救援体系,指挥现场救援工作,其响应速度非常快,而在这之后人员伤亡等关键信息不断地更新也体现出其响应效果良好。这主要归功于 2020 年底印发的《沈阳市突发事件总体应急预案》和 2021 年 8 月因上文提到的 7 月 31 日液化天然气罐车泄漏起火事故而出台的《沈阳市城镇燃气系统突发事件应急预案》。这些文件明确提出作为指挥机构的市突发事件应急管理委员会主任应由市长,也就是市最高行政长官担任,这一举措大大加强对危机的指挥、调度力度;同时也提出要成立专项应急指挥部来指挥、领导危机相关工作的展开,而本次爆炸事故中市委的相应措施体现了上述几点。因此,相关文件的支持、指导以及要求行政长官担任指挥官保证了各项工作的有效展开,是危机响应及时有效的关键。

(三)舆情管理

当前互联网的快速发展催生了大量新媒体,而在新媒体与传统媒体的共同作用下网络舆论和舆情的冲击性越来越大,当某一类情绪占绝对主导的情况下,则会形成网络舆论危机(王国华等,2015)。此次爆炸与民众生活中的天然气使用息息相关,因此此次爆炸事故更容易引起人们的关注和讨论。对于突发事件来说,从爆发到形成网络舆论危机所花费的时间短,舆情渐退消弭时间长,并且在事故热度下降后相关的爆料则又会引起一波舆论的反弹,因此突发事件的舆论管理相当重要。而在此次事件中,以@辽宁消防为先锋、@沈阳发布与@平安沈阳为中坚,其他新闻媒体及相关机构的官方微博(如@国网沈阳供电公司)为辅助,形成了一套时间与空间并重的舆论引导体系,最大限度地提高了信息的时效性与影响力。

四、借鉴与启示

虽然此次事件中沈阳政府的响应和善后工作都开展得较好,但还是暴露出诸多不足。从这些不足出发,笔者提出以下建议。

(一)采取先进技术手段,提升危机预警能力

上文提到,8月展开的燃气隐患专项整治工作没有发现、辨别到相关隐患,一方面源于相关部门工作的疏忽,但另一方面则表明我国目前还没有足够的技术化、可视化手段来协助预测和预警。通过设置燃气浓度监测报警器(闫秋实等,2017)以及显示器和相应的联网系统,可以为使用与提供燃气的用户以及消防部门提供实时相关信息,最大限度规避相关风险。

(二)问责相关单位人员,促进调查落实推进

突发事件的事故原因调查报告和问责工作往往呈现出"事故规模越大,调查与问责进程越快"的特点,因此小微规模的相关工作有时反而因进度较缓被忽视。此次事发2个多月,依然未形成关于事故原因的详细调查报告,还是"辽宁消防"初步判定的"商住楼楼内爆炸",这样的结论几乎没有任何实质性作用。对于政府来说,除了针对危机本身展开各项工作外,也要对危机管理体系展开相关工作,包括评估危机管理体制、组织机构设置和运行机制的合理性、有效性,以及总结正面的经验和反面的教训(王俊莲和赵慧,2005),而随之跟进的是相关官员的问责和奖惩工作。

(三)正确处理舆论发酵,及时公布详实信息

虽然本次爆炸事故中相关部门能较快、多层次地发布信息,但还是存在相关信息披露不足的情况,具体体现在信息碎片化(需要把各处信息汇总)、事故原因不具体(关于事故发生原因没有下文)以及信息量少(官方微博发布相关微博信息数量较少)。虽然这与本次事故规模较小相关,但是若在面对更大规模事故时依然采用这样的信息发布方式、频率和内容,可能引发网民的负面情绪,而网络负面情感的汇聚会导致网络舆论危机的形成。因此,一方面需要掌握先进的通信技术,另一方面以《危机公关》中"以我为主、尽快提供、提供尽可能多的信息"的"3T原则"为指导,即回应社会的每一项关切,便是对公众知情权、表达权、监督权和参与权的保障(肖峰和郭傲寒,2015)。

本次沈阳市和平区燃气爆炸事件属于突发事件,事件造成的人员伤亡、财产损失、影响力都相当有限,可以把它划分为小微型突发事件。对于任何政府的危机与应急管理来说,最能体现其水平和能力的绝不是小微型突发事件,而是类似于天津港爆炸和上海外滩踩踏等大中型突发事件,然而在处理大中型突发事件时,政府的危机管理表现往往欠佳。因此,对于政府来说,应做到见微知著,从小型突发事件中反思整个公共危机管理体系中存在的不足并加以改进,为之后处置大中型突发事件打下良好基础。

第四节 超载、坍塌与舆情：2019年江苏无锡"10·10"高架桥梁坍塌事件

> **提要：** 2019年10月10日，江苏无锡312国道发生桥梁坍塌事故，造成重大社会影响。在"政府-媒体-公众"的三方沟通上，政府的缺位与错位演化出两波舆情高峰。笔者主要从2个维度分析此次事故：首先，基于风险减缓视角，综合政府调查报告与工程领域研究成果，指出现有交通管理与桥梁维护存在严重漏洞；其次，基于危机沟通视角，先运用责任归因理论，对事故次生舆情危机中公众情绪的复杂性和多样性进行归类，随后借助危机沟通三角模型剖析政府在舆情应对中的不足，强调政府需明确自身定位，为媒体与公众提供必要信息。

一、案例背景

（一）交通事故衍生的桥梁安全舆论危机

此次事故发生后，无锡高架桥坍塌舆情态势不断走高，远远超出了政府可控范围，最终形成了一场舆情危机。一方面，在事故发生后，网络上开始出现大量对事故原因的猜测，"外包""豆腐渣工程""腐败""偷工减料""设计不科学"等观点频现。另一方面，"无锡发布"在事故发生次日5时才对外通报，称事故为运输车辆超载所致，公众认为其距事发长达11小时之后才作出回应，有躲避热点之嫌。另外，在13日，"无锡发布"刊发了一则《在重大事故面前，我们该做的关爱与理性！》的短评，引发了更大范围的舆情危机。尽管短评发布1小时后，"无锡发布"主动删除此短评，但产生的舆情影响并未因此而消失，人民网等媒体对此短评进行了严厉批评。

根据"知微事见"网站统计，此次事件的影响力指数为81.7，高于95%的社会事件，全程共有95家重要媒体参与，峰值时舆论场占比为16%[①]。

（二）严重超载导致的悲剧

2019年10月10日18时06分，位于无锡市锡山区境内312国道K135处发生一起桥面侧翻较大事故，造成3人死亡、2人受伤，直接经济损失823.1万元，社会影响重大。事故发生后，江苏省、无锡市两级政府迅速启动应急响应机制，全力开展事故救援和处置工作。调查组报告认定该事件的直接原因是运输车辆严重超载。

[①] "舆论场占比"是指在单位小时内，某事件热度占所有事件总热度的比例。

二、案例演化

江苏无锡"10·10"高架桥梁坍塌事件的演化与响应见表4-4。

表4-4 江苏无锡"10·10"高架桥梁坍塌事件的演化与响应

时间	危机的演化	事件(决策)主体	具体内容或响应措施
10月10日18时06分	重大公共交通事故发生	运输有限公司驾驶员焦玉东、王晓华及有关人员,港口公司四号码头有关人员①	高架桥侧翻,当场造成3人死亡、2人受伤,无锡市和锡山区两级人民政府第一时间启动Ⅰ级应急响应机制
10月10日18时30分	重大公共交通事故应急阶段	市长黄钦等市领导;市公安、应急管理、卫生健康委、交通运输等部门领导;锡山区委书记与区、镇(街道)两级工作部门人员;副省长费高云与省应急管理、交通运输、消防总队等部门的领导和相关人员	江苏省政府、无锡市人民政府按照预案要求,组织力量全力救援:市、区两级公安部门出动1200余名警力维持秩序,市消防救援支队出动10个中队、28辆消防车、140余名指战员及重型地震救援队投入救援;武警各支队共出动300余名官兵和37台(套)专业装备参与救援;市交通运输局等部门调集中铁建设集团有限公司等单位的在锡施工人员和装备投入救援;蓝天救援队等社会救援力量和志愿者队伍主动参与现场救援
10月10日19时开始	次生网络舆情危机第一波高峰	"平安锡山"②、"无锡发布"及其他各类媒体	10日20时59分,"平安锡山"简单通报了事故地点与被压小车数量等情况,网民及相关媒体开始关注此事件,10日21时,此事件热度达到第一个峰值,各方开始猜测事故发生的原因;"无锡发布"分别于19时与20时整点发布2条与高架桥事故无关的推文,评论区开始出现大量负面评论;19时36分开始,多条谣言开始出现,如"在场官员手表是理查德米勒""无锡高架桥设计单位为苏交科""19人左右死亡,出动直升机救援"等,江苏网警、无锡市公安局介入事件,于11日早发布了警方通报,造谣者被传唤

---

① 根据《无锡市"10·10"312国道锡港路上跨桥桥面侧翻较大事故调查报告》"事故责任的认定以及对事故责任者的处理建议"部分内容认定事件主体。
② 无锡市锡山区公安部门官方微信。

续表 4-4

时间	危机的演化	事件（决策）主体	具体内容或响应措施
10月11日 5时37分	重大公共交通事故调查阶段	"无锡发布"及其他各类媒体	消息不断被整理并通过官方渠道发布，5时37分，"无锡发布"完整公布侧翻事故相关消息，网民情绪逐渐平复；"无锡发布"发布事故调查组、事故问责组成立消息，市人民政府副市长朱爱勋为调查组组长，并分设技术组、管理组、综合组，下设专家组，聘请5名教授级高工参加事故调查工作，市纪委、监委成立事故责任问责组
10月12日 7时15分	重大公共交通事故收尾阶段	"无锡发布"	通告锡港路地面道路交通恢复；随后通告，因锡沙线（312国道）部分路段已恢复通行条件，部分公交线路经调整后恢复运营
10月13日 下午开始	重大公共交通事故反思阶段	无锡市委、市政府	市人民政府召开安全生产委员会全体成员（扩大）会议，以铁的决心、铁的手段、铁的纪律抓好安全生产工作，迅速开展全市安全领域隐患地毯式大排查、大整治；市委书记主持召开市委常委会第135次会议，全面深入开展安全隐患排查整治
10月13日 21时06分	次生网络舆情危机第二波高峰	"无锡发布"	"无锡发布"发文《在重大事故面前，我们该做的是关爱与理性！》，网民严厉批评此文，1小时后，"无锡发布"删除了文章，随后人民网与澎湃新闻分别撰文批评"无锡发布"的做法
2020年1月23日	重大公共交通事故调查结束	无锡市应急管理局	将开展全市交通运输领域安全集中整治，切实加强对普通货物运输企业的监督管理，切实加强货运源头监管，全面提升道路运输监管科技信息化水平

三、案例分析

（一）风险减缓：桥倾覆破坏机理研究

笔者根据已有材料及资料，分析事故产生的原因，从而使风险减缓有"法"可依，有规律可循。

1. 风险在人

基于调查报告结论的探讨,到目前为止,超载仍然被认定为此次危机事件发生的直接原因。事故调查组给出的调查结论表明,两辆重型平板半挂车严重超载造成桥梁支座系统失效,进而导致梁体侧向滑移倾覆触地(图4-2)。从间接原因来看,事故调查组认为企业及相关职能部门需对此事负主要责任。首先,驾驶员所属的公司安全管理意识严重不足,默许肇事车辆超载400%以上;其次,港口企业违规按客户要求开展货物装载作业,违法装载行为长期存在;最后,交通运输部门与交警部门在履行职责、督促检查、安全监管等方面皆不到位。

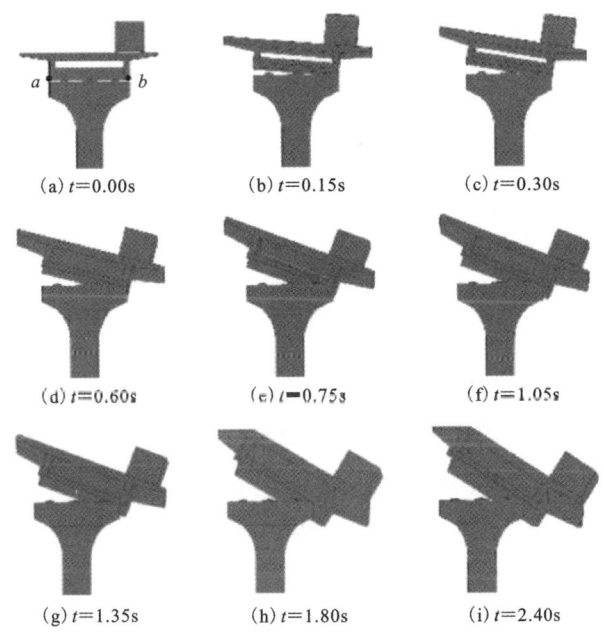

图4-2 无锡事故桥梁倾覆过程示意图

2. 风险在物

尽管在调查报告中,专家组与同济大学建筑设计研究院(集团)有限公司皆认为事故责任主要在人,但笔者基于工程力学角度进行了再探讨并发现了新观点。研究发现,事故桥不符合《公路钢筋混凝土及预应力混凝土桥涵设计规范》(2018年版)。无锡事故桥是在2005年11月交工验收的,当时适用的规范为《通用图计算示例20m》(JTGD 62—2004),其规定的特征状态1和特征状态2的抗倾覆验算要求为:在1.4倍车道荷载作用下,箱梁抗扭支承不失效;2.5倍荷载作用下,梁桥不倾覆。对应的是,在MIDAS和ABAQUS有限元模型计算下,无锡事故桥分别于1.0倍荷载和1.1倍荷载下失效与倾覆(李翠华等,2021)。当然,根据"法不溯及既往"的原则,此研究结论不能作为无锡桥事故中设计责任的评价依据,但我们能发现,这次事故原因也并不全在人身上。

事实上，类似无锡事故桥一样的单墩高架桥已成为研究热点。从哈尔滨、天津、绍兴上虞再到此次无锡的高架桥，所有事故桥无一例外全是单墩高架桥（图4-3）。同济大学桥梁施工及信息技术研究室主任石雪飞教授认为，这些桥都是典型的"中国式塌桥"，其坍塌是超载与桥梁设计双重因素导致的，桥梁断掉是有预兆的，我们可以预防，但倾覆是无预兆的，是瞬间发生的。

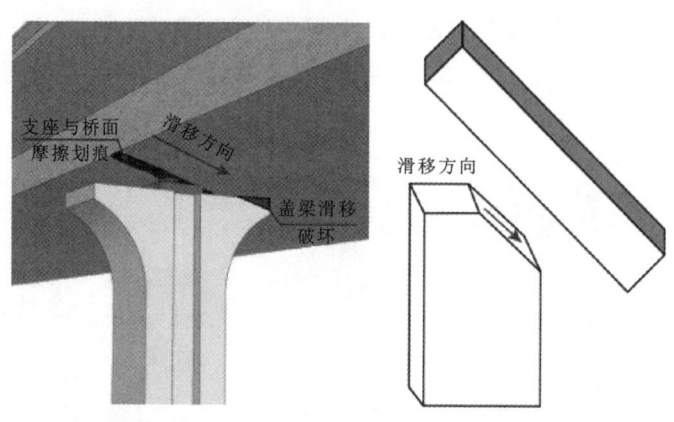

图4-3 单墩高架桥桥梁滑落示意图

（二）次生舆情危机：公众责任归因的类型学分析

责任归因理论最初发轫于社会心理学，目前更多属于行为公共管理研究的范畴。其中，归因是指个体对事件的原因解释，由于这个过程本质上是个体对信息进行加工处理，因此客观信息资源的占有量构成了个体责任归因的重要变量。同时，归因还包括对事件的归因强度，即表达个体对自身归因信任度和准确度的判断，这种判断往往借助情绪扩散呈现出来，并且这种扩散也会影响他人的归因强度。因此，作为理解归因方向的信息占有量和衡量归因强度的情绪扩散，共同构成了个体责任归因的2个维度（图4-4）。这在一定程度上阐释了公众对危机事件的多重归因逻辑，有利于进行综合差异化理解（文宏和李风山，2021）。

由于慎重延迟型归因和隐性间接型归因的情绪扩散程度较低，即不会轻易在媒体上表达自己的情绪，再加上篇幅的限制，因此本节暂不对这2种类型的归因进行讨论，而是将目光集中于显性表达型归因和惯性偏差型归因上。

显性表达型归因是一种基于大量信息的高情绪表达。根据信息处理方式的不同，可细分为真实客观性的事实归因和虚假选择性的故意归因。从时间整理表可以看出，从10日晚事故发生，到次日凌晨"无锡发布"公布详细情况为止，有一段9小时30分的信息空白窗口期，真实客观性的事实归因显然在这段时间内无法形成，从而导致虚假选择性的故意归因占领了舆论场。如图4-5所示，在事故信息得到公布后，关于事故的信息报道量直接下降，因为大量的虚假信息被官方通告掩盖，公众接触后自然会进入事实归因。

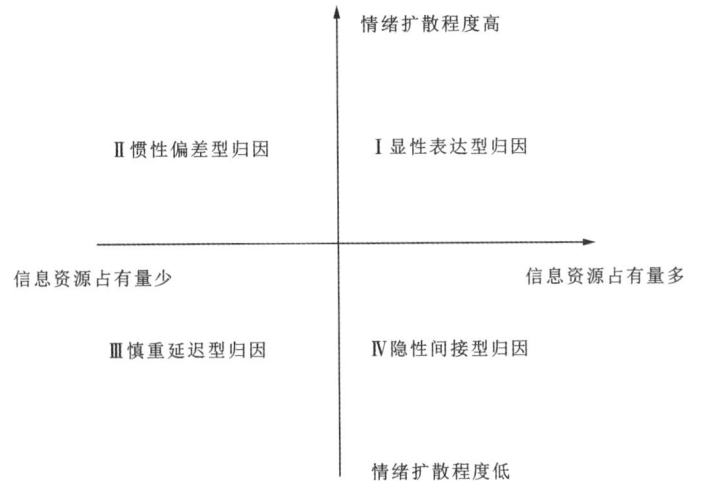

图 4-4 公众责任归因的二维模型

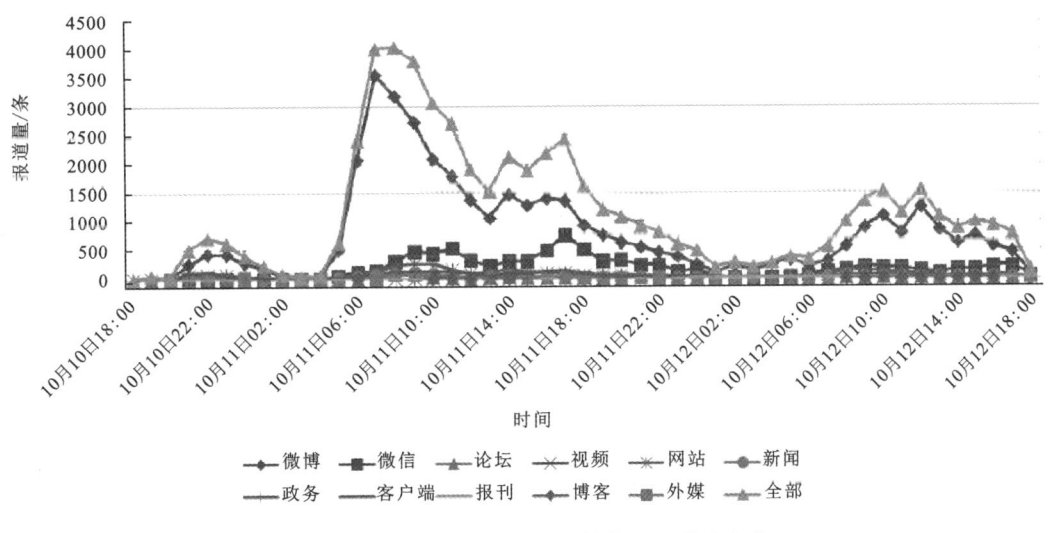

图 4-5 无锡高架桥事故整体信息报道量走势

惯性偏差型归因是一种基于少量信息基础的极端化情绪表达,常常会被赋予"谣言"这样的名称。在此次事故中,网络上出现了诸多惯性偏差型归因,如"官员贪污腐败""设计施工偷工减料""警察殴打记者"等,这种情绪的表达反过来又成为信息基础,使得虚假选择性的故意归因愈发严重。此时,政府部门在辟谣方面做了一个很好的示范,从第一大谣言产生到所有辟谣工作完成,从开始调查取证到最后以信息发布的方式向公众澄清,整个过程总共只用了14小时(表4-5)。

(三)政府的缺位与错位:危机沟通三角模型分析

上文探讨了公众的归因类型,考虑到该理论基础建立在信息之上,又因为信息的产生主要来源于政府与媒体,因此此处拟探讨危机沟通三角模型(图4-6)。危机沟通三角模型以"危机利益相关者构成"理论为基础,包括利益主体(政府、媒体、公众)、次要利益相关者(三者外的社会组织)和非社会的利益相关者(如自然环境、交通环境)。刘凌之(2020)在此基础上,增加了政府、媒体与公众的互动内容。因篇幅问题,本案例将视角主要锁定在以"无锡发布"为主的政府角色身上。

表4-5 无锡高架桥事故的谣言及其处理情况

序号	谣言	产生时间	辟谣时间	辟谣	辟谣方式
1	坍塌高架桥系"豆腐渣"工程	10月10日19时左右	无	无辟谣,随着媒体对"超载导致事故"的集中传播,谣言不攻自破	随媒体报告,谣言自消
2	事故已有19人左右死亡	10月10日19时38分左右	10月11日5时33分	"无锡发布"公布,事故共造成3人死亡、2人受伤	政府机关辟谣
3	救援现场官员戴400万名表	10月10日20时左右	10月11日6时03分	无锡市公安局新吴分局发布《警方通报》,称其系谣言	政府机关辟谣
4	四车总重400余吨,压垮高架桥	10月10日20时30分	10月11日9时01分	"江苏网警"辟谣:该结论系2012年哈尔滨"8·24"高架桥交通事故结论,与本次事故无关	政府机关辟谣
5	坍塌高架桥为苏交科集团股份有限公司(简称苏交科)设计	10月10日21时09分	10月11日早间	苏交科发布澄清公告称,事故桥梁的设计与本公司无关	当事人辟谣

注:上述信息整理自《危机信息公开中的多方互动研究》。

在此次舆情危机中,公众和媒体最诟病的地方是"无锡发布"的运营,一是通报情况不及时,二是推文转发不适当。就前者而言,2017年印发的《江苏省全面推进政务公开工作实施细则》要求对涉及特别重大、重大突发事件的政务舆情,要力争在3小时内、最迟不超过5小时发布权威信息,但在本次事故发生的11小时后,"无锡发布"才对外通告事故的整体情况,导致危机沟通中的三大主体无法搭建起有效的沟通渠道,信息被迫在"媒体—公众"之间来回打转。后者则反映了政府的错位。10月13日,"无锡发布"转发短评,痛批网络谣言和自媒体"假慈悲博眼球式的祈祷",这种做法招致非议,形成了第二波舆情危机,人民网甚至直抒胸臆评价为"愚蠢的做法,体现出对舆论的敌视和高高在上的姿态"。此时,有效的沟通已经建立,但政府却输出了错误的信息,导致巨大的负反馈型信息输入,最终造成重大社会影响。

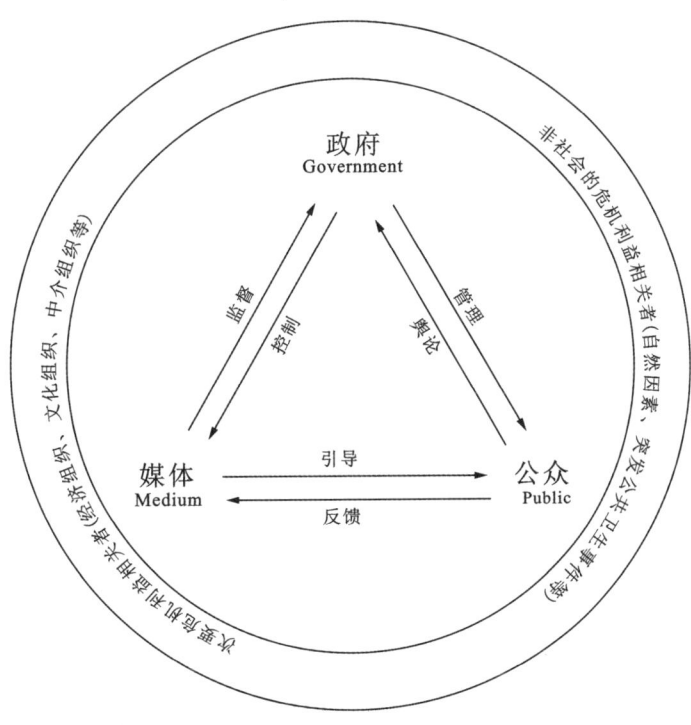

图 4-6 危机沟通三角模型示意图

四、借鉴与启示

通过对此次桥梁坍塌事件的探讨,未来在风险减缓方面,政府部门不仅要做到惩前毖后、治病救人,还要做到因地制宜、合理规划,从多方面剖析事故产生的内在缘由,避免危机再次发生。

(一)规范管理工程运作,从根源解决事故隐患

不久前湖北高速桥梁发生了侧翻事故,事故桥梁仍为单墩高架桥。这就证明,如不对类似桥梁进行改造,悲剧必将重演。我国已经就此方面发布了有关政策。2020 年 12 月 25 日,交通运输部正式印发《公路危旧桥梁改造行动方案》,其中特别就独柱墩桥梁展开了专项行动。

相较于设计的因素,人的因素复杂数倍以上。鲜为人知的是,2019 年 9 月 29 日,无锡市曾启动了一轮道路交通领域安全隐患大排查大整治行动,旨在集中开展大客车、渣土车等重点车辆专项整治,并打击超限超载等行为,但在半个月后,事故仍旧发生。超载的屡禁不止不仅是治理难题,还是中国经济发展状况的缩影:不超载的货车难以赚钱,超载罚款被迫视作成本,司机接受处罚后继续上路,进入恶性循环状态。因此,针对桥梁工程的规范管理与货车运输流程的优化缺一不可。

(二)快速公开处理舆论,避免进一步激化

2020年11月12日,在江苏无锡召开的市委常委会上,时任无锡市委书记黄钦直抒胸臆,痛批干部。因为在2天前中央精神文明建设指导委员会办公室(简称中央文明办)公布的全国文明城市名单中,无锡成为江苏唯一的落榜城市。时任无锡市宣传部部长袁飞表示:"究其原因,我们认为创建基础不牢、管理水平不高是根本因素,意外事件发生、测评结果不佳是致命伤。"其中的意外事件,就是指2019年10月10日的无锡高架桥事故。

此次"无锡发布"深陷舆情危机而不能自拔,是因为在信息公开中,政府、媒体和公众并不是单一的个体,存在着"牵一发而动全身"的情况,即三者中任何一方未履行好自己的职责,就会导致其他方的利益受损并影响接下来各方的行为及决策。所以,在公共危机信息公开的具体实践中,除了要保证快速、公开状态,还得综合考量各种因素,特别是政府部门,要基于既有的现实条件选择最有利于危机解决的三方互动形式。其中要诀,可化用外交部发言人的表示:"我们注意到了有关报道,会及时予以回应,但在未得到官方证实前,我不予以更多的回应。"只有这样才能避免矛盾的进一步激化。

第五节 噩梦之旅:2019年无锡市"9·28"特大道路交通事故

> **提要**:"9·28"特大道路交通事故发生于2019年9月28日,一辆非法从事道路运营活动的大客车在长深高速江苏无锡宜兴市境内因左前轮爆胎,车辆失控,与对向正常行驶的半挂汽车列车相撞,造成36人死亡、36人受伤。笔者基于公共危机管理的减缓、准备、响应、恢复4个阶段分析该起事故的应急管理过程。该起事故在应急响应、危机恢复阶段行动迅速、有效,最大限度地消除了负面影响,具有一定的借鉴意义。同时,总结该起事故暴露出的责任缺位问题,给未来道路交通运输管理以启示:提高影响运行安全的产品质量标准;形成省域安全监管联动机制;健全法治保障,加强对执法人员的考核和监督等。

一、案例背景

(一)我国高速公路安全所存在的隐患

高效、便捷、安全的道路交通运输网络为国民经济发展提供了强大的基础设施支撑。截至2018年底,我国公路通车里程已增至484.65万km,高速公路通车里程增至14.26万km。与此同时,高速公路运行安全风险成倍增加,导致突发交通安全事故频发,并呈现出总量大、伤亡人数攀升、直接损失巨大的特点。我国公路交通安全存在着运行管控压力大、应急管理体

第四章 事故灾难类危机的典型案例

制尚不健全、应急处置决策水平相对较低等问题(刘永,2020)。

(二)车辆失控造成的悲剧

2019年9月28日5时08分,驾驶人李某驾驶河南国立旅游汽车客运有限公司(简称国立公司)号牌为"豫A5072V"的大型普通客车,核载69人、实载71人(含4名免票儿童,未超员),从浙江绍兴柯桥区杨汛桥镇发车,驶往安徽阜阳临泉县,经沪昆高速、杭州绕城高速、长深高速,于6时42分经过长深高速父子岭收费站驶入江苏境内。7时00分40秒,当该车行驶至长深高速江苏无锡宜兴市境内2154km+616m处(车速约127km/h)时,左前轮爆胎,车辆失控,2次碰撞中央隔离护栏,越过中央隔离带冲入对向车道,在2154km+356m处与对向车道由安继青正常驾驶的徐州三联运输有限公司号牌为"苏CF3658/苏C12F1挂"的重型半挂汽车列车(载2名驾驶员)相撞,2辆车前部严重变形,造成36人死亡、36人受伤,另有1名儿童未受伤(张展,2020)。

(三)缺失的安全管理与有关部门的失职

依据《公路交通突发事件应急预案》,本次事故是一起因高速公路交通事故造成重大人员伤亡、危及交通安全,需要多部门、多地区、多层级联合处置的紧急事件,是典型的公路交通突发事件(范文隽,2012)。调查结果显示,事故车辆未取得道路运输证,使用伪造的包车客运标志牌,自2019年6月至事发时往返于安徽阜阳临泉县和浙江绍兴柯桥区,非法从事道路客运经营活动。因此,事故发生既与企业非法经营和安全管理缺失有关,也与有关部门和有关地方政府的失职失责有关,是一起生产安全责任事故。

二、案例演化

根据公共危机管理阶段的"四分论",2019年"9·28"特大道路交通事故可划分为公共危机减缓、应急准备、应急响应、公共危机恢复4个阶段。表4-6罗列了事故发生后的演化和响应过程,包括应急响应、公共危机恢复2个阶段的内容。

表4-6 2019年"9·28"特大道路交通事故的演化与响应

时间	危机的演化	决策主体	响应措施
2019年9月28日7时00分事故发生	大客车在行驶至长深高速江苏无锡宜兴市境内时,与对向车道正常驾驶的重型半挂汽车列车相撞	—	—
2019年9月28日7时40分—16时	实行交通管制,清理现场并恢复道路通行	无锡市、宜兴市公安交警及交通运输部门	7时40分实施交通分流,并发布交通管制信息。至16时事故现场清理完毕,道路恢复通行

续表 4-6

时间	危机的演化	决策主体	响应措施
2019年9月28日事故发生后	启动应急响应,成立现场应急处置指挥部,设置9个工作组开展工作	江苏省政府	启动应急响应,江苏省委、省政府相关负责人赶到事故现场,指导事故救援处置等工作;成立由省长任总指挥的现场应急处置指挥部,设置综合协调、伤员救治、交通疏导等9个工作组
2019年9月28日事故发生后	实施现场救援	无锡市、宜兴市公安机关	无锡市及宜兴市公安、宜兴市120急救中心、蓝天救援队等单位人员赶到现场开展事故救援
2019年9月28日事故发生后	开展医疗救助	国家卫生健康委员会和无锡市、宜兴市人民政府	抽调医疗专家和医护人员,对受伤人员开展"一对一"医疗救治
2019年9月28日事故发生后	开展善后工作	无锡市、宜兴市人民政府	成立善后工作小组,按照"一对一"原则做好善后工作
2019年9月29日	成立国务院长深高速江苏无锡"9·28"特别重大道路交通事故调查组	国务院	国务院批准成立由应急管理部牵头的事故调查组,聘请有关专家参与事故调查工作
2019年9月28日事故发生后	开展专项整治活动	浙江、安徽、河南三省省委及省政府	浙江省交通运输厅开展全省客运市场秩序专项整治,安徽阜阳开展交通安全大排查、大整治和保安全、保畅通治乱除患工作,河南省在全省开展道路客运企业和车辆安全专项整治等
2019年9月29日—10月30日	对涉嫌犯罪相关责任人采取刑事强制措施	公安机关	对在事故中涉嫌重大责任事故罪、伪造国家机关证件罪的14名相关责任人采取刑事强制措施
2020年9月11日	长深高速江苏无锡"9·28"特别重大道路交通事故调查报告发布	国务院长深高速江苏无锡"9·28"特别重大道路交通事故调查组	认定该事故是一起生产安全责任事故,查清了事故企业存在的问题及有关地方政府和相关部门在监管方面存在的问题,提出事故防范及建议
2020年9月12日前	对有关公职人员进行追责问责	浙江、安徽、河南三省纪委监委	分别责成绍兴市柯桥区政府等15个单位作出深刻检查,查处事故背后的失职失责问题,对45名公职人员进行追责问责

三、案例分析

(一)危机减缓和应急准备

危机减缓致力于减少危机发生的可能性或限制危机的影响,而该阶段工作的不充分是造成本次事故严重后果的重要原因之一。危机减缓存在的问题如下。

1."硬措施"不符合标准规范

"硬措施"指涉及减轻危害影响的物理措施。高速公路因行车速度快、流量大、中断损失大,其突发事故具有随机不确定性、时间紧迫性、社会危害性等特点。为减少高速公路交通事故的发生,对车道宽度、圆曲半径、纵坡、中间带宽度等,都应进行科学、精细的设计。而事发路段中央及路侧护栏却存在波形梁板厚,立柱定尺长度、力学性能不符合标准的问题,这是造成事故的助燃剂。

2."软措施"实施中失职失责

"软措施"指涉及减轻危机影响的制度建设。为提高客运安全水平,我国出台了《道路运输条例》《道路旅客运输及客运站管理规定》《机动车检验工作规程》《机动车登记工作规范》等一系列法规条例,规范道路客运经营。但相关部门工作不力使得事故车辆未取得道路运输经营许可,却仍能从事客运经营。安全管理和安全教育流于形式,大部分乘客在事故发生时未系安全带,加重了事故伤亡结果。

应急准备包括应急规划和应急保障体系建设。针对可能发生的公路交通突发事件,中央和江苏省政府做了充分的应急规划。《江苏省重特大道路交通事故应急预案》在此次事故的应对中发挥了纲领性作用。

(二)危机响应

2019年"9·28"特大道路交通事故在危机响应阶段未遵从《中华人民共和国突发事件应对法》,未按照"分级负责、分级响应"的管理体制及应对处置机制执行。本次事故的应对流程为接警与初步研判、启动应急预案、现场指挥与协调、抢险救援、应急救援行动结束。

1.危机响应具体流程(图4-7)

(1)接警与初步研判。迅速获取和确认突发事件,通过监控、收费站记录等准确定位事故发生位置,了解事故现场大致情况。根据高速公路突发事件的类别、造成的人员伤亡情况、影响道路正常通行的危害程度等因素,将本次事故安全危害等级定为特别重大,同时研判并启用与之相适应的应急预案。

(2)启动应急预案。事故发生后,立即启用《江苏省重特大道路交通事故应急预案》,开展事故救援处置等各项工作。

(3)现场指挥与协调。江苏省委、省政府相关负责同志带领省直有关部门及高速公路管理企业的主要负责人赶到事故现场,指导工作。成立由省长任总指挥,无锡市委、市政府,宜兴市委、市政府的主要负责人,以及公安、交通运输、卫生健康、应急管理等有关部门负责人组建的现场应急处置指挥部,设置综合协调、伤员救治、交通疏导、安全保障、现场救援、事故调查、舆情导控、善后安置、后勤保障9个工作组开展工作。

(4)抢险救援。事故发生40分钟后,救援人员到达,迅速对事故现场进行交通管制,创造良好的救援环境。随后实施现场救援,事故现场共投入80余辆抢险救援车辆、350余名抢险救援人员;开展医疗救助,抽调20名医疗专家、460名医护人员对伤员进行"一对一"医疗救助,救治中无一人死亡。

(5)应急救援行动结束。事故发生9小时后,救援结束,恢复道路通行。随后开展善后工作,从无锡市、宜兴市人民政府抽调385名工作人员,负责家属接待及安抚、遇难者身份确认和赔偿等工作。

图4-7 突发事件应急响应流程

2. 危机响应过程的特征

本次事故的危机响应过程体现出以下特征。

(1)以人为本,减轻危害。抢险救援过程中投入了大量人力、物力,确保伤员得到及时、妥善的治疗,最大限度地减少了伤亡。

(2)社会动员,协调联动。抢险救援凝聚了多方力量,既有来自无锡市及宜兴市公安、交通运输、120急救中心等政府部门的力量,也有来自蓝天救援队这样的民间、公益力量。充分动员社会各界力量,联动提高响应效率。

(3)统一领导,分级负责。建立了现场应急指挥部,负责指导事故的处置和救援工作。将工作内容细分到9个工作组,各组责任明晰,有序开展工作。

(三)危机恢复

在危机恢复阶段,社会公众和决策者需要通过反思危机的教训,总结暴露的问题,给未来道路交通安全工作以启示。危机恢复的目标侧重于发展,即减少未来社会面临的风险。在本次事故处置过程中,各方力量在危机恢复阶段行动迅速、切实有效,努力消除了负面影响,促进了道路客运安全水平的提升。

1. 开展专项整治活动,排查行业安全隐患

事故发生后,浙江、安徽、河南三省省委及省政府严肃问责,有针对性地开展了一系列整改工作。河南郑州侧重于对无运营资质客运车辆进行召回和整治。安徽省和浙江省侧重于对客运市场秩序进行整治,出台客运转型升级实施意见。

2. 对事故有关单位及责任人进行处理

公安机关对涉嫌重大责任事故罪、伪造国家机关证件罪的人员迅速采取强制措施,对有关公职人员追责问责,对有关企业实行行政处罚。依法严肃追究责任能够让各地方和部门认真吸取教训,从而达到警示作用,防止失职失责。

3. 开展客运安全相关问题研究,实施新规定、新标准

商务部牵头研究运营大客车报废管理,消除大客车"营转非"后非法营运的空间。加强爆胎问题的研究,工业和信息化部等部门推进国家标准有关新生产车长大于9m的客车前轮应装备爆胎应急安全装置规定的实施,同时进一步完善大客车座椅强度试验标准等。

这些做法彰显了政府提高道路安全管理和客运安全水平的决心,有助于恢复公众信任,防范类似事件再次发生。

四、借鉴与启示

(一)国立公司、有关部门和有关地方政府的责任缺位

本次事故是一起生产安全责任事故,是由人的过失造成的。究其原因可概括为各方的责任缺位,包括国立公司、有关部门和有关地方政府。

(1)国立公司所属车辆存在非法从事道路客运经营活动、使用伪造道路运输经营许可证等证件的问题。同时公司的日常安全管理严重缺失,王国利作为法定代表人,对挂靠车辆"挂而不管",未制定安全生产管理相关规章,驾驶员安全培训、车辆维修保养等日常管理关键环节缺失。

(2)本次事故涉及4个省份。①事故车辆的业务登记地:河南郑州;②事故车辆的始发站:浙江绍兴柯桥区杨汛桥镇;③事故车辆的终到站:安徽阜阳临泉县;④事故发生地:江苏无锡宜兴市。在危机应急管理过程中,由于事故发生在江苏无锡宜兴市,该市公安部门和交通部门需要承担事故处理等工作。而浙江、安徽、河南三省有关地方政府和监管部门需要履行相应职责。下面对三省地方政府和有关部门在事故中存在的不同责任缺位情况进行梳理(图4-8)。

第一,河南省(事故车辆的业务登记地)。郑州市交通运输委员会执法处(支队)、郑州市道路运输管理局等7个单位在履职中存在问题。他们未严格按照规定对大客车进行登记查验及办理转入业务。

第二,浙江省(车辆始发站)。绍兴市河桥区道路运输管理处道路运政稽查大队等9个单位在履职中存在问题。他们未按照规定开展道路运输市场管理、执法检查,存在对从事非法客运行为和非法组客场所打击不力等职责缺位问题。

第三,安徽省(车辆终到站)。阜阳市临泉县张集交通管理站、临泉县公路运输管理所等8个单位在履职中存在问题。他们未按照规定开展道路运输市场管理、执法检查,存在对从事非法客运行为打击不力等职责缺位问题。

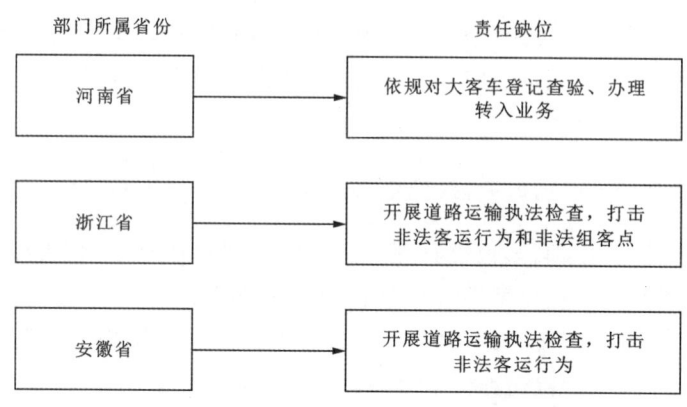

图4-8 河南、浙江、安徽三省存在的职责缺位

(二)从本次事故应急响应中得到的启示

本次事故应急响应及时,后期事故调查工作严谨,危机恢复举措切实有效,是值得借鉴的公路交通突发事件应对范例。为减少公路交通突发事件,提高道路交通运输管理水平,笔者结合事故发生原因分析,得出以下启示。

(1)做好危机减缓工作,市场监管部门要加强对市场流通环节关键零部件的质量抽查,确保影响运行安全的制动、转向、轮胎等关键零部件质量符合要求,且随需求变化不断提高质量标准,以提升司乘人员的生命安全保障水平。

(2)明确道路交通安全工作各环节责任,各部门要严格落实"管行业必须管安全、管业务必须管安全、管生产经营必须管安全"和"谁主管、谁负责"的要求,履职尽责,形成共治合力。道路交通安全工作常涉及多省,对此应形成省域间安全监管联动机制。一方面,加强对道路客运企业及车辆的源头治理,从源头上遏制无客运经营资质企业所属车辆登记为运营性质;另一方面,要完善道路客运相关信息的共享机制,实现客运企业、驾驶人员的注册登记信息等联网联通、全国统一、全国可查,向需要车辆信息的省份和部门精准推送。

(3)一是健全完善相关法律法规,定期开展有关道路安全管理的宣传教育、学习培训等活动,提升各个营运管理主体的法治意识。二是强化制度落实专项考核与执法监督力度,健全执勤、执法规章制度,制定专项考核方案,确保各级层层落实,减少失职失责现象。

第六节 危化品轻视不得：2019年江苏省"3·21"响水爆炸事件

> **提要**：笔者围绕危化品生产安全事故中的应急管理主题，以"3·21"响水化工企业爆炸事件为例进行剖析，在梳理了多中心治理理论、协同治理理论、4R危机管理理论等相关理论的基础上，系统分析了政府、非政府组织、社会公众等主体参与公共危机治理的具体行为表现，围绕缩减、预备、响应、恢复等危机治理的4个阶段，具体阐释了在各个阶段中政府部门的应急管理实践，同时对政府的信息沟通与舆论管理进行了简要的分析与反思。针对上述分析，笔者提出政策及建议，以期在政府的引导下切实建立完善的危化品事故治理体系，增强各主体的危机处置能力，营造稳定有序的社会发展环境。

一、案例背景

（一）危化品安全事故防控面临的困境

目前，我国化工总产值约占世界总产值的40%，是化学品使用大国。我国现有进口、生产化学品超过45 000种，其中危险化学品约2800种。

自2013年青岛"11·2"原油泄漏爆炸事故和2015年天津港"8·12"火灾爆炸事故发生后，我国政府颁布了一系列重要文件。2016年，工业和信息化部出台了《石化和化学工业发展规划（2016—2020年）》；2017年，国家安全监管总局为国家危化品安全管理提供总体指导，出台了《危险化学品安全生产"十三五"规划》；2020年10月，应急管理部公布了《中华人民共和国危险化学品安全法（征求意见稿）》，为未来危化品安全管理提供了立法基础。然而危化品事故的影响因素众多，制度保障只是其中一个非常重要的环节。由于化工行业自身具有一定的危险性，因此无法从根本上降低事故发生的概率。

2019年3月21日14时48分，江苏盐城响水县陈家港镇江苏天嘉宜化工有限公司化学储罐发生爆炸事故，并波及周边16家企业。截至3月25日下午，事故已造成78人遇难。早在事故发生之前，该企业已经被发现存在多项安全隐患，此事故的发生所暴露出的问题，也折射出当前危化品安全事故防控的诸多困境。对此予以思考并寻求解困之路，不仅直接影响着企业生产安全，还影响着城市社会安全。危化品安全事故还在一定程度上影响着国家经济的正常运作。

（二）层出不穷的危化品安全事故

危化品是指有爆炸、易燃、毒害、腐蚀、放射性等性质，在生产、运输、使用、装卸和储存过程中，易造成人身伤亡和财产损毁而需要特别防护的化学物品（黄树泉和李静，2014）。

随着城市工业化的高度发展,危化品的生产、运输和储存日渐频繁,危化品在助力工业化建设的同时,也带来安全隐患的"双刃剑"。危化品事故发生后,往往会因其生成物的挥发性、毒性、易燃性、易爆性等特征衍生次生灾害,或因其后果的严重性衍生社会安全事件,对应急管理工作的顺利开展和秩序恢复的稳步推进造成阻碍。表4-7列举了近年来国内外危化品生产、运输和储存过程中发生的典型生产安全事故。

表4-7 部分国内外重大及特别重大危化品事故

时间	事件	事故原因	后果
2020年8月4日下午6时左右	"8·4"黎巴嫩首都贝鲁特港口爆炸事故	与6年前扣押在港口的硝酸铵储存不当有关	截至8月11日,共造成171人死亡,20~40人失踪
2019年3月21日14时48分	江苏响水天嘉宜化工有限公司"3·21"特别重大爆炸事故	事故企业旧固废库内长期违法储存的硝化废料持续积热升温导致自燃,燃烧引发爆炸	造成78人死亡、76人重伤、640人住院治疗,直接经济损失198 635.07万元
2019年7月19日	河南三门峡河南省煤气(集团)有限责任公司义马气化厂"7·19"重大爆炸事故	冷箱泄漏处理不及时,导致液氧外泄发生第一次爆炸,并使铝质填料、筛板等在富氧环境下发生第二次爆炸	造成15人死亡、16人重伤、640人住院治疗,直接经济损失8 170.008万元
2018年5月12日	中石化上海赛科公司"5·12"闪爆事故	工作人员未清理干净浮箱内的苯,导致易燃的苯蒸气与空气混合形成爆炸性混合物,局部浓度达到爆炸极限	造成6名现场作业人员死亡
2018年7月12日18时	四川宜宾恒达科技有限公司"7·12"爆燃事故	操作人员将无包装标识的氯酸钠当作丁酰胺,补充投入2R301釜中进行脱水操作,引发爆炸	造成19人死亡、12人受伤,直接经济损失约4142万元
2018年11月28日	河北张家口盛华化工有限公司"11·28"重大爆燃事故	工作人员未发现氯乙烯气柜卡顿、倾斜,在进行操作时导致氯乙烯向厂区外扩散,遇火源发生爆燃	造成24人死亡、21人受伤、38辆大货车和12辆小型车损毁。截至2018年12月24日直接经济损失4 148.860 6万元
2017年6月5日	"6·5"临沂金誉石化有限公司爆炸事故	临沂金誉石化有限公司装卸区一液化气罐车在装卸作业时因操作不当发生爆炸	共造成8人死亡,另有9人受伤,其中1人重伤
2016年10月31日	"10·31"重庆煤矿瓦斯爆炸事故	采用落后淘汰的"以掘代采"采煤工艺违规生产,使用一台局部通风机违规同时向多个作业地点供风,风量不足造成瓦斯积聚,遇火引发爆炸	共造成33人死亡、1人受伤

续表 4-7

时间	事件	事故原因	后果
2015年8月12日22时	"8·12"天津滨海新区爆炸事故	集装箱内的硝化棉由于湿润剂散失出现局部干燥,在高温等因素的作用下加速分解放热,积热自燃,引起相邻集装箱内的硝化棉和其他危险化学品长时间大面积燃烧,堆放于运抵区的硝酸铵等危险化学品发生爆炸	造成165人死亡、8人失踪、798人受伤,304幢建筑物、12 428辆商品汽车、7533个集装箱受损
2014年11月15日凌晨4时左右	杜邦公司美国休斯敦化工厂泄漏事故	一个存储甲硫醇的存储罐阀门失效,造成甲硫醇大量泄漏	5名工人暴露在有害气体中,其中4人在厂区内死亡,1人被送往医院救治

可以看出,危化品的生产、运输和储存等环节皆存在着风险隐患,任何一个环节都有可能造成群死群伤的重特大安全事故,对保障人民生命及财产健康、建设安全社会十分不利。笔者根据1981—2020年上半年我国发生的278起较大及以上非运输过程危化品事故报告中记录的导致事故的直接原因(王伟等,2021),从"人-机-环-管"的角度对事故发生原因进行分类分析,从本质上将事故原因都归因于管理类原因,统计结果见图4-9。

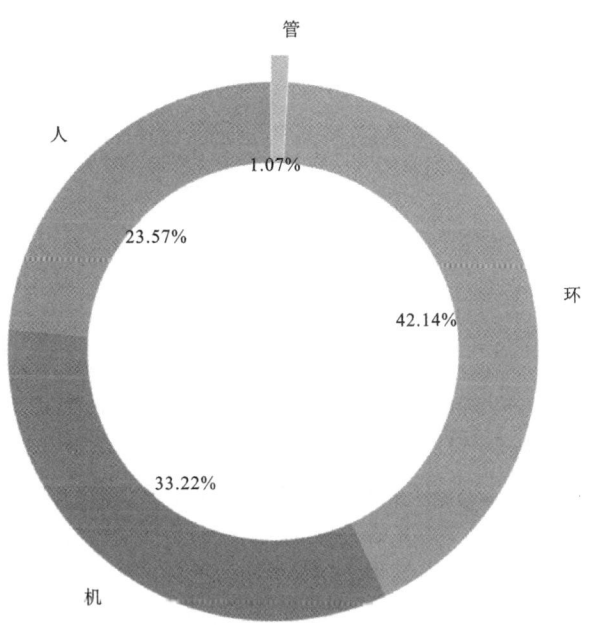

图 4-9 "人-机-环-管"视角下事故直接原因统计

(三)事发地危化品生产经营状况

江苏省是我国化工产业大省,化工产业年收入超2万亿元,全国排名第二,拥有53个化工园区。根据应急管理部公布的数据,我国1981—2020年上半年32个统计单位(省、自治区、直辖市)在较大及以上危化品生产、经营环节发生的事故起数见图4-10。

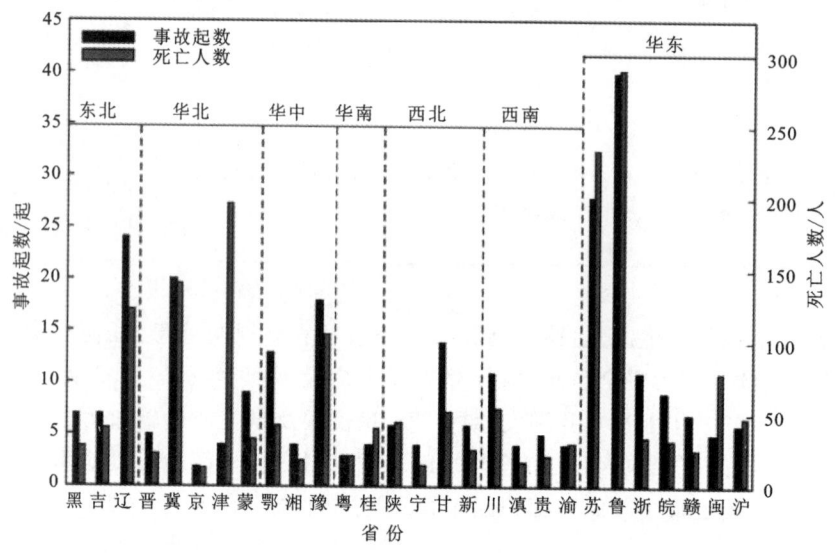

图4-10 危化品事故区域统计

与其他学者统计结果趋于一致,江苏省危化品事故起数位列前三。江苏省是我国化工产业排名第二的大省,化工行业总产值在全国总产值中占比约50%。江苏省危化品企业数量虽不断减少,但基数仍较大(1968家危化品企业),所以不论是从事故起数还是致死人数来看,江苏省一直是我国危化品行业的重灾区。

江苏天嘉宜化工有限公司成立于2007年,是盐城响水的一家企业,主要从事羟基苯甲酸、苯甲醚、对叔丁基氯化苯、氯代叔丁烷等化工原料的生产。江苏陈家港化工园区位于镇区以西2km处,占地面积10.05km^2,设有化工生产区、生活服务区、污水处理区、化工危险品存放区四大功能区。企业所在的响水生态化工园区规划面积10km^2,已开发使用面积7.5km^2,现有企业67家,其中化工企业56家。2018年4月因环境污染问题被中央电视台《经济半小时》节目曝光,江苏省环境保护厅(现为江苏省生态环境厅)建议响水县政府对整个园区责令停产整治;同年9月,响水县组织11个部门对停产企业进行复产验收,包括江苏天嘉宜化工有限公司在内的10家企业通过验收后陆续复产。

二、案例演化

2019年江苏省"3·21"响水爆炸事件的演化与响应见表4-8。

表 4-8　2019 年江苏省"3·21"响水爆炸事件的演化与响应

时间	危机的演化	决策主体	响应措施
2019 年 3 月 21 日 14 时 48 分	旧固废库内长期违法贮存的硝化废料持续积热升温导致自燃,燃烧引发硝化废料爆炸	—	—
2019 年 3 月 21 日下午	应急管理局已经得知江苏天嘉宜化工有限公司发生爆炸一事	应急管理部	应急管理部立即启动应急响应,主要负责人在部指挥中心调度并了解救援情况,与现场视频连线
2019 年 3 月 21 日 14 时 52 分	盐城市消防救援支队响水县大队接到报警	江苏省消防救援总队指挥中心	立即调派南京、泰州、盐城、连云港、淮安、宿迁、南通、常州、扬州、镇江 10 个城市的消防救援支队及培训基地,共 35 个中队、86 辆消防车、389 名指战员赶赴现场处置
2019 年 3 月 21 日 15 时 50 分	医院接到相关救援指令	响水县人民医院	已经有爆炸中的伤者陆续送医,医院领导也接到了相关指令,全力收治伤员
2019 年 3 月 24 日	盐城市召开"3·21"江苏盐城响水县陈家港镇江苏天嘉宜化工有限公司爆炸事故第三次新闻发布会	地方政府	会上通报,抢抓 72 小时黄金救援时间,先后组织 6 轮搜救工作。搜救范围从 $1.1 km^2$ 扩大到近 $2 km^2$,大部分企业已搜救
截至 2019 年 3 月 25 日零时	搜救工作正式结束	地方政府	经过 82 小时的鏖战,参与救援指战员成功搜救 164 人,其中幸存 86 人

三、案例分析

(一)多中心协同视角下的应急协调联动机制——主体分析

多中心治理强调相互依存的各个利益方要立足于实情,遵循既定的制度规则开展治理行动,形成治理合力,从而达到灵活、自主、高效的治理效果。主张政府在治理中充当中介者的角色,从宏观层面出发承担起搭建治理框架与设置制度的任务,同时约束和激励其他参与者的行为及效用,在平衡各方利益的基础上,合理地运用法律、政策、经济等手段实施调控,为供给公共物品和处理公共事务提供便利。

协同治理理论强调多元化主体是开展协同治理的基础。首先,强调多元主体的参与是关键,在实际的治理中,起主导作用的政府并非处理公共问题的唯一选择,其他主体均需参与社会事务处理,以实现共同利益。其次,强调主体间的协作性。该治理体系下,相关主体均被分配了对应的责任,可以有效地把各类资源整合利用起来,形成协同增效的治理局面。

1. 政府部门间的协同实践

"3·21"响水化工企业爆炸事故的发生引起了各级政府的高度关注。政府相关部门第一时间组织成立专门工作组,亲赴现场指导抢险救援和环境监测工作。另外,国家卫健委从地方抽调重症医学、烧伤、创伤外科、神经外科和心理干预等领域的专家,组成专业医疗队开展医疗救援活动。江苏省委、省政府指派专人到现场组织救援活动,以保证各项救援工作得以顺利执行。在爆炸事故的善后处理工作中,政府组织公安、工会、民政等多部门对所有已确认身份的遇难者家庭实行"一对一"服务,依靠部门间的协同配合做好与遇难者家属的沟通安抚、情绪疏导、赔偿兑付等工作,并争取与部分遇难者家庭签订善后协议,尽量减少事故可能带来的群体事件(邢振江等,2023)。同时,政府还组织审计监督部门为房屋修缮的质量进行把关,农技站为受影响较大的菜农指导大棚种植的关键管理技术,多部门协同处理后续安置事宜,这些都是危机处置中政府部门间协同实践的有力体现。

2. 政府与其他社会主体间的协同实践

"3·21"响水化工企业爆炸事故发生后,政府通过助力社区社会组织联系组建了公益组织信息对接群,统筹物资需求,对接爱心商家准备早中晚餐,统一分配调度,做好武警消防中队、医护人员、交警等一线人员的餐饮服务工作,有效提高了救援效率。同时,政府还联系盐城师范学院心理学专家,对接教育部门和卫生健康部门,随时待命,准备开展心理干预工作,为幸存者和受害者家属提供帮助。作为政府"喉舌""传声筒"的新闻媒体,更是政府处置危机的重要协同主体,在专题报道的基础上,及时配合政府救援需要,有效利用微信、微博等媒体平台将救援最新进展和政府各类措施对外公布,保证了危机下的公众知情权和危机处置的透明度。此外,政府还协同组织志愿者在各村居开展自救、互救,重点开展政策解读、环境整治、协助恢复生产生活秩序、财产受灾损失情况现场勘查、精神抚慰、物质帮扶等善后志愿服务。

3. 其他社会主体间的协同实践

"3·21"响水化工企业爆炸事故发生后,各企事业单位、非政府组织、志愿者、个人等纷纷采用不同的方式向受灾区贡献自己的力量。"冬歌文苑"的广大作家、文友积极捐款。自3月22日上午发起活动,截至当天14时30分,已收到90位作家、文友的善款16 600元;响水县朗诵艺术协会组织近10名会员前去县滨江西路采血点进行爱心献血,共献血近3000mL,并积极倡导会员开展捐款活动,共捐款510元。这些社会主体的协同救援很好地弥补了政府在紧急救援时难以顾及的不足。同时,各企业充分吸取事故的惨痛教训,积极开展隐患排查,妥善处置固废、废液等危险品,避免危机进一步扩大,并根据互相掌握的实际情况,及时为受灾群众解决善后问题,减小危机给社会带来的不利影响。

(二)缩减阶段:高危行业领域全面实施安责险

缩减阶段是危机管理的核心内容之一。所谓缩减,对于危机管理而言,就是减小危机情景的攻击力和影响力,强调要降低风险、进行风险评估,对人、物、系统等都要做好准备工作,从而排除危机。或者即使发生危机事件,也可以使之控制在一定范围内。

安责险对安全生产事故具有一定的经济补偿作用。在缩减阶段,为了减少事故带来的危害,提高政府预防风险和管控风险的效率,江苏省政府对安责险加以充分利用,在全市高危行业领域全面实施安责险,并将安责险作为一项职责纳入安全生产工作检查以及目标考核中,要求安全生产管理的相关部门建设对安责险实施情况进行监督管理的信息平台,通过信息平台呈现各生产企业安责险落实情况、政府的监督情况、在事故中相关企业以及第三方赔付机构的处置情况,全方位、全过程对江苏省安责险机制进行便捷高效的监管。

(三)预备阶段:积极做好应急规划与问责工作

预备阶段是指开展针对危机的防范工作。具体工作包括制定应急预案、对人员进行培训等,使相关人员掌握一定的危机处理方法,保证他们在公共危机事件发生时可以从容应对危机。

2012年,江苏省政府办公厅印发《关于印发江苏省突发事件应急预案管理办法的通知》。该预案建立在江苏省应急管理工作实践的基础上,是紧密结合江苏经济比较发达、工矿企业众多、人口财富聚集度高、人员流动频繁等省情特点组织编制的。针对不同类型突发公共事件特点,江苏省还编制了22个专项应急预案,其中包括工矿企业重特大安全生产事故的专项预案。

江苏省应急预案对突发公共事件的预测预警、信息报告、应急处置、应急保障、恢复重建、社会救助及调查评估等工作做了详细规定,并进一步明确了省各有关部门在基本生活、交通运输、医疗卫生、公共设施、通信联络等应急保障工作方面的职责。预案要求各地、各有关部门做好人员培训和演练工作,抓好面向社会的宣传教育。预案明确,对在突发公共事件应急管理工作中作出突出贡献的先进集体和个人要给予表彰和奖励,对迟报、瞒报、漏报和谎报突发公共事件重要情况及其他玩忽职守、失职、渎职的行为实行责任追究制。

(四)反应阶段:全方位开展救援工作

反应阶段是指在危机已经到来的时候,该作出什么样的反应来处置危机、解决危机。在反应阶段中,反应时间、反应程度等都是代表反应力的重要因素。

2019年3月21日下午,盐城市消防支队接到相关报警后,迅速赶往事发地。江苏省环保部门组织相关人员赶赴现场,并调度盐城市、响水县两级生态环境部门了解现场情况,协助指导应急处置。同时应急管理部立即启动应急响应,主要负责人在部指挥中心调度并了解救援情况,与现场视频连线进行实时工作指导。

截至2019年3月21日17时,共有41辆消防车、188名消防员在现场开展处置工作。江苏省消防救援总队正调集泰州、盐城、连云港、淮安、宿迁及江苏总队培训基地等地的消防救援队伍的62辆消防车、247名消防员赶赴现场增援。

2019年3月22日凌晨,应急管理部工作组到达江苏盐城,随后立即查看化工厂爆炸现场,前往现场指挥中心了解并指导救援处置工作。应急管理部有关负责人要求,抓紧核清现场人员、设施情况,最大限度减少人员伤亡。所有救援队伍要做好防护,所有救援点要有干部带队、配备专业技术人员,确保救援人员自身安全。要抓紧排查各类隐患风险点,加强监测预警,在现场成立气象小组,密切关注风向,动态调整救援部署,同时要注意防止环境污染事件发生。

2019年3月22日,武警江苏总队紧急增派450余名官兵驰援江苏天嘉宜化工有限公司"3·21"爆炸事故现场。按照部署,武警官兵采取分组梯队、网格摸排的方法,对责任区域进行拉网式排查,全力搜救受伤被困群众,积极配合地方医疗机构护送伤员。武警江苏总队机动支队还出动防化中队官兵赴爆炸核心区侦测化验,对事故现场土壤及爆炸深坑的积水进行取样,并利用化学事故检测箱对空气质量、有害物质沾染情况等进行全面彻底排查。

(五)恢复阶段:总结经验教训,恢复正常秩序

恢复阶段主要是指两个方面:一是危机发生并得到控制后对组织形象的修复与重塑;二是总结经验教训,进行相应的探索研究,找到更好的处理办法。

2019年3月22日,国务院江苏响水"3·21"特别重大爆炸事故调查组成立,由应急管理部牵头,工业和信息化部、公安部、生态环境部、全国总工会和江苏省政府参加,聘请爆炸、刑侦、化工、环保等方面专家参与调查。通过反复现场勘验、检测鉴定、调阅资料、人员问询、模拟实验、专家论证等,查明了事故直接原因和性质,事故企业、中介机构违法违规问题,以及有关地方党委政府及相关部门在监管方面存在的问题。对事故中地方政府体现出的问题进行经验和教训总结,并对相关管理部门防控企业生产安全事故管理工作的整改提出系列措施及建议,同时对相关失职人员进行追责,并向社会及时公布调查结果。还组织专家入户评估鉴定,检修水电气设备,清理环境卫生等,待房屋全部满足安全入住条件后,分批有序组织群众回迁,同时组织社区工作人员,询问居民的生活情况,了解需求,以保证居民尽快恢复正常生活。

具体而言,该事故的发生原因可以总结为以下几个方面。

1. 安全生产主体责任不到位

公司管理者对安全工作不够重视,安全管理不够规范,如主要负责人未依法通过安全考核、特殊作业持证人员少、操作人员不清楚应急措施等;操作规程不完善,未执行相关技术标准,无巡回检查制度,对巡检无具体要求;安全培训敷衍了事,安全检查流于形式,问题整改不到位。

2. 生产工艺落后

江苏天嘉宜化工有限公司采用的间歇法二硝基苯工艺来自原南京雄洲化工有限责任公司。这种工艺安全系数低,但因投资少而被多次复制。2017 年 12 月 9 日发生 10 死 1 伤重大爆炸事故的连云港聚鑫公司就是采用这种工艺(郝志超和孟繁林,2020),而采用同种硝化工艺的江苏天嘉宜化工有限公司并没有吸取教训,未对生产工艺进行有效整改,最终酿成大祸。

3. 园区选址和管理存在的问题

江苏天嘉宜化工有限公司所在的陈家港化工园自 2002 年建成以来就发生过多次安全事故。现阶段特别是近几年,一些地方政府为了加快当地经济发展而引进投资,将别的地方淘汰的企业引入当地,忽略了部分安全手续的办理流程,埋下安全隐患。

4. 监管存在"以罚代管"的现象

从目前披露的情况来看,江苏天嘉宜化工有限公司在事故发生前已存在很多问题。2012 年底,该公司因严重污染环境构成污染环境罪。2016 — 2018 年,该公司因违反《大气污染防治管理制度》《固体废物污染防治管理制度》《环境影响评价制度》等受到盐城市环境保护局(现为盐城市生态环境局)、响水县环境保护局(现为响水生态环境局)给予的 6 次处罚。2018 年 2 月 8 日,中华人民共和国应急管理部官方网站发布的《国家安全监管总局办公厅关于督促整改安全隐患问题的函》附件显示,该公司存在 13 项安全隐患问题,虽然对其实施处罚,但后续并未落实勒令其整改的监管责任(表 4 - 9)。

表 4 - 9 2016—2018 年江苏天嘉宜化工有限公司处罚汇总

序号	决定日期	决定书文号	类型	处罚机关
1	2017 年 9 月 30 日	响环罚字〔2017〕052 号	违反大气污染和固体废物管理制度的处罚	响水县环境保护局
2	2017 年 6 月 7 日	盐环罚字〔2017〕15 号	其他	盐城市环境保护局
3	2016 年 7 月 15 日	响环罚字〔2016〕037 号	违反环境影响评价制度和固定废物管理制度的处罚	响水县环境保护局
4	2016 年 7 月 15 日	响环罚字〔2016〕036 号	违反固体废物管理制度的处罚	响水县环境保护局
5	2018 年 5 月 24 日	响环罚字〔2018〕18 号	违反固体废物管理制度和大气污染的处罚	响水县环境保护局
6	2018 年 5 月 24 日	响环罚字〔2016〕29 号	违反"三同时"制度(同时设计、同时施工、同时投入生产和使用)、大气污染制度、固体废物管理制度的处罚	响水县环境保护局

四、借鉴与启示

在本次危化品爆炸事故中,地方政府、应急管理部门虽及时跟进、抢救,但结合事故归因及案例分析,仍有需要改善之处。

(一)自然灾害应急管理法治建设不足

各部门在系统梳理企业生产中存在的各种危险源,运用风险评估方法,按照危险源的数量以及特征指标,来明确风险等级,并在此基础上认真做好应急预案编制工作。应急预案编制应遵循全面性、简便性、实用性原则,明确管理程序、工作流程等内容,相关人员需清楚了解具体措施、处置步骤、自己所处的衔接环节等,以及时应对紧急问题,保证预案的可行性。政府部门应根据人员、生产内容、危险源改变等情况适时调整或者修改预案,使之符合企业实际情况。企业应积极组织员工定期进行应急预案演练,演练结束后,及时总结评价,对预案不足之处进行调整和修整,做好更新工作。

(二)落实信息公开与共享

面向社会公众,政府部门要及时、准确公开危化品仓库存储内容物、运输路线、应急预案等基本信息,缩小政社之间的信息不对称。一方面,可以加强公众对危化品运输工作的监管;另一方面,则能够在一定程度上减少公共舆情事件的发生,间接维护政府公信力。同时,要提升大数据智慧治理水平,面向交通运输部门、公安部门等相关部门内部,统一危化品运输数据录入格式,接入各专业系统并搭建危化品运输监管信息平台,打破部门壁垒。

(三)压实企业的主体责任

一是充分利用市场价格机制。在不过度干扰市场规律的条件下,对积极落实危化品监管的企业实行投资、减免税等鼓励政策,制作违规违法危化品企业黑名单,依法对其进行行业禁入、刑事处罚等惩罚。二是发挥行业协会的自律规范作用,鼓励行业协会在政府与企业间搭建沟通桥梁,定期对重点从业人员开展信用评估并向社会公众公布评价结果。三是加强安全生产督查检查执法,定期对企业危化品承运、装卸、运输等环节的各项应急预案进行检查,督促企业培训应急救援人员,配备必要的应急救援器材、设备。

(四)强化应急处置与问责

一方面要构建相关主体互助联动的救援体系,建设区域性专项救援队伍;另一方面坚持深入反腐倡廉,对红线意识淡薄并引发重特大生产事故的危化品监管人员和领导干部严肃追究事故责任。

(五)加强政府信息公开与舆论控制能力

一是调整信息公开模式,增强信息的时效性,避免信息出现"延时效应"。二是如实发布信息,保障社会大众的知情权,以此提高政府的公信力,以获得社会大众的广泛认同。三是提升地方政府在新媒体环境下公共危机管理能力。同时,建立健全相关机制,注重专业人才培养,提升地方政府的公共危机管理能力。

第七节　冲动是魔鬼:2018年重庆万州公交车坠江事件

> 提要:笔者在社会燃烧理论的视域下对2018年重庆万州公交车坠江事件展开分析,将危机引发条件解构为社会燃烧物质、助燃剂和点火温度。笔者从公众情绪、法制缺位及社会联系弱化等方面梳理案例背景,基于"演化—响应"过程阐述危机进程主轴,以舆论发展态势为危机发展辅轴,依托社会燃烧理论得出3点借鉴与启示:针对三大引致条件对点突破,从处理社会公共安全事件、提高城市韧性的深层逻辑看,应重塑社会民众的规则意识并辅之以完善的法律体系和制度执行示范机制,重新整合社会共同体基础并增强个体与社会的联结及黏性,严防社会燃烧现象的发生。

一、案例背景

(一)不良情绪的蓄积及爆发

公交出行作为一种资源节约型、环境友好型的出行方式,在近年来建设"两型社会"、厉行节能减排的社会环境下逐渐流行。随着居民对公交出行需求的增加,早班车时间需求的提前、班次间隔缩短的潜在演化给工资变化甚微的公交司机增添了超负荷的情绪压力,以致司机在行车途中产生报复社会、报复乘客的畸形心理。

(二)行为失范的法治化缺位

2018年坠江事件发生之前,交通领域的主要法律法规《中华人民共和国道路交通安全法》并未对危害公共交通工具正常行驶的行为作出违法界定。空白的法律间隙是此次悲剧发生的法律背景。2019年1月,最高人民检察院(最高检)、最高人民法院(最高法)、公安部联合印发的《关于依法惩治妨害公共交通工具安全驾驶违法犯罪行为的指导意见》明确提出,乘客干扰公共交通工具正常驾驶是以危险方法危害公共安全的犯罪行为。法律空白和相关主体法治意识的淡薄是此次危机的深层次背景。

(三)正义感的低迷和社会联系的弱化

随着以家庭为单位或以个人为单位的经济主体独立性的增强,社会联系呈现弱化趋势,Grannovetter将其称为社会的弱连接①。在这种联系状态下,人与人之间的感情状态逐渐淡薄,"事不关己高高挂起"的心理状态初现端倪。当社会安全事件发生的导火索点燃时,由于正义感的缺失和社会联系的弱化,越来越少的人出于自愿或勇敢地进行"灭火",反而予以"助燃",引爆了社会安全的火药桶。

二、案例演化

2018年10月28日10时08分,一辆22路公交车在重庆万州区长江二桥坠入江中。2018年11月2日,重庆公交车坠江原因公布,车内黑匣子监控视频显示,系乘客与司机激烈争执互殴致车辆失控。万州公交车坠江事件作为公共危机事件,在对社会安全产生威胁的维度上呈现两条逻辑线索。第一条线索以危机发生前、中、后的应急处置为脉络梳理其主轴演化过程。第二条线索以危机发生后舆情演变的态势为依据构建辅轴演进脉络。两条线索反映了随着社会系统中内部因素关联程度的加深,不同类型的公共危机事件极易相互转化或延展式发展。

(一)危机主轴

首先依照主轴演进过程分析本案例"演化—响应"过程,如表4-10所示。由于事件的突发性、演化趋势和应急响应的及时性,节点事件时间间隔短,此处的日期以时间代替,事件发生于2018年。

危机发生后,应急管理部作出明确表态并予以大力支持,在重庆市相关职能部门的指挥下,按照应急预案统筹各方力量,对公交打捞、可能责任人管控、信息公布、心理疏导、舆情管控等各项工作完成分工并有序推进。

(二)危机辅轴

在舆情管控方面,舆情发展的态势构成了此次社会公共安全事件演化与响应的辅轴,如表4-11所示。

危机发生后,由于信息不对称和不完全,舆情呈现"一边倒"态势,舆论抨击小车女司机的"逆行"是公交车坠江的原因。但随着舆情危机响应措施的实施以及官媒、自媒体对事件的真实报道,舆情方向发生逆转,转而声讨涉事公交车司机及冲突乘客,并随着信息的全面公开演化至对相关话题的探讨。

---

① Grannovetter于1974年提出弱连接理论,作为一种联系较弱的人际交往纽带,其表现为感情较弱、亲密程度低、互惠交换少而窄。

第四章 事故灾难类危机的典型案例

表 4-10 重庆万州公交车坠江事件的演化与响应

危机主体	危机潜在因素		
驾驶员冉某	10月28日凌晨5时01分出门上班,事发时是冉某第三轮发车(循规蹈矩的工作生活＋少薪多累的情绪蓄积)		
乘客刘某	10月28日9时35分上车,目的地由于施工原因不设站,司机提醒无效后情绪发作,乘客对司机进行攻击,干扰司机正常驾驶		
时间	危机的演化	决策主体	响应措施
10月28日 10时—13时	公交车坠江	重庆市委、市政府	紧急组织公安、海事、长航、水文等相关部门全力搜救,确定身份并安慰家属
10月28日 14时—17时	小车女司机被控制,舆论倾向抨击女司机为事故原因,车辆下沉1~4小时	万州区交巡警支队、万州区公安局	发布通报,阐明控制对象、事故大体经过
		交通部门	二桥交通管控,通航管理,上海打捞局专业救助力量赶赴现场
		应急管理部、重庆市消防总队	在指挥中心组织救援,派消防车、冲锋舟、潜水员及医务人员参与救援
10月29日	车辆下沉20小时以上	救援行动工作组(成立后)	开展立体测绘和扫描工作,确定车辆位置
		重庆市人民政府	召开新闻发布会,核实失联人员数量和车辆位置
10月30日	车辆下沉超过48小时,司机控制超过30小时,部分网民声讨女司机	重庆市警方	解除对轿车女司机的控制
		上海打捞局	开始打捞黑匣子,并于次日0时50分打捞上岸
10月31日	车辆下沉超过48小时	上海打捞局	救援人员调适技术设备后,于23时28分将公交车残骸打捞上岸
11月1日— 2日	坠江车辆打捞上来后	重庆市警方及相关部门	除失联人员外,已打捞完成13名遇难者遗体,召开新闻发布会,公布调查结果

表 4-11 重庆万州公交车坠江事件舆情的演化与响应

时间	危机的演化	决策主体	响应措施
10月28日	重庆公交车坠江事故系私家车女司机"逆行"导致的消息在网上流传。多家媒体和网络大V不加证实立即转载,导致了"一边倒"的舆论倾向	"平安万州"官方微博(系重庆市万州区公安局运营)	说明真实情况为:事故是公交车在行驶过程中突然越过中心实线,撞击正常行驶的私家车后坠江
10月28日—29日	舆情方向开始转变,抨击公交车责任人并探寻推测事故发生原因	"时间视频"(系北京时间旗下泛咨询短视频平台,非官方运营)	发布公交车坠江正面撞击视频,引发多家新闻媒体继续关注坠江事件
11月2日	网民关注事故原因并不断推测,舆情出现小高潮	"人民网""重庆发布"(均系官方媒体)	公开公交车坠江原因和车内黑匣子视频,为网民解惑
11月2日—7日	网民对相关话题热度不减	各自媒体	对相关话题展开讨论,如事故的责任划分、防护栏的安全性等内容

三、案例分析

(一)社会燃烧理论

社会燃烧理论作为社会物理学中的新兴理论,分析了社会安全事件爆发、引起全局性动荡的全过程(牛文元,2001;孙一凡等,2015)。该理论将自然界的燃烧现象类比到社会中,提出社会燃烧也需要社会燃烧物质在社会助燃剂的作用下,达到社会点火温度。在以万州公交车坠江案为代表的社会安全事件中,潜在的社会矛盾是燃烧物质,居民法治意识缺失和社会行为失范防控不足是助燃剂,偶然性个人矛盾则是点火温度。根据案例演化的方向和态势,在该理论视角下对网络舆情事件[①]进行分析,可知社会矛盾依旧是燃烧物质,网民的情绪和行为动员是助燃剂,突发的刺激性事件则是点火温度。

(二)社会燃烧理论视角下的坠江案例分析

1. 燃烧物质

该案例聚集于司机与乘客的矛盾,探讨其属于一般社会矛盾还是人民内部矛盾。两者

---

① 此处指的是坠江发生后,网民"一边倒"地声讨无辜的小车女司机,并在信息公开后发生反转的舆情事件。

之间的关系属于一种"弱连接"关系,从乘客买票登上公交车的节点开始,就将生命健康安全在事实上让渡给了司机,司机有权利更有义务保障乘客生命安全。但由于两类群体属于矛盾关系中的对立双方,常就驾驶状况、购票情况、停站安排等细节问题引发矛盾。

2. 助燃剂

在司机与乘客存在的社会矛盾的基础上,双方法治意识的缺失为其矛盾的爆发提供了助燃力量。居民行为的底线是不违反相关法律法规,万州公交车坠江案中,无论是干扰司机正常驾驶的刘某还是出手还击的司机冉某,都突破了法律的底线。同时,相关法律法规本身的不健全和普法力度不足也是引发类似事件的重要原因。值得强调的是,此案例的其他受害者——另外13名乘客,也并未履行维护公共安全的义务,他们选择漠视并最终导致个人生命的流逝。

3. 点火温度

在此案中,偶然性事件"维修导致'壹号家居馆'不停"成为点火温度,诱发了冉某与刘某之间的个人矛盾。刘某对冉某的攻击性行为本质上属于犯罪行为,违反了《中华人民共和国刑法》的有关规定,构成了以危险方法危害公共安全罪。个人矛盾的存在直接诱发了此次社会安全事件,导致公交车坠江。

(三)社会燃烧理论视角下的舆情事件简析

舆情事件的助燃剂组成结构如图4-11所示。

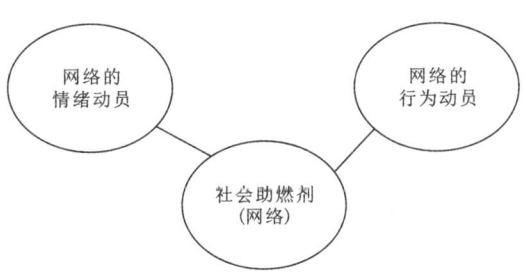

图4-11 舆情事件的助燃剂组成结构

1. 燃烧物质

社会不断发展过程中所出现的多重因素的叠加与各种社会利益矛盾的冲突,在大众传媒的聚焦、放大作用下,引发了矛盾的扩大。当社会中的不稳定因素在数量和质量上进行了累积与发酵后,就可能引发社会矛盾。

2. 助燃剂

网络及其传播对集体行为的发生起到组织动员和情绪感染的内部助燃作用,即内聚动员;强大的网络舆论为集体行为寻找合理化依据与舆论支持,即外扩动员(朱力和卢亚楠,2009)。大众传媒和互联网本质上属于网民的群居生活空间,在平台化快速发展的今天,大众可能因受标签化的影响而加入不同的且同质化的网络社群。桑斯坦认为在网络和新的传播技术的领域里,志同道合的团体会彼此进行沟通讨论,到最后他们的想法和原先一样,只是形式上变得更加极端(凯斯·桑斯坦,2003)。在这种情况下,群体压力和沉默螺旋的作用使得身处社群的网民个体容易受暗示。以此案为例,网民对由来已久的道路交通安全问题表现出强烈的情绪反应,在未核实事实的情况下,群体性地发表过激言论。

3. 点火温度

案例中突发的万州公交车坠江事件就是出现的刺激性事件,其以不确定性(突发性)、敏感性、破坏性为基本特征(金佳雯,2021),是诱发此次网络舆情的关键因素。需要注意的是并非所有突发事件都能成为点火温度(图4-12)。马尔科姆·格拉德威通过对流行潮引爆点所涉及的3条法则,即个别人物法则、附着力因素法则、环境威力法则的剖析(马尔科姆·格拉德威尔,2006),提供了找到引爆点的思路,引爆点必须激起燃烧物质和助燃剂相互作用,并易被网民标签化。

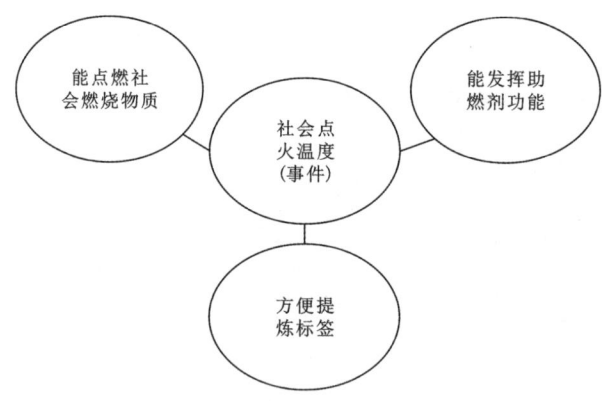

图4-12 舆情事件的点火温度功能

四、借鉴与启示

万州公交车坠江事件及其引致的舆情风险共同构成了社会安全事件的全貌。此次重庆市应对危机时的果断处理和对舆情的把控都有值得借鉴之处,是对其城市风险预案实效的检验,更是对城市韧性的考核。在社会燃烧理论的视角下,对此类社会安全事件的预案制定、风险稳评和应急防控同样具有内在规律可循。对此类事件应从以下几个方面进行对策研究。

(一)清理燃烧物质——缓和社会关系

对于潜在的社会矛盾而言,缓和社会关系是根本之举。司乘关系的不和谐并非根本利益的冲突,而是在权利让渡和交换过程中发生了误解和错位。将两者的"弱连接"关系转化为形式上和实质上的"强连接"关系是解决此类矛盾的关键渠道。

我国应加快构建司机的形象传播机制以及司乘之间的相互理解和信任机制,让双方在相互了解、换位思考的基础上达成共识,共同维护社会安全。同时加强法制引导,创建和谐清朗的乘车氛围与共同空间。在公交车的行驶过程中,司机和乘客同属空间的生产者和使用者,厘清身份差异和增强身份共识也是维护和谐关系的重要渠道。

而对于网络舆情传播而言,引起舆情事件的社会燃烧物质一般由以下几个方面构成:公权力的缺位、越位导致公众与政府及工作人员的矛盾,利益分配结构性失衡以及利益诉求渠道不通畅等导致的贫富阶层之间、弱势群体和精英群体之间的矛盾,强烈的民族情绪和超民主意识,多元道德价值体系与主流道德价值体系的矛盾(张佳慧和陈强,2012)。

因此,应健全相关的法律体系,利用法律手段来制约网络和现实社会中存在的不合理事件,用法律来维护社会的稳定与平衡。同时加大信息公开力度,避免信息不对称性引发信息权利失衡。

(二)切断助燃剂——重塑法治观念

法治观念的缺失、责任意识的淡薄、正义感的缺位共同促成了此类社会安全事件的发生。政府部门应加大生活场景中的普法力度,使民众处处学法、处处用法、处处守法,将法治观念深化;明确类似场景下相关主体的责任行为,做到责任落实到人,搭建责任认定机制,细化违法行为处罚标准,遏制社会失范行为;同时通过法治宣传加强正义理念宣教,鼓励民众依法维护社会公共安全和个人生命及财产安全。

同样对于舆情管控来说,要切断助燃剂,及时调控居民情绪,规范行为引导。拉扎斯菲尔德提出两级传播理论,即信息的传播首先抵达舆论领袖,然后舆论领袖有选择地传递给社会公众(陈雪奇,2013)。因而,官方媒体应增强网络把关人的把关意识,培养网络意见领袖,从而避免社会矛盾在网络中的发酵。

此案例中,法律条文对责任认定的补充呼应切断助燃剂的观点,同时责任义务界定的延申与明确、正义理念宣教工作的开展也深入人心。在舆情处理中,地方官媒及时公布信息,引导正确的舆论走向,也成功化解了舆情危机。

(三)控制点火温度——做好应急管理预案

此类社会安全事件并非偶然,而是矛盾从逐渐积累到爆发的过程。很多冲突之所以发生就是因为在事件的潜伏期和萌芽期都没有引起相关主体的足够重视,失去了控制其发展的黄金时间。

政府部门应密切关注事件的苗头,对此类容易忽视的内部矛盾(如买卖关系、医患关系、租住关系等)增加关照力度。同时,制定相关的应急预案,做好风险研判和稳评工作。在坠江事件以及相关联的网络舆情事件中,应急管理部和重庆市人民政府对车辆坠江的公共危机事件有较为成熟的应对预案,并能够结合实际情况有效使用,其经验和应对方法值得借鉴。

第八节 傲慢的代价：2017年英国伦敦西部高层公寓起火事件

> **提要**：2017年6月14日凌晨，一台型号为FF175BP的"热点"牌冰箱在伦敦西部一栋格伦费尔公寓大楼24层引发大火，火势几乎蔓延到所有楼层，导致至少79人丧生。笔者梳理了2017年英国格伦费尔公寓火灾事件发生前的预警缺失、事件发生中的救援及舆论发酵、事件发生后的处置措施等的时间线，从管理与减缓、沟通与舆情、危机恢复3个方面对事件进行分析，对处理过程中存在的不足进行总结和反思，发现在突发事故灾难处理过程中存在硬件设施落后及管理缺位、事故处理效率低等问题，同时从住房规范管理、高层建筑火灾防控2个方面提出对策，以期进一步提升全社会的防灾减灾能力，为公共危机治理发展作出贡献。

一、案例背景

（一）被故意忽略的塔楼防火建议

英国广播公司19日爆料，4名原内阁高级官员多年来至少接到数十次有关塔楼防火安全的警告，但却置之不理。跨党派议会消防与安全组织致信政府，表示专家已经提醒居住在格伦费尔公寓大楼这样的建筑中"存在风险"，敦促政府采取更严格的防火安全规定。

自2009年伦敦南部拉卡纳尔大厦火灾致死6人后，调查人员向政府提出一系列安全建议。政府承诺在2013年审查现有消防措施，但很快这一承诺就被推迟。2014年3月，跨党派议会消防与安全组织在一封信中写道，"已掌握可信的证据证明有必要更新救生指导"，"英国估计还有4000栋塔式大楼，没有喷水灭火系统。我们真能承受得了悲剧再次发生，然后再修补这一漏洞吗？"时任社区与地方政府事务部副大臣史蒂文·威廉姆斯却认为，并不需要着急作出改变。他回信说，提出这些问题会"打乱部门工作"。

时任社区与地方政府事务部大臣埃里克·皮克尔斯于2014年2月收到跨党派议会消防与安全组织关于消防安全监管的建议信。

2013年2月和3月，2名曾调查塔楼火灾的调查人员分别致信皮克尔斯，请求他关注防火措施。

2015年12月，跨党派议会消防与安全组织致信政府部门的另一名副大臣詹姆斯·沃顿，提醒外墙装饰板可能导致火灾从建筑外部蔓延。

2016年9月，社区与地方政府事务部又一名高官加文·巴韦尔也收到信件。他在2个月后回信说，正在着手起草防火规定，将及时发布声明。2017年4月，巴韦尔回信说："要发布一条关于建筑消防安全规定的声明比我想象的要久。"

(二)格伦费尔公寓大楼的情况

格伦费尔公寓大楼建成于 1974 年,是 20 世纪 70 年代棚户区改造的产物,产权方和管理者都是区政府。格伦费尔公寓大楼的住户主要是一些低收入者,业主总数 120 户,近几年也收纳了一些难民。媒体提供的一张照片显示,原本的消防通道中堆放着旧家具和旧床垫,这是违法的。

2012 年开始,区政府委托莱顿和哈利建筑外墙有限公司(Rydon and Harley Facades Ltd)开始了一项总价值 870 万英镑的翻新项目,并于 2016 年完工。翻新项目主要更换了外立面装饰材料和窗户,并没有安装消防喷淋系统,尽管其只需要 100 万英镑。对于区政府而言,这样安排是为了在有限的预算下实现看起来最好的效果。

(三)致命的建筑材料

一份官方文件显示,公寓的翻新工程本应交给一家名为 Leadbitter 的建筑公司,不过这家公司的开价为 1127 万英镑,这比肯辛顿和切尔西区议会的预算高出了 160 万英镑。于是,工程被转交给莱顿和哈利建筑外墙有限公司,其开价只有 870 万英镑。整个翻新工程包括更换玻璃,安装新的取暖系统以及新的外墙隔热层。该公司于 2011 年夏天刚刚完成了外墙隔热层的铺设,他们使用的是一种名叫"雷诺邦德涂层铝板"的隔热材料。据这种铝板的美国生产商雷诺邦德介绍,铝板共有 3 种不同的版本,其中 1 个版本铝板使用了塑料材质的夹层,但容易燃烧,另外 2 种则有阻燃的功能。在美国,法律禁止超过 40 英尺的建筑使用含塑料材质的铝板,但英国却没有相关标准。于是该公司使用了这种易燃的材料。相比阻燃版本,塑料版本大概便宜 2 英镑/m^2。整个格伦费尔公寓大楼大概需要超过 2000m^2 的材料,因此该公司从中节省了 5000 英镑。

二、案例演化

2017 年英国伦敦西部高层公寓起火事件的演化与响应见表 4-12。

三、案例分析

(一)不恰当的高层建筑材料

英国媒体报道,格伦费尔公寓大楼的外墙材料是价格相对较低的不防火材料,虽然在英国符合建筑标准,但在德国被列为易燃材料,在美国被列入禁用建材名单。一些建筑学家曾就外墙材料安全隐患提出警告,但地方官员并未采取任何措施(袁辉,2017)。

表 4-12 2017 年英国伦敦西部高层公寓起火事件的演化与响应

时间	危机演化阶段	危机的演化	决策主体	响应措施
2017 年 6 月 14 日凌晨（以下均为伦敦时间）	预警阶段	火灾爆发	—	大楼内没有任何设备发出起火警报
2017 年 6 月 14 日凌晨 1 时 16 分	救援阶段	接到火警电话	伦敦消防队	部署 40 辆消防车和约 200 名消防员参与灭火
2017 年 6 月 14 日 9 时 30 分	救援阶段	直升机加入救援	急救系统	除继续搜救大楼内幸存者外，保证建筑周围安全，防止大楼随时坍塌，造成二次伤害，也成为重要的善后工作
2017 年 6 月 14 日 15 时 05 分	救援阶段	召开新闻发布会	伦敦警方	警方表示，消防员是在接到报警 6 分钟后赶至现场的。可以确定在此次事故中有人不幸身亡，但具体数字仍在核实，火灾原因也仍需调查
2017 年 6 月 14 日 17 时 25 分	救援阶段	开通紧急热线	伦敦大都会区警署	开通紧急热线电话，供民众查询家人和朋友等是否受到火灾影响
2017 年 6 月 15 日凌晨 0 时	救援阶段	大楼内外都已看不到明火	—	—
2017 年 6 月 15 日	救援阶段	召开跨党派会议	首相特雷莎·梅	推迟与北爱尔兰民主统一党协商组建新政府的计划，集中精力处理救灾事宜，要求相关政府机构召开跨党派会议，确保能够向应急部门和地方政府提供适当的协助
2017 年 6 月 15 日	救援阶段	巡视伦敦西部公寓火灾现场	首相特雷莎·梅	私下巡视伦敦西部公寓火灾现场，与救灾人员交谈，但拒绝会见任何灾民，并不准媒体采访，对外宣称是基于安全理由
2017 年 6 月至 10 月	重建阶段	灾民安置	伦敦政府	火灾发生几天后，特雷莎·梅公开承诺在 3 周内让受害者搬进新家。但 1 个月后，格伦费尔公寓大楼所在地区政府改口说，安置工作会尽快落实。10 月，当局又承诺会在圣诞节之前达成安置目标
2017 年 12 月 14 日	重建阶段	灾民安置	伦敦政府	大楼 210 户住户中，只有 45 户搬入固定新居，54 户搬进临时公寓，100 多户同意接受政府提供的公寓，但无法搬迁。还有 66 户不接受政府提供的选项，依然全家挤在宾馆

(二)社会住房背后的贫富差距问题

格伦费尔公寓大楼的一场大火又一次照亮了英国社会贫富差距的现状。在英国,类似于格伦费尔塔的高层公寓多为福利房。从地图上看,距离格伦费尔塔步行几分钟,便是英国中产聚居的街区。虽然聚居在这些街区的英国人并非百万富翁,但也可被视为白领阶层。而距离格伦费尔塔稍远距离的,便是豪车、豪宅聚集的伦敦富人区。

火灾的原因在彻查和伤亡人数还在更新的时候,人们就逐渐从悲愤转变为抗议,抗议政府在当地推行有利于富人的政策,忽视穷人的利益与安全。甚至有媒体质疑,该楼的安全隐患早就存在,政府没有及时解决,是因为楼里住的都是穷人。

低收入群体在经济上缺乏地位,在政治上缺乏发言权,其意见最容易被忽视。自2013年起,居民就数次通过其所在的租户协会向肯辛顿暨切尔西物业管理组织表达对大楼防火设施的不满,但最终这些建议在项目设计与实施过程中均被忽视。惨痛的事实证明,如果能够采纳居民对防火设施、喷水系统的建议,火灾本可以避免,或至少能降低损失(张昊等,2018)。

(三)灭火救援存在的问题

火灾探测与报警装置失效,许多居民未能通过警报迅速得知火情。火灾自动报警系统是火灾发生时的第一道防线,其目的是在火灾初起阶段警示建筑内人员并引导疏散逃生,促使相关管理人员采取紧急处置措施,并联动控制建筑内的排烟、灭火等消防设施启动。格伦费尔公寓大楼的火灾发生在深夜,加上报警系统失效,意味着贻误了宝贵的逃生和灭火时机。

公寓大楼火灾初期,灭火手段缺乏或失效,大楼内未安装自动喷水灭火系统,灭火器年久失效。自动喷水灭火系统对于扑救初期火灾、控制火灾发生规模具有显著的作用。若设有该系统,喷头喷洒就能有效控制电冰箱引发的小火,避免其蔓延至厨房以外区域,这场惨痛的悲剧则不会发生。

从媒体曝光的建筑图纸可以看到,整座大楼仅设置一个封闭楼梯间和一个安全出口,且它们与电梯井邻近设置。高层建筑因高度高、人员多、疏散距离长,无备用安全疏散通道,安全疏散和灭火救援难度很大,存在很高的风险。火灾中电梯井极易成为烟火竖向蔓延通道,疏散楼梯与电梯井邻近,受到烟火侵袭的安全风险极高。同时,封闭楼梯间安全系数较低,因缺乏防烟措施,不能防止烟气侵入。从这2个方面看,格伦费尔公寓大楼在安全设计上存在严重缺陷。楼梯间作为室内人员唯一逃生路径和消防队员唯一可进入建筑内的通道,无疑加大了救灾难度,使人们逃生的可能性极低。

消防车作业受到阻碍,举高能力有限,加之建筑内部的消防设施缺陷,伦敦大火无法在短时间内得到有效控制。伦敦消防部门在得知火情后迅速出动,但格伦费尔公寓大楼周围通道狭窄,只有北面和东面道路勉强设有停车作业空间,到达后因消防车无法通过、作战行动受阻,可能错过了控制火势的第一时间,最终只有2部消防车投入灭火作战。另外有关信息显示,伦敦消防器材配备不足,伦敦消防的登高车举高高度仅有32m(罗忆宁,2017)。

(四)危机事件发生后的负面舆论

当地时间 6 月 14 日火灾发生后,时任英国首相特雷莎·梅并没有在第一时间赶到火灾现场。尽管她在火灾隔天后抵达了火场,她的举动还是没能让人满意。她私下巡视伦敦西部公寓火灾现场,与救灾人员交谈,却拒绝会见任何灾民,并不准媒体采访。她为自己的行为辩解:"我想从紧急事务部门那里了解相关情况。"她的国防大臣给出的原因则是基于安全考虑。

这一表现引起了民众的强烈不满。16 日,特雷莎·梅来到火灾发生地附近的一座教堂与当地居民见面时,教堂外一群抗议者极其愤怒地表达自己的不满。舆论阵地的失守不仅导致民众对政府失去信任,还会影响民众的情绪和心理,在灾难爆发的特殊时刻,不利于公共危机事件的应对。

(五)灾后救助安置进程缓慢

火灾发生几天后,特雷莎·梅公开承诺在 3 周内让受害者搬进新家。但 1 个月后,格伦费尔公寓大楼所在地区政府改口说,安置工作会尽快落实。10 月,当局又承诺会在圣诞节之前完成安置目标。截至 2017 年 12 月 14 日,大楼 210 户住户中,只有 45 户搬入固定新居,54 户搬进临时公寓,100 多户同意接受政府提供的公寓,但还无法搬迁。还有 66 户不接受政府提供的选项,依然全家挤在宾馆。一些幸存者抱怨,住在宾馆半年之久,空间狭小,自己无法做饭。政府方面称,已经向所有住户提供临时或永久公寓以及安家费,但一些人拒绝接受。针对此次事件,英国政府颁布法令,禁止高度在 18m 以上的新建筑外墙使用可燃材料,并随后修订了《建筑物条例》的消防安全核准文件 B,禁止建筑外墙使用不具有高阻燃等级的材料。修订案涵盖的建筑物为高度超过 18m 的新楼宇,包括公共机构、医院、家庭住宅、学校和学生宿舍。该修订案规定,这些建筑的外墙不允许使用易燃材料,修正案于 2018 年 12 月 21 日生效(周密,2019)。

四、借鉴与启示

英国伦敦西部高层公寓起火事件暴露了当地在预警、管理及应对等方面的诸多不足。同时,我国高层楼房数量不容忽视,这起火灾同样也应引起我国对高层住宅安全的进一步思考。

此次火灾造成重大伤亡的主要原因可总结为硬件设施落后、管理缺位、事故处理效率低,具体表现为:一是建筑自动消防设施缺失或瘫痪,影响了初起火灾扑救和人员逃生;二是外墙采用可燃保温材料,导致火灾蔓延迅速;三是整幢大楼仅有一部封闭楼梯,起火后封闭楼梯没有真正封闭,浓烟充斥楼梯间,人员无法逃生;四是大楼日常消防管理不到位,火灾隐患长期得不到整改;五是大楼消防车通道狭窄,消防车等灭火救援车辆难以通行和展开,再加上扑救高层建筑火灾的车辆装备不足,严重制约了施救效果(张先来,2017)。鉴于上述不足,可从住房规范管理、高层建筑火灾防控两个方面开展应对措施。

(一)严格落实高层建筑防火规范,谨防火势扩散蔓延

作为城市化、工业现代化的产物,高层住宅虽然具有提高土地使用率、增加住房和居住人口等优势,但同时在安全方面存在着风险源点多、事故救援及逃生疏散困难等问题。因此,从安全的角度来说,楼越高,对于其自身本质安全水平及所在地应急处置能力的要求就越高(袁辉,2017)。

鉴于高层建筑具有火势蔓延迅速、人员疏散困难、灭火救援困难等特点,高层建筑防火设计必须遵循"预防为主,防消结合"的方针,立足于自防、自救,采取先进、成熟的防火技术,以及严格、有效的防火措施,有效预防高层建筑火灾,减小高层建筑火灾危害。一方面,要按照国家相关防火技术标准,确定高层建筑的耐火等级及建筑物构建的耐火极限,采取防火分隔、安全疏散等措施,设置火灾自动报警、灭火、防烟排烟等功能设施;另一方面,要针对集购物、娱乐、办公、餐饮等多种使用功能于一体的高层建筑,或者医院、歌舞厅、影剧院等人员密集场所的高层建筑,强化消防设施设置,提高火灾设防标准。

(二)切实规范高层建筑消防管理,做好预警防范工作

在建设施工期间和投入使用前,相关部门要切实加大监管力度,防止高层建筑建设单位、施工单位降低火灾设防标准,降低外保温材料标准甚至弄虚作假。在投入使用期间,相关部门要针对高层建筑产权复杂、租赁活跃、人员流动频繁等问题,创新消防安全管理理念和手段,推行高层建筑消防安全负责人和楼长制度,明确每栋高层公共建筑的消防安全负责人,牵头负责日常消防安全管理;明确每栋高层建筑的消防管理人员,具体组织日常消防安全工作;明确高层建筑的消防安全工作人员,由高层建筑的产权单位或物业管理单位组织建立微型消防站,招聘培训微型消防站队员,强化日常巡查检查、宣传提示、组织疏散和扑救初期火灾的职责(张先来,2017)。

参考文献

陈雪奇,2013.两级传播理论支点解析[J].厦门大学学报:(哲学社会科学版)(5):142-148.

范文隽,2012.公路突发事件管理问题研究[D].西安:长安大学.

郝志超,孟繁林,2020.从江苏响水"3·21"爆炸事故看船载危险货物的安全监管[J].水运管理,42(5):32-34.

黄树泉,李静,2014.危化品道路运输应急预防措施[J].安全,35(11):46-47.

金佳雯,2021.食品安全事件引发社会安全事件的耦合机理与对策研究——以社会燃烧理论为视角[J].江西警察学院学报(2):45-50.

凯斯·桑斯坦,2003.网络共和国[M].黄维明,译.上海:上海人民出版社.

李翠华,杨利斌,傅志华,等,2021.无锡市312高架桥倾覆事故分析[J].工程力学,38(9):203-211.

李亚兰,2022.建设性新闻视角下重大突发事件报道策略研究——以东航坠机事故为例[J].传媒论坛,5(10):4-8.

刘凌之,2020.危机信息公开中的多方互动研究——"10.10无锡高架桥事故"中的政府、媒体与公众[D].北京:中国政法大学.

刘永,2020.面向高速公路突发事件的应急管理决策方法研究[D].重庆:重庆交通大学.

罗忆宁,2017.英国社会住房更新的流程与困境——以伦敦大火中的格伦费尔塔楼为例[J].城乡建设(15):72-74.

马督工.为了解释无锡立交桥事故,先回同济补课[EB/OL].(2019-10-13)[2025-4-26].https://www.bilibili.com/video/BV1sE411d7Na?spm_id_from=333.999.0.0.

马尔科姆·格拉德威尔,2006.引爆点[M].2版.钱清,覃爱冬,译.北京:中信出版社.

牛文元,2001.社会物理学与中国社会稳定预警系统[J].中国科学院院刊,16(1):15-20.

孙一凡,兰月新,张鹏,等,2015.基于社会燃烧理论的网络谣言风险对策研究[J].现代情报,35(5):14-19.

王国华,魏程瑞,杨腾飞,等,2015.突发事件中政务微博的网络舆论危机应对研究——以上海踩踏事件中的@上海发布为例[J].情报杂志,34(4):65-70+53.

王俊莲,赵慧,2005.政府突发危机事件应对与公共信息公开[J].甘肃行政学院学报(4):50-51.

王伟,刘志云,崔福庆,等,2021.1981—2020年我国较大及以上危化品事故统计分析与对策研究[J].应用化工,50(8):2187-2193.

魏思佳,2022.自建房塌引关注"违建"监管成重点——湖南长沙"4·29"特别重大居民自建房倒塌事故引出的思考[J].中国应急管理(5):90-93.

文宏,李风山,2021.信息与情绪:事故灾难中公众责任归因的类型学分析——以无锡高架桥坍塌为例[J].北京行政学院学报(6):92-99.

肖峰,郭傲寒,2015.政府舆情危机应对的短板及解决路径——以天津港爆炸事故后政府新闻发布会为例[J].武陵学刊,40(6):119-123.

新华报业网.这些围绕无锡高架桥侧翻事故的谣言,我们必须说清楚[EB/OL].(2019-10-12)[2025-4-26].http://jres2023.xhby.net/wx/yw/201910/t20191012_6363237.shtml.

邢振江,陈佳祺,刘爽,2023.公共安全事件应急协调联动机制探究——以江苏Y城化工园区爆炸事故为例[J].河北科技大学学报(社会科学版),23(1):19-28.

闫秋实,孙庆文,朱渊,2017.有关居民住宅楼内燃气爆炸冲击波特性的研究[J].建筑结构,47(S2):370-375.

袁辉,2017.让安全与楼一样"高"[J].现代职业安全(7):8.

张昊,张靖岩,李宏文,2018.由伦敦大火谈我国高层建筑楼群的消防安全风险及管理[J].消防技术与产品信息,31(1):1-6.

张佳慧,陈强,2012.社会燃烧理论视角下网络群体性事件发生的研究[J].电子政务(7):63-67.

张先来,2017.坚持本质安全优先 做好高层建筑火灾防控——从伦敦"6·14"火灾看北京市高层建筑消防安全工作[J].城市与减灾(5):8-11.

张毅博,张学勤,刘书伶,等,2022.应急舆论引导的多维度关怀——以东航坠机事故的新闻报道为例[J].城市与减灾(3):23-26.

张展,2020.长深高速江苏无锡"9·28"特大事故调查报告公布[J].现代职业安全(10):9.

周枫,2017.新媒体时代政府公共危机管理研究——基于4R理论视角对于上海外滩踩踏事件的分析[J].管理观察(24):45-49.

周密,2019.英国政府禁止新建高层建筑的外墙使用可燃建材[J].国际木业,49(1):49.

周扬明,赵连荣,2009.基于4R模型下我国公共危机管理体系建设的思考[J].石家庄经济学院学报(6):80-83.

朱力,卢亚楠,2009.现代集体行为中的新结构要素——网络助燃理论探讨[J].江苏社会科学(6):84-90.

第五章 公共卫生类公共危机的典型案例

第一节 同舟共济战"疫"情：2020年武汉抗击新冠病毒感染疫情

提要：2019年底新冠病毒感染疫情在武汉暴发，此后在湖北省和全国快速蔓延，成为中华人民共和国成立以来疫情传播速度最快、感染范围最广、防控难度最高的重大突发公共卫生事件，对地方政府的公共卫生体系和公共治理能力提出了严峻考验。地方政府——武汉市人民政府作为真正的危机应对者，通过广泛的社会动员、正确的舆情引导、超常规的风险减缓措施等手段成功化解此次公共危机事件，同时也通过此次事件分析出地方政府危机意识不强、信息掌握能力与沟通渠道不足、法律法规不健全等治理短板。对本次武汉市疫情保卫战的分析表明，只有总结经验、直面困境，才能更好地提高地方政府公共危机治理能力，完善公共危机治理体系。

一、案例背景

(一)城市扩张进程中的暗藏危机

改革开放40多年来，中国的城镇化率已突破60%，超过5亿人口从农村迁入城市。人口向特大城市聚集，极大地推动了经济社会发展，但伴随着城市规模扩大和人口急剧增长，新产业、新业态、新领域大量涌现，城市运行系统膨胀，安全风险抬升，城市治理难度也快速加大，不断面临新挑战。现代城市隐藏着各种风险和由不安全、不确定因素构成的危机，内容涉及公共卫生、自然灾害、犯罪管理等。

(二)新冠病毒感染疫情的暴发及应对措施

2019年12月以来，湖北武汉陆续发现病毒性肺炎病例，均诊断为病毒性肺炎。31日上午，国家卫生健康委员会(简称国家卫健委，其他省、市、县级卫生健康委员会以同样方式简称)专家组抵达武汉，调查出肺炎病例大部分来自华南海鲜城经营户。此后武汉市人民政府对华南海鲜批发市场采取休市措施，武汉市卫健委通报中说明未发现明确的"人传人"证据，随后出现了以武汉市为中心的全国性疫情暴发。2020年1月22日湖北省人民政府决定启动突发公共卫生事件Ⅱ级应急响应,23日凌晨武汉市封城,城市公交、地铁、轮渡等一切交通工具暂停运营,离汉通道暂时关闭。武汉市成为疫情防控的要紧关口,各地医疗队伍陆续驰援武汉市,"火神山""雷神山"医院挑战中国速度,各区各校的志愿组织成为社区疫情管控的中坚力量。直到3月23日,武汉市宣布企业开始复工复产,疫情出现好转,吹响了战"疫"保卫战的成功号角。

(三)严峻复杂的疫情防控形式

疫情发生在武汉这座新一线城市,波及面广、扩散快、防控难度大,究其原因,主要表现在以下几个方面。首先,城市人口规模大和流动人口多,武汉市常住人口约有1500万,其中逾500万流动人口。同时,武汉市作为国内连接东西、贯通南北的重要交通枢纽,高速、高铁、航空运输高度发达,便捷的交通助长了人口大规模流动,进而带来疫情扩散风险。作为中部的枢纽城市,武汉市不得不面对人口规模庞大和人口快速流动的疫情防控双重压力,这给城市安全治理带来巨大挑战。其次,超大城市的体量庞大,疫情发生时还面临着医疗资源供给不足和各种生活物资保障短缺等诸多问题,如医疗资源挤兑、防护用品缺乏等衍生问题。最后,疫情发展和危害具有高度的不确定性和难以预测性,武汉市作为超大城市,是一定地域的经济、社会、文化辐射中心,呈现出高度的动态开放性,各子系统之间的依存度较高,使得突发事件具有复杂的关联效应和快速的扩散效应,所有的风险预案制定都要建立在更多不确定性的基础上,防控难度更大。

二、案例演化

依据疫情发生发展的过程特征,结合政府疫情防控的阶段性特点,笔者将武汉市新冠病毒感染疫情防控工作划分为4个阶段。

一是疫情防控初始阶段(2019年12月初至2020年1月22日)。此时疫情危机初现,出现少量病例,不同渠道出现了危机预警信号,武汉地区对相关病例进行通报,采取医疗措施,尚未开展严格的疫情防控工作。

二是疫情防控升级阶段(2020年1月23日至2020年2月12日)。此时确诊病例数量大幅上升,疫情危机开始暴发和扩散。武汉市关闭离汉通道,疫情防控全面升级,全面建立群防群控网络,医疗资源一度出现挤兑,"火神山""雷神山"医院与各方舱医院相继交付启用,各省和军队救援队驰援武汉市,提升武汉市医疗收治能力。

三是疫情防控控制阶段(2020年2月13日至2020年底)。此时武汉市实施严格的社区隔离和疑似感染者的全面筛查、定点隔离政策,对新冠病毒感染患者"应收尽收、应治尽治",新增确诊人数清零,建立常态化疫情防控体系,在关键环节和风险点继续做好防控工作,疫情得到有效控制。

四是疫情防控后续阶段(2021年及以后)。随着疫苗的研发和推广,武汉市疫情逐渐得到有效控制。政府继续加强疫情监测和防控,同时重点关注境外输入风险,经济和社会秩序也逐步恢复正常。

武汉市人民政府及其相关部门在新冠病毒感染疫情危机演化中的具体响应过程见表5-1。

表5-1 武汉市人民政府及其相关部门在新冠病毒感染疫情危机演化中的具体响应过程

时间	危机的演化	决策主体	响应措施
2019年12月8日	不明原因肺炎首例出现	武汉市卫健委	12月8日通报不明原因肺炎病例
2019年12月29日—31日	肺炎病例数量增加,"人传人"传言盛行	湖北省卫健委、武汉市卫健委	组织开展流行病学调查;发布《关于做好不明原因肺炎救治工作的紧急通知》;通报肺炎疫情未发现明显的"人传人"现象,未发现医务人员感染
2020年12月31日	国家卫健委查明病例大多来源于华南海鲜市场	武汉市江汉区人民政府	华南海鲜市场休市整顿
2020年1月15日	1名医护人员被确诊新型冠状病毒感染,"人传人"标志性事件发生	武汉市卫健委	发布疫情知识问答,根据现有的调查结果表明"人传人"风险较低
2020年1月20日	新冠病毒"人传人"得到证实,武汉市感染病例数量与日俱增	中央政府	成立武汉市新型冠状病毒感染疫情防控指挥部,统一领导、指挥全市疫情防控工作
2020年1月22日	病毒感染疫情持续发酵,各医院发热门诊人满为患	湖北省卫健委	启动突发公共卫生事件Ⅱ级应急响应
2020年1月23日—24日	全国各地开始出现新冠病例,大部分感染源都途经武汉市,越来越多的人连夜出城,医疗物资告急	湖北省武汉市人民政府	武汉市机场、火车站离汉通道关闭,封城;开通社会捐助途径,开通24小时电话,接收社会各界捐赠;全市网约出租车停止运营,巡游出租车实行单双号限行;全员排查发热病人,各社区负责全面排查所服务辖区发热病人并送社区医疗中心对病情进行筛选;除经许可的保供运输车、免费交通车、公务用车外,中心城区区域实行机动车禁行管理
2020年1月23日	出现了聚集性病例和无武汉旅行史的确诊病例	湖北省文化和旅游厅	暂停武汉市经营性文化娱乐场所运营

续表 5-1

时间	危机的演化	决策主体	响应措施
2020年1月24日—2月8日	武汉市本土病例数量不断增加,医院病房、病床供需矛盾严重,场地小,医院内感染风险增加	武汉市城乡建设局	火神山医院、雷神山医院设计并完成,集中收治新型冠状病毒感染患者
2020年2月4日	病房床位再次出现紧缺	武汉市城乡建设局	新建11座方舱医院,可提供床位万余张
2020年2月5日	曾在小年举办万家宴的武汉百步亭花园社区出现居民发热情况	武汉市百步亭花园社区管理委员会	安排发热居民进行核酸检测并居家隔离
2020年2月11日—17日	越来越多聚集性病例出现	武汉市人民政府、武汉市疫情防控指挥部	对所有住宅小区实行封闭管理,对新冠病毒感染确诊患者或疑似患者所在楼栋单元进行严格封控管理;发布关于严格公共场所疫情防控措施的通告,严格公共场所关闭管理,必须开放时实行扫码出入,全市住宅小区和封闭管理卡口采取快递无接触投递方式
2020年3月23日	疫情得到有效控制,武汉市经济发展亟待恢复	武汉市委、市政府	印发《武汉市支持企业复工复产促进稳定发展若干政策措施》,在严密做好疫情防控工作的同时,推进企业复工复产,稳定发展
2020年4月8日	武汉市物流运输、交通等基础设施亟待恢复	武汉市人民政府	解除离汉离鄂通道管控措施
2020年5月—12月	疫情在全国范围内得到控制,但是无症状感染和变异性新冠病毒感染病例偶有发生	武汉市人民政府、湖北省武汉市疫情防控指挥部	疫情防控进入常态化
2021年以后	政府继续加强疫情监测和防控,同时重点关注境外输入风险	武汉市人民政府	疫情防控进入平稳期

三、案例分析

(一)广泛的社会动员,展示中国特色社会主义制度优势

从防控升级至今,武汉市新冠病毒感染疫情防控体现了强大的社会动员能力,依靠整体性社会动员机制和系统化的社会治理网络取得疫情防控阶段性成果(卿菁,2020)。党政机关、企事业单位党员干部和职工下沉社区,医务工作者救死扶伤,人民解放军冲锋在前,志愿者队伍高效服务,千万武汉人民自我隔离,逆行者、志愿者、坚守者团结一心,共同参与疫情防控,展现出举世瞩目的组织力。"火神山"医院和"雷神山"医院、各方舱医院、集中隔离安置点等医疗救治机构的火速建成、有序运转,展示了武汉市在疫情防控中集中统一高效的执行能力。这也成为疫情防控的战略部署和政策设计落实到具体防控工作的关键之举,是有效控制疫情的行动保障。同时,在中国特色社会主义制度的强大社会动员能力支撑下,中央调动全国人力、物力、财力等资源积极应对,武汉市人民政府向全社会开通捐赠渠道,动员全体社会力量帮助武汉市渡过难关。

(二)充分与各类组织协调合作,将社会力量广泛融入疫情防控

武汉市首先将群策群力作为当时应对疫情的基本性策略,有效动员各方力量,体现了基层社会治理的鲜明底色。群策群力是群众路线在基层社区层面的重要体现。在新冠病毒感染疫情防控中,基层社区发挥了重要作用,通过社区网格化管理精准到户,责任到人,落实疫情监测、排查、预警、防控等工作。社区负责全面排查辖区发热病人,对确诊患者、疑似病人、亲密接触者进行筛选、分类,负责居家隔离居民的送药送餐、生活保障、劝阻外出等工作。

其次是加强社会合作,引导社会力量整合融入疫情防控协调合作体系,将区域治理、单位治理、公司治理、基层社区治理有机结合起来。武汉市疫情防控中,武汉市总工会、中国共产主义青年团武汉市委员会(简称武汉市共青团)、武汉市妇女联合会(简称武汉市妇联)等人民团体组织动员群众积极参与疫情防控工作,行业协会商会、高校青年志愿者协会等社会组织充分发挥专业优势,广泛参与帮扶武汉市医院帮扶及医护人员子女教育关爱等活动。他们共同为疫情防控作贡献,成为协调合作的重要力量。

(三)及时有效的危机减缓举措,最大限度抑制疫情传播

武汉市是交通要道,九省通衢,疫情暴发又处于春运时期,人群流动频繁,作为拥有千万级人口的超大城市,为有效切断病毒传播途径,精准遏制疫情蔓延势头,确保全国人民生命安全和身体健康,武汉市采取了关闭离汉通道、禁行、公共交通停运、全覆盖排查、小区封闭、四类人员集中收治隔离等一系列超常规、最严格的防控举措,体现了决策层直面疫情发展状况的勇气,以及坚决控制疫情蔓延的决心和信心。在疫情防控工作执行过程中,武汉市严查疫情防控工作中履职不到位、消极应付、弄虚作假等形式主义和官僚主义问题,以最严的作风为疫情防控提供坚强的纪律保障。这些超常规防疫措施的落实,对有效减少人群流动,切

断病毒传播链,控制新冠病毒感染疫情起到了重要作用,也为控制疫情向全国蔓延争取了时间,起到了至关重要的作用(卿菁,2020)。

(四)及时有效的舆情引导与回应,减少社会恐慌

首先,武汉市人民政府及时进行舆情引导,在疫情初期减少了不必要的社会恐慌。在疫情开始引起全社会关注的时候,武汉市人民政府通过官方微博"武汉发布"普及疫情防控相关知识,向广大群众传达武汉市人民政府最新的疫情防控政策。同时,创建"武汉加油""武汉必胜"等疫情话题,引导武汉市民乃至全社会增强危机意识,并对武汉市人民政府产生信任。这样的引导措施鼓励更多市民遵循相关政策,不传谣不信谣。

其次,武汉市舆情管理的重要方式之一是进行舆情回应,定期开展新闻发布会,积极运营政务微博,包括主动回应和被动回应。主动回应即信息公开,通过建立严密的疫情监控系统,在新闻发布会上以及"武汉发布"的微博上及时回应民众最关切的问题,如疫情感染、痊愈、死亡的数据以及相关防疫政策。被动回应即当虚假信息出现传播情况,官方媒体进行辟谣澄清的信息回应方式。武汉市人民政府在新闻发布会上有效回应谣言,以及在政务微博评论区建立与民众的网络互动机制,对民众想获知的信息进行及时反馈。武汉市人民政府通过及时有效的舆情管理,将新闻发布会和微博作为发布政务信息、塑造政府形象、提升公信力的重要窗口。在新冠病毒感染疫情暴发的关键时期,这些举措显得更为重要和急迫。

四、借鉴与启示

在这场史无前例的挑战面前,武汉市作为疫情中心城市所展现出的中国智慧、中国力量、中国精神和中国效率,令世人瞩目。纵观历史,"非典"之后中国积累的重大疫情防控经验与不断完善的城市治理体系,为此次武汉战"疫"奠定了坚实基础;纵观现在,相较于世界上其他疫情暴发的国家和地区,武汉战"疫"打造了集广泛社会动员、群策群力的协调合作、超常规的预见性危险减缓措施于一体的疫情防控治理格局,积累了应对新一线城市突发公共卫生事件的"武汉经验",这一经验对世界各国人民抗击疫情具有重要的借鉴意义。广泛的社会动员的防控措施展现了武汉市人民政府出色的领导力、组织力和执行力,彰显了中国特色社会主义制度的最大优势,群策群力的协调合作措施以整合社会力量搭建起最严密的疫情防控防线和最安心的疫情后勤保障系统,超常规的预见性危险减缓措施更是从空间上切断疫情传播链条。通过政府部门强有力的决断、基层广泛而有效的协作、人民群众的积极参与,武汉市探索出了应对突发公共卫生事件的新路径。

对武汉市人民政府和管理部门而言,新冠病毒感染疫情防控是对其治理能力的一次大考。虽然武汉市最终给全国人民交付了一张满意的答卷,但是我们不得不承认其中也暴露出了地方政府公共危机管理方面存在的问题,如信息掌握能力与沟通渠道不足、危机管理意识与综合执政能力缺失、负外部性溢出效应防控缺乏、地方政府与各部门之间协调性缺乏、相关法律法规不健全等。

(一)我国政府在公共危机管理中存在的问题

1. 信息掌握能力与沟通渠道不足

从新冠病毒感染疫情暴发的时代背景来看,信息化时代要求基层政府具备强时效性、高甄别力、广传播性的信息掌控能力。政府在制定各项决策时需要大量全面的信息作为基础,同时也必须让人民群众了解实际情况。但我国地方政府在公共危机管理过程中存在信息误差和不匹配的风险、信息沟通渠道不完善的风险、舆论引导权削弱的风险等。例如,由于疫情的动态性与不确定性,社区工作人员对社区外的疫情风险严重程度不了解或者不清楚,难以适应各项应急举措;而在农村基层社区,乡镇政府的信息还在靠村干部进行传播,时效性弱、噪声多,存在信息扭曲现象。

同时,我国政府的舆论引导话语权弱。危机潜伏期,网络上便开始出现"反常病例""不明原因肺炎病人"等关键词,这引发了网友不断的猜测。在此阶段,地方政府应提高危机预警意识,及时了解事件并关注舆论走向,但武汉市人民政府时隔9天才对事件进行回应,缺乏危机意识,导致民间消息肆意传播,引发广大网民的多种猜测,使舆论走向逐渐负面化。

2. 危机管理意识与综合执政能力缺失

从国家生态治理体系的角度来看,各治理主体只有在整体性、多样性、开放性条件下维持着各自的生态位和足够的生存空间,才能保证治理的持续性和相对稳固。然而,在疫情防控期间,大多数政府工作人员专业素养有待提高,危机管理意识也显得薄弱。例如,一些地方政府试图用惩罚的方式来"堵"住传播者的嘴,督查组赴黄冈市调研核查时,黄冈市卫建委主任却对疫情相关问题一问三不知,最终被免职。

同时,地方政府在进行决策时接触最多的是精英,对其他非精英群体之间的关系格局和利益诉求缺乏深入理解。在下发防控通知和实施防控管理时,未能采取综合的、整体的、灵活的治理手段,导致部分居民认为政府工作人员为完成指标,"为防控而防控",采取"一刀切"的方式,忽视公众的利益,从而引发冲突与矛盾,严重损害了政府公信力。

3. 负外部性溢出效应防控缺乏

4R危机管理理论提出,危机情境很少仅仅产生单一的影响,而是可以引起另一危机问题或者危机情境,并把继起危机称为涟漪效应(刁一平,2017)。从应急防控体系的角度来看,应急行动包括风险管理与减缓、准备、预测预警、公共危机响应、恢复与重建等环节,不仅要对风险自身进行控制与应对,还要防范引发的其他负面连锁反应。例如,新冠病毒感染疫情初期"天价口罩"事件以及因疫情封闭隔离引发的"郑州抢购63元白菜"等事件,都是由风险外部溢出效应引起的涟漪效应。这些涟漪效应的产生不但与民众的认知和基层公共卫生防范机制不健全有关,也与基层政府对疫情风险引起的其他潜在风险缺乏关注有关。

4. 地方政府与各部门之间协调性缺乏

习近平总书记指出,疫情防控要坚持全国一盘棋。在新冠病毒感染疫情发生后,党中央召开会议决定成立专门的工作领导小组,在中央政治局常务委员会领导下开展疫情防控工作,并马上派出专家组前往湖北省等疫情重灾区,配合当地疫情防控人员专门加强一线的防疫工作。然而,专家组只是临时成立的工作小组,不是危机管理中的常设机构,并且在工作中还要耗费大量的精力在部门间进行工作协调,浪费了宝贵的工作时间,在一定程度上降低了工作的效率。由于各部门间缺乏有效的配合,在疫情初期出现了地方政府管理相对混乱的局面。因为医疗物资的匮乏,个别省份在医疗物资途经本省时竟然出现了截留应急物资现象。而个别地区在未经上级部门许可的情况下,采取相对极端的封闭方式,造成严重的拥堵,致使救援物资不能及时送达。在防疫的第一线,各部门之间缺乏有效配合、各自为政的局面屡见不鲜,这是极其不利于防疫工作开展的(刘欣浩,2022)。

5. 相关法律法规不健全

在公共危机管理过程中相关法律法规是核心支撑。疫情防控主要依据2003年颁布的《突发公共卫生事件应急条例》,该条例针对"非典"疫情应对经验制定。由于制定时间较早,部分条款细节存在模糊性。目前,《中华人民共和国宪法》只是规定了地方政府在政治、经济、文化中的基本职能和作用,但对于不同的政府部门如何相互配合,则没有与之相对应的法律依据,这会在一定程度上影响公共危机管理工作的顺利进行。而且,我国虽已出台《中华人民共和国突发事件应对法》(2007年),确定跨部门协同原则,但尚未形成系统的应急协同法律细则。

地方政府的公共危机管理能力对维护地方的稳定发展至关重要。此次新冠病毒感染疫情在我国广泛蔓延,最终得到有效控制,既体现出我国地方政府公共危机管理能力的提高,同时也暴露出新问题。这次疫情既是危机,也是机遇。在危机中我们可以发现问题、剖析问题,从而解决问题,提高地方政府应对公共危机的能力,进而提升我国整体国家治理能力现代化水平。

(二)提升我国地方政府公共危机管理能力的对策

1. 加快信息公开

在开放的互联网时代,舆论的产生和扩散与以往大不相同,政府不再是信息的垄断者,人们可以从多方获取信息并发表自己的看法,这就对政府引导舆论增加了一定难度(王晓辉,2011)。在危机事件爆发初期,群众对于危机事件的关注度要高于一般事件,因此政府应迅速对事件作出反应,了解真实情况后第一时间在政务平台发布相关消息,掌握主动话语权,控制舆论走向。此次疫情暴发后,各政务平台及时公开全国物资以及人员援助情况,实时公开患者经过的地方,让大家提高警惕,并与专家进行连线,公布疫情预防以及传播方式,在主流媒介滚动播放疫情最新状况,这些举措都是引导舆论的良好表现,为群众带来正面力量(贺一凡,2020)。

因此,在危机管理过程中,应该做到尊重客观事实、正视公共危机,实事求是公布危机信息,积极主动进行正面宣传,让公众第一时间了解疫情进展。这样,既有助于引起上级政府对公共危机事件的重视,也有助于在初期控制疫情。地方政府可以通过广播、网络、电视、报纸等媒介,对媒体和舆论进行引导,尽最大可能降低其负面影响。同时,应及时举办新闻发布会,将信息及时、准确、客观传播给大众,引导大众舆论的风向标。

2. 增强危机管理与综合执政意识

长期以来,公共危机教育常常流于形式,直到2003年"非典"疫情暴发对整个社会造成了巨大冲击,我们才意识到危机教育普及的重要性。尽管"非典"疫情后政府对公共危机管理有了初步认识,且整个社会的公共卫生危机意识和危机应对能力也有了一定程度的提高,但仍存在危机意识淡薄、管理工作不到位等问题。部分地方政府忽视了对政府公共卫生危机知识的宣传教育,缺乏居安思危的意识,同时对危机发生的可能性和破坏性怀有侥幸心理。如果在平时不能树立防范意识,加强培训与演练,在危机发生时很可能会手足无措,应急预案也只能起到"鸡肋作用"。

因此,积极树立公共危机防范意识和开展危机演练,无论是对地方政府官员还是普通民众来说都是非常必要的。而公共卫生安全教育是其中最直接有效的方式,可以使政府工作人员和公民在知识普及的过程中潜移默化地提升公共危机意识。提高地方政府的公共危机意识与综合执政能力的做法:首先,要将地方政府了解公共危机相关专业知识、培养危机意识、提升综合执政能力作为日常培训内容,地方政府要充分了解当地实际情况与群众的需求,从根本上提高对危机的管理能力;其次,地方政府还应邀请专业的技术人才对政府公共危机管理的技术方面问题进行讲解指导,组织当地政府官员参加会议、讲座,广泛听取社会各界的建议,不断丰富自身知识储备,并积极借鉴国内外地方政府公共危机管理的先进经验,结合当地的实际情况,因地制宜地形成切实可行的公共危机管理模式。

3. 完善公共危机预警体系

习近平总书记强调:"要鼓励运用大数据、人工智能、云计算等数字技术,在疫情监测分析、病毒溯源、防控救治、资源调配等方面更好发挥支撑作用。"在应对此次疫情考验中,政府应完善公共危机事件的预警体系,在危机发生前、发生时、发生后根据不同阶段建立高效可行的监测系统,收集宝贵的信息数据,提前监控原生灾害之外的负面溢出风险,培育安定有序的应急管理环境。同时,针对公共卫生危机,可引入"模糊治理"的防控思路,在不确定性风险中建立科学的评估机制,并最大限度地预测危机所引发的其他负面效应及潜在威胁(路艳明,2021)。例如,在新冠病毒感染疫情防控中,基层政府的应急风险行动不能只盯着风险危机本身,由疫情本身引发的市场秩序混乱、药品药价变动、物资供应链条中断、人心恐慌、谣言肆意传播等其他风险也是政府及相关部门应该关注的。

因此,在公共危机管理过程中要完善预测预警系统,对危机进行前期、中期、后期的实时持续监控,关注与原始风险相关的应急工作,做好次生危害发生的防范工作,保持安定有序,开展风险应急的群众心理安慰和疏导工作,同时打击部分人员趁机扰乱秩序的行为,保证基层消费市场的稳定。

4. 设立专门的公共危机管理机构

许多西方发达国家都设有专门的公共危机管理机构,且其工作人员与志愿者往往具备很强的专业素质,这些举措和优势在危机发生时往往会产生很重要的作用。因此,我国也应该设立专门的危机管理机构,并且要提高其工作人员的专业知识素养与职能素质。同时,公共危机管理体系的构建应该根据当地的实际情况,借鉴国外的先进经验,建立由单一部门牵头、统一领导的专门领导小组,下设专业职能的应急管理部门,形成多部门协同机制,强化跨部门协同,破除条块壁垒,实现应急处置的高效联动。还可定期举行公共危机管理经验交流会与研讨会,使公共危机管理机构人员进行深入的探讨、吸取教训、总结成功经验,从而提高工作人员的专业素养,提升工作效率。

此外,该管理机构还要广泛吸纳人才,从专业的角度,利用专业的知识和先进的技术设备,制定切实可行的应急预案,确保在面对危机时临危不乱,以降低公共危机对社会的负面影响。

5. 完善相关的法律法规

我国目前处理公共卫生危机时所依据的《突发公共卫生事件应急条例》详细规定了公共卫生事件的应对与管理工作。但是该条例宏观指导有余、细节规范不足,加上预案的实操性和时效性没有迭代升级(高静和高献波,2021),在制定应急预案时没有充分考虑社会、经济、环境等方面的因素,导致在面对突如其来的公共卫生危机时,虽然有应急预案,但是仍然会造成较大的损失。因此,公共危机管理机构应在政府主导下,广泛听取社会各界人士的建议,根据当地的实际情况,将相关法律法规细节落实到位。

第二节 医药界再现"黑天鹅":2018年长春长生疫苗事件

> 提要:2018年的长春长生疫苗事件是一起造成恶劣社会影响、损害政府公信力的典型公共卫生事件。从公共危机管理的响应与恢复视角来看,各方主体的配合和信任修复策略的应用使得该事件的舆论影响得到有效遏制。从归因理论视角来看,当危机发生后,公众会先后经历因果(内外部)归因和属性(责任归属、可控性、稳定性)归因2个阶段,最终影响公众对政府的信任。笔者在归因模型的指导下,剖析长春长生疫苗事件中政府的相关举措,提炼出"否认、借口、道歉、理由"政府信任修复策略。同时,又从处理公共卫生事件、推进政府治理能力现代化的深层次逻辑出发,提出多方主体打好配合、恰当运用修复策略、建立信任修复机制等对策,以此确保政府和社会公信力处于正常维稳水平,严防信任危机的发生。

一、案例背景

(一)社会信任的弱化将危及社会功能的发挥

近年来,随着中国经济和社会发展进入新阶段,我国加速进入社会转型期,与此相掣肘的是众多突发公共危机事件数量呈上升趋势,对我国的社会信任造成了不同程度的损害。社会信任的弱化使社会资源流通受阻,从而导致社会系统无法发挥其应有的社会功能,破坏良好社会秩序的同时,也不利于政府公信力的建立。2018年长春长生疫苗事件属于突发公共危机事件中的公共卫生事件,极大地危害了社会公众的生命和财产安全,对政府公信力和社会信任造成了恶劣的影响,其后果不容忽视(许玉镇和孙超群,2019)。

(二)长春长生疫苗造假成舆情焦点

2018年7月15日,国家药品监督管理局发布通告对长春长生生物科技有限责任公司(简称长春长生公司)展开检查,后查出冻干人用狂犬病疫苗生产存在记录造假等严重违反《药品生产质量管理规范》的行为,要求吉林省食药监局收回该企业《药品GMP证书》,责令停止狂犬病疫苗的生产。一时间长春长生疫苗事件成为网络舆情热点,引发了全网对疫苗安全性的广泛关注。政府、媒体、公众作为重要主体和参与者,对该事件表现出了不同的认知与反应行为。

二、案例演化

长春长生疫苗事件作为突发公共卫生事件,其演化过程受到政府、媒体、公众多方主体的影响。为系统梳理案例演化的过程并评估不同信任修复策略的效能,笔者构建双维度分析框架:第一维度以危机生命周期理论为基础,解构危机发生前、中、后三阶段的多元主体互动过程;第二维度以信任重建策略为轴线,构建政府、企业、社会组织等治理主体的策略响应矩阵。

(一)危机主轴

笔者依照主轴演进过程分析本案例响应和恢复过程,如表5-2所示。

(二)危机辅轴

将长春长生疫苗事件中的政府主体按照责任归属、角色代表、相关职能等标准划分为4种类型的角色,分别为直接责任主体、政府官方媒体、政府监督主体、其他行政主体,其采取的相应措施如表5-3所示。

第五章 公共卫生类公共危机的典型案例

表 5-2　2018 年长春长生疫苗事件的响应与恢复过程

时间	危机的演化	主体	响应和恢复措施
2018年7月15日	酝酿期	长春长生公司	发布紧急通知,要求各省份推广团队立即通知辖区内的区县疾病预防控制(疾控)机构及接种单位,停止使用该公司的狂犬病疫苗,立即就地封存长春长生公司狂犬病疫苗
		国家药品监督管理局(简称国家药监局)	发布通告,长春长生冻干人用狂犬病疫苗生产存在记录造假等严重违规行为,已要求吉林省食品药品监督管理局(简称吉林省食药监局)收回该企业《药品GMP证书》,责令停止狂犬病疫苗的生产,全面排查风险隐患
		搜狐网、东方财富网、网易财经等多家网站	对上述公告进行转载
7月17日		新华网	发表评论:人命关天的事,千万别心存侥幸
7月18日		中国新闻网	发布报道,国家卫健委疾控局表示密切关注事态发展,建议没有完成全部接种程序的患者选用其他厂家的狂犬病疫苗,按原接种程序继续接种
7月19日		长春长生公司	收到《吉林省食品药品监督管理局行政处罚决定书》
7月20日		吉林省食药监局	发布行政处罚公示,长春长生公司生产的"吸附无细胞百白破联合疫苗"(批号:201605014-01)经中国食品药品检定研究院检验,检验结果"效价测定"项不符合规定,按劣药论处
7月21日	爆发期	某自媒体账号	发布题为"疫苗之王"的文章,直指长春长生公司及其早期管理人员在国企改制和上市过程中存在的种种违法行为,文章当天即被删除
		国家药监局	对长春长生公司违法生产冻干人用狂犬病疫苗案件进行官方通报
7月22日		人民网	发表评论:面对疫苗乱象,监管部门应有所作为,强调关于疫苗造假事件的曝光必须无死角
		中国政府网	发出紧急消息,李克强总理就疫苗事件作出批示:此次疫苗事件突破人的道德底线,必须给全国人民一个明明白白的交代
7月23日		新华社	发表电文,正在国外访问的习近平总书记对长春长生疫苗案件作出重要指示:长春长生公司违法违规生产疫苗行为,性质恶劣,令人触目惊心;有关地方和部门要高度重视,立即调查事实真相,一查到底,严肃问责
		国务院调查组	赶赴吉林省,开展疫苗案件调查工作
7月24日		长春长生公司	15名涉案人员被依法采取刑事拘留强制措施
7月25日		国家药监局	刊载了中国疾控中心专家关于效价指标不合格的百白破疫苗若干问题的解答
7月20日—27日		各级疾控中心	纷纷披露本地区是否曾使用问题疫苗、是否停用问题疫苗、针对问题疫苗的补救方案等信息

续表 5-2

时间	危机的演化	主体	响应和恢复措施
7月30日	震荡期	国务院总理李克强	主持召开国务院常务会议,听取长春长生公司疫苗案件调查进展汇报
7月31日	震荡期	国家药监局	针对武汉生物百白破疫苗存在的问题、补救措施、处罚决定等介绍有关情况
8月7日	震荡期	国务院调查组	公布长春长生公司疫苗案件的调查进展
8月7日	震荡期	国家卫健委	发布《关于做好长春长生公司狂犬病疫苗接种者跟踪观察和咨询服务相关工作的通知》,国家卫健委、国家药监局联合印发《接种长春长生公司狂犬病疫苗续种补种方案》
8月10日	震荡期	国家药监局核查组	公布对武汉生物公司效价不合格百白破疫苗的调查进展及其补救措施
8月15日	震荡期	国家卫健委	发布《关于做好百白破疫苗接种咨询服务工作的通知》
7月28日—8月21日	震荡期	国家药监局	网站开设疫苗科普专栏,其间陆续发布或转载了若干篇关于疫苗的知识介绍
8月21日—9月10日	恢复期		新闻报道、自媒体评论、社交圈讨论等渠道使得公众的负面情绪得以发泄与疏解。政府部门适时公布事件处置情况,专业机构及时出台补种续种方案,推动事件合理解决

表 5-3 政府主体在长春长生疫苗事件中的角色

角色	决策主体	响应和恢复措施
直接责任主体	国家药督局	发布通告,长春长生公司冻干人用狂犬病疫苗生产存在记录造假等严重违规行为,责令停止狂犬病疫苗的生产,全面排查风险隐患;对长春长生公司违法生产冻干人用狂犬病疫苗案件进行官方通报;网站开设疫苗科普专栏,其间陆续发布或转载了若干篇关于疫苗的知识介绍
直接责任主体	吉林省食药监局	发布行政处罚公示,长春长生公司生产的"吸附无细胞百白破联合疫苗"(批号:201605014-01)经中国食品药品检定研究院检验,检验结果"效价测定"项不符合规定,按劣药论处
政府官方媒体	新华网	发表评论:人命关天的事,千万别心存侥幸
政府官方媒体	中国新闻网	发表报道,国家卫健委疾控局表示密切关注事态发展,建议没有完成全部接种程序的患者选用其他厂家的狂犬病疫苗,按原接种程序继续接种
政府官方媒体	中国政府网	发出紧急消息,李克强总理就疫苗事件作出批示:此次疫苗事件突破人的道德底线,必须给全国人民一个明明白白的交代
政府官方媒体	新华社	发表电文,正在国外访问的习近平总书记对长春长生疫苗案件作出重要指示;长春长生公司违法违规生产疫苗行为,性质恶劣,令人触目惊心;有关地方和部门要高度重视,立即调查事实真相,一查到底,严肃问责

续表 5-3

角色	决策主体	响应和恢复措施
政府监督主体	国家卫健委	国家卫健委发布《关于做好长春长生公司狂犬病疫苗接种者跟踪观察和咨询服务相关工作的通知》，国家卫健委、国家药监局联合印发《接种长春长生公司狂犬病疫苗续种补种方案》；发布《关于做好百白破疫苗接种咨询服务工作的通知》
	国务院调查组	赶赴吉林省，开展疫苗案件调查工作
其他行政主体	各级疾控中心	纷纷披露本地区是否曾使用问题疫苗、是否停用问题疫苗、针对问题疫苗的补救方案等信息

三、案例分析

从公共危机管理的响应和恢复阶段入手，政府信任修复是保持政府公信力和合法地位，维持社会稳定的重要手段。因此，笔者从归因理论出发，透过 2018 年长春长生疫苗事件的舆论发展及政府、媒体、公众的表现变化，探讨突发公共危机事件下的政府信任修复，从而更好地理解危机响应与恢复过程，并对政府信任修复提出合理的对策及建议。

( )理论视角选取

1. 政府信任

政府信任是公众基于对政府可靠性和可依赖性的信念而产生的，具体是指公众收集政府的相关信息，并通过自身的信念体系，对政府组织承担公共责任、实现公共目标的能力和特征进行判断，从而确定政府的可信性或行为的可预测性，分为能力、善意和正直 3 个维度。在公众和政府的关系中，对政府这 3 个维度的感知将决定社会公众对政府可信赖程度的评价（徐彪，2014）。

2. 归因理论

归因理论（attribution theory）是社会心理学的理论之一。归因是指观察者从他人的行为推论出行为原因、因果关系。归因理论是研究人们如何作出归因，以及为何在某种情况作出某种归因，在另一种情况作出另一种归因的理论。归因理论的假设建立在个人随时重建认知平衡的欲望之上，主张当发生言行脱序状况时，人们会主动运用自身认知为自己的言行寻找原因，或为他人的言行寻找理由。

3. 政府信任修复归因模型

在公共危机管理中，将政府信任修复与归因理论相结合，通过了解公众的归因模式及其对政府信任产生的加强或消解影响，我们能够把握公众的意识变化趋势，进而引导危机发生时的社会舆论,重塑信任,维持政府的合法地位。

政府信任修复归因模型常用于公共危机事件的响应过程中,其具体流程为:首先,公众会对危机发生进行因果归因,确定危机事件是来自政府内部还是外部;其次,从责任归属、可控性和稳定性3个角度进行属性归因;最后,在确定危机事件的原因后,公众会从政府信任的3个维度对原因进行评估,进而得到结果(图5-1)。

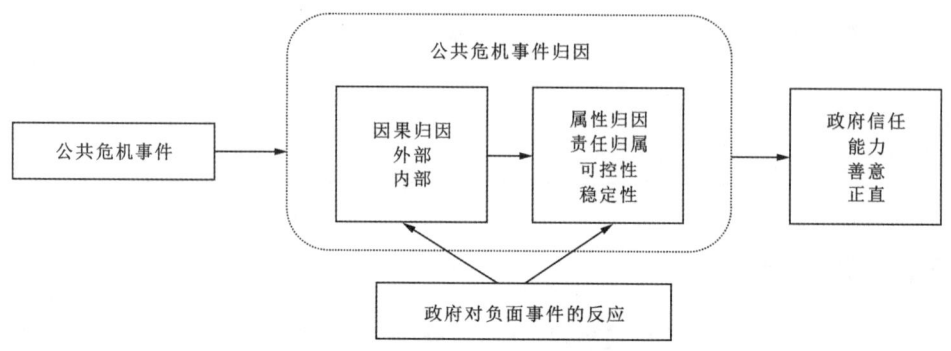

图5-1　政府信任修复归因模型

4. 政府对危机事件的解释策略

笔者基于政府信任修复归因模型,相应地提出政府对危机事件的4种解释策略:首先是否认,在否认行为中,政府宣称自己不应该对危机事件负责,因为自己不是导致危机事件发生的原因,所以不应承担责任。通过否认,政府将公众和社会的指责转移到其他方面。其次是借口,政府认为情景的改变导致危机事件的发生,这在一定程度上减少了政府过失责任。借口可以将危机事件的归因从针对政府组织的归因转移到不那么针对政府组织的归因。再次是道歉,道歉在公共危机事件发生后也可以影响公众的归因。政府的道歉内容一方面是承认对危机事件负有责任,另一方面是向受害者表达后悔和关心。最后是理由,政府可以依据某种更高目标或价值来重新定义危机事件,或者对危机事件提供更加合理、正面或积极的解释。这种类型的解释为危机事件的发生提供正面的理由,说明在更高的目标或价值下,危机事件是合理的或者是符合道德标准的。

总的来说,当公共危机事件发生后,公众会先对危机事件进行因果归因,若此时公众将其定义为外部归因(即不由政府内部产生),将不会对政府信任产生影响;若公众将其定义为内部归因,则需进行属性归因,若此时公众将公共事件的发生与政府内部建立联系(即政府已有责任,难辞其咎),政府信任受损难以避免。政府要做的是从属性归因的可控性和稳定性入手,引导公众进行不可控和不稳定归因(即降低政府主动为之的可能性),从而减少政府信任受损,达到信任修复的目的。

解释策略中的否认策略对应引导外部归因,借口策略对应引导不可控归因和不稳定归因,道歉策略对应引导不稳定归因,最后当事件极其重大、政府无事可为的时候,只能使用理由策略,尽量降低影响的负面程度(图5-2)。否认策略是第一步,若能通过否认成功进行外部归因,则能够将公众怀疑政府的"门"关住;当"门"关不住的时候,则需依次采用借口、道歉、理由等策略。当所使用的策略和手段越来越少时,最后只能尽力降低负面程度。

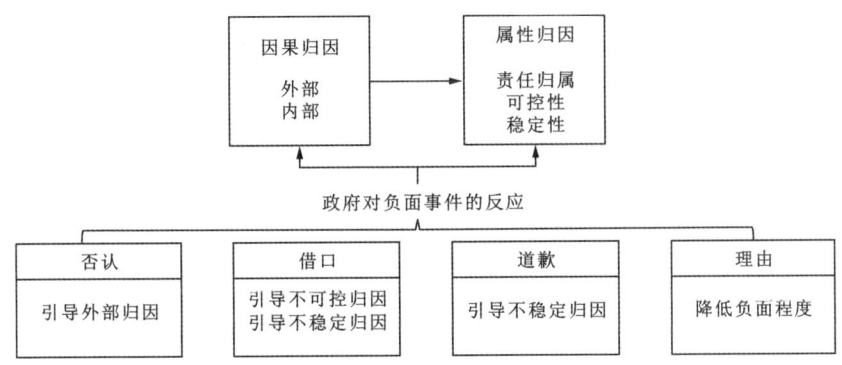

图 5-2 政府信任修复策略的逻辑

(二)政府信任修复归因模型视角下的长春长生疫苗事件分析

根据对 2018 年长春长生疫苗事件过程的了解和对政府信任修复归因模型及政府对危机事件的解释策略的把握,在下面的分析中,笔者将从理论视角对长春长生疫苗事件中的政府行为进行剖析(表 5-4)。

2018 年长春长生疫苗事件发生后,政府信任修复综合使用了否认、借口、道歉、理由 4 种策略,符合酝酿期—爆发期—震荡期的时间逻辑。具体来看,4 种策略的使用表现如下。

1. 否认策略

在长春长生疫苗事件初期,国家药监局、吉林省食药监局先后发布通告,通报长春长生公司疫苗生产造假等违法行为,并作出行政处罚,将危机事件发生的原因归到长春长生公司的违法行为上,从而使得政府从该事件中剥离出来。

2. 借口策略

在事件的酝酿期,中国新闻网、人民网、中国政府网、新华社等主流官方媒体发表多篇评论报道,在批评长春长生公司违法行为的基础上,点名相关监管部门,不仅发挥了新闻媒体的主体导向作用,更是在否认策略的基础上,运用借口策略,将公众的矛头转向某一特定监管部门,避免政府信任的整体崩塌。与此同时,各级疾控部门纷纷披露本地区是否曾使用问题疫苗、是否停用问题疫苗、针对问题疫苗的补救方案等信息,及时与问题疫苗事件撇清关系,避免舆论影响进一步扩大,有效地控制住了舆论的走向,用借口策略引导了公众朝着该事件发生的不可控(长春长生公司个人行为,难以控制)、不稳定性(只是长春地区的个例,其他地区没有问题)归因。

表 5-4　政府信任修复策略在 2018 年长春长生疫苗事件中的应用

时期	策略	主体	响应和恢复措施
酝酿期	否认	国家药监局	发布通告,长春长生公司冻干人用狂犬病疫苗生产存在记录造假等严重违规行为,已要求吉林省食药监局收回该企业《药品 GMP 证书》,责令停止狂犬病疫苗的生产,全面排查风险隐患
酝酿期	借口	中国新闻网	发表报道,国家卫健委疾控局表示密切关注事态发展,建议没有完成全部接种程序的接种者选用其他厂家的狂犬病疫苗,按原接种程序继续接种
酝酿期	否认	吉林省食药监局	发布行政处罚公示,长春长生公司生产的"吸附无细胞百白破联合疫苗"(批号:201605014-01)经中国食品药品检定研究院检验,检验结果"效价测定"项不符合规定,按劣药论处
爆发期	否认	国家药监局	对长春长生公司违法生产冻干人用狂犬病疫苗案件进行官方通报
爆发期	借口	人民网	发表评论:面对疫苗乱象,监管部门应有所为,强调关于疫苗造假事件的曝光必须无死角
爆发期	借口	中国政府网	发布紧急消息,李克强总理就疫苗事件作出批示:此次疫苗事件突破人的道德底线,必须给全国人民一个明明白白的交代
爆发期	借口	新华社	发表电文,正在国外访问的习近平总书记对长春长生疫苗案件作出重要指示:长春长生公司违法违规生产疫苗行为,性质恶劣,令人触目惊心;有关地方和部门要高度重视,立即调查事实真相,一查到底,严肃问责
爆发期	理由	国家药监局	刊载了中国疾控中心专家关于效价指标不合格的百白破疫苗若干问题的解答
爆发期	借口	各级疾控中心	纷纷披露本地区是否曾使用问题疫苗、是否停用问题疫苗、针对问题疫苗的补救方案等信息
震荡期	道歉	国家药监局	针对武汉生物百白破疫苗存在的问题、补救措施、处罚决定等问题介绍有关情况
震荡期	道歉	国家卫健委	国家卫健委发布《关于做好长春长生公司狂犬病疫苗接种者跟踪观察和咨询服务相关工作的通知》,国家卫健委、国家药监局联合印发《接种长春长生公司狂犬病疫苗续种补种方案》
震荡期	道歉	国家药监局核查组	公布对武汉生物公司效价不合格百白破疫苗的调查进展及其补救措施
震荡期	理由	国家卫健委	发布《关于做好百白破疫苗接种咨询服务工作的通知》
震荡期	理由	国家药监局	网站开设疫苗科普专栏,其间陆续发布或转载了若干篇关于疫苗的知识介绍

3. 道歉策略

在危机事件的震荡期,随着某自媒体账号发布题为《疫苗之王》的文章,直指长春长生公司及其早期管理人员在国企改制和上市过程中存在的种种违法行为,社会舆论即被点燃,公众对政府和社会的负面情绪激增。在此背景下,再采取否认、借口等间接回避策略只会加深公众对政府的反感。因此,政府及时采取了道歉策略:国家药监局、国家卫健委、国家药监局核查组等发布危机事件存在的问题和处罚规定,并在相关地区积极采取补救措施(采取补救措施间接说明了政府承认了自己存在过错),以诚恳的态度承担该事件中政府监管不力的责任,表达后悔和关心,以道歉策略引导公众接受政府的作为,同时坚持引导不稳定归因(只是个别地区的问题)。

4. 理由策略

在危机事件发生的后期,国家卫健委、国家药监局等政府监督主体积极消解情绪、引导社会正能量,运用理由策略对危机事件的发生提供正面的理由,说明在更高的目标或价值下,危机事件是合理的或者是符合道德标准的。具体表现为发布《关于做好百白破疫苗接种咨询服务工作的通知》,在网站开设疫苗科普专栏,其间陆续发布或转载了若干篇关于疫苗的知识介绍。政府部门将危机转化为转机,抓住机遇,加强对疫苗安全知识的宣传教育,同时向公众作出保证之后绝不会发生类似事件的承诺,引导公众以辩证、客观、正面、合理、积极的角度看待长春长生疫苗事件。

四、借鉴与启示

长春长生疫苗事件及其引致的政府信任风险共同构成了该公共卫生事件的全貌。整体上看,虽然该事件造成了十分恶劣的社会影响,引发了公众对疫苗生产安全的担忧,但多方政府主体的互通合作加上对否认、借口、道歉、理由策略的正确使用,使该事件得到了较为有效的控制,并未发展成不可挽回的局面。

社会信任十分重要,但在相当长一段时间内,这个问题却始终没有得到应有的重视,而公共危机所诱发的恐惧、焦虑和愤怒等情绪都给社会信任蒙上了阴影,使社会沟通的成本上升。因此,作为社会建设的重要内容,公共危机事件发生后的社会信任修复逐渐成为维持良好社会秩序的内在需要,具有重要的现实价值。在政府信任修复归因模型及信任修复策略的指导下,对此类公共卫生事件的政府信任修复同样具有内在规律可循。为此,笔者对此类事件提出以下建议。

(一)协调联动——多方主体打好配合

参与社会治理的政府、企业、媒体、公众等多方主体,基于各自独特的资源禀赋和影响能力,在公共危机事件中发挥着重要的作用。而如何协调联动各方主体,是对政府治理能力的考验。在上文的分析中,我们不难发现在危机演化的辅轴中,直接责任主体、政府官方媒体、政府监督主体、其他行政主体均在长春长生疫苗事件中发挥作用或承担责任。

若想协调联动,打好配合,各主体必须做好以下分工:政府应发挥主体作用,落实监管指挥责任,统筹协调各方力量和资源,在危机发生初期对恶性事件及时定性并予以惩戒;政府官方媒体应当好政府的代言人,凭借自身独特的传媒优势,以符合公众表达诉求、顺应群众想法的方式,对上反映舆论情况,对下引导舆论走向;监督管理主体作为此类公共卫生事件的直接责任人,应踏实做好问责改进工作,以高效且精准的事件处置效能向公众展示政府的决心和能力,修复政府信任;其他行政主体因并未直接牵涉其中,应做到与恶性事件撇清关系,避免影响进一步扩大。

(二)审时度势——恰当运用修复策略

依托于科学合理的政府信任修复归因模型的否认、借口、道歉、理由修复策略在政府信任修复中取得了良好的效果,具有借鉴意义。同时,修复策略的使用也具有十分清晰和严格的时间逻辑、程度逻辑要求,即要在恰当的时间运用恰当程度的策略,避免形成适得其反的效果。

在危机产生初期,通过否认策略引导公众进行外部归因,将事件产生的责任阻挡在政府外部;同时借助借口策略,引导公众进行不可控和不稳定归因,即事件的发生不受政府主观决定,是一次偶然事件;在事件恶化较为严重、冲突较为激烈的时候,及时采取道歉策略,避免与公众情绪针锋相对;在事件产生末期,通过积极、主动的理由引导策略,从危机中汲取经验,抓住发展机遇。

(三)学习借鉴——建立信任修复机制

政府信任作为政府合法性、公信力的重要来源,在政府治理中起着十分重要的作用,同时随着经济和社会的快速发展,政府信任对意识形态构建、社会氛围营造的突出作用逐渐浮现。然而如今的政府管理中并没有引入完善的信任修复机制,表现为政府信任维持的迫切性与体制机制匮乏性之间的矛盾。因此,从长春长生疫苗事件中提炼出的基于归因理论的政府信任修复模型,具有广泛的借鉴学习意义。

为了提高政府治理能力和实现治理水平现代化,政府信任修复不能只停留于依靠经验阶段。政府应学习借鉴相关案例的长处,从建立完善、科学、合理、有效的政府信任修复机制入手,挖掘长春长生疫苗事件的类似案例,提炼其处理策略,并对其进行专业测量评估,形成一整套包括决策主体、角色分工、应对策略、沟通反馈在内的方案,并鼓励引导相关部门运用方案解决危机事件中的政府信任修复问题,不断对方案进行完善。将信任修复机制纳入政府治理体系有助于政府部门摆脱按经验办事、效率不高、民众不认同的困境。

第三节 "人命黑板擦":2018年埃博拉疫情

> **提要**:受非洲武装冲突影响,刚果(金)第十次埃博拉疫情于2018年8月暴发,2020年6月结束,是刚果(金)历史上规模最大的埃博拉疫情。本次埃博拉疫情公共危机中,世界各方力量联合刚果(金)政府和卫生部采取了相应的救灾措施,但在其动荡混乱的形势和政府的失败运作下,疫情迟迟得不到控制。截至2022年,新冠病毒感染疫情已在我国持续了3年时间,在公共卫生危机持续暴发的情况下,我国应吸取刚果(金)的经验教训,从危机预防、多主体合作和关注人民诉求着手,根据危机具体演变形势制定相应社会恢复预案,以避免出现类似混乱的公共危机局面。

一、案例背景

埃博拉病毒(Ebola virus)又译作伊波拉病毒,于1976年在苏丹南部和刚果(金)(旧称扎伊尔)的埃博拉河地区发现。该病毒是一种能引起人类和其他灵长类动物产生埃博拉出血热的烈性传染病病毒,致死原因主要为中风、心肌梗死、低血容量休克或多发性器官衰竭。埃博拉病毒平均病死率约为50%,历次疫情中的病死率为25%~90%。1976年以来,刚果(金)共经历了10次埃博拉疫情,是世界上遭遇埃博拉疫情最多的国家,并且因为埃博拉疫情而"举世闻名"。

2017年7月2日,刚果(金)第八次埃博拉疫情宣告结束,但转年便暴发了第九次埃博拉疫情。在包括世界卫生组织(简称世卫组织)在内的世界各大跨国组织的协助下,2018年7月24日,世卫组织宣布刚果(金)第九次埃博拉疫情结束。2018年8月1日,刚果(金)宣布该国北基伍省暴发新一轮埃博拉出血热疫情,这是继同年5月刚果(金)赤道省埃博拉出血热疫情结束后第二次暴发,同时也是该国历史上第十次埃博拉疫情。世卫组织统计:第十次疫情暴发导致3470例确诊病例,其中死亡病例2287例,这是全球埃博拉疫情史上第二严重的疫情,仅次于2013—2016年夺走西非三国1.1万余人生命的埃博拉疫情。2019年7月17日,世卫组织鉴于埃博拉疫情持续时间之久和跨境传播的可能性,宣布本次的埃博拉疫情为"国际关注的公共卫生紧急情况"。该次埃博拉疫情持续了将近2年之久,在刚果(金)国内外各界力量的努力下,直至2020年6月25日,世卫组织才宣布刚果民主共和国第十次埃博拉病毒病疫情结束。

本次埃博拉疫情被认为与非洲地区长期动荡的社会环境有关。在卢旺达的种族灭绝蔓延到刚果(金)之后,刚果(金)人民陷入了贫穷、动乱和饥饿的境况,为埃博拉疫情的暴发创造了条件。而在疫情发生之后,刚果(金)国内复杂的政治情况使得疫情下的救援和遏制进展非常困难。民众不仅对本国的政府严重缺乏信任,同时对国际组织有着阴谋论的严重怀疑倾向,前来救援的国际组织在抵达后,刚果(金)各地爆发了反对国际介入的示威活动,使得各类国际援助开展的难度迅速提升。

二、案例演化

2018年西非埃博拉疫情公共卫生危机的演化与响应见表5-5。

表5-5　2018年西非埃博拉疫情公共卫生危机的演化与响应

时间	危机的演化	决策主体	响应措施
2018年8月1日	刚果(金)卫生部首次宣布了当前的埃博拉疫情	美国疾病控制与预防中心(简称美国疾控中心)、刚果(金)政府	第一批美国疾控中心工作人员被部署到刚果(金)北部协助应对工作;迅速动员国际伙伴,启动应急计划,最终采取综合战略——第四项战略
2018年8月7日	刚果(金)基因测试证实疫情暴发	刚果(金)卫生部与世界卫生组织	开始进行疫苗接种工作;8月26日在北基伍省和伊图里省快速启动了应对机制,重点工作包括加强监测,追踪接触者,提高实验室能力,强化临床管理,提高社区参与度以及在邻省和邻国开展预防活动
2018年9月	刚果(金)疫情进一步发展扩大	美国国际开发署、中国政府	向刚果(金)派出1个灾害援助反应小组;世卫组织与中国政府签署新的援助协议,以支持应对刚果(金)的埃博拉疫情
2018年10月17日	世卫组织召集突发事件委员会,宣布本次的埃博拉疫情为"国际关注的公共卫生紧急情况"	刚果(金)卫生部	宣布本次埃博拉疫情是刚果(金)历史上最大规模的疫情
2018年11月	本次埃博拉疫情演化为除2014年西非埃博拉疫情以外最大的埃博拉病毒疫情	刚果(金)政府	推迟了部分地区的选举活动,引发大量地区人民进行抗议
2019年2月24日	埃博拉治疗中心遭到袭击	无国界医生组织	暂停了在该地区的活动
2019年3月30日	刚果(金)此次疫情的病例超过1000例	世卫组织	第二次宣布埃博拉疫情为"国际关注的公共卫生紧急情况"
2019年6月11日	乌干达确认了首次输入性埃博拉病例	世卫组织	第三次宣布埃博拉疫情为"国际关注的公共卫生紧急情况"

续表 5-5

时间	危机的演化	决策主体	响应措施
2019年7月14日	刚果(金)政府报告了北部首都的首例病例,该地与常住人口1~2万人的大城市接壤	世卫组织、刚果(金)政府	第四次宣布埃博拉疫情为"国际关注的公共卫生紧急情况",联合国秘书长古特雷斯与世卫组织总干事谭德塞计划本周末访问刚果(金)并前往疫区视察;实行第四项战略应对计划
2019年8月29日	刚果(金)的埃博拉病例超过3000例	联合国儿童基金会	有4000名儿童在这次疫情中与父母分离,基金会呼吁各界对这些儿童提供帮助
2019—2020年	刚果(金)埃博拉疫情持续发展,但有所控制	—	—
2020年4月	新冠病毒感染疫情已经蔓延至非洲,第十次刚果(金)埃博拉疫情暂未结束	非洲各国政府	封闭边界,以禁足、宵禁等形式来防止疫情传播
2020年6月1日	在赤道省姆班达卡市和邻近的比科罗卫生区报告了7起埃博拉病例,并宣布暴发第十一次疫情	世卫组织	将继续支持刚果(金)抗击埃博拉疫情,并同时应对新冠病毒感染疫情和全球最大的麻疹疫情暴发
2020年6月25日	世卫组织宣布第十次刚果(金)埃博拉疫情结束,疫情引发3470例确诊病例,其中有2287例死亡和1171例存活病例	—	—

三、案例分析

(一)各方力量响应及时

从危机响应来说,刚果(金)埃博拉疫情的危机救治响应较为及时,并且体现出世界各方力量协调合作的特征。这是因为刚果(金)卫生部及世卫组织积累了疫情暴发的处理经验,以及世界各国和各国际组织给予物资和人员上的大量援助。世卫组织启动国家、区域和全球协调机制应对疫情,联合刚果(金)卫生部向受影响的卫生区部署快速反应小组,以实施应对活动(朱瑟夫,2020)。2019年7月,出于卫生和人道主义考虑,为了应对愈发严重的埃博拉疫情,联合国系统、国际和国家非政府组织、地方民间社会组织和其他伙伴帮助刚果(金)政府建立了多部门协调机制,将与发展和人口安全有关的行动整合纳入刚果民主共和国埃博拉疫情的第四项战略应对计划。其中包括改进财务规划、监管和报告、加强周边省份和国家的防备,这与刚果(金)的复杂而混乱的社会环境密切相关。

(二)本国政府行为被动

即使刚果(金)具有如此有利的抗击埃博拉疫情的条件,此次的埃博拉疫情仍然持续了将近2年的时间,并且演化为"国际关注的公共卫生紧急情况",造成了非洲巨大的人员财产伤亡,成为刚果(金)历史上暴发最严重的埃博拉疫情。这是由刚果(金)内在混乱的社会环境所导致的。刚果(金)政府在应对埃博拉疫情的同时,其内部还展开着激烈且隐蔽的权力斗争,政府贪污腐败现象严重,资金管理严重缺乏透明度,大量资金并未运用于疫情防护。加之刚果(金)东部的冲突战争使居民流离失所,刚果(金)政府无力确保安全应对埃博拉疫情,埃博拉病毒迅速蔓延。

从疫情发展历程来看,刚果(金)政府对疫情的抗击并不积极,而是相当被动。在这种背景下,群众越来越不愿意配合应对埃博拉疫情,而政府对加强安全、保护平民以及保障其他优先基本需求等没有作出相关努力。埃博拉疫情应对的失败显露了损害整个刚果(金)深层次的、长期的社会问题症结。只有解决这些治理、安全和国际参与方面的问题,刚果(金)才能摆脱武装冲突和疾病的双重打击。

(三)社区居民缺乏信任感

在多年战乱及数十个武装团体的无差别袭击之下,当地居民对维和部队中的医疗人员及国内外援助医疗团队产生了强烈不信任感,部分刚果(金)人民抗拒医疗人员的救治,更有甚者对卫生中心展开了袭击活动。社区对卫生机构、国际援助机构和政府的不信任存在多个根本原因,这不仅加剧了疫情的传播,还使得应对工作变得更加复杂。首先,文化差异是社区不信任的一个重要原因。刚果(金)是一个多样化的国家,拥有众多不同的部落和民族群体,每个群体都拥有自己的文化和传统。这些文化差异可能导致不同社区对外部干预产生怀疑,因为他们担心这些干预不尊重或不考虑他们的文化价值观。其次,历史遗留问题也增加了社区的不信任。刚果(金)过去曾发生过埃博拉疫情,但疫情应对可能受到政府或外部干预的争议性问题影响。社区居民可能认为政府或外部干预机构未能妥善处理以往的疫情,这也加剧了他们对此次疫情处理措施的不信任。

四、借鉴与启示

从刚果(金)的历史教训来看,虽然这种疾病的传播性和死亡率与以往的大流行病表现相似,并且已经有实验性疫苗和治疗方法,但第十轮疫情却并没有得到有效遏制。在刚果(金)应对埃博拉疫情的行动中,每一个行动者提供的卫生援助都非常重要,但与之形成鲜明对比的却是国家层面在应对工作上缺乏协调性(朱瑟夫,2020)。国家层面上的政府失灵和动荡的社会局势是刚果(金)多次暴发埃博拉疫情的主要原因。截至2022年12月,我国的新冠病毒感染疫情已持续3年,在疫情防控的医疗体系和防护措施实践中,我国已形成较为成熟的制度体系,在新冠病毒感染疫情的危机管理方面积累了丰富的经验。这与多次经历埃博拉疫情的刚果(金)情况较为类似。我国应从刚果(金)较失败的公共卫生治理事件中得到如下启示。

(一)注重危机预防与治理政策的持续性与灵活性

公共卫生危机往往以生物为致灾因子,其生物破坏性和爆发地点具有不可预测性。因此,我们必须结合社会实际,避免陷入政策渐进主义的误区。重要的是,要注重危机预案和治理措施的持续更新,以提升相应政策的科学性和精确性。2022年11月,国务院联防联控机制综合组发布了《关于进一步优化新冠肺炎疫情防控措施科学精准做好防控工作的通知》。该通知强调各相关部门应适应疫情防控新形势和病毒变异的新特点,坚持既定的防控策略和方针,并强调了进一步提升防控工作的科学性和精准性的原则。这种持续性和灵活性的政策制定和实施,使得我们能够更好地应对不断变化的公共卫生危机。随着疫情和病毒的不断演变,及时更新政策和措施是确保防控有效性的关键。政策的科学性和精准性将有助于最大限度地减少公众和社会的损失,提高危机应对的效率和成效。

(二)政府等国家层面要重视多主体协同合作

在公共卫生危机中,多主体协同合作是十分重要的。公共卫生危机通常被视为"一致性危机",因为在外部压力下,各个社会层面都被迫团结一致。刚果(金)第十次疫情的结束得益于社会各界的鼎力相助,充分证明了多主体协同合作在危机管理中的作用。

我国政府在加强社会动员的同时,更应关注多方主体的利益协调。这意味着政府需要积极与不同的社会主体进行沟通和合作,共同应对危机。各方主体的治理特长应得到发挥,这样可以实现治理效率的倍增(李维安等,2020)。通过各个主体之间的合作和协调,政府可以更有效地应对公共卫生危机,最大限度地减小危机带来的影响。当面对公共卫生危机时,各个社会主体需要共同努力,通过协同合作实现治理效率的提升,更好地保护公众健康并维持社会稳定。

(三)政策制定要关注并回应人民诉求

人民诉求是不可忽视的,政府要采取恰当的方式制定政策,以利于应对舆情和维持社会稳定。刚果(金)埃博拉疫情的紧张局势与其国民对政府的极度不安全感和不信任感紧密相连,而这种不信任感源于刚果(金)政府的不作为、贪污腐败以及信息失真。同时,刚果(金)社会武装暴力事件频发、民众流离失所、社会极其动荡等多因素交织,不仅导致埃博拉疫情大规模扩散,也增加了医疗救治的难度。

新冠病毒感染疫情期间,我国部分地区"一刀切""层层加码""忽视群众诉求"的现象仍较为严重,乃至引发了部分社会舆论风波,增加了民众对政府的不信任感。2022年12月1日,人民日报发布了《封控管理要快封快解、应解尽解》等相关报道,对当前防控形势和防控力度作出回应与批评。为了响应群众的经济、生活需要,国务院于2022年12月7日发布《关于进一步优化落实新冠肺炎疫情防控措施的通知》,宣布不再采取任何形式的临时封控措施。从我国政府的公共卫生政策的制定与发布来看,我国政府采取较为稳定、渐进的政策制定模式,这是符合当下我国整体发展战略,并且符合民众需求的。

政府在执行公共卫生应对政策的同时要注重人民的生活、心理需求,警惕政策脱离群众、政府官员为绩效而谎报瞒报等现象的产生。在应对社会舆论上要坚持公开透明的原则,拉近政府与群众之间的距离,积极回应群众反映的问题,在政策的顶层设计上要坚持"走小步、不停步"的优化模式,以此维护我国社会的稳定运行发展。

第四节 谈"禽"色变:2017年H7N9禽流感疫情

> **提要:** H7N9是禽流感的一种,由H7N9亚型禽流感病毒引起的疾病,可由禽类传染给人类。2013年3月中国首次发现人感染H7N9禽流感病例,此后形成了多次疫情高潮,直至2017年10月实现零感染,疫情防控进入常态化。在疫情暴发期间,各地区和有关部门按照党中央、国务院部署,有效开展了联防联控。笔者对禽流感舆情复发的特点和政府的危机治理进行分析,并从国家的疫情防控、舆情引导、产业恢复等角度,探讨突发公共卫生事件应对中的国家治理。

一、案例背景

(一)什么是禽流感

禽流感一般是人感染禽流感的简称,是由禽流感病毒引起的人类疾病。禽流感病毒属于甲型流感病毒,根据禽流感病毒对禽类致病性的不同,分为高、中、低/非致病性3级。并非所有禽流感病毒都能感染人类,应该说,只有禽流感病毒在复制过程中发生基因重配从而获得感染人的能力,才可能诱发人感染禽流感疾病。现今的研究认为,能直接感染人的禽流感病毒亚型有H5N1、H7N1、H7N2、H7N3、H7N7、H9N2、H7N9、H10N8,其中1997年在香港发现的高致病性H5N1亚型和2013年在内地首次发现的禽流感H7N9亚型尤为引人关注,与其他亚型相比,这两种亚型病毒感染人数较多,致死率也比较高(王佳等,2018)。

(二)疫情初期

2013年3月31日国家卫生和计划生育委员会(现为国家卫生健康委员会)通报:上海市和安徽省发现3例人感染H7N9禽流感病例,其中上海的2名患者经抢救无效死亡。这是中国首次发现人感染H7N9禽流感的病例,也是全球首次发现的病例。此前的10年里,全世界共出现600多例感染H5N1高致病性禽流感病例,其中300多人死亡,死亡率高达60%。鉴于H5N1禽流感已经在全球造成了谈禽流感而色变的普遍恐慌,H7N9禽流感的到来无异于雪上加霜,全球一时风声鹤唳、草木皆兵。自2013年4月和5月出现第一次疫情高潮后,疫情影响逐渐减弱,H7N9 禽流感一直处于零星散发的状态,每年仅发现少量病例,这可能与禽类大规模的疫苗接种以及各地及时关闭活禽市场有关,直至 2017 年初出现第二次传染高潮(邵全红,2017)。

(三)疫情进展

国家卫计委(现为国家卫健委)网站公布 2016 年 12 月中国人感染 H7N9 禽流感发病数为 106 例,死亡 20 例;2017 年 1 月发病数为 192 例,死亡数为 79 例,数据明显上升。据国家卫计委及国家疾控中心的消息,当年人感染 H7N9 禽流感疫情相对于往年呈现发生早、分布广、高度散发的态势。截至 2017 年 3 月 8 日,全国(不含港澳台地区)已有 20 个省(市、自治区)报告人感染 H7N9 禽流感病例,比往年有所增加,且疫情主要集中在长三角和广东地区,见表 5-6。

表 5-6 2017 年 1 月—10 月人感染 H7N9 禽流感发病、死亡统计表　　　单位:例

月份	1	2	3	4	5	6	7	8	9	10
发病数	192	160	96	81	72	35	2	5	2	0
死亡数	79	61	47	24	37	13	2	5	0	0

2017 年 2 月 13 日—23 日,我国内地 11 天累计报告 H7N9 病例 35 例,其中死亡 7 例,疫情趋于稳定。随着各疫情发生地关闭活禽市场、停止活禽跨地区调运等紧急应对措施的落实,本轮疫情已呈下降趋势。自 2017 年 7 月起,内地 H7N9 感染人数已下降至个位数,10 月首次实现零感染,这意味着本轮疫情已经得到了完全控制。

二、案例演化

2013 年 2 月 19 日,上海男性患者李某出现发热、咳嗽等呼吸道感染症状(后被确诊为第一例 H7N9 禽流感病例),2 月 20 日—25 日被上海市第五人民医院收治,26 日凌晨该医院启动预案,报上海市闵行区疾控中心采集并作流行病调查。2 月 26 日—3 月 22 日,上海市公共卫生临床中心和市疾病预防控制中心开展了实验室筛查,排除了感染季节性流感、甲型 H1N1 流感、人感染高致病性禽流感(H5N1)及"非典"、新型冠状病毒的可能。在进一步的检测中,发现患者可能感染不能分型的甲型流感病毒。3 月 22 日,发现患者可能感染 H7N9 流感,之后将相关标本送中国疾病预防控制中心。3 月 29 日下午,中国疾病预防控制中心从相关病例的标本中分离到 H7N9 禽流感病毒。3 月 30 日,国家卫计委组织专家,根据病例的临床表现、实验室检测和流行病学调查结果,诊断有 3 名患者为人感染 H7N9 禽流感确诊病例,并于第二天通报证实。

2013 年 3 月—5 月,关于人感染 H7N9 禽流感的谣言频发。全国各地多人因涉嫌编造、故意传播虚假恐怖信息被当地有关部门依法予以刑事拘留或行政拘留。

2013 年 4 月 23 日,国家卫计委通报,全国内地未报告新增人感染 H7N9 禽流感病例。

根据突发公共卫生事件信息发布的有关规定,从4月24日起,人感染H7N9禽流感疫情信息由日发布改为周发布。自此H7N9禽流感疫情得到有效控制,事件逐渐进入消散阶段。

2013年5月28日,河南省卫生厅应急办宣布河南省周口市已于28日终止了流感流行应急响应。至此,中国所有人感染H7N9禽流感疫区均已终止了流感流行应急响应,相关防控工作转入常态化管理。

2017年1月1日,黔南州卫生计生部门从1例不明原因肺炎病例中检测出H7N9禽流感病毒阳性,经省疾控部门确诊为人感染H7N9禽流感病例。2016年12月25日,患者出现咳嗽、咳痰、发热等上呼吸道感染症状。2016年12月27日,患者前往三都县人民医院就诊,于2016年12月29日转入黔南州中医院隔离治疗。2016年12月31日,贵州省疾控中心实验室确诊该病例为人感染H7N9禽流感病例。

2017年2月17日,H7N9禽流感病毒在浙江省的传播状况比较严重,病毒分布范围从以浙北地区为主,发展到浙中、浙南地区也出现感染病例。因此,浙江省政府办公厅决定在2017年2月11日18时前,关闭全省各县(市)所有活禽交易市场,控制活禽或者活禽市场暴露风险(陆烨等,2014)。

2017年2月—5月,全国部分地区出现"吃大盘鸡感染H7N9死亡"等关于H7N9的谣言。当地政府相关部门采取行政拘留等手段严厉打击有关H7N9的网络造谣违法行为。

2017年10月,中国内地H7N9感染人数首次实现零感染,各地逐步终止了流感流行应急响应,相关防控工作转入常态化管理。

2017年H7N9禽流感事件的演化与响应见表5-7。

表5-7 2017年H7N9禽流感事件的演化与响应

时间	危机的演化	决策主体	响应措施
2013年2月19日	上海男性患者李某出现发热、咳嗽等呼吸道感染症状	上海市第五人民医院	2013年2月26日凌晨该医院启动预案,报上海市闵行区疾控中心采集并作流行病调查
2013年3月30日	国家卫生和计划生育委员会组织专家诊断,有3名患者为人感染H7N9禽流感确诊病例	国家卫计委	2013年3月31日,国家卫计委官网发布人感染H7N9禽流感疫情答疑。此后,全国各地纷纷启动应急响应,部署禽流感疫情防控
2013年3月—5月	关于人感染H7N9禽流感的谣言频发	地方政府	各地严查网上H7N9禽流感虚假信息,多名造谣者被抓
2013年4月23日	全国内地未报告新增人感染H7N9禽流感病例	国家卫计委	人感染H7N9禽流感疫情信息由日发布改为周发布;H7N9禽流感得到有效控制,事件逐渐进入消散阶段
2013年5月28日	河南周口市终止了流感流行应急响应	河南省卫生厅	河南周口市终止了流感流行应急响应,自此我国所有感染H7N9禽流感疫区已终止了流感流行应急响应,相关防控工作转入常态化管理

续表 5-7

时间	危机的演化	决策主体	响应措施
2017年1月1日	黔南州卫生计生部门从1例不明原因肺炎病例中检测出H7N9禽流感病毒阳性	贵州省卫计委	黔南州医疗机构全力救治病人,相关部门积极开展疫情防控和市场监测管理工作
2017年2月17日	H7N9禽流感病毒在浙江省污染状况比较严重,病毒分布范围从以往浙北地区为主,发展到浙中、浙南地区出现感染病例	浙江省政府办公厅	2017年2月11日18时前,关闭全省各县(市)所有活禽交易市场,控制活禽或者活禽市场暴露风险
2017年2月—5月	全国部分地区出现"吃大盘鸡感染H7N9死亡"等关于H7N9的谣言	地方政府	采取行政拘留等手段严厉打击有关H7N9的网络造谣违法行为
2017年10月	中国内地感染人数首次清零	地方政府	各地逐步终止流感流行应急响应,相关防控工作转入常态化管理

三、案例分析

(一)H7N9禽流感舆情复发的4个特点

1. 选择性注意:惊恐之下引来全民关注

突发事件总能吸引民众注意,引发热议,这次H7N9禽流感事件也不例外,并且关注度更高,舆情更热。禽流感的背后是农产品的安全问题,农产品的安全总能牵动人们敏感的神经,人们对此类事件保持高度的警惕性。在这次H7N9禽流感复发舆情中,政府部门吸取以往的经验教训,对疫情颇为重视。地方政府将确诊病例与疫情防控情况及时上报国家卫计委,并完全公开信息。包括传统媒体、"两微一端"等新媒体在内的各路媒体,纷纷跟进报道。民众也迫切地追踪疫情的变动信息,并开展行动。媒体的密集报道与民众的急切关注,不断推动着禽流感舆情持续高涨。

2. 病毒式传播:扩散快,扩散广

移动网络的普及加速了舆情的传播扩散,其传播态势如同高传染性病毒的蔓延。在H7N9禽流感复发舆情再次升温过程中,不断新增的病例信息借助多媒体传播渠道迅速扩散。中央电视台新闻频道整点报道H7N9禽流感的新闻,门户网站上首页显著位置也有关于H7N9禽流感的专题,微信朋友圈、QQ群每天都能收到关于H7N9禽流感的爱心提醒。H7N9禽流感信息已经占据了各类媒体空间,使得人们不可能无视它们的存在,不可能不受到影响。

3. 次生谣言多：真假难辨，加剧恐慌

在突发事件快速传播扩散时，谣言也与真实新闻一起传播开来，更加剧了民众的恐慌情绪，引发次生舆情。这次 H7N9 禽流感复发舆情就有大量谣言始终相伴左右。如某人吃泡椒凤爪感染 H7N9 禽流感，有人吃大盘鸡得了 H7N9 禽流感，某孕妇患 H7N9 禽流感后不幸死亡，甚至传出有人吃猪肉也得了禽流感，谣言内容还附上了具体的时间、地点或姓名等，民众很容易上当。还有的谣言直接张冠李戴，将与禽流感不相关的死亡病例说成是 H7N9 病毒导致的，同时上次疫情时产生的个别谣言也再次复活。尽管各地网信办与社交媒体平台也在不遗余力地打击谣言，但总体效果有限，谣言依旧不时改头换面冒出，加剧了社会恐慌。

4. 持续时间长：舆情热度数月居高不下

这次 H7N9 禽流感疫情自 2016 年 12 月起，在 2017 年 1 月和 2 月出现高潮后，并没有大幅消退，而是不断反复，直至 5 月，舆情关注度依旧很高。长达半年的 H7N9 禽流感复发舆情，导致禽类产品销售一直在底部徘徊，给养殖户造成了严重打击。更可怕的是舆情的长时间积累，可能改变民众的消费习惯，造成对相关农产品的长时间打压，影响深远。

（二）政府的危机治理

2003 年的"非典"事件虽然是一场应对仓促、问题众多的公共卫生危机，但对于政府来说，它也为我国的危机管理机制的改进提供了契机。

自此以后，中国政府在应对突发公共卫生事件方面得到了全面的改进和提升。这些改进涵盖了制度建设、机构设置、机制理顺和技术改进等各个方面，使得在应对 H7N9 禽流感事件时，整个国家层面都表现出显著的成效。国家卫计委及时发布了疫情信息，并持续追踪疫情最新情况。在应急机制方面，吸取过去的教训，政府部门初步建立了应急监测预警机制、信息沟通机制、应急决策和协调机制、分级负责与响应机制、社会动员机制、应急资源配置与征用机制、奖惩机制、社会治安综合治理机制、城乡社区管理机制、政府与公众联动机制、国际协调机制等应急机制。在通报疫情后，各地得以及时启动应急响应，部署禽流感疫情防控，有效控制了疫情蔓延，安抚了民众的焦虑情绪。

四、借鉴与启示

（一）做好舆论引导：事实引导与价值引导

1. 事实引导

事实引导，重在通过各类媒体向群体提供更多丰富详实准确的事实材料，解疑释惑，澄清事实，告知真相以及事件的前因后果、来龙去脉，积极控制事态的发展。在信息大爆炸时代，某些重大事件发生后，短时间内就会产生大量的事实材料，少量的真实材料淹没在信息

的海洋中,难以充当稳定事态的定海神针,所以事实引导的关键在于提供尽可能多的全面、准确、真实的事件信息(何华玲和张晨,2015)。

2. 价值引导

舆论价值引导的思路就是把民众引导至全局利益上来,齐心协力度过危机;把冲突各方引导至民众的共同利益上来,而不是在非理性冲撞中忘记最重要、最宝贵的共同体精神。相比事实引导,价值引导更为关键,也更为艰难,需要持之以恒。传统媒体虽然一直在进行H7N9禽流感舆论的价值引导,但没有形成规模优势、集群优势,所以听者少、信者寡。价值引导要摆在同事实引导同等重要的地位,加强、加深、加快,否则当类似的事件再次发生时,政府、媒体还是难以摆脱被动的局面,难以有效引导舆论。

(二)体制功能的激活

改革开放40余年来,我国国家治理体系的基本框架已经初步建立起来,面向各类公共事务治理的政府责任机制也已初步形成。但面对各类突发公共事件时,政府责任的实现机制还是有所缺失。从当前公共卫生管理体系看,既有卫生监管部门,也有相关制度,貌似很健全,但在突发公共卫生事件中,其效能仍是不足的。体制功能的激活,部门的功能真正运转,都依赖于责任机制的建立。因此,政府责任机制的完善成为构建现代国家治理体系的当务之急。建立完善问责制度具体到对政策、制度、结构、价值的问责,设计上更是需要涵盖问责客体、内容、方式、结果、时机、主体等要素。

第五节　守护"生命之源":2014年兰州自来水苯超标事件

> 提要:水资源的日益短缺和水污染的不断加剧,增加了突发性水污染事件发生的可能性和灾害的损失程度。水污染事件在我国发生的频率较高且影响巨大,如何针对这类公共危机进行有效的应对与管理成为关乎人民生活、国家发展的重要问题。笔者围绕公共卫生危机进行论述,以在我国兰州市爆发的自来水苯含量超标事件为例,分析其发生的总体情况与特点,同时在法律法规、应对流程、管理措施等方面阐释具体的应对措施与管理模式。

一、案例背景

(一)地理位置和水资源依赖

兰州市位于中国甘肃省的黄河河谷,地理位置对其水资源和自来水供应产生了深远影响。兰州市地处黄河上游,黄河是中国最大的河流之一,为兰州市提供了丰富的水资源。然而,这也使得兰州市高度依赖黄河供水,特别是对城市居民和工业部门来说,黄河的水质和供水系统的稳定性至关重要。兰州市及其周边地区是中国西北地区的工业和商业中心。化工和石油化工企业等的工业活动在该地区广泛分布,其中建有炼油、化肥和石化等方面的工厂。这些工业活动在为城市经济发展提供动力的同时,也伴随着对水资源的需求和可能污染环境的风险。

(二)水污染事件的触发和原因

兰州市自来水苯超标事件发生于2014年春季,兰州市居民陆续开始发现自来水出现了异味和变色的情况。随后,经过媒体报道和公众的反映,事件引起了广泛关注。经过调查发现,兰州市自来水异常的原因是中国石油天然气公司兰州石化分公司(简称中石化兰州分公司)在化工生产过程中,将未经妥善处理的污水和有害化学物质排进黄河,也就是兰州的主要水源。其中,苯这一有害化学物质超过了安全标准,导致自来水出现了苯超标的情况。

(三)事件影响和政府回应

这一事件引起了兰州市民的担忧和恐慌,公众对自来水的安全性产生了严重怀疑。许多市民不敢直接饮用自来水,不少家庭被迫购买矿泉水和其他安全的饮用水。这一事件给民众生活带来了不便和经济负担。该事件的爆发也引发了公众对环境保护和水资源管理的不满。公众普遍对中石化兰州分公司的环境污染问题感到担忧,并对政府的监管和应对措施提出了质疑。政府在事件发生初期的应对不够及时和透明,导致公众对信息的信任度降低,舆情蔓延。这一事件在媒体和社会上引起了较大的反响,也促使政府采取措施解决问题。后续,政府加大了对污染企业的监管和追责力度,加强了水资源保护和治理措施,努力恢复公众对自来水的信任。但该事件也使公众对环境污染和水质安全问题保持高度关注,对政府的环保工作提出了更高的要求。

二、案例演化

(一)事件概况

2014年4月10日17时,作为兰州市主城唯一供水企业的威立雅水务集团公司检测出出厂自来水苯含量达118μg/L,远超国家限值10μg/L的标准。4月11日凌晨2时,苯检测值为200μg/L,属于严重超标。上午11时,兰州市威立雅水务公司切断了供水。媒体报道,兰州市自来水苯指标严重超标。此消息通过各种社交工具在民众中迅速传播开来。与此同时,市民开始抢购各大小超市的矿泉水。媒体披露的消息得到了相关部门的证实。11日16时,兰州市人民政府召开了新闻发布会,正式向社会通告兰州市自来水苯超标。

4月13日17时,兰州市人民政府再次召开新闻发布会,通告此次水污染事件是中石化兰州分公司的输油管道两次爆炸致使大量渣油渗入地下,而后又污染自来水厂的自流沟所致。相关部门经过处理,于4月17日7时解除了应急措施,兰州市恢复供水。这场影响兰州市近300百万市民的突发性水污染事件终于告一段落(彭琛,2014)。

(二)应对处置

"4·11"局部自来水苯超标事件发生后,兰州市委、市政府将其作为头等大事,调动全市资源,全力处置。中央政治局常委、国务院副总理张高丽,中央第一巡视组及甘肃省委、省政府领导高度重视,分别作出重要批示,要求采取有效措施,尽快让市民喝上安全水、放心水。中央委派环保部(现为生态环境部)、卫计委(现为国家卫健委)、住房和城乡建设部等部委的领导和专家在第一时间赶赴兰州市,现场指导应急处置工作。甘肃省省长刘伟平对应急处置工作多次作出批示,主持召开会议进行研究部署。在党中央、国务院和甘肃省委、省政府的高度重视与关心指导下,整个应对处置工作快速、科学、有力,收到显著成效。

1. 迅速启动突发事件应急响应机制

4月11日清晨,兰州市委、市政府领导接到自来水苯超标的报告后,即刻意识到问题的严重性,迅速对事件处置进行了初步安排。甘肃省委常委、兰州市市长袁占亭紧急赶往威立雅水务公司并主持召开会议,听取自来水苯超标事件初查情况汇报,研究部署应急处置工作,决定启动应急预案,成立了由市长袁占亭为组长的应急处置领导小组,下设苯源排查、事故调查、专家咨询、供应保障、舆情信息、综合协调6个专项工作组,迅速展开应急处置工作。

10时,兰州市市长袁占亭赴甘肃省委、省政府汇报自来水苯超标情况和兰州市应急处置措施。甘肃省委、省政府立即启动应急响应机制,成立了由副省长郝远、张广智牵头的省政府应急指导组,协调和指导兰州市的应急处置工作。

11时,经相关专家综合分析研判,对威立雅水务公司自来水一厂至二厂之间苯超标的4号自流沟采取了停运措施,并排空水厂苯超标的自来水,对水厂泵房实施了清洗作业,对市区进行降压供水,限制生产性用水。12时30分,兰州市委书记在西固区再次主持召开了由市委、市政府领导,市直相关部门,西固区、安宁区、七里河区、城关区、榆中县和有关企业的负责人参加的会议,传达甘肃省委、省政府主要领导的重要指示精神,全面部署应急处置工作。14时,政府部门向新闻媒体和市民发布了局部自来水苯超标事件的消息。

2. 全程进行水质监测并及时公开发布信息

在应急处置过程中,省市环境监测机构和疾控中心每2小时对水厂和城市区域内的自来水水质抽样检测1次,及时向新闻媒体和广大市民通报情况,回应社会关切,消除市民恐慌。一是采用手机服务平台、LED大屏全媒体联动、网络、广播、报纸、微信、微博等平台,多方位连续报道事件进展情况,同时利用国内其他媒体大量发布或转载事件信息,以最快的速度把信息发布出去。二是发挥地方媒体资源优势,通过兰州电视台对应急处置工作进行直播,把事件的过程呈现给社会大众。三是根据工作进展情况,共组织召开了8次新闻发布会,发布新闻通稿14篇;落实"2小时"信息发布制度,共发布苯含量检测信息108次,对不同时间节点的工作做了详细介绍。四是人民日报、中央电视台等主要媒体高度关注,客观引导舆论,答疑释惑,为应急处置工作营造了良好的舆论氛围。

3. 全力保障市民基本饮用水供应

针对局部自来水苯超标对市民饮用水的影响,兰州市委、市政府把确保市民喝上放心水作为最紧迫的任务,采取了多项措施,保障了饮用水的供应。一是由市级领导、相关部门和县区主要负责同志分片包区,组织街道、社区基层干部全员投入,连夜深入街道社区开展工作,及时通报信息,正确引导群众,现场指导工作。二是紧急调动城管、水务、环卫、消防等部门运水车辆1013台次,从城郊和周边拉运饮用水10 918t,向市民免费供应。三是统筹调配饮用水资源,确保群众生活用水,重点保障老年人、残疾人和其他弱势群体,以及学校、医院等重点单位的饮用水。四是多方协调,从周边城市紧急调运瓶装水2260t,保证各大商场、超市和经营户货源充足,杭州娃哈哈集团有限公司、昆仑山矿泉水有限公司等企业践行爱心善举,捐赠6072t瓶装水及桶装水,缓解了饮用水供应短缺问题。五是防止个别商户借机囤积涨价。物价、工商、公安等部门联合执法,加大市场监管力度,严厉打击哄抬物价等不法行为,确保了市场秩序和价格稳定。六是全力开展社会面秩序维护、应急处突准备、网上舆情监控和苗头问题化解工作。

4. 同步开展事件原因调查并实施抢修敷设工程

事件发生后,调查工作已同步启动,在国家相关部委专家的直接指导下,由市安监局牵头的事故调查组对周边企业所有生产装置进行了全面排查,均未发现异常现象。通过进一步现场勘查、走访了解、查阅资料、多点挖探和专家会诊,调查组初步查明引起自流沟内水体苯超标的直接原因为周边地下含油污水浸入,而含油污水的形成与中石化兰州分公司原料动力厂原油蒸馏车间2次事故遗留问题有关。事故处置结束后,事故调查组深入调查分析,得出准确结论,依法依规处理和追究了有关领导和工作人员的责任。经认真细致地排查,专家确定造成这次事件的区域主要集中在3号、4号自流沟。为了从根本上消除隐患,调查组决定废弃这2条自流沟,新敷设防渗、防油、防锈的球墨铸铁管,由过去的混凝土加盖自流沟输水改为全封闭管道输水。

三、案例分析

(一)应急处理机制不健全,组织机构间协调性差

水污染事故应急响应系统是一项系统工程,是由水污染事故预防、事故准备和事故反应组成的一个有机整体,同时涉及各个层面的人员、设备和技术等。目前,我国预警应急系统的建设还处在起步阶段,基础薄弱、经验尚浅,管理体制、法律法规等方面还有待完善。在系统组织机构方面,水利系统内部尚未建立专门的水污染应急管理机构,当前主要依靠流域管理机构和各省级水行政主管部门及水环境监测系统,在发生突发性水污染事件时,难以形成明确统一的组织形式,而事故的调查处理则涉及水利、环保、交通、公安、城

建、通信等多个部门。各部门缺乏有效的沟通和协调,使得处理应急事件的力量分散,功能难以发挥(彭祺等,2006)。

(二)应急水质监测存在的问题

应急水质监测是指在应急状态下对污染物的种类、数量、浓度范围以及生态的破坏程度、波及范围等进行监测(汪杰等,2010)。应急水质监测是对突发性环境污染事件及时正确处理,减轻危害,进行应急响应的根本依据。目前,我国在应急水质监测方面仍旧存在以下不足:监测仪器只能分辨常规污染物,不能快速准确判断污染物性质;监测站点配置不足,水利水文监测员工缺乏污染监测培训;多种分析方法并存,监测数据可比性差;等等。

(三)缺乏及时有效的信息支持

目前处理这类污染事故最大的问题之一就是信息反馈不及时,准确程度低。这给应急处理的实施带来了很大的不便,有时甚至贻误处理的最佳时机,造成严重危害。另外,计算机技术、网络技术、通信技术和3S技术[①]未得到有效应用,信息网络化建设滞后,存在力量分散、低水平重复建设问题突出等问题,造成资源浪费,运行效率低下;系统覆盖面小,技术服务面狭窄,且面临资金短缺、技术升级困难等挑战。应急处理各方面的数据库尚未建立,信息咨询服务体系不健全,缺乏资源共享机制,这些增加了应急救援工作的难度。

(四)缺乏行之有效的补偿机制

发生突发性事故后,除了启动环境应急预案组织抢险救灾外,最大的难题就是对污染事故所造成的直接和间接经济损失进行合理的认定和赔偿。我国现行的《中华人民共和国环境保护法》虽然确定了环境污染损害的赔偿制度,但在实体制度方面,对污染损害赔偿责任的构成要件、责任范围、赔偿的具体标准等问题缺乏规定,只对环境污染造成的直接损失赔偿有明确的法律规定,而对间接的或潜在的损失是否赔偿未作法律规定。在程序制度方面,我国对环境民事公益诉讼总体上缺乏明确清晰的规定,没有具体主体作为公众或国家环境权益的代表,行使向人民法院起诉的权利并承担损害赔偿义务。这导致许多污染受害者得不到法律救济,而环境损害赔偿的法律救济渠道亦存在缺失。

此外,由于缺乏相应的污染损害补偿机制和污染责任保险制度,单个污染企业承担责任的能力又非常有限,目前的污染损害赔偿未能及时、全额到位。许多企业尽量逃避环境危害责任,政府和环保部门也只能依据企业的经济承受与支付能力来确定污染损害赔偿额度,无法保证环境执法的公平、公正、公开,从而导致厂群纠纷加剧,严重影响当地社会稳定(幸红和潘运方,2007)。

[①] 3S技术是遥感技术(remote sensing,RS)、地理信息(geographical information system,GIS)、全球定位系统(global positioning system,GPS)的统称。

四、借鉴与启示

(一)健全预防性制度

1. 建立有效的监测预警制度

水污染控制相关法律法规、政策标准的制定及综合决策机制的建立均以准确可靠的环境监测与预警数据信息为依据。因此,若缺乏科学合理的监测手段,政府的决策和管理将失去合理依据,难以对复杂的具体环境形势作出准确的判断,可能导致管理决策失误。因此,应建立突发性水污染事件监测预警机制,具体包括建立科学高效的环境监测网络,构建现代化的环境监测信息系统和突发性水污染事故应急监测响应系统。

2. 构建完备的应急预案制度

为了在突发性水污染事故发生时能及时、有效地开展应急救援工作,控制污染源,抢救受害人员,指导应急人员开展工作和消除事故后果,我们应制定详细、科学、可行的应急预案(姜蔚等,2014)。制定应急预案的关键在于正确评估危险源风险和当地应急能力,同时还要协调现有的应急方案。在预案制定和修订过程中,我们要注重实践经验的总结,注重灵活应变,全面考虑各种可能的突发情况以及事件衍生的各种不明确因素,明确污染源档案、应急监测组织机构和人员职责、应对措施、能力建设计划、人员培训计划等,做到有备无患。

(二)完善应急处置制度

1. 完善信息发布制度,确保信息沟通顺畅

突发环境污染事故的信息发布应及时、准确、客观、全面,正确引导社会舆论。信息发布形式主要包括信息报告、通报、通知和发布。政府部门应根据信息发布制度的有关规定,在应急处置工作的不同阶段,将事故状态和处置工作情况及时在社会媒体平台上公布,做到应急处置工作决策高度公开透明,媒体发布信息及时准确,确保正确引导社会舆论,避免瞒报、误报、迟报等问题发生。同时,还应尽可能地发挥企事业单位及社会群体的力量,让群众力量协同政府部门,共同应对突发事件。

2. 保障并扩大公众参与

一方面,应明确公众参与的主体范围及法律地位。应高度重视专家学者队伍的建设,建立健全突发性水污染事件专家辅助决策法律机制,对突发性水污染事件中出现的新情况、遇到的新问题,及时组织专家进行相关课题研究,及时提升应对措施的专业化水平。同时,有必要从法律上明确非政府组织在突发性水污染事件中的角色定位,赋予非政府组织一定的权利,明确其职责并提供相应的财政物资保障,充分发挥非政府组织的作用。另一方面,加强应急教育,重视应急演练。可通过立法对宣传教育的内容和实现途径进行设定。宣传教育的法定内容应该由一般的环境常识、突发性水污染应急知识以及应急指南构成。在实现途径方面,政府部门不仅要重视学校教育,还应采取多种多样、适应社会发展的形式实现社会教育。此外,我国法律也要对应急演练作出详细规定,将组织定期演练作为政府的法定责任。各级地方政府应根据本地区特点制定演练预案,有计划地开展突发性水污染事件的应急演练活动,使之前的宣传教育工作落到实处。

(三)研究建立环境污染事故责任保险和损害赔偿制度

政府部门通过建立环境污染事故责任保险制度,明确环境污染事故损害赔偿的原则、主体、范围、标准、举证责任等,集纳社会凝聚的财力增强企业或个人承受意外风险的能力,分散企业环境污染赔偿责任,最大限度地保护受害者,尽量减少社会和国家的损失。同时,建立有效的环境污染损害赔偿制度,明确环境污染损害的责任构成,确定环境损害和赔偿范围,合理划定赔偿标准,并建立相应的评估机构,为实行环境污染损害赔偿、维护国家和公众群体的环境权益提供法律依据和法律保障(刘岩等,2009)。

(四)完善应急物资保障制度

针对实际情况,我国应对突发性水污染应急物资保障制度进行规范化、法治化建设(刘秋,2015)。

(1)明确应急物资的范围。在原先以中和剂以及吸附剂等污染清理物为主要应急物资的基础上,重视药品与医疗卫生设备、日常生活物资特别是饮用水和食物的储备,使物资储备结构更加科学、合理。

(2)加强对市场上应急物资的监控。有关部门应实时掌握应急物资的种类和数量状况,并保证应急物资质量达到国家规定的标准,同时要求市场主体定期向政府部门报送应急物资的储备与生产情况,据此制订应急物资的生产与调配计划。还应对哄抬物价等不法行为进行严肃处理,维护社会稳定。

(3)转变应急物资储备方式。在储备方式上,我国应向发达国家学习,积极探索由传统实物储备向产能储备转变的发展道路,实现应急物资的动态储备。同时,政府应加强与企业合作,给予应急物资生产流通企业一定的优惠政策,与企业签订商业合同或协议,明确双方在应急物资储备与调用方面的权利和义务,使应急物资储备更加市场化。

(4)加强与周边省市的沟通合作,建立完善的应急物资调剂网络。政府应实现应急物资流动化、立体化管理,以便本地区应急物资匮乏时,能及时从外地调入物资,保障本地区的应急物资供应。

公共卫生危机在我国发生的频率较高且影响巨大,针对这类公共危机进行有效的应对与管理成为关乎人民生活、国家发展的重要问题。突发性水污染事件不仅是环境问题,更是不容回避的社会现实问题。为预防突发性水污染事件的发生,有效地控制事件发展趋势并将事件造成的损失降至最低程度,需要尽快建立科学有效的应急处理机制。应急系统的建立任重而道远,需要政府的大力支持和各部门之间的相互配合。总之,突发性水污染事故预警应急系统将在不断建设和完善中向高效、科学和智能化方向发展。

第六节 全球流感:2009年甲型H1N1流感病毒疫情

> **提要**:2009年4月美国暴发甲型H1N1流感疫情,并在短时间内席卷全球,引起了全球性的甲型H1N1流感大流行,给全球的防控带来巨大挑战。甲型H1N1流感具有传播速度快、发病率高、死亡率低等特点,是一种具有高度传染性的急性呼吸道疾病。美国疾病控制与预防中心(Centers for Disease Control and Prevention, CDC)对甲型H1N1流感的积极防控,为重大公共卫生危机的防控工作提供了重要借鉴,也为我国疫情防控措施提供了经验参考和启示。

一、案例背景

(一)流感初现

2009年4月墨西哥与美国先后发生甲型H1N1流感疫情,并在短时间内席卷全球,引起了全球性的甲型H1N1流感大流行,给全球的防控带来巨大挑战。甲型H1N1流感,又称为猪流感,是一种甲型流感病毒,包含了来自猪、人类和鸟类的病毒基因。这种病毒可以在不同物种之间传播,增加了其变异和传染的风险。最初,甲型H1N1流感在墨西哥引发了一次疫情,随后传播到美国和其他国家。2009年5月,中国成都地区出现首例甲型H1N1流感病例。甲型H1N1流感症状包括高热、咳嗽、喉咙痛、肌肉疼痛和疲劳等。这种新型流感引发了卫生危机,人类对该病毒缺乏免疫力,且该病毒具有高度传染性。

(二)流感的特点

甲型H1N1流感具有传播速度快、发病率高、死亡率低等特点,是一种具有高度传染性的急性呼吸道疾病,且在人群密集地传播迅速,秋冬季节发病多而严重。甲型H1N1流感在全球范围内快速扩散,当第一例新甲型H1N1流感病例在2009年4月确诊后,在随后的一个半月内,该流感从北美洲迅速传播到全球,相继在60多个国家和地区出现。相比于20世纪的3次大流行性流感,这次流感的传播速度大大提高。

同时,该流感所造成的死亡率较低。世卫组织统计数据显示,截至2010年8月1日,至少18 449人因感染甲型H1N1流感而死亡,相比于每年3.4亿~10亿患季节性流感的人数,甲型H1N1流感具有非常低的死亡率。

(三)流感的影响

甲型 H1N1 流感与以往流感在病毒特性等方面存在不同之处,甲型 H1N1 流感疫情发展存在不确定性,因此其潜在危害较大。甲型 H1N1 流感存在流行波,且受南北半球的季节差异影响,可能会相继出现 2 波大流行,给防控工作带来更大的压力。甲型 H1N1 流感流行范围广、传播速度快,且对药物具有一定的抵抗性,在流感病毒的控制、治疗等方面,给世卫组织带来新的挑战,引起社会民众的恐慌,影响全球范围内的人员流动,进而给全球经济发展带来了影响。

甲型 H1N1 流感的发生对全球经济市场造成巨大冲击。世界银行的统计数据显示,受不同程度的影响,甲型 H1N1 流感使全球 GDP 损失 $0.7\% \sim 4.8\%$。同时,受甲型 H1N1 流感的影响,人口流动减少,对住宿和餐饮业、航空运输业等服务行业造成较大影响,进而影响产业经济发展。

二、案例演化

2009 年甲型 H1N1 流感危机的演化与响应见表 5-8。

表 5-8 2009 年甲型 H1N1 流感危机的演化与响应

时间	危机的演化	决策主体	响应措施
2009 年 4 月 15 日	美国疾病控制与预防中心在加州 10 岁患儿送检样本中,发现 1 种新型甲型流感病毒	美国疾病控制与预防中心、美国国际卫生条例规划署	美国疾病控制与预防中心立即与加州当地的动物和人类健康官员合作,开始对这一敏感情况进行调查;根据《国际卫生条例》,美国国际卫生条例规划署向世卫组织报告了 2009 年 H1N1 流感病例
2009 年 4 月 23 日	美国疾病控制与预防中心检测来自墨西哥的 14 个样本,其中 7 个样本呈阳性;墨西哥提交给加拿大的样本中也有同样的检测结果。甲型 H1N1 流感正在多个国家同时流行,"人传人"正在发生	美国疾病控制与预防中心、世卫组织	美国疾病控制与预防中心举行了第一次正式新闻发布会,向媒体通报情况,向全世界宣布疫情,并指导公众和卫生保健部门应对迅速变化的局势;美国疾病控制与预防中心将 2009 年 H1N1 病毒的完整基因序列上传到国际流感数据库,供全世界科学家研究;根据《国际卫生条例》的规定,世卫组织总干事宣布 2009 年 H1N1 疫情为国际关注的突发公共卫生事件

续表 5-8

时间	危机的演化	决策主体	响应措施
2009年4月26日	2009年H1N1疫情成为国际关注的突发公共卫生事件	美国政府、美国疾病控制与预防中心、世卫组织	美国政府确定全国范围内存在公共卫生紧急情况。美国疾病控制与预防中心的国家战略储备开始释放25%的战略储备物资,用于保护和治疗流感;向各州提供1100万剂抗病毒药物和个人防护设备,超过3900万套呼吸保护设备(口罩和呼吸器)、长袍、手套和面罩(分配数量取决于各州的人口)。世卫组织将流感大流行的警戒级别提高到5级
2009年6月11日	世卫组织确认全球75个国家和地区,共确诊27 737例患者,死亡141例	世卫组织	世卫组织将全球流感大流行警戒级别升至6级。这是世卫组织40年来第一次把传染病警戒级别升至最高级别
2009年10月24日	全国共有5.3万多个确诊病例,根据美国疾病控制与预防中心的估计,全美约有百万民众感染上该病毒	美国白宫	白宫宣布国家进入紧急状态,授权卫生与公众服务部可以允许挤满病人的医院将病人转移到附属设施或其他医院;同时根据需要豁免联邦健康保险计划的某些要求,便于医疗机构处理激增的流感患者
2009年12月10日	美国疾病控制与预防中心的报告指出,估计有5000万美国人感染了病毒,其中约10 000人死亡	美国疾病控制与预防中心	公众开始广泛注射抗病毒疫苗
2010年3月	全球范围内感染病例数量呈下降趋势	世卫组织	世卫组织宣布2009年甲型H1N1流感大流行结束
2010年10月	美国感染病例数量呈下降趋势,国内疫情基本稳定	美国白宫	白宫宣布结束全国紧急状态

三、案例分析

(一)基于公共卫生监测网络发布预警信息

美国当局借助自身发达的公共卫生信息收集和监测网络以及从联邦到地方的三级应对系统和配套的4个子系统,能够及时发现并定位流感病毒,进而对病例进行研究和分析,以获取最新的信息,最终通过新闻发言人制度向外界发布权威和易于理解的预警信息。此外,美国疾病控制与预防中心设有专门的通信办公室,处理政府部门与媒体的关系,并向民众提供有关突发公共卫生事件的官方信息。当甲型H1N1流感疫情暴发时,美国疾病控制与预防中心发布预警信息的对象主要分为两个:一个是国际社会,2009年4月18日,依据《国际卫生条例》向世卫组织报告了首批2名新型病毒感染者的情况;另一个是国内社会,在2009

年4月21日发布的《发病率和死亡率周报》中通报了一开始发现的2名感染的儿童病例,并就与周报相关的内容回应了媒体的询问。除此之外,4月23日美国疾病控制与预防中心举办了首次正式的新闻发布会,向新闻媒体通报了当前疫情情况,指导公众和卫生部门应对快速变化的疫情形势。

(二)基于雄厚的医学研究水平迅速开展疫苗研发

美国疾病控制与预防中心在4月21日就开始研发用于疫苗制备的病毒株,最终选定制造疫苗所用的疫苗病毒并送往疫苗制造公司开始生产疫苗,决定有必要时将使用疫苗进行防疫工作。美国国家重大流行性流感疫苗接种计划的总体目标是在疫情高峰之前为所有自愿接种的民众接种疫苗,美国政府的目标是在疫情宣布后的4个月内拥有足够的流感疫苗,以便进行有效的国内应对。一直以来,美国在医学研究领域居于世界领先地位,在国际顶级期刊上发表的生物医学研究成果位于世界前列。美国政府为医学和医药研发投入了大量的资金及相关资源,开展了广泛的科学研究和实验,并在全国范围建立多级实验室反应网络。此外,美国还拥有众多世界顶尖的医学院校和实力雄厚的医药公司,医生这一职业受到社会民众的普遍尊重,社会声誉较高。这些都为有效应对威胁公众健康的突发公共卫生事件奠定了必要的技术、设备和人才基础。

(三)及时发布权威信息和防护指南

4月23日,美国疾病控制与预防中心举行了第一次正式的新闻发布会,向媒体全面通报情况,向全世界宣布疫情,并指导公众和卫生部门应对迅速变化的疫情形势。此后,美国疾病控制与预防中心多次开展媒体活动,及时公布相关信息。从2009年4月到次年4月,美国疾病控制与预防中心举办了60多场媒体活动,其中有39场新闻发布会和22场电视电话简报。美国疾病控制与预防中心设立了一个专门的报告网站,用以报告累计的确诊和疑似病例、住院病例和死亡病例,还通过网页和纸质出版物就各种突发公共卫生事件的个人防护和应急处理等提供详尽信息,民众均可免费下载。

同时,美国疾病控制与预防中心发布了旅行警告,建议美国游客推迟所有非必要的墨西哥(该国当时为疫情重灾区)旅行,并且敦促公众在患病初期服用抗病毒药物来保护自己,生病之后应当暂停工作和上学,采取居家隔离的方式,减缓疫情的传播。大量的实证研究表明,沟通在成功管理突发事件中发挥了核心作用。美国政府通过美国疾病控制与预防中心及其相关机构向民众发布权威信息和防护指南,与民众进行沟通和信息交流,有助于向社会传递真实有效的信息,破除不实、过时信息及谣言等。

四、借鉴与启示

(一)健全公共卫生应急管理法律法规体系

突发公共卫生事件的应急处置必须依照全面依法治国的要求,进一步加强法治建设。

2019年新冠病毒感染疫情暴露了我国公共卫生应急管理法制建设方面的诸多不足。我国应借鉴美国的相关经验,重新审视我国公共卫生管理方面的法律制度体系,特别是应尽快修订《中华人民共和国传染病防治法》和《突发公共卫生事件应急条例》等相关法律法规,明确立法目的、厘清各相关法律法规之间的关系、完善疫情信息报告和发布程序、确定法律责任规定、明确相关概念术语界定等,从而构建起一套科学完整有效的法律法规体系。我国公共卫生应急管理法律法规体系虽然起步迟、底子薄,但是发展较为迅速。各地应在中央政策的引领下,根据当地的实际情况制定相应的规范和政策,按照疫情的蔓延速度和发展情况启动相应级别的疫情防控应急响应。同时,应当保障相关职能机关贯彻执行法律法规,保证突发公共卫生事件的应急处置有法必依且执法必严。

(二)完善公共卫生信息监测网络与预警机制

美国防控甲型H1N1流感疫情的经验表明,完善的公共卫生信息监测网络与预警机制是从源头治理突发公共卫生事件的前提条件。21世纪以来,我国公共卫生事业在政府的推动下不断发展,特别是2003年"非典"疫情之后,我国建立了传染病疫情和突发公共卫生事件网络直报系统,对各类传染性疾病展开了全面的监测,分析和解读获取的监测数据。但是直报系统一般上报的是已经明确的法定传染病,一旦遇到新型传染病就需要时间去评估与核实,整个申报程序就变得较为缓慢。而且,由于我国卫生系统信息化工作起步较晚,地区发展不平衡,信息分析利用的效率亟待提高,预警信息的发布不够及时和准确。对此,我国应当完善公共卫生信息监测网络,建立相对独立、垂直管理的公共卫生信息监测系统,加强对新型传染疾病的警惕性,及时进行确认和定位,提升纵向各层级和横向各医疗机构的数据共享速度和内容深度,在此基础上及时向社会公众发布简洁、准确和易于理解的预警信息,以完善预警机制。只有各主体之间保证信息的传递与共享,才可能避免对疫情的误判,从而更好地应对疫情。

(三)在信息透明的基础上保持与民众的风险沟通

在美国防控甲型H1N1流感过程中,政府及时发布的权威信息和防护指南发挥了重要作用。不过,若是能够保证信息透明并与民众保持风险沟通,很可能降低疫情误判风险,从而避免相关职能部门在应对疫情中畏葸不前,未能出台严格的隔离管控措施及限制性政策。对此,我国应当在保障信息透明的基础上加强与民众的风险沟通。风险沟通要求多方参与和平等对话,风险信息传播者和接收者进行交流互动,传播者不仅要传播自己希望传播的信息,还要以接收者的需求为导向提供信息和进行反馈,这是一个动态的过程。信息透明公开的重要前提是信息的确定性和真实性,对社会中游走的不实消息,政府部门应积极开通或授权开通各类辟谣平台并加大科普宣传力度,有效阻断这类消息传播的通道,保证真实信息在社会中传播。在信息透明的基础上,政府应保持与民众的风险沟通,保证民众获得真实的疫情信息并做好个人防护。政府还应及时从沟通信息中获取各方的真实信息,进而作出最佳判断并出台合适的防控措施,最终降低各方受到伤害的可能性。

第七节　没有硝烟的战争：2003年SARS事件

> **提要：** 严重急性呼吸综合征（severe acute respiratory syndrome，SARS）是一种由SARS冠状病毒引起的传染病，暴发于2002年底至2003年初，并在当年全球范围内造成了长达8个月的严重公共卫生危机。笔者首先回顾SARS事件发生的背景，梳理危机的演化过程及各决策主体的响应措施，进而分析基层治理、媒体与谣言管控在突发公共危机中的作用，最后根据SARS事件的经验教训，提出建立公共卫生危机联控联防应急机制、完善社会资源参与协调机制，以及加强医疗卫生体系建设的建议，为未来更好地应对突发公共卫生事件、更有效地保障公众健康安全提供参考。

一、案例背景

（一）传染病背景和卫生状况

SARS事件是指于2002年在中国广东首发，并于2003年扩散至东南亚乃至全球的严重急性呼吸综合征（SARS）所引发的一系列事件，SARS又称"非典"。中国是世界上人口最多的国家之一，人口稠密，流动性大，这使得传染病传播的风险增加。此外，中国部分地区的卫生设施和卫生保障体系相对滞后，特别是在农村地区，存在卫生信息不畅、卫生设施不足等问题，这些因素为疫情的迅速传播创造了有利条件。

（二）全球化与交通网络

2003年，全球化影响变得越来越显著。跨国旅行、贸易及交流活动日益频繁。中国的改革开放政策推动入境旅游业快速发展，跨国旅行人次也大幅增加，这一全球化趋势对疫情传播产生了重大影响。"非典"疫情首次暴发于广东省农村地区，并随着国内和国际的快速交通网络，很快传播到中国其他城市及海外国家。国际航班、铁路和公路交通使疫情跨越国界，影响世界各地。

（三）公共卫生体系和国际协作

"非典"疫情暴发后，中国政府采取了一系列紧急措施，包括封锁疫情暴发地、隔离疫情病例、提高卫生设施的卫生标准等。然而，当时中国的公共卫生体系在疫情初期面临一定的挑战，包括信息披露不及时、疫情监测不够敏感等问题。国际卫生合作也在"非典"疫情中发挥重要作用。世卫组织与中国政府合作，共同应对疫情。这次协作加强了国际社会在疫情监测、信息共享和公共卫生应对方面的合作。"非典"疫情结束后，中国逐步完善了国内公共卫生体系，并积极参与国际公共卫生合作，以加强应对传染病的准备和防控工作。

二、案例演化

2003年暴发的"非典"疫情是全球众多国家和地区面临的一场疫病危机,中国是重灾区。根据世卫组织的统计,日内瓦时间2002年11月1日—2003年6月9日14时,席卷30余个国家和地区的SARS疫情,已经导致全球累计临床报告病例8421例,其中中国内地5328例,占63%;全球死亡病例784例,其中中国内地340例,占44%。

"非典"自2002年11月在我国内地出现病例并开始大范围流行,大致可以分为2个阶段:2002年11月—2003年3月,疫情主要发生在粤港两地;2003年3月以后,疫情向全国扩散,其中尤以北京市最严重。2004年6月24日,世卫组织宣布解除对北京市的旅游禁令,这表明中国内地抗击"非典"疫情取得胜利(表5-9)。

表5-9 中国SARS危机(或事件)的演化与响应

时间	危机的演化	决策主体	响应措施
2002年12月—2003年4月	事件早期	香港特区政府以及内地各省卫生部门	香港特区政府采取隔离措施,卫生部未给予足够重视
2003年4月—7月	公开防治	世卫组织	世卫组织在2003年4月2日进入中国广东省进行协助调查;4月11日,世卫组织专家组了解并指导澳门预防"非典"工作;世卫组织"非典"专家组从11日起对北京市的非典型肺炎流行情况以及防治工作进行为期4天的考察;4月15日,世卫组织将新加坡、中国台湾地区、加拿大多伦多、越南河内、疫情始暴发地区的中国广东省、山西省及中国香港列为疫区;4月16日,世卫组织正式宣布SARS的致病源为一种新的冠状病毒,并命名为SARS病毒
		卫生部①	2003年4月20日,卫生部常务副部长高强、卫生部副部长朱庆生宣布实行"疫情一日一报制";4月22日,北京市急救中心开通10条"非典"咨询热线,北京市打算启用小汤山医院作为防治非典的专门医院;23日建院85年的北京大学人民医院历史上第一次关门停诊,整体隔离;4月30日,小汤山医院启用,北京市SARS病人都进入此医院治疗;4月26日,民政部与卫生部联合发出紧急通知,要求死于传染性非典型肺炎患者的遗体要及时就地火化,不得举行遗体告别仪式和利用遗体进行其他形式的丧葬活动;6月1日,卫生部宣布撤销北京市防治非典型肺炎指挥部

---

① 中华人民共和国卫生部成立于1954年11月10日,2013年3月与人口和计划委员会整合组建为中华人民共和国国家卫生和计划生育委员会,2018年3月经职责整合,组建中华人民共和国国家卫生健康委员会。

续表 5-9

时间	危机的演化	决策主体	响应措施
2003年4月—7月	公开防治	国家旅游局(现为文化和旅游部)	2003年4月4日,国家旅游局副局长孙钢表示,中国各地的旅游安全和健康是完全有保证的,中国仍是"最理想的投资沃土和最安全的旅游胜地",国家旅游局发出通告表示中国一切旅游活动正常进行;4月22日,国家旅游局副局长孙钢在新闻发布会上说,鉴于目前非典型肺炎在一些地区还没有得到有效控制,各地旅游部门近期不得组织到中西部地区和农村旅游,防止疫情通过旅游向农村和边远地区扩散
		财政部	2003年4月23日,财政部公布中央财政20亿元非典防治基金的用途
		铁道部(2013年改为国家铁路局)民航局	2003年4月24日,铁道部通知旅客若开车前要求退票,可全额退款;4月26日,铁道部要求运输防治非典药物用品必须24小时内到达目的地;5月4日,铁道部要求铁路工程建设系统各单位对现场施工人员建立每日健康登记制度,严格控制人员流动;4月29日,中国民用航空局要求对学生于5月7日前购买的飞机票给予全额退票
		民政部	2003年4月26日,民政部与卫生部联合发出紧急通知,要求死于传染性非典型肺炎患者的遗体要及时就地火化,不得举行遗体告别仪式和利用遗体进行其他形式的丧葬活动
		教育部	2003年4月18日,教育部决定将全国硕士研究生复试时间暂推迟到6月底,具体时间另行通知;4月19日,教育部动员外地学生"五一"期间不离校回家,要求北京等地高校学生就地学习和生活,发病人数较多地区的高等学校调整教学和学习方式,避免疫情扩散
		公安部	2003年5月6日,公安部出台"五不准",确保"非典"时期运输畅通,提出:不准以防治"非典"为由阻断公路交通;不准在公路的省界交界处实行交通管制;不准在道路上设置路障,阻拦车辆正常通行;不准劝返正常行驶的车辆;不准因卫生检疫造成严重交通堵塞
		常务委员会	2003年4月13日,中国决定将"非典"列入《中华人民共和国传染病防治法》法定传染病进行管理;4月19日,时任总理温家宝正式警告地方官员,瞒报少报疫情的官员将面临严厉处分;4月20日,中国政府再度召开记者会,宣布北京的疫情从原先有所隐瞒报告的37例,突然暴增至339例;记者会后,中共中央及中央政府宣布撤销北京市市长孟学农和卫生部部长张文康的党内职务,并提名王岐山担任北京市代理市长,高强任卫生部党组书记,国务院副总理吴仪兼任卫生部部长
		全世界科学研究所	2003年4月14日,美国科学家宣布绘制出了怀疑与非典型肺炎相关的新型冠状病毒的基因组序列图;中国军事医学科学院微生物流行病研究所与中国科学院北京基因组研究所通力合作,于15日23时成功地完成了对冠状病毒的全基因组序列测定
2003年6月—7月	疫情扑灭		

三、案例分析

(一)基层治理在公共危机中发挥的作用

基层社会是公共卫生危机治理的关键场域,基层社会公共卫生危机管理制度是否具有应急、应变及适应能力,是影响其治理成效的重要因素(胡艳蕾和梁丽霞,2022)。然而,传统的应急管理模式、结果导向的行政考核取向、公共卫生信息不对称以及数字技术壁垒等因素导致我国基层社会公共卫生危机管理在组织、资源、信息、技术等层面存在制度脆弱性隐忧,并带来一系列负面影响。

基层社会四大功能单元在风险管理、应急准备、预测预警、应急响应、捐赠管理与危机恢复等全过程管理中,逐步建立起较为完善的基层应急动员机制、基层应急组织架构、基层应急资源管理体系、基层应急信息管理制度等一系列具有应急性、应变性、可持续性与恢复性的基层社会公共卫生危机管理制度,并从社会韧性、组织韧性、资源韧性、信息韧性4个维度进一步作用于基层社会单元,逐步实现基层社会公共卫生危机管理的制度韧性治理。

基层社会公共卫生危机管理制度韧性及其治理逻辑的理论分析框架见图5-3。

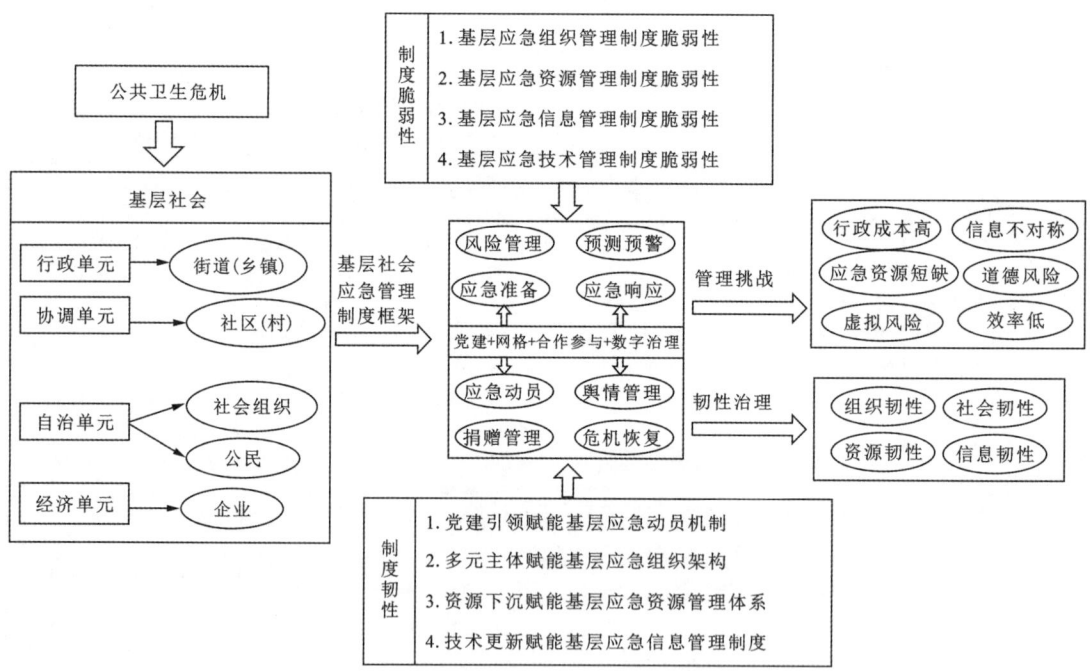

图5-3 基层社会公共卫生危机管理制度韧性及其治理逻辑的理论分析框架

(二)媒体和谣言对突发公共卫生事件的影响

"非典"时期谣言治理主体局限于政府与新闻媒体(王超等,2022),根据当时全国五大城市的千户调查,从官媒得知"非典"信息之前,40.9%的公众已经了解这一事件,在"非典"最初流行地广州,这个数据高达58.2%。媒体失语让谣言在公众中传播了4个月之久。医学进展、"非典"预防措施和知识等信息排在人们最关心的"非典"信息前3名。因此,"'非典'是禽流感""达菲是特效药""喝醋预防'非典'"等谣言迅速从广州辐射全国,造成全国性的恐慌。打破这类谣言的过程与科技期刊息息相关。科技期刊作为政府和新闻媒体的信源,可以为本次疫情提供科学防治信息以及最新研究成果。但是,面对"非典"疫情的关键时期,科技期刊却暴露了以下问题。

1. 新闻敏感性不足

在此次重大事件中,大多数期刊工作者未意识到情况的严重性与紧迫性,仍然按照同行评议审稿的要求进行"三审"后发表。这一流程虽然保证了文章的质量,但无法保证信息传达的及时性,导致丧失舆论引导主动权,进而引发谣言扩散失控。"非典"事件始于2002年11月,而根据中国知网搜索,第一篇关于"非典"现状研究文章发表在2003年3月30日的《济宁医学院学报》,而后至4月底,科技期刊刊发"非典"相关文章不超过10篇。刊发速度慢、文章数量少,反映出科技期刊在应对此类突发公共卫生事件时敏感性不足,应对机制缺失,进而导致科学信息发布滞后,谣言加速蔓延。

2. 缺乏辟谣主体意识

"非典"疫情持续8个月之久,科学信息披露主体局限于新闻媒体与政府,科技期刊与公众的接触面十分狭小。根据中国知网搜索,直到2003年4月,个别科技期刊才开始发布"非典"起因、预防知识方面的文章,例如《中国寄生虫学与寄生虫病杂志》发布《非典型肺炎预防常识》,《中国护理管理》发布《预防非典传播的措施和方法》等。但由于科技期刊当时传播载体局限于纸质刊物,而纸质刊物与普通公众之间的连接十分微弱,缺乏互动,因而发布信息对公众的影响较小。公众主要从新闻媒体、政府网站中获取真实消息。可见,科技期刊在"非典"谣言治理中的存在感较弱。

四、借鉴与启示

(一)建立公共卫生危机联控联防应急机制

公共卫生危机治理需要政府、民间组织和公民个人的有效协同配合,如信息、资源共享,而公共卫生危机信息碎片化和资源分散导致公共卫生危机处置难以实现及时、有序和精确的应对(王博和朱玉春,2020)。我国应在科学发展观的指导下充分发挥社会主义制度优越性,坚持公共卫生危机预防与社会发展相结合,促进公共卫生管理与社会治理水平协调发展,坚持属地管理与区域联动相结合,提升公共卫生危机事件的应对能力,建立统一规划、统一协调、统一监管的公共卫生危机联控联防应急机制。要建立统一协调、反应灵敏的突发性公共卫生危机事件应急机制,就必须在设置对应机构和运作程序、制定政策和法规上采取重大改革举措,即在顶层设计和高层领导的直接指挥和参与下,利用法律法规、制度和政策功能,整合各种资源支持系统,统筹和协调各个政府部门与组织,形成以应急指挥调度中心为主要运行机构,以党和政府突发公共卫生事件应对领导小组为中心,以符合法律规范和应急预案为行动准则的联防联控应急机制,以保障公共卫生危机应急物资及时、充裕供给,各政府部门、相关科研机构紧密配合,资源、信息共享,从而有效地预防、回应、化解和消弭突发公共卫生危机事件的危害。

(二)完善公共卫生危机中社会资源参与的协调机制

由于公共危机的治理过程中,参与主体众多,在坚持政府主导的同时也应该积极发挥红十字会、社会团体、志愿者和基层自治组织等社会组织的作用,涵盖疫情防控、医疗救助、物资捐赠、秩序维护、心理救助、灾后重建等方面。协调各参与主体的工作成为非常重要的问题。在政府层面应积极引导、协调和扶持各参与主体,使其在公共卫生危机事件应对中的功能得到有效发挥,营造宽松、相互信任的合作环境,充分激发和调动各参与主体应对危机事件的积极性,保证政府及社会主体之间相互配合,形成优势互补的公共卫生危机应对合力。

(三)加强医疗卫生体系建设

医疗卫生体系的建设涉及医疗资源的充足性、医疗服务的质量和效率、卫生设施的完善性以及医疗人才的培养等多个方面。在应对突发公共卫生事件时,一个强大的医疗卫生体系能够为公众提供及时有效的医疗服务,对于控制疫情、减少病患损失至关重要。第一,加强医疗资源的充足性是医疗卫生体系建设的核心目标之一。充足的医疗资源包括医院床位、急救设施、医疗设备、药品和医疗物资等。在应对突发公共卫生事件时,充足的医疗资源能够更好地应对患者进行及时有效的救治。政府需要加大对医疗设施和物资的投入,加强医疗设备的更新和维护,确保医疗资源充足供给。第二,提高医疗服务的质量和效率是医疗卫生体系建设的重要方向。在应对突发公共卫生事件时,高质量的医疗服务能够有效降低患者的死亡率和并发症发生率,提高患者的康复率。政府需要加强医疗人员的培训和专业能力提升,提高医疗机构的管理水平,推进医疗信息化建设,提高医疗服务的效率和质量。第三,完善卫生设施是医疗卫生体系建设的关键环节。在应对突发公共卫生事件时,完善的医疗卫生设施能够更好地支持医疗服务。政府需要加大对医疗设施的建设和改造,扩大医疗机构的规模并提高医疗服务的水平,确保医疗设施能够满足公众的医疗需求。第四,加强医疗人才的培养是医疗卫生体系建设不可或缺的一部分。在应对突发公共卫生事件时,医疗人才是医疗服务的核心力量。政府需要加大对医疗人才的培养和引进,提高医疗人才的专业水平和应急处置能力,确保在危急时刻能够有足够的医疗人员投入防控工作中。

总体而言,加强医疗卫生体系建设是一个长期的、系统性的任务。政府需要加大对医疗卫生体系的投入和改革力度,完善政策和制度,提高医疗资源的充足性和配置效率,提高医疗服

第八节 "病"从口入：1988年上海市甲肝大流行

> **提要**：笔者以1988年上海市甲肝疫情为研究中心，首先对甲肝疫情的3个过程以及爆发的原因等展开具体分析。然后从政府的视角出发，分析政府在甲肝的防治过程中发挥的重要作用。正是因为政府采取了切实有效的疫情防控机制，甲肝疫情才在短时间内得到有效控制。最后基于对上海市甲肝疫情应对经验与教训的分析，总结党在传染病疫情中积累的历史实践经验，能为当今社会传染病防控体系的构建和发展，以及各类突发公共卫生事件的应对和处置提供有益的借鉴与启示。

一、案例背景

（一）甲肝简要介绍

甲肝，或甲型肝炎，是由甲肝病毒引起的一种传染病。该病毒主要通过食物或水传播，尤其是在卫生条件较差的地区更易传播。甲肝病毒感染通常引发肝脏炎症，症状包括黄疸、恶心、呕吐、腹泻和腹痛。甲肝通常是一种急性疾病，但在一些情况下，可能导致慢性感染。

（二）疫情暴发和传播

1998年，上海市甲型肝炎疫情的暴发是突然的。数千人在上海地区感染了甲肝病毒，数百人住院治疗。疫情主要集中在城市郊区和农村地区，这些地区的卫生条件相对较差。传播途径通常涉及受污染的饮用水或食物，尤其是在缺乏卫生设施和饮水处理的地方。疫情的迅速传播引起了社会和政府的广泛关切。此次疫情的暴发与当时上海地区的卫生设施、供水系统和卫生保健体系的不足有关。此外，还存在卫生教育不足，导致公众对甲肝传播途径和预防措施了解不深。传染病的暴发暴露了城乡地区的卫生差距，对我国的卫生保健资源分配和卫生设施建设提出了挑战。

（三）政府和国际响应

面对1988年上海市甲肝大流行，中国政府采取了一系列紧急措施来应对危机。这些措施包括提供医疗护理、清洁饮用水、卫生教育和疫苗接种。政府也进行了疫情监测和信息披露，以控制疫情的传播。此外，世卫组织与中国政府合作，提供技术支持和卫生援助，以应对疫情。这一事件对上海市乃至全国的公共卫生体系提出了挑战，反映改善卫生设施和增强卫生保障的紧迫性，同时强调了卫生教育和公众意识的重要性。

二、案例演化

1988年元旦刚过,上海市民都沉浸在准备过春节的喜庆气氛中。出乎所有人的意料,一场规模巨大的疫情悄然而至,并在短时间内改变了许多上海人的生活。最初,一些上海市民出现了不明原因的发热、呕吐、厌食、腹泻等症状,患者不仅全身乏力,而且面色越来越黄,甚至眼睛都发黄。在就医过程中,接诊医生发现了其中的规律。据上海市黄浦区传染病医院和黄浦区中心医院杨廉奎、刘小庆两位医师反映:"据不完全统计,至17日下午3时,2家医院已发现20余名因食毛蚶而患甲肝的病人。这些病人是在前一年的12月上旬和中旬食用毛蚶的,都曾腹泻,年龄大都在20至40岁之间。"疫情初期,上海市12个区县每天发病100人左右,自1月19日起,甲肝发病人数比去年同期明显增多,2月上旬形成流行高峰。截至3月18日,上海市累计有292 301人患甲肝,死亡11例。按照医学上的规律,没有进入临床,但身上携带了甲肝病毒的患者数是患病人数的4倍,这意味着上海市有150万人携带了甲肝病毒。那时上海市的总人口为1200万人,显然形成了甲肝传染病大暴发的疫情。医院爆满,不得不在各单位开办临时病床(蔡文静,2022)。

上海市甲肝流行并非由甲肝病毒变异所致,在上海市人群对甲肝免疫力下降的基础上,已被甲肝病毒污染的毛蚶是造成甲肝流行的主要原因。为了及时遏制疫情传播,上海市各级党委、政府守土有责、多措并举,形成疫情防控的社会合力,在较短的时间内扑灭了这场疫情。根据上海市甲肝疫情发病人数的变化,笔者将上海市甲肝的流行过程分为以下3个阶段。

(一)第一阶段:潜伏期

1988年1月17日,上海医科大学附属中山医院内科门诊排起了诊治"腹泻"的长队,经医院检查,病例确诊为甲型病毒性肝炎。医院迅速将疫情报告到卫生局,而卫生局在1个月之前就已经有所觉察。

于是,卫生局立即采取了一系列措施:第一,将毛蚶送检,检测其是否携带甲肝病毒。结果显示毛蚶携带甲肝病毒颗粒。这一送检措施显然是非常及时的,为尽快确定传染源并据此制定防控措施做足了准备。第二,通知医院逐步腾出床位,做好收治甲肝病人的准备。这一措施为后期甲肝疫情的应对、病人的隔离等问题做好了一定的准备。第三,上海市人民政府下发通知,禁止销售毛蚶。这一举措切断了传染源,在源头上控制住了甲肝患者的大规模增加。第四,制定疫情报告制度。上海市卫生局为及时掌握甲肝的发病动态,立即向全市医疗卫生机构下达指令。只有精确地掌握发病人数,才能更好地进行医疗资源的调配。

甲肝疫情潜伏阶段的特征表现得并不明显,加上甲肝发病人数没有超出往年的正常值,所以对此次甲肝疫情的判断出现了麻痹大意的情况。对此,卫生部相关负责人认为"对于这次甲肝的流行,我们做到了'未雨绸缪'——既有思想准备,也有物质准备",但是接下来疫情的发展出乎了所有人的预料。

(二)第二阶段:高峰期

甲肝流行的高峰期主要有以下几个特征。

(1)甲肝疫情来势迅猛。传染病疫情报告显示,1988年1月19日之后,甲肝每日新增发病数呈现出爆发式增长的趋势,总发病人数在2月6日到达顶峰,且毛蚶大量销售的时间和甲肝发病的时间是基本一致的。

(2)甲肝疫情发展迅猛,导致医疗资源紧缺。面对突如其来的甲肝疫情高峰,各家医院都涌入了大量的病人,即使之前做好了应对甲肝疫情的准备,但是面对如此多数量的病人入院,还是出现了医疗资源紧缺的状况。病床紧缺的状况并没有得到缓和,新的甲肝病人还在不断地向医院涌来。一时间,整个上海市的医院都急需病床。

(3)甲肝疫情的覆盖面广泛。从甲肝疫情的蔓延情况来看,不仅上海市的12个区全部受到了甲肝疫情的影响,甲肝疫情还对周围省市产生了影响。浙江省的甲肝病例集中于宁波、杭州和舟山三市,1988年初的甲肝病人数量比1987年同期有明显的增加。而江苏省京沪铁路沿线的南通、苏州、无锡、常州等市,甲肝病人的数量也增加了许多。福建省局部地区如福州市的甲肝病例数量也比往年同期增加了几千例。这些患者都食用了同一产地的毛蚶。

(三)第三阶段:平复期

经过各方不懈努力,甲肝疫情得到了有效控制。2月下旬,甲肝疫情开始出现拐点,上海市区甲肝发病人数开始出现下降趋势。在这段时间,禁售毛蚶的措施切断了传染源,在源头上控制了新感染患者的大规模增加;各级医疗机构深挖内部潜力,千方百计增设床位,使得大批病人得到了有效的治疗;同时经过宣传教育,上海市民自身的防范意识得到加强。到3月17日,上海市卫生局发布消息,"甲肝日发病人数比最高的日发病人数下降了95%以上,且之前专家预测的第二个发病高峰没有出现,本市甲肝疫情已得到有效控制"。3月19日,卫生部也宣告了此消息。

1988年7月15日,上海市甲肝疫情已经完全平息。

1988年上海市甲肝疫情危机(或事件)的演化与响应见表5-10。

表5-10 1988年上海市甲肝疫情危机(或事件)的演化与响应

时间	危机的演化	决策主体	响应措施
1987年12月—1988年1月	潜伏期	上海市人民政府、上海市卫生局	检测毛蚶是否携带甲肝病毒;腾出床位,收治甲肝病人;发布通知,禁止销售毛蚶;制定疫情报告制度
1988年1月—2月	高峰期	上海市人民政府、上海市传染病医院	医院增设床位
1988年2月—3月	平复期	上海市人民政府、上海市卫生局、医疗机构	医院增设床位;对上海市民进行宣传教育;禁销毛蚶,切断传染源
1988年3月—7月	结束期	上海市党政领导、上海市卫生局、市民	团结一致,共抗疫情

三、案例分析

(一)疫情暴发原因

疫情暴发初期,根据流行病学调查研究,基本上可以确定是食用不洁毛蚶引起了此次甲肝疫情的暴发。毛蚶携带甲肝病毒的检验结果直接锁定了此次疫情的元凶。由于甲肝病人排出的粪便让毛蚶受到甲肝病毒的污染,加上法律制度不健全和相关部门监管的缺失,不洁毛蚶进入上海市市场,加之上海人生食毛蚶的不良饮食习惯和当时的卫生条件、居住环境,最终诱发了1988年上海市甲肝大流行。

(二)疫情应对机制分析

1. 应急组织指挥机制

突发公共卫生事件发生后,应急组织指挥中心能否做好领导协调工作,果断下达决策,迅速有序地对突发事件进行处理,是决定突发公共卫生事件能否顺利处置的关键。上海市在疫情发生后迅速建立防疫组织指挥机构,并根据疫情形势的动态变化进行组织指挥机构的升级。在市人民政府的统一领导下,政府部门各司其职,有条不紊地做好病人救治、药品供应、副食品保障、场地设施维护、后勤服务等工作。应急组织机构统一领导和协调各方面力量,为及时应对疫情起到了关键作用。

2. 科学防治机制

首先,厘清病毒来源,禁止销售毛蚶。控制甲肝病毒的传播,最重要的工作就是明确病毒来源。此次病毒来源的调查经历了严谨、科学、反复地论证。明确传染源之后,政府部门果断采取措施。如市人民政府禁止销售毛蚶,并且对已经上市的毛蚶进行无害化处理。其次,统筹医疗资源,及时救治病患。面对甲肝疫情迅速蔓延,病人数量迅速增加,上海市人民政府采取果断措施,增设大量病房,隔离甲肝患者,组织医护人员调集药品并及时投放市场。其次,采取严格的消毒和免疫措施。基于甲肝流行的情况,为了防止疫情传播,上海市卫生防疫站积极开展业务培训,安排工作人员分工负责,形成一个覆盖全市的消毒网络,开展消毒工作。市医药部门收集消毒药品货源,保证消毒药物及时供应,确保消毒工作落实到位。最后,积极开展信息收集工作。上海市卫生防疫部门在13个医院建立了传染病监测系统,每天上报新增患者和已就诊患者的肝功能异常指数。上海市卫生局发动党员干部到各家各户进行排查,医院也要每天通报一次新增病例数,同时利用监测系统对传染病流行趋势进行监控,并定期举行专家会诊,以分析其发展态势,探讨防治措施。

3. 信息沟通机制

相关部门积极宣传甲肝的基本知识,让民众对甲肝疫情和防治形成科学的认识。上海市人民政府组织专业人士进行甲肝防治宣传教育,向市民普及肝炎的防治知识;新闻媒体开辟专栏,向大众宣传急性肝炎防治的知识;上海市科学技术委员会医学专业委员会、上海市慢性肝病防治中心联合举办甲肝康复咨询讲座,邀请肝病专家对市民进行甲肝治疗康复知识教育。

四、借鉴与启示

(一)应对上海市甲肝疫情的经验

1. 坚持党的集中统一领导

加强党的集中统一领导是应对上海市甲肝疫情的政治保障。上海市甲肝疫情发生后,国务院对上海市发生的疫情极为关怀,召集有关负责人召开会议,研究甲肝疫情,并为甲肝防治工作提出具体意见,对防治所需药品的生产作出安排。党和政府通过协调各个组织和部门协同作战,调动一切可以利用的社会力量和资源,凝聚人民的意志,为取得抗击疫情的胜利起到了重要的保障作用。

2. 构筑群防群控的严密防线

构筑群防群控的严密防线是应对上海市甲肝疫情的重要举措。在此次上海市甲肝疫情暴发时,广大市民群众积极参与防控工作,筑起了群防群控的严密防线,做到在早发现的基础上,早上报,早治疗,为及时阻断疫情传播、早日实现防控目标创造了良好的条件。也正是党和政府坚持了群众观点和群众路线,动员全社会力量联防联控、群防群控才赢得了疫情防控的胜利。

3. 重视科学防疫

科学技术是应对上海市甲肝疫情的有力保障。在防控甲肝疫情过程中,科学技术发挥了重要作用。在上海暴发疫情的初期,市人民政府组织防疫卫生人员采用科学的技术方法对流行病学开展调查,最终调查报告基本认定食用毛蚶是引起此次上海市甲肝疫情的源头。可见,将科学技术应用于疫情防控中,不仅可以使疫情防控工作更具针对性和有效性,还能够避免盲目性,提高防疫工作的效率。此次甲肝疫情也让上海市民意识到个人卫生的重要性。

4. 坚持舆论引导

把握舆论工作的主动权是成功应对上海市甲肝疫情的催化剂。面对甲肝疫情产生的各种谣言和恐慌问题,上海市委、市政府高度重视卫生宣传和舆论引导工作,通过报刊、广播、电台、电视节目以及发放宣传资料和在报纸建立甲肝专栏等多种途径进行甲肝防治知识的宣传教育,对民众进行正确的舆论引导。这样不仅提高了人民群众的防疫意识和防疫能力,也最大限度地调动广大居民的凝聚力,促使大家共渡疫情难关。

(二)应对上海市甲肝疫情的教训

1. 政府应急预防意识薄弱

甲肝疫情反映了上海市人民政府危机预警意识不足的问题。自中华人民共和国成立以来,上海市一共发生过6次较大规模的甲肝疫情,而食用不洁毛蚶导致的甲肝疫情也不是第一次。上海市人民政府并未形成应急备案,也未对毛蚶等贝类水产品制定专门的卫生管理法规,从而为不洁毛蚶进入市场创造了条件。而卫生部门对此也重视不够,忽视了对公众相关卫生知识的科普教育。由于政府缺乏对突发事件的预防意识,其危险因子最终演化为危机,加上在此之前,没有做好预防工作,甲肝疫情再次暴发。

2. 缺乏完善的疫情信息管理制度

上海市甲肝疫情应对的整个过程,反映出当时我国缺乏完善的疫情信息管理制度。第一个表现是防疫公布制度不透明。在甲肝流行的前2个月中,有关部门并没有在官方媒体上发布任何有关疫情的人数信息,卫生部门统计的发病人数也只是在内部小范围传达。疫情信息的不公开,给了外媒虚假报道和抹黑中国的机会,导致当时社会上出现了谣言滋生的问题。

另外一个表现是疫情的登记、整理系统不完善。当时传染病的发展形式出现了新的变化,加上医疗资源短缺,病人跑几家医院寻求治疗的情况非常多,给数据统计工作带来了很大的困难。完善疫情登记制度和疫情公布制度,对及时制定措施、消灭疫情、抚平民众恐慌心理具有重要意义。

3. 缺乏专门应对疫情的相关法律

此次甲肝疫情充分暴露了我国在传染病疫情管理上相关法律缺失的问题。在甲肝疫情发生时,针对传染病的防治法规只有《中华人民共和国急性传染病管理条例》且并不完善,当时的管理条例也并未对疫情发生后的责任问题进行规定。所以,当疫情来临的时候,相关部门显然没有做好准备,政府在疫情处理的过程中也是一直处于不断摸索的状态。这不仅降低了疫情应对效率,还造成了传染病流行周期的延长,给人们的身体和心理造成了严重的危害。

4. 政府各部门缺乏有效的协调机制

此次甲肝疫情反映出政府各部门在处理传染病疫情时缺乏有效的协调机制。出现问题后,部门间互相推诿的现象比较明显。甲肝疫情发生后,卫生防疫部门承受了许多来自市民、人大代表、政协委员的指责和不理解。许多不明真相的人将引发甲肝疫情的全部责任归咎于卫生部门,导致卫生部门承受较大舆论压力。所以,针对传染病疫情,政府各部门只有各明其责,各擅其职,才能实现在突发公共卫生事件的处理中协调运作。

参考文献

卞增惠,范华锋,程云凤,等,2019.长春长生疫苗事件网络舆情演变特征及应对研究[J].职业与健康,35(11):1565-1569.

蔡文静,2022.1988年上海甲肝疫情研究[D].南昌:江西师范大学.

刁一平,2017.基于4R理论的网络公共危机的政府舆论引导研究——以天津爆炸事故为例[D].南宁:广西大学.

高静,高献波,2021.突发公共卫生危机多元主体协同治理困境及对策[J].经济师(4):23-25.

何华玲,张晨,2015.突发公共卫生事件应对中的国家治理:问题与启示——以2013年H7N9禽流感疫情防控为例[J].长白学刊(1):78-83.

贺一凡,2020.地方政务平台在应对公共危机管理中的问题及对策——以新型冠状病毒感染肺炎事件为例[J].德州学院学报,36(6):56-59.

胡艳蕾,梁丽霞,2022.基层社会公共卫生危机管理制度韧性及其治理逻辑[J].山东社会科学(10):146-154.

姜蔚,王珊珊,孙茂盛,2014.突发性水污染事件应急监测思考[C]//中国环境科学学会.2014中国环境科学学会学术年会(第四章).北京:中国环境科学学会编委会:356-360.

姜晓秋,陈德权,2006.公共管理视角下政府信任及其理论探究[J].社会科学辑刊(4):41-44.

兰州市安全生产监督管理局.2014.科学有效应对全力保障民生——兰州市"4·11"自来水苯超标事件应对工作总结及改进[J].中国应急管理(12):36-39.

李维安,陈春花,张新民,等,2020.面对重大突发公共卫生事件的治理机制建设与危机管理——"应对新冠肺炎疫情"专家笔谈[J].经济管理,42(3):5+8-20.

李燕凌,丁莹,2017.网络舆情公共危机治理中社会信任修复研究——基于动物疫情危机演化博弈的实证分析[J].公共管理学报,14(4):91-101+157.

刘鸿齐,张亚飞,于琦,等,2022.中国社会健康治理的科学事实与科学发展——以非典和新冠肺炎疫情防控两个特定事件为例[J].科学技术哲学研究,39(5):114-121.

刘秋,2015.论我国突发性水污染事件应对法律制度的不足与完善——以兰州水污染事件为例[D].成都:西南政法大学.

刘欣浩,2022.新冠肺炎疫情背景下我国地方政府公共危机管理问题研究[J].经济研究导刊(8):137-139.

刘岩,周庆瑜,周庆玉,2009.突发性水污染事件应对措施探讨[J].东北水利水电,27(1):60-62+72.

陆烨,胡国庆,李晔,2014.活禽交易市场H7N9疫情防控中的清洁消毒与效果评价[J].中国消毒学杂志,31(4):393-395.

路艳明,2021.新冠肺炎疫情背景下地方政府公共危机管理能力的研究[J].产业与科技论坛,20(1):207-208.

罗壹天,2018.论我国疫苗生产管理体制问题——以长春长生公司疫苗事故为案例[J].现代商业(35):130-131.

彭琛,2014.兰州自来水局部苯超标事件透视的法律问题探析[J].现代妇女(下旬)(8):139+160.

彭祺,胡春华,郑金秀,等,2006.突发性水污染事故预警应急系统的建立[J].环境科学与技术(11):58-61+118.

卿菁,2020.特大城市疫情防控机制:经验、困境与重构——以武汉市新冠肺炎疫情防控为例[J].湖北大学学报(哲学社会科学版),47(3):21-32.

邵全红,2017.重大突发事件复发舆情的效应及舆论引导策略——以H7N9禽流感复发舆情为例[J].新闻爱好者(10):25-28.

田圆,2015.邓小平应对重大突发公共卫生事件的危机管理思想研究——基于1988年上海甲肝的历史考察[J].湖南工业职业技术学院学报,15(6):51-54+47.

汪杰,杨青,黄艺,等,2010.突发性水污染事件应急系统的建立[J].环境污染与防治,32(6):104-107.

王博,朱玉春,2020.2019-nCoV疫情:论中国突发公共卫生危机治理[J].科学学研究,38(7):1161-1166.

王超,王胜男,何运斌,等,2022.论科技期刊在突发公共卫生事件谣言治理中的作用[J].编辑学报,34(5):483-487.

王刚,李芳菲,2020.1988年上海成功应对甲肝疫情的措施与经验[J].上海党史与党建(4):34-39.

王佳,程实,陈波涛,2018.H7N9疫情危机处置的公共卫生伦理问题研究[J].医学与哲学(A),39(1):37-39.

王晓辉,2011.地方政府网站在突发事件信息传播中的定位分析[D].成都:西南交通大学.

卫志民,胡浩,2021.美国甲型H1N1流感应急处置的经验、教训及其对中国的启示[J].山西师大学报(社会科学版),48(1):78-84.

幸红,潘运方,2007.突发性水污染应急措施有关机制研究[J].人民珠江(4):35-39.

徐彪,2014.公共危机事件后政府信任受损及修复机理——基于归因理论的分析和情景实验[J].公共管理学报,11(2):27-38+140.

许玉镇,孙超群,2019.公共危机事件后的社会信任修复研究——以突发公共卫生事件为例[J].上海行政学院学报,20(6):33-42.

俞顺章,1988.上海甲肝流行的反思[J].科学(4):285-290.

张爱卿,2003.归因理论研究的新进展[J].教育研究与实验(1):38-41.

朱金雷,2014.浅谈甲型H1N1流感发展特点及其在社区的防控工作[J].继续医学教育,28(12):61-64.

朱瑟夫,2020.刚果(金)的埃博拉疫情应对研究[D].金华:浙江师范大学.

第六章 社会安全类公共危机的典型案例

第一节 舆情风暴中的指路人:路边餐饮店群殴事件

> **提要**:2022年6月某日凌晨,陈某等9人在H省T市某路边餐饮店聚餐,其间背后敲打王某背部,并且进行言语性骚扰,遭到女子反抗后,陈某等人殴打女子及其同伴,并拉住女子头发将其拖行至店外进行暴力式殴打,导致王某某等人头部伤势严重。事件发生后,社会舆论高度关注,各级政府管理部门迅速行动,将犯罪分子绳之以法,相关公职人员也受到纪律审查和监察调查。笔者应用风险认知模型、精神噪声模型,负面主导模型和信任决定模型4个沟通模型分析该事件,认为在新媒体时代要强化政府在风险沟通、危机沟通和舆论引导中的作用,使政府成为"舆情风暴中的指路人"。

一、案例背景

H省T市存在的违法犯罪活动是此次事件的重要背景。尽管我国社会治安持续优化,但部分区域仍存在治安隐患。此类问题需通过深化综合治理加以解决,持续压缩违法犯罪生存空间。

在这种背景下,女性在社会中面临着特殊的安全困境,这也是T市打人事件中女性受害者遭受暴力的重要原因之一。生理上,女性通常相对体型较小,力量较弱,这使得她们在面对身体上更强壮的对手时处于劣势。黑恶势力往往利用这一点,对女性实施暴力行为,因为他们认为女性更容易受到控制和威胁。女性在日常生活中经常面临各种形式的暴力行为,包括性侵、家庭暴力、恶意追踪等。这些行为严重侵犯了女性的人身安全和尊严,给她们带来了巨大的心理和身体伤害。在T市打人事件中,女性受害者也成为暴力行为的目标,她们受到了严重的伤害。

二、案例演化

(一)事件发生

案发当天,陈某等9人在T市某路边餐饮店聚餐饮酒。凌晨2时40分,陈某等人走到一位女子背后敲打其背部,并且进行言语性骚扰。女子拒绝并反抗,陈某等人对其实施殴打。此时女子同伴见到她受辱，遂实施正当防卫，拿啤酒瓶反击。陈某同行人员见状恼羞成怒，冲入店内用凳子、啤酒瓶殴打女子及其同伴，并拉住女子头发将其拖行至店外进行暴力式殴打，女子随后跑进餐饮店旁边一条长 11.6m、宽 7.3m 的小巷，陈某等 6 人追入巷子，继续对被害人实施殴打。其间，餐饮店内其他女性准备营救被打女子，都被陈某以及其同伙殴打，被殴打的女性头部伤势严重。案发后，9 名犯罪嫌疑人逃离现场。4 名伤者在 H 医院接受治疗，伤情稳定，无生命危险；2 名女子留院治疗，医院表示其中一位嘴部受伤严重。当晚 21 时，涉案人员中的 2 名男性在距事发地 3km 处被警方抓获。

案发 4 天后，李某某等 3 名涉案人员被抓获，另有 3 名嫌疑人在邻省某检查站被抓获。当天下午，最后一名嫌疑人沈某某在邻省一收费站附近弃车逃跑时被警方抓获。至此，9 名犯罪嫌疑人全部落网。同日该餐饮店停止服务，女店主被网民指责"不拉架"，遭受网络暴力。后来该店主哭诉自己也是受害者，称也进行拉架，并且提供手机供受害人报警，但"被网暴到无法正常生活"。周边餐饮店店主也因被错认而遭电话骚扰。

（二）政府响应与专项行动

6 月中旬，案发地市政府召开专题会议，宣布持续深化扫黑除恶"回头看"长效机制。《中华人民共和国刑事诉讼法》第二十五条规定，刑事案件原则上由犯罪地公安机关管辖，但本案经 H 省公安厅依据《公安机关办理刑事案件程序规定》第二十二条启动指定管辖程序，最终确定由 L 市公安局某分局负责侦查办理。此项机制突破属地管辖限制，有效规避地方保护主义干扰，为后续司法公正提供制度保障。

6 月中旬，案发地市委、市政府召开夏季社会治安整治动员大会，部署为期 15 天的治安整治专项行动。会议将餐饮场所暴力事件定性为"严重破坏社会秩序的恶性案件"，强调要通过专项行动实现"三个清零"目标（积案线索清零、治安乱象清零、保护伞问题清零）。值得关注的是，专项行动领导小组创新建立"双轨制举报平台"。①初期渠道：开通警务督察专线，首日即接收大量举报信息；②优化措施：针对线路拥堵问题，警方在 72 小时内增设固话专线、专用手机及电子邮箱，形成电话、网络、来信"三位一体"的投诉举报受理体系。

6 月中旬，T 市发布规定，要求返回 T 市人员与外地来客均需向所在社区报备登记。外来人员由属地政府统一安排车辆转运，上车前需人车合影，到达后司机需拍照，未拍照者不得离站。出租车正常打表，车上所有乘客平摊车费。据某报纸旗下新媒体记者透露，旅客在出火车站时会被现场工作人员拦截，要求填写信息登记表，登记所属小区、栋楼、单元号等详细信息，并签署不外出承诺书，否则就进不了 T 市。

6 月下旬，T 市市长、市疫情防控工作总指挥部总指挥主持召开总指挥部会议暨重点工作调度会议，强调交通运输要落实保通保畅，严格执行国家和省通行政策，规范通行证使用，优化服务保障，严禁出现层层加码、"一刀切"现象。

同日，因传闻 T 市打人事件的餐饮店被拆除，当晚，H 省公安厅政治部回应称该店正在装修，短期内店主无法经营。另据知情者称，涉事餐饮店已经换了新老板，新老板正在重新装修房子并拟恢复营业。

6月下旬,治安整治专项行动结束,为期半个多月。

7月上旬,治安整治专项行动结束不久后,T市某派出所证实,管辖区在7月2日发生刑事案件。

7月下旬,T市再次出现打架事件,致2名女子受伤。该事件登上社交网络平台热搜后,警方通报称是互殴事件并表示其中8名嫌疑人已到案。

7月下旬,公安部刑事侦查局有关领导表示,此事件造成恶劣的社会影响,公安部已派出工作组指导案件侦办,将对"每条线索全力以赴开展侦查"。

(三)批准逮捕

6月中旬,主要犯罪嫌疑人陈某等9人,经L市某区人民检察院批准,由L市公安局某分局执行逮捕。资料显示,某市公安局局长赵某(曾担任L市人民政府副市长、市公安局局长)在任期间多次部署扫黑除恶专项工作。

8月中旬,省级公安机关针对该恶势力组织犯罪案件启动异地管辖机制,移送L市某区人民检察院审查起诉。8月下旬,检察机关根据《中华人民共和国刑事诉讼法》第一百七十六条规定,依法对陈某等28名被告人提起公诉。

(四)司法审判

9月下旬,L市人民法院判决,被告人陈某犯寻衅滋事罪、抢劫罪、聚众斗殴罪、开设赌场罪、非法拘禁罪、故意伤害罪、掩饰、隐瞒犯罪所得罪、帮助信息网络犯罪活动罪,数罪并罚,决定执行有期徒刑20余年,并处罚金人民币数十万元,对其余27名被告人判处6个月至11年有期徒刑不等的刑罚,另对其中19名被告人并处人民币数千元至数万元的罚金。该案6名被告人(含主要被告人)对寻衅滋事案件4名被害人的医药费、护理费、误工费、住院伙食补助费、营养费、交通费等各项经济损失承担民事赔偿责任。

(五)纪律审查和监察调查

6月下旬,H省纪委监委通报:经H省纪委监委指定管辖,T市L区人民政府党组成员、副区长,某分局主要领导马某接受L市纪委监委审查调查;经T市纪委监委指定管辖,某分局某派出所所长胡某、某警务站副站长韩某、某派出所民警陈某、某派出所原所长范某分别接受C区纪委监委、F区纪委监委审查调查。某分局副局长被免职。8月底,H省纪委监委通报:经H省纪委监委组织协调,某市纪委监委联合L市、H市等地纪委监委对相关人员立案审查调查,对多名公职人员采取留置措施,已初步查出违纪违法及涉嫌滥用职权、徇私枉法、行贿、受贿等职务犯罪问题。

T市餐饮店打人事件演化时间表如表6-1所示。

表 6-1 T市餐饮店打人事件演化时间表

时间	风险演化	决策或实施主体	相应措施
案发当天	犯罪团伙从外地进入T市	犯罪嫌疑人	犯罪嫌疑人驾车从江苏进入河北T市
案发2天后	犯罪团伙在T市实施犯罪	犯罪嫌疑人	实施网络赌博洗钱活动
案发3天后	发生餐饮店暴力事件	犯罪嫌疑人	在T市殴打多名女性
案发4天后	犯罪嫌疑人逃离现场	公安机关	抓获全部9名犯罪嫌疑人
案发5天后	犯罪嫌疑人落网	公安机关、检察机关	对9名犯罪嫌疑人批准执行逮捕
案发5天后	社会治安风险加剧	T市委、市政府	T市开展为期15天的治安整治专项行动
案发10天后	外地人员进入T市的风险	T市火车站	对返T市人员和外地来客实施登记、安排车辆转运等
6月下旬	交通管制过度风险	T市市长	要求交通部门规范通行证使用,严禁出现层层加码现象
6月下旬	社会治安形象受损	中央精神文明建设指导委员会办公室	停止T市相关荣誉资格的评定
6月下旬	治安整治专项行动结束	T市	治安整治专项行动结束
7月下旬	案件侦办风险	公安部	公安部介入指导案件侦办
8月中旬	案件侦查终结	公安机关	案件侦查终结,移送检察院起诉
8月下旬	案件进入检察程序	检察机关	对28名被告人提起公诉
6月下旬	警务人员涉嫌渎职	纪检监察机关	多名警务人员被查处或免职
8月下旬	警务人员涉嫌职务犯罪	纪检监察机关	多名公职人员被查出涉嫌职务犯罪
9月下旬	案件一审宣判	法院	对28名被告人作出一审判决

三、案例分析

(一)应急沟通

所谓应急沟通,是指公共危机管理者与社会公众、媒体建立良好关系,交流信息、互动反馈的双向过程。它对于公共危机管理至关重要。这是因为沟通可以防止危机的进一步演化,有助于公共危机管理者作出决策并顺利实施应对风险的有效决策,能够增强公共危机管理者的公信力,树立良好的公关形象。在这里,社会公众大致包括3类:一是危机的直接受害者;二是一般的社会公众;三是新闻媒体。应急沟通的4个模型分别为风险认知模型、精神噪声模型、负面主导模型和信任决定模型(王宏伟,2021)。

(二)风险认知模型

对于风险事件的知觉能够极大地影响人们的情绪状态(如生气、焦虑、害怕等),从而进一步影响个体的态度与行为,因而风险认知在风险沟通的过程中起着非常重要的作用。具体来说,以下因素会影响公众对风险的认知(谢晓非和郑蕊,2003)(表6-2)。

表6-2 影响风险认知的因素

因素	描述
自愿性	当个体被迫接受风险事件时,要比他们自愿接受风险事件时,认为风险更大
可控性	当个体感知到风险事件受外界控制时,要比他们感知到风险事件受自己控制时,认为风险更难以接受
熟悉性	当个体对风险事件感到熟悉时,要比他们对风险事件感到陌生时,认为风险更难以接受
公正性/利益	当个体感知到风险事件不公平时,要比他们感知到风险事件公平时,认为风险更难接受。当个体感知到风险事件中存在着不清晰的利益时,要比他们感知到风险事件中有明确的利益时,认为风险更难以接受
易理解性	当个体对某一风险事件的理解程度,低于他们习惯理解的风险事件时,会认为该风险更难以接受
不确定性/恐惧	与感到复杂的风险事件相关的那些感到不确定的风险事件,要比那些觉得已经熟练的风险事件难以接受
对机构的信任	那些与缺乏信任的机构相关的风险事件,要比那些与可信的机构和组织相关的风险事件更难以接受
可逆性	当个体感知到风险事件有着不可逆的后果时,要比他们感知到风险事件后果难以扭转时,认为风险更难以接受
个人利益关系	当个体感知到风险事件与自己有着直接关系时,要比感知到风险事件与自己无直接关系时,认为风险更难以接受
伦理道德	当个体感知到风险事件与日常伦理道德不符时,要比感知到风险事件与伦理道德没有冲突时,认为风险更难以接受
自然或人为风险	当个体感知到风险事件是人为导致时,要比感知到风险事件是天灾时,认为风险更难以接受
受害者特性	当个体感知到风险事件能够承受受害者特性时,要比他们感知到风险事件不能承受受害者特性时,认为风险更难以接受
潜在伤害程度	那些在时间和空间上导致死亡或更严重伤害的风险事件,要比那些在时间和空间上影响相对较低的风险事件更难以接受

风险认知是测量公众心理恐慌的指标。在此案例中,大部分群众无法接受这种风险。事件起因是对"骚扰"的反抗,受害者的正常行为引来了非正常的羞辱与殴打,这本身就难以

为社会基本的伦理道德所容忍。根据 14 个影响因素,不难判定 T 市打人事件会极大地影响到人们的情绪,继而引发公众舆论(谢晓非和郑蕊,2003)。

(三)精神噪声模型

心理噪声模型探讨严重的风险事件给个体带来的强烈的心理冲击,就像在心理上形成了一种强烈的噪声背景。任何风险或危机情景都会在受众中制造紧张情绪,继而产生"精神噪声",其结果就是,公众对信息的处理能力可能会受到影响(谢晓非和郑蕊,2003)。

这一点在案例中表现为愤怒和恐惧的噪声。打人事件发生前的环境为公众十分熟悉的场景。"着装正常""与朋友吃餐饮""被要微信"等描述让公众很容易进行自我代入,而"遭受侮辱与毒打"这样一种极端不同寻常的结果无疑会对公众产生强烈的"精神攻击"。在这种情况下,很多网民的理性判断被瓦解,同时他们对来源不明的信息丧失分辨能力,轻信谣言,从而对政府官方媒体进行"评论轰炸";更有甚者,以"伸张正义"为名,在不明真相的情况下,对涉事地点、人员实施网络暴力攻击,引发新的危机与舆情。由此可见,风险与危机沟通需要能够超越公众的"精神噪声",如此,信息才能被公众所接受与理解。

(四)负面主导模式

笔者发现个体往往赋予负面信息更大的权重(谢晓非和郑蕊,2003)。在风险和危机事件中,公众要处理正面和负面信息,但对于负面信息会更容易听信、整合,这是因为负面信息支撑了其负面情感。

在 T 市打人事件中,有关部门对舆情及时作出了"正在调查处理"或"已实施抓捕"的回应,同时当地医院也作出了"受害者正接受治疗"的回应。但此时,公众已对这些回应丧失了兴趣,他们的目光集中到施暴者的身份"涉黑"、政府相关部门与其同流合污、扫黑除恶漏网之鱼等信息上。同时,他们还对受害者生命情况进行凭空"揣测",在不良媒体的引导下传播"受害者死亡"的谣言。由于公众对负面爆点的关注度更高,不良媒体为了吸引流量则会对此进行大肆宣传。这些状况均对政府进行危机沟通带来了极大的困难。

(五)信任决定模型

传播者与受众之间建立及维护的信任关系是至关重要的。传播者受到时间约束,难以在短时间内构建信任,同时在负面主导模式的驱使下,信任关系极易崩塌。但是,在应急沟通的过程中如果缺少信任,那么沟通将无法进行。因此,传播者应为受众所信任的群体成员。此外,如果传播者不止一个,则他们之间的分歧将增加不信任性。这一点在案例中显而易见。"保护伞"信息一经曝出就遭到了公众的激烈讨论,再加上"当地群众"的现身说法,公众便逐渐对当地政府的言论失去了信任。

基于以上分析,我们认为 T 市打人事件引发重大的舆论危机是多方因素共同作用的结果。有事件本身的特殊性,有特定环境的敏感性,也有媒体引导、政府沟通失误等原因。那么如何进行正确沟通呢?良好的应急沟通必须遵循以下原则(王宏伟,2021):广泛参与,顾客导向;公开透明,准确及时;尊重事实,恰到好处;与媒体合作。

在T市打人事件发生后,针对网络舆情,机场路派出所迅速回应:确有其事,有出警。其民警在接受记者采访时称接警后5分钟就到达现场。但随后,到场时间的谎言便被揭穿。10日下午,T市委政法委书记作出回应:嫌疑人已锁定,正抓捕。此后不久,H省公安厅也进行了回应:已关注,正在调查处理中。

从中可以看到,在此次事件中,政府初步的应急舆情沟通机制并不完善。虽然作出相关回应,但是内容重复且表述简单,甚至出现信息谎报瞒报现象,大大激化了舆情。在媒体层面,政府部门没有进行有力的控制引导,致使"谣言满天飞",正向评论稀缺,满是网民的负面情绪宣泄,信任关系岌岌可危。这种情况直到省公安厅等上级部门发出回应时才有所缓和。可见,政府权威性对应急沟通有着重要的影响。

在后期的应急沟通中,相关部门对追捕施暴者的过程以及相关审判结果进行了追踪公开报告。6月12日起,T市开展治安整治专项行动,向公众提供举报渠道,在向公众公布信息的同时,向公众收取反馈信息。其后,"保护伞""黑社会"等焦点也被逐一直击。此时,政府在沟通中总体做到了广泛参与、公开透明,向公众提交了满意的答卷。

(六)舆情引导

舆论是民众对公共事务公开表达的具有影响力的意见,舆情则是民众关于现实社会中各种现象、问题所表达的政治信念、态度、意见和情绪的总和。而网络舆论是民众对公共事务通过信息网络公开表达的具有影响力的意见和情绪的总和。网络舆情热点紧扣社会舆情,往往是社会重大事件,或是与群众切身利益密切相关的问题,很容易在短时间内引起网民广泛关注,对现实社会产生深刻影响。因此在沟通中,政府同样要重视舆情,特别是网络舆情的引导。

网络媒体信息具有双向性,提供互动交流,匿名性也带来了信息的复杂性。同时,网络舆情具有信息的局限性和信息载体的双重性,不能与民意画等号,也不能忽略"流行语"中的信息。网络舆情传播往往是爆炸性的,难以预测,难以控制。总的来说,网络舆情引导具有极大的困难性。

对网络舆情的把握与引导,应当做到以下几点(姜胜洪,2008):一是及时捕捉网络舆情热点,增强对有关热点的预见性;二是以重大突发事件为契机,争取舆论引导"第一落点";三是坚持正确舆论导向,以正面舆论压倒负面舆论;四是推动网络媒体与传统媒体良性互动,相互放大正面舆论;五是培养网上"意见领袖",引导网民自我教育。

T市打人事件引发了强烈的网络舆情,从事件本身来看,性质恶劣、情节严重,且关乎公平正义,存在"强者"和"弱者"的对立,容易触发网民的共情心理。本次事件牵涉的话题也层出不穷,有女性权利、性骚扰、男女对立等,还有主流媒体发声谴责、大V明星声援,带动粉丝传播。"热点搭车"式实名视频举报引发后续广泛关注。经过抖音、微信视频号等短视频平台持续传播,网民情绪持续引爆。尤其在事件发生初期,相关部门谎报信息、地方政府反应不及时加剧了舆情扩散(王哲和靖季,2022)。

但值得欣慰的是,在这次事件中,央媒和相关平台反应较为迅速。《中国妇女报》、《人民日报》、中央广播电视台、钧正平工作室等媒体及胡锡进媒体人谴责此事件。其中《光明日报》的评论引用海恩法则，点出 T 市近期发生的另外 2 起防疫热点事件，批评 T 市治理失效。德国之声中文网等栏目及 CNN、《今日时报》媒体均对此事进行了报道。可以看到，主流媒体集体发文为整个事件定性纠偏，同时以 T 市打人事件为契机整合近期舆情重点进行统一引导。利用主流媒体的权威性能够对负面舆论进行压倒性批判，及时有力地扩大了正面舆情，控制了总体舆情发展。

四、借鉴与启示

(一)T 市餐饮店群殴事件经验与教训

1. 从政府应急沟通机制来看

首先，相关部门应对不足，存在纰漏。其次，沟通不及时且质量不高，信任关系搭建存在问题。最后，重视信息发布，但反馈收集不够及时。

2. 从舆情引导机制来看

首先，初期应对不足，重视不够。其次，官媒反应迅速，及时对舆情进行了引导。最后，对谣言的控制不够及时。

T 市餐饮店打人事件在微博、抖音、小红书等社交媒体上引发了极大的舆论风波。值得注意的是，众多政府部门在微博开设了官方账号，微博在很大程度上打破了政府在舆论方面的话语垄断。作为草根的网民群体通过社交媒体实现了媒介赋权下的自我赋权，成为公共舆论形成中的决定力量。一旦相关政府关注不及时、回复不及时，不仅容易催生新的舆论热点，还会激化群众的负面情绪，影响政府形象，使政府陷入舆论被动。

(二)T 市餐饮店群殴事件启示

1. 及时准确，态度诚恳

在重大突发事件发生时，政府部门应争取第一时间发布权威信息，及时发出正面声音，态度诚恳、表达有力，做到关键时候不"失语"，从而稳定民众情绪，避免社会恐慌。针对民众关注度较高、质疑较多的问题，还应请专家学者进行专业性解答。

2. 协作高效，多方合作

政府可以与媒体、大 V 等寻求合作，搭建沟通平台，培养"意见领袖"。政府应在与公众进行有效沟通的同时整合意见、答疑解惑，从舆情产生的源头上进行拆解和控制，同时传达正向内容，对公众负面情绪进行纾解与引导。

3. 收集反馈,及时跟踪

危机沟通不仅要重视言论的输出,更要重视反馈的收集,及时跟踪事件发展,让公众感受到政府真的在关注被他们热切讨论的热点新闻,体现政府为人民服务的诚恳与认真。

4. 实事求是,监察控制

政府部门应尊重事实,尊重变化,直面错误,正视不足。同时,应对不正当、不真实的言论及时进行辟谣和控制,并对公众予以解释和警示。

第二节 奔向未知悲剧:山地马拉松参赛者遇难事件

> 提要:2021年5月由G省B市组织山地马拉松赛事遭遇极端天气(大风、降水、降温),部分参赛人员陷入危险。赛事组织方、各级政府等主体启动应急响应,基层警务及消防部门参与救援。因赛事管理存在安全漏洞、执行机制不完善,最终造成多名参赛者遇难。该事件被定性为重大公共安全事故,引发社会广泛关注。笔者梳理了事件背景及危机演化过程,从安全保障体系、运营方专业能力、社会舆论引导机制等维度展开分析,并对我国户外体育赛事规范化管理提出改进建议。

一、案例背景

(一)某山地马拉松赛事情况

(1)赛事基本情况。某山地马拉松赛事于2021年5月下旬在G省B市举办,包括5km健康跑、21km越野赛和100km越野赛3个组别。其中健康跑参加人数为1700人(不含游客);21km越野赛报名120人,实际参赛93人;100km越野赛报名187人,实际参赛172人。该届赛事未向相关体育协会申报认证。

(2)赛事相关单位情况。该届赛事由B市委、市政府主办,B市体育局、J县委、县政府承办,市县相关单位协办,某景区管委会为执行单位,其下属企业某文化旅游开发有限公司为推广和实际执行单位,某体育文化发展有限公司为运营单位。

(3)百公里越野赛线路及打卡点信息。赛事线路为:"某景区门口(起点)—A广场—B观景台—C村—D村—E村—F村—G村—A广场(终点)",全程96.07km,共设置9个打卡点(除3号打卡点外均设补给点)、1个转运点(6号打卡点)、1个补给点。终点(距起点96.07km,海拔1358m,配备志愿者13人、医护人员6人、救护车2台)。赛道属自然山地路线,路面为砂石、黄土、草地混合结构。某山地马拉松赛事海拔变化图如图6-1所示。

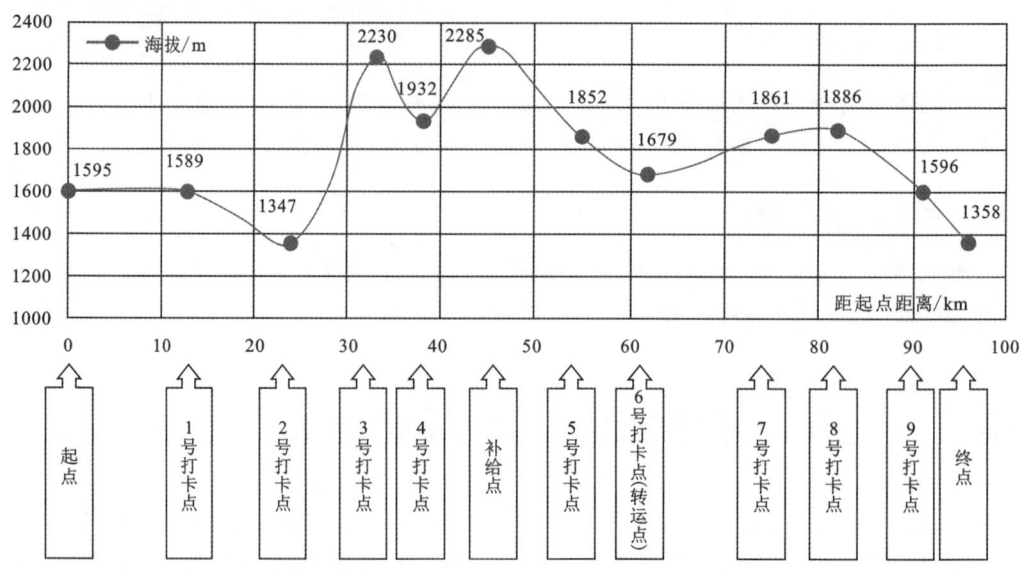

图 6-1 某山地马拉松赛事海拔变化图

(二)赛事地域当天天气情况

2021年5月22日10时30分左右,百公里越野赛赛事区域开始降水;2号打卡点至4号打卡点气温从8时开始持续下降,5小时降温5～7℃;2号打卡点至3号打卡点高海拔赛段,8时至13时平均风力可达6～7级,最大阵风8～9级。经综合分析,此次天气过程的气温、降水、平均风力均未达到极端天气事件标准,但对百公里越野赛是一次高影响事件。

二、案例演化

(一)事发经过

事发当天9时,赛事正常开赛,5km健康跑于10时30分左右结束,21km越野赛于12时30分左右结束。

11时50分,参赛选手罗某某通过GPS设备发出求救信号(未获回应);12时17分左右,赛事组织人员及相关工作群组收到参赛者与某救援队成员的求救信息;12时20分,接到参赛者退赛报告;12时56分,某县110指挥中心接获求救报警,某派出所出警救援。其间运营单位安排车辆收容退赛人员,现场救援队对部分参赛者实施救助。14时10分左右,因大规模退赛,赛事被迫中止但未正式宣布停赛,组织机构调集人员携御寒物资赴现场开展救援。

(二)应急救援情况

15时左右,J县委主要负责人接到J景区管委会关于赛事突发情况的报告。15时34分,

B市消防救援支队接群众报警,调派J县消防站车辆人员前往救援。

16时30分左右,J县委、县政府主要负责人抵达现场组织救援。17时左右,搜救人员在2号打卡点附近发现1名无生命体征参赛者。

17时,B市人民政府相关负责人到达现场。17时10分左右,J县委主要负责人向B市委主要负责人电话汇报情况。19时,经排查确认139人安全或返回,33人失联。

19时10分,B市委主要负责人向G省委报告情况,G省委主要负责人立即召开专题会议部署救援工作。G省人民政府主要负责人率队赶赴现场成立指挥部统筹救援工作。

19时始,B市公安局、消防救援及Q企业救援队等市级力量投入救援。20时45分,G省消防救援、森林消防等省级力量加入救援。

次日凌晨2时30分左右,发现1名受伤参赛者送医救治,多人确认遇难,12人获救,1人仍失联。

次日9时10分,最后1名失联者被寻获,无生命体征。至此,确认172名参赛者中151人获救(含8名伤员住院治疗),21人遇难。11时50分,遇难者遗体转移下山。

次日凌晨12时,现场指挥部宣布应急救援结束。

(三)善后处置情况

B市委、市政府成立由主要负责同志任组长的善后处置工作组,全力开展伤亡人员家属接待安抚工作。次月4日,21名遇难者遗体全部妥善安置,8名伤员中7名于当月25日前出院,1名重伤者在B市第一人民医院继续治疗。

次月11日,调查组召开新闻发布会通报结果,认定16家单位及27名相关人员被追责。次月25日,G省人民政府官网公布该山地马拉松公共安全责任事件调查报告(表6-3)。

表6-3 B市J县某山地马拉松公共安全责任事件演化与响应

时间	危机演化	决策主体	响应措施
事发当日10时30分	百公里越野赛赛事区域开始降水	—	—
事发当日12时17分	参赛选手、某救援队人员发布求救信息	赛事相关组织人员	安排车辆陆续收容退赛人员
事发当日13时56分	参赛选手求救报警	S派出所	出警前往救援
事发当日14时10分	大批参赛选手退赛,赛事被迫中止	赛事组织机构	赛事组织机构开始实施救援但未宣布停赛,派出人员携带保暖物资赶赴现场开展救援
事发当日16时30分左右	—	J县委	主要负责人赶到现场,安排开展相关救援工作

续表 6-3

时间	危机演化	决策主体	响应措施
事发当日 17 时	搜救人员发现 1 名无生命体征参赛选手	B 市委	B 市人民政府有关负责人到达现场
事发当日 19 时 10 分	—	G 省委	B 市委主要负责同志向 G 省委报告有关情况；G 省人民政府立即主持召开专题会议，安排部署救援工作，省领导带领相关人员紧急赶赴现场，成立现场指挥部
事发次日凌晨 2 时 30 分	多人确认遇难，12 人获救，1 人仍然失联	—	—
次日 9 时 10 分	最后 1 名失联人员被找到，已无生命体征，最终确认 172 名参赛选手中，21 人遇难	—	—

三、案例分析

最终调查认定，这是一起极限运动项目——百公里越野赛在强度、难度最大赛段遭遇大风、降水、降温的高影响天气，赛事组织管理不规范、运营执行不专业，导致重大人员伤亡的公共安全责任事件。

体育赛事竟然悲剧演化为荒野求生，看似是天灾，但其实是背后"人祸"不断叠加导致的悲剧。

（一）被忽视的"人祸"——赛前准备暗含危机

据某参赛选手口述，其在昏迷前触发 GPS 求救信号。GPS 轨迹显示，该选手发出求助后 2 小时 43 分钟无救援人员到达，最终被某村民发现。救援延迟主因系通信中继站覆盖不足导致出现信号盲区。

此次 J 景区百公里越野赛未将冲锋衣等装备列入强制清单。《中国越野跑运动赛事组织标准》规定：高海拔赛事需配备防风保暖装备。赛事官方数据显示，赛道海拔区间为 1300～2300m，已超过 1500m 高海拔标准，明显违反装备要求。

高海拔赛事救援人员与参赛者比例标准应为 1∶3 至 1∶4，但某主办方为压缩成本，在核心安保环节（救援人员配置、设备投入）大幅削减预算；10km 关键赛段未设救援点，应急预案存在重大漏洞，最终导致悲剧发生。该问题被认定为事故主因。

(二)愚昧的"人祸"——危机响应二次伤害

在已发现极端天气,甚至有参赛选手求救的情况下,预备工作的迟缓导致了最终救援效果并不明显。比赛当天13时左右,就已有救援队员上报申请比赛立刻终止,但赛事运营方始终犹豫不决。很显然,赛事指挥部缺乏危险意识,忽略了来自现场一线的最重要警告。危机响应人员的专业性不仅体现在确保赛事救援得到专业保障,更体现在由专业人士负责救援的决策与指挥。

比赛的前一天,G省气象局曾发出大风降雨预警,但这些气象预警并未引起组委会重视,更无有效响应,比赛仍正常进行。组委会未在赛前技术会上向参赛者讲明低温情况下的急救措施。

(三)声讨"人祸"——舆情的倒逼

相较于自然灾害、公共卫生事件,突发安全事故的共性在于相关责任主体明确、事件真相可查、事件发生具有一定程度可控性、处置具有有效性以及舆情可引导性,可通过危机管理与舆情治理的优化,实现危机管理与舆情的良性互动,助推事件解决(高如月,2021)。一方面,B市山地马拉松事件作为当年典型公共安全责任事故,在事件处置过程中,赛事主办方危机管理意识淡薄、预控工作的严重缺位掀起了公众强烈的负面情绪浪潮。另一方面,官方媒体主动报道、政府及时公开信息在一定程度上也实现了舆情的情绪缓冲和热度降温。

同时公众的"声讨"——对事件真相的信息需求、对遇难者抚恤的关注和对相关主体的问责建议,反推危机管理责任主体加快对事件调查和主体问责,并主动召开新闻发布会引导舆情。这一过程维护了政府形象,加强了公众向心力,二者的良性互动共同促进了事件解决,也为类似公共安全责任事件的危机管理与舆情治理提供了有效参考。

四、借鉴与启示

(一)增强体育赛事风险防范意识

为提高赛事突发风险的预测及应对能力,应提升体育赛事组织人员对突发风险防范的整体认识,同时进一步提高风险预测的精准度,加强赛事风险防范知识的宣传,组织工作人员学习赛事风险案例的分析与防控知识,提高赛事组织人员的风险防范意识和综合素养(刘尹等,2021)。承办方应突出赛事应急管理在赛事全流程的地位和作用,综合各方面因素对赛事风险进行评估,制定出较为完备的安全应急预案,加强赛前、赛中监管。

"运动可以无极限,安全必须有底线"。上述事件给人们敲响了警钟。只有不断学习,清楚举办赛事的日标与安全流程,把参赛选手的生命安全放在首位,切实保障参赛人员的安全,才能杜绝此类悲剧的重演。

(二) 规范赛道设置与救援配备

在赛道设置时，组织者不仅要考虑如何打造特色，也要保障赛道的安全性。首先，在赛前选址时组织者要做好赛道的风险评估，不可一味追求难度、特色来增加曝光率以谋取更大的利益，而置参赛者的安全于不顾。赛道设计需充分考虑赛道环境的复杂性以及救援的难易程度。其次，组织者应科学合理地设置路标，让参赛者能准确判断方向，不至于迷路。再次，组织者应招募接受过岗前培训的有较强的赛道服务意识、面对应急事故有一定的处理能力的志愿者（黄瑞敏和韩会君，2020）。组织者要时刻关注参赛者的身体状态，及时劝说受伤、行进困难的选手退出跑道。另外，在救援队伍组建上，除必要的医护人员外，还需招募专业的山地救援队伍以及运动康复训练人员。最后，应准备性能良好、数量充足的救援装备。比赛场地应配备自动体外除颤器、救援车辆和摆渡巴士等，以备不时之需。

(三) 明确赛事监管与制度规范

政府对体育赛事的"简政放权"并不意味着放任不管，而是要给予既有深度又有广度的科学指导，将自身角色变成引导者。首先，要加强政策制度建设，增强政策的实际操作性，落实责任制度，明确管控主体，加强主体的强制执行力，严格管控赛事组织的流程。其次，加强监管，提高赛事组织的规范化水平，协调官方、地方、企业三者之间的关系，建立对协办方和赞助方的监管和考评机制，对违规造成环境受到较大破坏的赛事公司加大惩罚力度。通过赛前指导和赛后监督相结合，强化赛事运营监管，进一步提高赛事组织的制度化、规范化和科学化水平。最后，法律是社会平稳运行的制度保障，以此规范体育赛事发展尤为重要，应从法律层面明确赛事组织者应尽的义务，强化体育市场黑名单制度，从而守住体育赛事的安全底线。

第三节　谣言难治：海鲜市场"毒"水产品事件

> 提要：B市某大型农产品批发市场发生C病毒感染疫情，B市人民政府牵头联合卫生部门，协同各区疾控机构及相关部门开展应对工作。经40天应急处置，将突发公共事件响应等级下调至Ⅲ级，标志疫情防控取得阶段性成果。但危机处置的完成并未消除谣言衍生影响：2020年6月12日某市场负责人关于"水产品案板检出病毒"的表述，引发水产行业系统性震荡。笔者基于委托-代理理论框架，解析公共危机中政府与公众的互动机制，并对特定行业冲击进行归因分析。同时提出常态化治理建议：构建以信息平台为核心，政府、新媒体、公众协同参与的"三维共治"模式，通过制度化合作机制压缩谣言传播空间。

第六章 社会安全类公共危机的典型案例

一、案例背景

(一)现实背景——国内疫情防控工作有序推进

根据国际技术经济研究所 2020 年 6 月 11 日披露的相关数据,截至 6 月 11 日 12 时,全球共 215 个国家和地区暴发了 C 病毒感染疫情(图 6-2)。除中国外,其他国家 C 病毒感染病例累计确诊 734.3 万例,累计死亡 41.6 万例。当国外疫情愈演愈烈时,国内反倒一片祥和。6 月 10 日全国范围内新增 C 病毒确诊病例 11 例,均为境外输入病例,无新增死亡病例,无新增疑似病例。

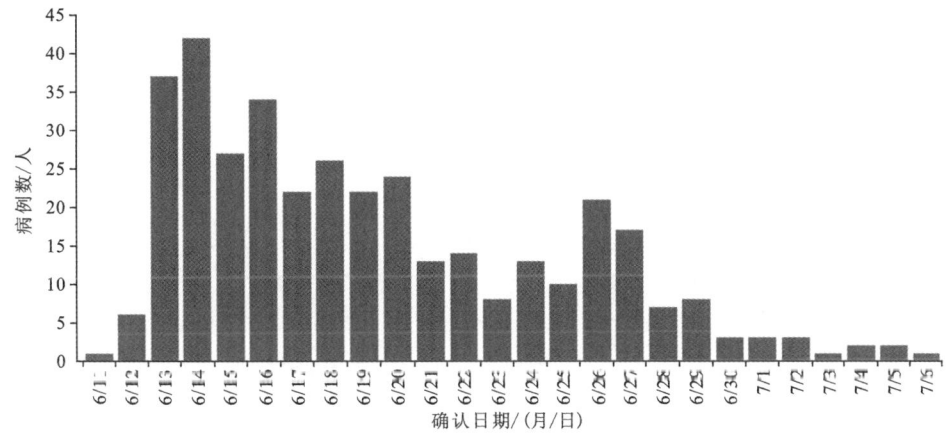

图 6-2 6 月 11 日—7 月 6 日 B 市 C 病毒确诊病例报告时间分布

伴随 2020 年 4 月 8 日 W 市解封,疫苗进入临床试验阶段,全国防疫等级普遍下调等积极态势,社会生产生活秩序逐步恢复。在各地有序推进复工复产复学的背景下,疫情出现反复。此时,B 市 500 余所幼儿园迎来返园儿童,约 52 万名小学低年级学生计划复课,全市"消费促进季"活动全面启动,经济复苏势头显著。此阶段部分民众防疫意识较前期有所弱化。

(二)社会背景——F 市场之"菜篮子""果盘子"

B 市新发疫情刚刚露头,世卫组织就将此列为其应对级别的"重大事件"。世卫组织表示,B 市新发疫情虽然到目前为止还没有出现死亡病例,但是考虑到 B 市的城市规模、人员流动规模及接触密度,这次疫情仍然令人担忧,B 市应急响应级别也迅速由Ⅲ级上调至Ⅱ级,为守护 B 市积极展开行动。

B 市 F 农产品批发市场位于西南方向的南四环至南五环之间,曾被英国广播公司(British Broad Casting Corporation,BBC)称为"B 市饮食文化的灵魂"。经过 30 年的建设和发展,现已成为亚洲交易规模最大的专业农产品批发市场,在世界同类市场中具有很高的知名度和影响力(图 6-3)。市场占地 1680 亩(1 亩=666.67m²),承担了 B 市 80%以上的农产品供应,是名副其实"菜篮子"和"果盘子"。

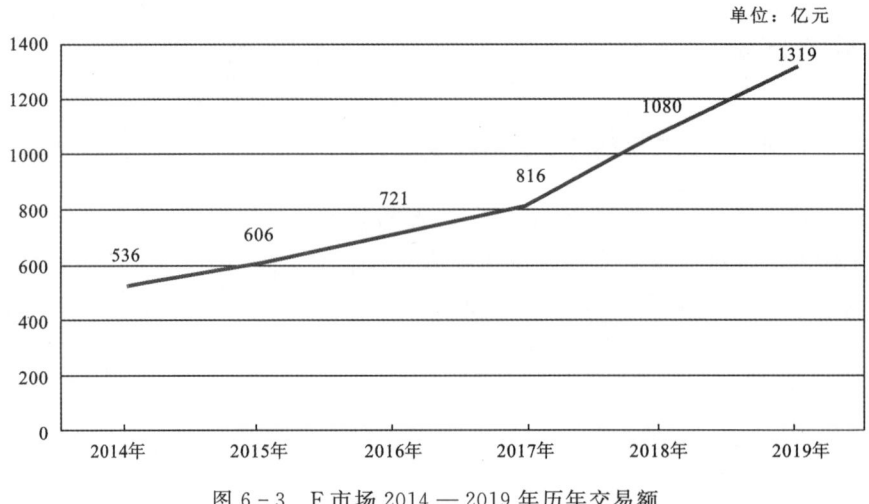

图 6-3　F 市场 2014—2019 年历年交易额

(三)技术背景——新媒体时代的谣言传播

新媒体是基于数字技术、网络技术和移动通信技术等新媒介技术支撑体系,具备交互性与融合性特征的媒体形态,如数字杂志、数字报纸、数字广播、移动电视、短视频平台等。相对于报刊、广播、电视等传统媒体,新媒体被形象地称为"第五媒体"(龙纯,2021)。较之于传统媒体,新媒体传播与更新速度更快,成本更低,信息量更大,内容更丰富,可实现全球传播。笔者将新媒体定义为狭义范围上的自媒体,包括以微信、微博为代表的文字媒体和以抖音为代表的音视频媒体等,这意味着通过新媒体,人人都可以是信息的生产者,也都是信息的传播者(林振明,2021)。

基于人们的焦虑、恐慌心理,C 病毒感染疫情中所体现的网络谣言传播速度之快、规模之大、影响之深、危害之巨,举世罕见。公共危机事件中的网络谣言治理一直是公共危机治理中的难题,新媒体的兴起又对公共危机事件中的谣言治理带来一系列新的挑战。

二、案例演化

6 月 11 日,某区居民 C 病毒确诊,打破 B 市连续 56 天无新增病例纪录。据 B 市疾控中心通报,该病例曾于 6 月 3 日前往某市场采购生鲜产品。6 月 11 日—12 日,新增 7 例确诊病例,其轨迹均涉及该市场。经溯源排查,疾控部门在 22 小时内锁定该市场综合交易区为疫情核心传播点。

6 月 12 日,B 市疫情防控指挥部对该市场实施封闭管控,全市启动人员流动限制、核酸筛查及物资保障机制。在多方协同下,7 月 7 日实现单日零新增。7 月 20 日零时,B 市公共卫生应急响应降至Ⅲ级,历时 40 天实现两个潜伏期内确诊病例清零。

需关注的是,6 月 12 日该市场负责人向媒体提及"某水产品相关物品检出病毒"的表述,尽管在 6 月 16 日新闻发布会上工作人员对此表述进行澄清,但仍引发水产行业持续性震荡。该事件印证公共危机中信息管控的关键性。

第六章 社会安全类公共危机的典型案例

三、案例分析

B市此轮疫情反弹,全国瞩目。在各方的共同努力下,疫情在不到1个月的时间就得到有效控制,其成功实践成为疫情防控常态化时期的一个典型中国式范例。笔者认为对案例的分析可以从谣言治理的角度切入——谣言传播的快速性与辟谣的滞后性矛盾。结合委托-代理理论框架,可对"毒"水产品谣言引发的产业链冲击、市场恐慌等系列后果进行归因分析。

表6-4 2020年B市F市场"毒"水产品事件的演化与响应

时间	危机的演化	决策主体	响应措施
第一阶段:突现病例,剑指新发(6月11日—12日2时)			
6月11日10时	X区发现1例C病毒核酸检测阳性者,该患者发病前14日内曾有F区活动史	F区疾控中心	立即启动C病毒防控预案。初步确认该患者曾在F市场等5个地点活动过,迅速派出流调队员展开调查
6月11日晚上	F区一医疗机构内一名患者C病毒核酸检测结果为阳性		立即开展标本实验室复核,迅速派出流调队伍展开调查。研究比对发现活动轨迹存在交叉,初步判断F市场为疫情的重要风险场所
6月12日2时	F市场综合交易大厅环境样本中发现病毒,辖区内医疗机构报告的患者C病毒核酸复核检测结果也为阳性		研判F市场存在聚集性疫情发生及扩散的风险,第一时间上报情况
第二阶段:发引千钧,追本溯源(6月12日—16日)			
6月12日	B市疫情防控工作领导小组召开会议	B市防控工作领导小组组长、副组长	约谈F区主要负责同志,将F市场作为流调溯源的重中之重,派驻工作组
		B市市场监管局	启动食品安全大检查,重点监管畜禽肉类、水产品
		B市体育竞赛管理和国际交流中心	暂停举办各类体育赛事活动
		B市H区饮食服务行业协会	严格按照相关规定进行规范操作,控制就餐人数,确保间距1m以上,停止群体性聚餐
		B市X城区卫生健康委员会	对C病毒感染患者孩子所处班级同层全部师生进行核酸检测,结果均为阴性
		B市教委、各区教委、各小学	小学入学现场登记审核工作暂时推迟,延长时间。 小学1~3年级暂停返校复课

续表 6-4

时间	危机的演化	决策主体	响应措施
6月12日晚上	B市F市场董事长接受媒体采访时表示，抽检时从切割进口某水产品的案板中检测到了C病毒，货源来自某海鲜市场	B市商超企业	连夜下架全部同类水产品，与上游供货商做好紧急调货准备，确保米面粮油和肉类的储备
		B市京深海鲜市场	自14日起休市3天，进行全面消毒
		B市日料店	下架店内同类水产品，以及所有生食
6月13日凌晨	F区官方通报46人集中确诊，F市场从业人员及环境中检出C病毒	B市疾控中心	将4个地区疫情等级升为中风险
		F市场长途客运站	客运站停运
		B市F区市场监管局、F区卫健委	六大批发市场暂停营业或关闭部分交易大厅，进行全面卫生整治和环境消杀；封闭所有出入口，对10 000多名商户、员工进行核酸检测；设置蔬菜、水果交易专区，保障市场供应
6月14日 6月15日	连续报告新增本土病例，全部与F市场有关	B市疾控中心	将F市场所在的H乡上升为高风险地区
		B市委常委会、F区委常委会	问责F区副区长、H乡党委书记、F市场总经理
6月16日晚上	某水产品相关行业受到重创；B市累计确诊病例106例，均与F市场有关	B市卫健委	B市第120场疫情防控工作新闻发布会通报，进入污染场所之前的某水产品并未检测出C病毒，为某水产品正名
			B市第121场疫情防控工作新闻发布会通报，初步判断疫情是由人际传播或物品环境污染引起的感染
第三阶段：持续攻坚，不懈努力（6月17日—7月20日）			
6月17日	B市召开防控工作领导小组会议，强调防疫再次进入战时状态	B市人民政府、市疾控中心、市卫健委	持续举行疫情防控工作新闻发布会，及时向外界披露相关信息；持续提升核酸检测能力，接受其他省市医疗队的支援
7月7日	B市自疫情暴发以来首次新增确诊为零		持续开展疫情防控工作，及时对外披露相关信息
7月19日	B市疫情得到遏制	B市人民政府、市疾控中心、市卫健委	16时，第156场新闻发布会宣布："自7月20日零时起，B市突发公共卫生事件应急响应级别由Ⅱ级调整为Ⅲ级"

(一)从委托-代理关系看"毒水产品"谣言

如图6-4所示的委托-代理理论框架,代理人(政府)拥有更多的私人信息,而委托人(普通民众)难以获得这些信息(彭明旭等,2021)。信息不对称导致恐惧,由于知情者的私人信息会影响不知情者的利益,或者说,不知情者将不得不为知情者的行为承担风险。因此,委托人(普通民众)因缺乏信息获取渠道,会采取一系列手段提前规避不确定性风险,以确保自身利益损失最小化(斯亚平,2008)。

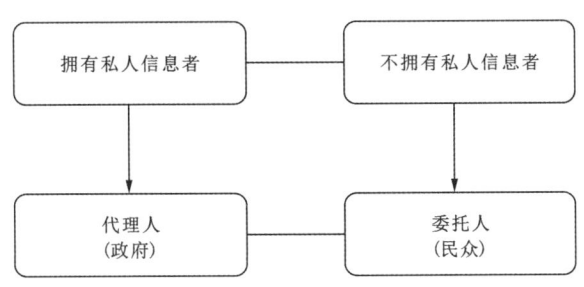

图6-4 委托-代理理论框架

如图6-5所示"挤兑"现象的成因模型,与金融行业中的"银行挤兑"现象类似。在本次危机事件中,当6月12日晚F市场董事长向媒体披露某水产品案板中检测到C病毒时,公众对该病毒传播源的信息认知存在空白。因此,哪怕被检测出C病毒的不仅仅是某水产品案板,也包括40件F市场环境阳性样本和46位F市场相关人员,人们为了规避疫情风险,依旧毫不犹豫地选择了"挤兑"某水产品及其相关行业,个人的理性行为引发了群体的非理性行为(江依妮和曾明,2010)。尽管早在2020年6月16日晚上召开的新闻发布会上,该水产品就已得到"洗白",但受制于民众在特殊时期的恐慌情绪、从众心理等因素,F市场董事长所披露的"毒"水产品信息影响深远,蝴蝶效应已然显现。

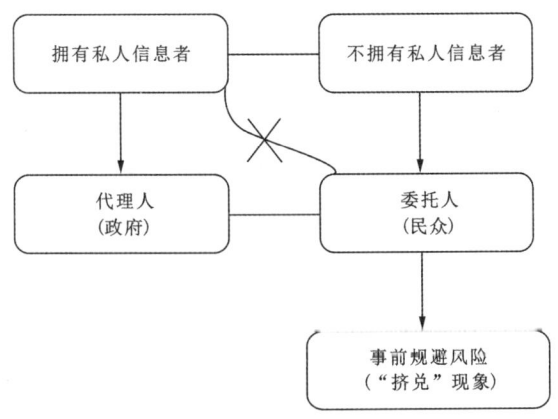

图6-5 "挤兑"现象的成因模型

(二)从相关行业蝴蝶效应看"毒"水产品谣言

疫情防控的暂时胜利并不意味着一切就此翻篇,谣言造成的不良后果并未随着检测结果的披露烟消云散,不利的消息仍在涌现。有媒体称,德国一家电视台揭露了挪威北部某水产养殖场的乱象:大量同类水产品挤在充满排泄物的浑浊海水中,患病的同类水产品体表可见"大如手掌的溃疡性病灶",部分个体躯体呈S形弯曲畸形。还有传言称,B市某日料店严正声明,称之前宣传的进口同类水产品均为国产虹鳟,其安全性完全可以保证。可究竟是哪家日料店,谁也说不清楚。

整个水产行业迎来寒冬。在谣言发酵的短短几天里,不仅B市有所行动,全国其他城市也都相继紧急下架了该类水产品。海鲜经营业态、日料连锁品牌、部分餐饮店均受到极大影响。这些行业迎来的不仅是经营寒冬,随着六大市场关闭,不愿轻易改变配方的商家难以找到替代供应链,相关菜品减少导致客户黏度降低。

全国范围的进口海鲜市场历经震荡,但S市的某水产品已经重新上架,有批发商将进价70多元/公斤的鲜鱼以30多元/公斤的价格甩卖,却仅有饲料加工厂下单。部分城市的进口海鲜几乎无人问津,部分商家不得不批发一定数量的国产海鲜维持经营。在国内销路受阻的同时,国外的部分货物也运不进来。

(三)从谣言治理模式看"毒"水产品谣言

F市场的危机公关处置有失周全,危机公关本是为了转危为机,却没想到弄巧成拙,反而火上浇油。一时间,"某水产品"成为舆论焦点,人们纷纷将发生在B市F区的新疫情牵强地归因于该水产品。事实上,这种非法渠道的信息对舆论造成了极大误导(彭丹妮,2021)。

在谣言传播者方面,自媒体平台专业报道能力不足以及传统媒体舆论引导能力下降加大了公众辨别新闻真实性的难度,海量、碎片化的网络信息中充斥着大量的谣言和假新闻。

在受众认知层面,过去,受众渴望真相、追求真实,但在新媒体时代,受众面对纷繁复杂的信息环境,因精力有限、甄别能力不足,难以辨别信息真伪,重情感、轻事实的受众习惯运用感性思考方式而非理性思考方式。

如果政府更快披露权威信息、主流媒体及时搭建沟通渠道、普通民众高效获取正确观点,抓住舆论发酵的黄金时期,就能够有效阻断谣言的传播(崔保峰,2020)。公民参与可缓解治理滞后困境,新媒体平台赋能可破解信息壁垒问题,而政府主导才是谣言治理的根本保障。

四、借鉴与启示

事实上,每一次公共危机事件的爆发,都伴随着铺天盖地的谣言。从历次大型公共危机事件来看,公共危机不断出现,由公共危机事件而生的谣言也从未停止。公共危机事件中的网络谣言治理一直是公共危机治理中的难题,而此次C病毒感染疫情中所出现的网络谣言传播速度之快、规模之大、影响之深、危害之巨,举世罕见。这让我们看到了公共危机事件网络谣言治理的重要性,也让我们不得不思考如何才能有效地阻止谣言的产生和传播,减轻谣言对社会造成的危害,更好地解决谣言治理中存在的问题,以实现网络安宁、社会安定。

匡文波和武晓立(2020)提出了一个三方参与的治理模式,即以平台为核心,将政府、新媒体和民众融合到一个系统中,促进三方主体有机合作,解决三方的利益互惠问题。该治理平台将作为政府危机管理的工具,政府通过各大新媒体平台构建与民众间的有机信息网络机制,及时收集民众自主生成的辟谣信息和民众的信息需求,以提高政府的信息处理效能及与民众的沟通效率。治理平台的最终目的在于形成社会信息产生、传播、控制的良性循环(袁红和李佳,2019;黄忆戎,2019;李明洁,2018;杨建武,2014),推动政府谣言治理能力、新媒体良性发展能力、公众信息甄别能力的协同提升。

(一)宏观治理模型构建

政府是该平台的主要使用者。在日常生活中,政府通过该平台进行信息管理,利用自身强大的谣言收集能力,以及大众、专家等自发组织的辟谣活动来提高公民的科学素养和辨别能力;在公共危机到来时,利用该平台快速收集信息并进行辟谣,满足群众对正确、有效信息的需求,安抚民众的情绪,减少甚至避免民众因谣言而产生的恐慌心理和非理智行为(宋凯和袁奂青,2019),以此维持危机状态下的社会秩序,降低危机造成的经济损失,维持社会稳定。宏观治理模型见图 6-6。

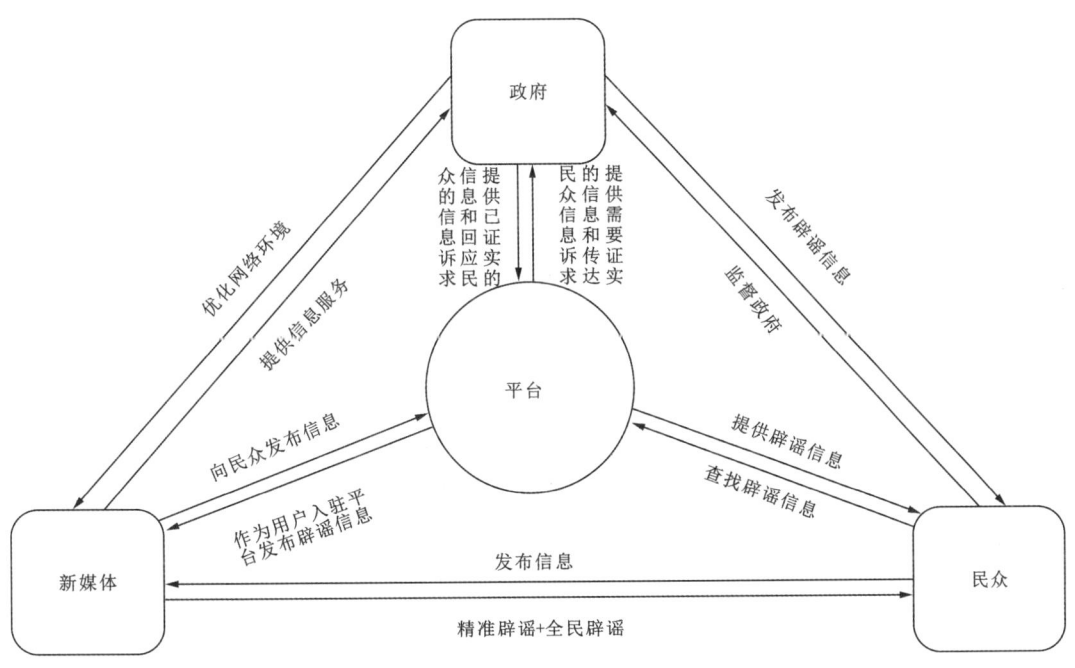

图 6-6 宏观治理模型图

在日常运营下,该平台入驻各大新媒体生态,寻求与主流媒体的合作;利用大数据技术,在各大新媒体平台上搜索并整合各类谣言,发布辟谣信息;接受民众的辟谣投稿,在进行审核后,发布民众投稿的辟谣内容;参照淘宝等平台的智能推送服务,各大新媒体在日常生活中为民众推送其感兴趣内容时,附加一些相关的辟谣信息,以提供科普宣传;用户如需了解更多辟谣信息,则可以通过主页链接至官方网站中,获取更全面的辟谣资讯,以此来提高民众的信息辨别能力和网络媒介素养。

在公共危机爆发的特殊时期,该平台采用两种方法收集信息:一是号召民众自发辟谣并向该平台投稿,二是直接在各大新媒体平台搜集谣言文本和辟谣信息。平台对两类方法收集到的信息进行文本识别、筛选与分析,以日更报告的形式及时有效地将搜集到的信息上传政府。该报告包括4个部分内容:公众已经核实的谣言、公众难以证实的谣言、涉及损害政府信誉的谣言、公众的信息诉求。

(二)微观主体参与意愿分析

根据社会交换理论,笔者对参与网络谣言治理主体的动机进行深入分析,并阐明该平台协调三方主体的策略:资源吸引与报酬获取。微观主体参与意愿分析图见图6-7。

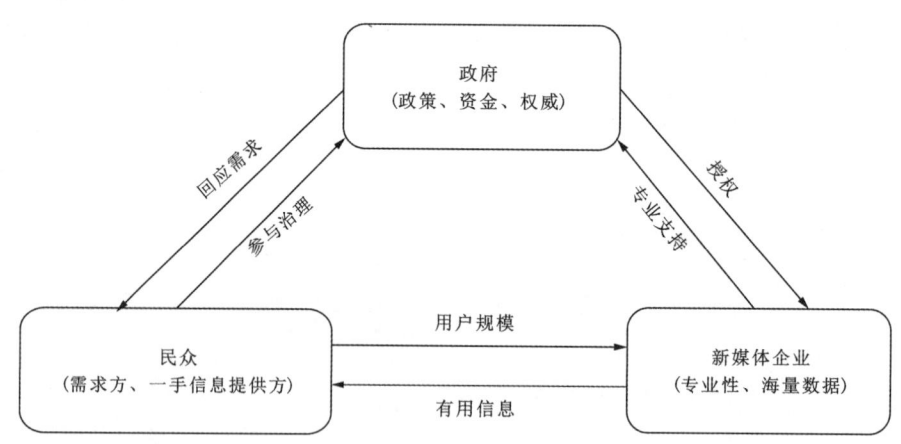

图6-7 微观主体参与意愿分析图

(1)资源吸引。首先政府作为谣言治理的责任方,其资源吸引体现在两个方面:一方面,在我国"强政府-弱社会"的格局之下,政府拥有丰富的知识资源、信息资源、专家资源;另一方面,政府对新媒体企业的发展提供政策和资金支持,对企业的行政授权也将为企业带来极大的品牌效应,以此获得民众的信任。其次是民众资源吸引,体现在:一方面,谣言治理能维护民众福祉,提高居民生活质量,虽然政府没有完全直接参与谣言治理,但是由于新媒体企业通过政府购买服务介入治理,居民往往将这种社会服务带来的变化归功于政府;另一方面,广大民众都有提升谣言辨识能力、科学指导生产生活的需求,新媒体平台可以借此增强其吸引力。最后是新媒体企业资源吸引,体现在:一方面,新媒体企业长年扎根新媒体领域,积累了大量的信息传播数据,其技术优势能够完成政府难以承担的专业化任务;另一方面,新媒体是目前民众获取最新信息和分享信息的主流媒介,便于企业采集原始数据。

(2)报酬分析。首先是政府的报酬,政府通过购买将专业化运作转移给新媒体企业,减轻自身负担,提升公信力。其次是民众的报酬,满足民众参与感,提升谣言甄别和应对能力,减少在突发事件治理过程中的焦虑感和紧张感。最后是新媒体企业的报酬,获得政策、资金支持及政府背书,企业知名度和商业声誉显著提升,进而增强用户黏性与平台市场吸引力。

第四节　血色三月:火车站暴恐事件

> 提要:2014年K市火车站暴恐事件由某暴力恐怖团伙策划组织,于3月1日21时在K市火车站实施无差别砍杀,属于社会安全类公共危机。危机发生后,K市公安局、各大医院及其他相关主体快速响应,完成制服歹徒、救治受害者及善后处置工作。笔者梳理了危机背景,详细剖析了该事件在关键时间节点的演化过程,从部门联动、舆情管理、特性与预防等视角开展案例分析,并在此基础上总结经验,提炼启示。

一、案例背景

(一)事故发生地点介绍

K市火车站是某铁路局集团管辖的一等站,作为H-K铁路、C-K铁路、N-K铁路交会的重要枢纽,连接省内多条铁路线路,总占地面积6.2万km^2。站房设计融合地方民族建筑元素(如传统坡屋顶、特色檐廊结构),是服务区域经济、辐射周边国家的重要门户,日均旅客发送量为6万~7万人次。作为跨境旅客主要集散地,该站日常人流量密集,旅客构成复杂多元。

(二)涉事分裂势力介绍

策划并实施该暴力事件的组织系某极端团伙,成员共8人,其形成受国际极端思潮、地域发展滞后等多重因素影响。案发前一年12月起,该团伙中的3名主要成员纠集形成犯罪组织,在多省筹备暴力活动,并策划在K市交通枢纽实施袭击。

案发当年2月27日,3人在某省某地区因涉嫌非法越境被拘捕,但未供述其团伙的袭击预谋。3月1日晚,因无法联系已被控制的同伙,该团伙剩余成员按原计划携带作案工具,从某地区租车抵达K市火车站实施暴恐行为。

二、案例演化

K市火车站暴恐事件的演化与响应见表6-5。

表 6-5　K 市火车站暴恐事件的演化与响应

时间	事件演化	响应主体	响应措施
3月1日21时	一伙男女蒙面者手持长刀或短刀冲进 K 市火车站广场及售票厅，见人就砍。现场惨叫连连，人们尖叫、哭泣、惊慌窜逃，血腥味充斥着整个火车站，造成大量人员伤亡	受害者个人	躲避、逃窜
3月1日22时	火车站内传来警察与暴力袭击者搏斗的枪声及群众惊呼声。现场疯狂砍人的主要施暴者已经被警察击毙或制服。急救人员抵达现场全力抢救伤者，现场一片混乱	K 市公安局及就近派出所、特警支队、K 市公安交通管理局、医院急诊部医护人员	警车到达现场，警力部署，使用枪械制服歹徒；某路至火车站实行紧急交通管制；医务工作人员现场抢救伤者
3月1日23时	K 市火车站进站、售票等窗口的业务陆续恢复，疏散现场人员。部分幸存者惊魂未定，情绪不稳，讨论着此次暴恐事件	Y 省与 K 市交通运输部门、K 市消防局、K 市火车站	交通运输部门原本应安排停靠 K 市火车站的列车被安排到其他站点临时停靠；消防救援人员来到现场保护群众；K 市火车站工作人员帮助恢复现场秩序，配合警察开展后续工作
3月2日零时	舆情在互联网上迅速扩散，事件影响力不断发酵，引起社会广泛热议	公安部	公安部回应舆情，表明立场，安抚关切者：发生在 K 市火车站的持刀砍人事件，是令人发指的严重暴力犯罪活动，警方将坚决依法严厉打击，绝不手软！逝者安息
3月2日零时16分	K 市全城戒备，对逃脱的犯罪分子进行追捕，预防后续危机的发生	K 市公安局及各派出所、Y 省委政法委、Y 省公安厅	Y 省委政法委书记、公安厅厅长到达案发现场
3月2日1时	中央相关领导3月2日凌晨赴 K 市指导处置发生在 K 市火车站的暴力恐怖袭击事件	中央政治局、中央政法委	指导工作，处置公共危机事件后续问题
3月2日5时	受伤群众已分别被安置在10多家医院进行救治；K 市人民政府宣布承担所有伤者的医疗救治费用和家属陪护费用；K 市火车站当晚各车次均已发车，火车站秩序基本恢复正常	K 市人民政府、K 市各大医院、K 市火车站	安置受害者，抚恤受害者及其家属，恢复案发现场正常秩序

续表 6-5

时间	事件演化	响应主体	响应措施
3月2日6时	通报K市火车站广场蒙面暴力袭击者砍人事件已造成29人死亡、143人受伤，其中重伤73人、轻伤70人，11家医院分别收治伤者	国家、省、市医疗机构中直接参与伤员救治的医护人员达1916名	开展急诊手术104台次，应急采血1000多人次，使用血液袋754袋
3月2日7时	新华社发表文章称，事发现场证据表明，此次K市"3·1"事件可以被定性为一起由分裂势力一手策划组织的严重暴力恐怖事件	官方媒体新华社	回应民众关切，快速准确通报事件的性质，向社会各界公布案件调查结果
3月2日9时	正在外地调研的中央全面依法治国委员会办公室主任赶到K市指导处置工作，迅速启动应急预案，调集有关专家随中央工作组迅速赶赴K市	公安部	启动应急预案，调集有关专家随中央工作组协助调查，力争快速破获案件
3月2日15时25分	恐怖行动的3名在逃歹徒在K市某街被擒获	K市公安局及各派出所	全力地毯式搜捕
3月3日下午	案件成功告破，查明该案是某暴力恐怖团伙所为	公安部组织公安机关和其他政法力量	40余小时的连续调查抓捕系列活动

三、案例分析

首先，在此次大规模社会安全类公共危机的响应过程中，公安、卫生、交通、消防等各大部门与系统之间的高效快速的联通与协同是响应危机的重要基石。

可以看到，在危机发生时，公安部门第一时间保护现场民众并制服暴力袭击者。与此同时，公共卫生部门快速启动响应机制，调度各类医疗资源抢救伤员，保护受害者的生命健康，降低公共危机的社会影响。道路交通管理部门能够做到快速反应，做好应急交通安保工作，及时封路管制，切断事件升级途径。消防部门能够利用专业力量更好地疏散保护群众，预防爆破、二次袭击等恶性事件再度发生。各部门之间协调有序、各司其职，高效解决分内问题并及时汇报进度。

其次，响应公共危机事件，尤其是人为导致的社会安全类事件时非常重要的原则之一，就是要在正确处理问题的同时，兼顾对大众情绪的安抚，构建良好的舆情监测与管理体系。在此次K市火车站暴恐事件中，K市人民政府第一时间对本次危机事件的真实情况进行定性与报道，安抚关切群众的情绪，并表明与黑恶势力斗争到底的决心；同时，以实质化行动对受害者及其家属进行抚恤，包括承担暴恐事件受害者所有医疗费用与家属的陪护费用等，使人民感受到在无端人祸面前政府的温情。政府的处置措施有利于在特殊时期巩固政府公信力，消解民众的悲痛、激愤与恐慌等负面情绪。

与暴力恐怖袭击事件类似，社会安全类危机在绝大多数情况下都是人为的，在恐怖分子别有用心地掩饰后体现出极强的隐秘性，由于其行为很难被提前发现，因此难以采取有效的针对性预防措施。可见，若想预防此类危机，预防工作应当聚焦人员密集型高危场所，如火车站、电影院、机场和人流量较大的商场等。相关部门应在这些场所加强安全检查与人员控制，做好安保工作，强化安全措施，杜绝危险人员与物品上车入站，尽量从根源上杜绝社会安全类危机的发生，保障人民的生命及财产安全和生产生活秩序。

四、借鉴与启示

（一）重视全社会的思想塑造，从根源上降低社会安全类危机发生的概率

暴恐事件在边境地区频发及极端恐怖组织在边境活动，主要原因之一是当地思想教育体系尚不健全，易受到极端势力的思想渗透，这与民族宗教事务管理不足密切相关。部分少年儿童在未经正统国民教育引导之时，易偏听偏信极端势力宣传，从普通民众蜕变为恐怖主义参与者。国家及各级政府应加强反恐宣传教育，健全思想教育体系，尤其是在暴恐危机高发的边陲地区和少数民族聚居区；应保障所有人拥有平等接受国民教育的权利，严防极端主义思想渗透，从根源上降低公共危机事件发生概率。

（二）加强公众社会安全类危机应对法治宣传，倡导自保优先和见义勇为

案件结束的次年，Y省见义勇为基金会召开新闻通报会，表彰了18名见义勇为英模。其中3人经报请省人民政府批准后，被授予"见义勇为英雄"称号。这18人均为当时与暴力袭击者进行搏斗的普通市民和保安。Y省表彰的3名"见义勇为英雄"每人获得69万元的见义勇为基金奖励，这一举措引发社会各界广泛赞誉与热议。有群众发问：若遇到这样的暴力袭击者，身为有能力制服者，是否应当越过国家公权力，以私人力量将其制服甚至反杀？事实是，在这样的情况下，无须顾虑法律责任问题，而应鼓励具有见义勇为能力的公民，果断勇敢地保护自己及他人，并在极端状况下降低社会安全危机的恶劣影响程度，尽快制服暴力袭击者。

（三）重视对社会安全事件的研究，制定更加完整系统的应急预案

在研究K市火车站案例过程中，笔者查阅突发社会安全事件相关资料时发现：尽管国内外已发生众多危害社会安全的恶性事件，但从理论上对这类公共危机的形成、发展和演变进行系统性研究仍显不足，导致其难以成为决策制定机构制定应急管理预案的依据。

上文已经提到，社会安全类危机具有难以预防的特征，但并非不可感知和预防。例如，在K市火车站暴恐事件中便有一些隐秘的规律有待研究者挖掘：为何恐怖分子于21时实施无差别砍杀行动？为何在已有组织成员被捕的情况下，警方仍然无法从内部将其瓦解，捕捉行动信息以预先防范？

总体而言，中央政府与K市应急主体在对此次火车站暴恐事件的响应过程中表现有效，

以最快速度制服歹徒、减少人员伤亡,但受制于应急管理体系的发展水平,仍然存在一定不足。因此,唯有深化对社会安全类公共危机事件的研究,尽快揭示其内在规律与发展演变的逻辑,才能为今后防范与应对此类危机提供理论支撑,进而稳定社会秩序,增强社会韧性。

参考文献

崔保峰,2020.突发公共事件网络舆论话语体系冲突与重构[J].青年记者(26):4-5.

范鹏,魏胜文,魏琦,2006.2006—2007年甘肃省舆情分析与预测[M].兰州:甘肃人民出版社.

高如月,2021.突发公共事件危机管理与社会舆情互动机制研究——以"白银山地马拉松"事件为例[D].广州:广东外语外贸大学.

黄瑞敏,韩会君,2020.珠江三角洲高级别马拉松赛事志愿服务体系研究[J].广州体育学院报,40(3):38-42.

黄忆戎,2019.基于突发事件的网络谣言政府治理探析[J].新闻传播(2):61-62.

江依妮,曾明,2010.中国政府委托代理关系中的代理人危机[J].江西社会科学(4):204-208.

姜胜洪,2008.网络舆情热点的形成与发展、现状及舆论引导[J].理论月刊(4):34-36.

匡文波,武晓立,2020.突发公共卫生事件中网络谣言传播模型及特征研究[J].新闻与写作(4):83-87.

李明沺,2018.突发公共卫生事件网络谣言的治理研究——以H7N9禽流感事件为例[D].上海:华东师范大学.

林振明,2021.舆情反转的应对策略与媒体责任[J].科技传播,13(12):114-116.

刘尹,敬龙军,郭志诚,2021.我国山地马拉松体育赛事风险防范困境与策略——以甘肃越野赛突发事件为例[J].曲靖师范学院学报,40(6):104-109.

龙纯,2021.浅析新媒体环境下舆论反转现象[J].今传媒,29(9):39-42.

彭丹妮,2021.后真相时代网络舆论反转的成因探析[J].西部广播电视,42(14):32-34.

彭明旭,王呈斌,董秀良,等,2021.政府防疫抗疫机制分析——基于双层委托代理关系视角[J].软科学,35(9):14-21.

斯亚平,2008.政府危机管理的委托-代理理论浅析[J].浙江师范大学学报(社会科学版)(3):66-69.

宋凯,袁飏青,2019.后真相视角中的网民情绪化传播[J].现代传播(中国传媒大学学报),41(8):146-150+156.

铁嘉怡,陈志康,陈法江,2021.高校大学生网络群体性事件舆情引导策略[J].教育教学论坛(41):14-17.

童星,2012.风险灾害危机连续统与全过程应对体系[J].学习论坛,28(8):47-50.

王宏伟,2021.公共危机管理概论[M].2版.北京:中国人民大学出版社.

王哲,靖季,2022.在热点突发事件中媒体该如何引导网民情绪——以唐山打人案为例[J].新闻前哨,348(17):28-29.

谢晓非,郑蕊,2003.风险沟通与公众理性[J].心理科学进展(4):375-381.

杨建武,2014.网络谣言的协同治理机制构建及其实现途径研究[D].湘潭:湘潭大学.

杨立新,2021.自甘风险:本土化的概念定义、类型结构与法律适用——以白银山地马拉松越野赛体育事故为视角[J].东方法学(4):107-120.

袁红,李佳,2019.行动者网络视角下突发公共事件的谣言协同治理机制研究[J].现代情报,39(12):109-120.